《往生論註》
與佛經論典之研究

（全彩版）

果濱 編撰

自序

本書題名為《《往生論註》與佛經論典之研究（全彩版）》，整本書計有 30 多萬字，是末學研究及教學《往生論註》多年之作。《往生論》的原名叫作「無量壽經優波提舍願生偈」，但又有多種不同的稱呼，如：❶《往生論》、❷《往生淨土論》、❸《往生偈》、❹《淨土論》、❺《無量壽經論》、❻《無量壽優波提舍經論》、❼《無量壽經優波提舍》、❽《願生偈》……等。

《往生論》是印度僧人世親(天親)菩薩(Vasubandhu約公元360~440)所撰寫的，再由北魏・菩提流支(Bodhiruci，約公元529年或531年譯)譯梵為漢，最後由北魏・曇鸞大師(476～542年)作「註」(注)解，名稱只是在《往生論》的後面加一個「註」字，所以《往生論註》也因此有多種名稱，例如：《無量壽經優婆提舍願生偈婆藪槃頭菩薩造并註》、《往生論註》、《無量壽經優婆提舍願生偈註》、《往生淨土論註》、《淨土論註》、《無量壽經論註》……等。

《往生論》無論在早期的「淨土三經一論」與後期的「淨土五經一論」，都名列在內，可見世親菩薩撰寫《往生論》在淨土宗的重要地位。自從曇鸞大師為世親的《往生論》作「註」後，所有的《往生論》註解只定於一尊及一個版本，那就是非曇鸞《往生論註》莫屬。

淨土宗共有十三位祖師，這是大部份的共識。但目前網路的「維基百科」則是採「淨土宗十五祖」方式計，如❶慧遠、❷曇鸞、❸道綽 ❹善導、❺承遠、❻法照、❼少康、❽延壽、❾省常、❿蓮池 袾宏、⓫藕益 智旭、⓬行策 截流、⓭省庵 實賢、⓮際醒 徹悟、⓯印光等十五位大師。曇鸞大師是列在淨土開山祖師的「第二祖」位子的人，因為曇鸞在淨土的著作除了《往生論註》以外，還有《略

論安樂淨土義》一卷,《禮淨土十二偈》(又稱《贊阿彌陀佛偈》)……等。

　　據大部份的文獻記載,曇鸞大師是精通世俗「外典」與「大小乘佛典經論」的人,如他精研《中論》、《百論》、《十二門論》、《大智度論》等「四論」,所以曇鸞也曾被尊為「四論宗」的「祖師」。在大乘經典部份則有《涅槃經》、《大集經》、《觀無量壽佛經》……等。關於「外典」部份,曇鸞擅長導引「調氣」,兼擅「醫術」,曾著有《調氣論》一卷、《療百病雜丸方》三卷、《論氣治療方》一卷、《服氣要訣》一卷,所以北魏君王相當敬重他,稱曇鸞為--「神鸞」。

　　自從曇鸞的《往生論註》問世後,《往生論註》很可能因戰亂在唐朝以後就已經逸失,但世親菩薩原著的《往生論》則早被收入各版的《藏經》資料,與各朝代祖師著作的引用中。例如隋·費長房撰《歷代三寶紀》、隋·慧遠(523~592)撰《觀無量壽經義疏》、隋·智顗(538~597)的《淨土十疑論》、唐·道綽(562~645)撰《安樂集》、唐末五代·永明 延壽(904~975)的《萬善同歸集》、宋·宗曉(1151~1214)的《樂邦文類》、元·天如 惟則(1284~1354)的《淨土或問》、明·蕅益智旭(1599~1655)的《阿彌陀經要解》都曾引述過世親原著的《往生論》。可是在宋、清間所刊刻的諸版《大藏經》中,都沒有收錄過曇鸞《往生論註》此書。

　　後來由清末的楊仁山居士(1837~1911),從日本東瀛請回《往生論註》,再加以勘刻流通,但原書中的世親《往生論》與曇鸞《往生論註》互相串聯,這樣初學者很難判讀其中的原意,後來才被「逐段標出」,讓《往生論》與《往生論註》都有清楚分明的內容。現在《大正藏》收的版本是來自「德川時代刊大谷大學藏本」,而另外日本「正倉院聖護藏」中還藏有《往生論註》之「古寫本」,此本與現行「大正藏本」的「中文字句」略有一點點的出入。

　　到了民國 21 年(公元 1932 年)的印光大師(1861~1940)在請北京印經

處重刊明・蕅益 智旭大師選編的**《淨土十要》**時，順便就將世親的《無量壽經優婆提舍願生偈》及曇鸞《往生論註》等附入。底下二段是印光大師對《往生論註》的推薦「序文」，節錄如下：

曇鸞法師(為《往生論》)撰「註」詳釋，直將彌陀(之)誓願，天親(之)衷懷(衷心本懷)，徹底圓彰(圓滿的彰顯出來)，和盤托出。若(曇鸞大師)非深得「佛心」，具無礙辯(才)，何克臻乎 此(到達如此的境界)？

　　印光大師又云：

竊以天親菩薩《往生論》，(乃)淨宗之「要典」(重要的典籍)也，(而)世罕流通。曇鸞法師之《註》(指《往生論註》)，文「暢達」而義「深邃矣」，洵(誠然；實在)足開人(之)「正智」，起人(之)「正信」，乃「淨業」學人之大導師。惜中國(對曇鸞法師的《往生論註》)久已失傳，清末楊仁山居士請於東瀛(日本)，刻以流通，因「(往生)論、(往生論)註」相聯，初機殊難「分判」，乃「逐段標出」，令徐蔚如居士刻於北京。

　　也就是曇鸞大師(476～542年)的《往生論註》完成後，他的門人唐・道綽(562～645)大師撰《安樂集》中還多處引用，同時代的唐・迦才(生卒年不詳，於貞觀年間627～649，住於長安弘法寺)撰《淨土論・卷三》也讚歎曇鸞說「神智高遠，三國知聞，洞曉眾經，獨步人外，梁國天子蕭王，恒向北禮曇鸞菩薩，注解天親菩薩《往生論》。」此後善導(613～681)的《觀無量壽佛經疏》、懷感的《釋淨土群疑論》都再也沒有對曇鸞《往生論註》一書「引用」的消息了。

　　所以據現有的資料推算，唐・迦才撰的《淨土論》應是最後一位「引用」到曇鸞《往生論註》的人，以後都是「消失」的狀態，到1932年後，曇鸞《往生論註》才再重回到漢傳佛教淨土宗的「重要資料」。這樣前後一算，中間已經差了「大約將近」1300年(若將《往生論註》訂在公元650以後消失的話)；也就是《往生論註》曾消失在漢傳佛

教歷史中長達 1300 年；既然是消失狀態，所以《往生論註》此書在 1300 年之間，並沒有出現過「第二本」對此書的「註釋書」。

從 1932 年以後，後人講解《往生論註》的「視頻」與出版《往生論註》的專書與研究也開始變多了(旦人著述非常多，在此省略不提)，例如：清末民初則有太虛(1890~1947)大師 **《往生淨土論講要》**(這只是太虛大師於 1936 年 8 月在廬山 東林寺所發表的一篇講論。臺北永和菩提印經會，於民國 74 年曾印過此書)。近人則有印順(1906~2005)法師 **《往生淨土論講記》**(收錄於印順法師《華雨集(一)》p173～354。新竹正聞出版社。2014 年修訂版)。性梵(1920~)法師著 **《往生論註講義 萬善同歸集講義》**(南投鹿谷淨律寺，2006 年)。淨空(1927~)法師 **《往生論講記》**(視頻資料)。慧律(1952~)法師(視頻資料)。慧淨(1950~)法師編者 **《往生論註》**(淨土宗文教基金會。2004 年)。戒修法師輯述 **《往生論註講義》**（全二冊）(大陸宗教文化出版社。2009 年)。益西彭措堪布(智圓法師)講 **《往生論註》分段解義**(上下冊)。蓋實法師 **《往生論注》**(視頻資料)。大安法師 **《往生論註》**(視頻資料)、林克智編述 **《往生論註譯釋》**(大陸宗教文化出版社。2016 年)。淨宗法師 **《往生論註述解》**(上海古籍出版社。2018 年)……等。

所以如果從 1932 年開始算起，至今 2019 年，《往生論註》重現在漢傳佛教資料內，雖只有 88 年，連 100 年的時間都還不到，其相關的著作，從日人到華人，已經有「數百部」的研究資料問世了(可參閱香光資訊網/圖書館服務/讀者指引/利用指引/無量壽經優婆提舍書目，裡面可查閱所有資料)，足見《往生論註》在佛教中，被法師、四眾弟子、學者教授們所「重視」的程度。

本書名為 **《《往生論註》與佛經論典之研究（全彩版）》**，主要的特色就是將《往生論註》所引用的「佛經論典」儘可能詳細的列舉出來，這裡面包山包海，引用「內典、外典」都有，有些是「一字不漏」的引用，有些則是在「消化」佛經後的相似文字。引經據典之豐盛，令人再三讚嘆，難怪北魏君王稱曇鸞為「神鸞」絕不是表面的

美名而已，就如前面印光大師所讚說的「**曇鸞法師撰註詳釋，直將彌陀誓願，天親衷懷**(衷心本懷)**，徹底圓彰**(圓滿的彰顯出來)**，和盤托出……曇鸞法師之《註》**(指《往生論註》)**，文暢達而義深邃﹏，洵**﹏(誠然：實在)**足開人**(之)**正智，起人**(之)**正信，乃淨業學人之大導師。」**

底下筆者就列出《往生論註》與「佛經論典」的對應與出處，這只是從本書中抽取一些較重要的資料而已，實無法「細數」出《往生論註》到底引用了多少大小乘的佛經論典，但至少絕對有超過 70 部以上的「佛經論典」。

《往生論註》的原文	引用了內外典的大略介紹
以「五念門」來修淨土。	整理自《無量壽經》的譯本,如:後漢·支婁迦讖譯《佛說無量清淨平等覺經》四卷。吳·支謙譯《佛說阿彌陀三耶三佛薩樓佛檀過度人道經》二卷。曹魏·康僧鎧譯《佛說無量壽經》二卷。
續括ㄍㄨㄚ 之權,不待勸而彎弓。	整理自《大方便佛報恩經》。《鼻奈耶·卷九》。《大智度論·卷七十六》的內容。故本句應解為: 「括」古通「栝ㄍㄨㄚ」或「筈ㄍㄨㄚ」。指箭的末端,與弓弦交會處。 「續括」是指以「後箭」射「前箭之筈」的方式,讓「箭括的末端」發生「自動相續不間斷」之一種權變方式。 原本是需用力「彎弓」才能射箭,現在改成另一種權變方式,即不需待「勸發」用力的「彎弓」射箭,直接以「後箭」射「前箭之筈」的方式,即能達「箭箭相續」的一種自動模式。 此喻在極樂世界已不必等待他人的「勸發」,你自然就能發心「自動」起修,甚至能達「無功用道、無功用心」的修行。
勞謙善讓。	引用《維摩詰所說經》卷3〈香積佛品10〉。故本句應解為: 極樂世界能讓眾生勤勞修行,但卻謙恭;雖造作諸善,但卻禮讓。
一者:「眾生緣」是「小悲」。 二者:「法緣」是「中悲」。 三者:「無緣」是「大悲」。	引用《大般涅槃經》卷15〈梵行品8〉。《大乘理趣六波羅蜜多經》卷8〈靜慮波羅蜜多品9〉。
自然相忘於「有餘」,自得於佛道。	引用《莊子·內篇·大宗師》。故本句應解為:

	在極樂世界中，有自然的珍寶，而且永遠「有餘」而無所缺，眾生自然就會「相忘」於彼此「互相競爭」與「奪取」。
卒去楚、越之勞。	引自《莊子・德充符》。故本句應解為：「楚、越之勞」是指楚與越雖然有著「密切的關係」，但兩者關係並「不好」，就像「眼睛」能欣賞「金玉、珍翫、明鏡」般的密切，但卻不能拿來當作身體上的「衣服、敷具」使用。而在極樂世界中，並沒有這種矛盾，七寶是完全柔軟的(地球上的七寶總是堅硬的)，既能令我們賞欣「悅目」，也能拿來當作「衣服、敷具」等的使用。
「迦旃隣陀」者，天竺柔軟草名也。	「柔軟草」這三個字並沒有出現在「純淨土」的經典中，故「柔軟草」乃整理自《佛說菩薩行方便境界神通變化經》卷3。《佛說如來不思議祕密大乘經》卷4〈持國輪王先行品 5〉。《大般若波羅蜜多經(第 401 卷-第 600 卷)》卷571〈證勸品 10〉。《佛說首楞嚴三昧經》卷2。
黃鵠持子安，千齡更起。	引用自《水經注・卷二十・沔水》。《列仙傳》卷下《陵陽子明》。
魚母念持子，逕檕不壞。	引用自《大智度論》卷37〈習相應品 3〉。
胞血為身器、糞尿為生元。	整理自《正法念處經・卷七十》。《大智度論・釋初品中三十七品義第三十一》(卷十九)。
懷火、抱冰。	引用自成語「冬寒抱冰，夏熱握火」。整理自《史記・卷四十一・越王勾踐世家》。或《吳越春秋・卷八・勾踐歸國外傳・勾踐七年》的「臥薪嘗膽」內容。
佛以「本願」不可思議「神力」，	整理自《妙法蓮華經》卷4〈五百弟子

攝(受此類「定性」聲聞)令生彼(極樂世界),(阿彌陀佛)必當復以「神力」,(令「定性」聲聞變成「不定性」聲聞而)生其無上(成佛)道心。	受記品 8〉。《大智度論》卷 93〈畢定品 83〉。
言「眾生」者,即是「不生不滅」義。	引用《佛說不增不減經》。
「無量」者,如《觀無量壽經》言:「七寶地」上,有「大寶」蓮華王座,蓮華一一葉作「百寶色」。	引用《佛說觀無量壽佛經》。
刪闍耶(Sañjayī-vairaṭīputra 刪闍耶毘羅胝子)等,敢如蟷蜋(螳螂的別名)。	引用《大般涅槃經》卷 19〈梵行品 8〉。《佛本行集經》卷 48〈舍利目連因緣品 49〉。
如外道軵稱「瞿曇」姓。	引用《大般涅槃經》卷 3。
眾中或有強梁(強橫凶暴)者,如提婆達多(Devadatta 提婆達多)流比(同流類的比照)。	整理自《大般涅槃經》卷 34〈迦葉菩薩品 12〉。《十誦律・卷三十六》。《別譯雜阿含經・卷一》。《大般涅槃經》卷 16〈梵行品 8〉。
或有國王(此指阿闍世的父親頻婆娑羅王 Bimbisāra),與佛並治(共同治理天下),不知甚推(甚言[極力表明]推仰)佛。	引用《過去現在因果經》卷 3。《佛本行集經》卷 23〈勸受世利品 28〉。
或有請佛(此指阿耆達婆羅門國王),(結果竟)以「他緣」(其他緣故)廢忘(廢除忘記)。	引用《中本起經》卷 2〈佛食馬麥品 13〉。
如一比丘語釋迦牟尼佛,若不與我解「十四難」(十四不可記、十四無記、十四難、十四種之不記答),我當更學「餘道」!	引用《大智度論》卷 15〈序品 1〉。
亦如居迦離(Kokālika 瞿伽離、瞿波利、俱迦梨、拘迦利、仇伽離)謗舍利弗,佛「三語」而「三不受」(佛三次對居迦離比丘阻止他毀謗舍利弗、目犍連,但居迦離都沒有接受)。	引用《出曜經・卷第十》。《雜寶藏經・卷三》。

又如諸外道輩，假入佛眾，而常伺求佛「短」。	整理自《佛說興起行經》。 (1)佛被<u>孫陀利</u>「毀謗」之緣。 (2)佛被<u>奢彌跋提</u>「毀謗」之緣。 (3)佛被<u>旃　沙繫盂</u>(盛飯的器皿)「毀謗」之緣。 (4)佛「遭食馬麥」之緣。
或有「值佛」(還在「住世」之時)而不免(墜墮到)「三塗」，(如)<u>善星</u>(Sunakṣatra)。	引用《大般涅槃經・卷三十三》。
又(有)人(已)聞佛名號，(已)發無上(成佛的)道心，(但卻)遇「惡因緣」，(竟然)退入「聲聞、辟支佛地」者(此指舍利弗曾修行六十劫的「菩薩道」，後來遇有人來「乞眼」之事，造成舍利弗退墮而迴向「小乘」道)。	引用《大智度論》卷12〈序品 1〉。
誰愛「功德」？(能)為我維(繫;拴縛)鍼(穿針)？	引用《撰集百緣經》卷4〈出生菩薩品 4〉。《大智度論》卷26〈序品 1〉。
譬如有人，善治堤塘。	整理自《大方等大集經》卷11。《中本起經》卷 2〈瞿曇彌來作比丘尼品 9〉。《大般涅槃經》卷6〈如來性品 4〉。
雖(仍)歎「穢土」……不見佛土有(眞實之)「雜穢相」。 雖(必)歎「淨土」……(但亦)不見佛土有(眞實之)「清淨相」。	整理自《維摩詰所說經》卷1〈佛國品 1〉。《大般涅槃經・卷二十四》。
「業道」經(此指佛在「經典」中所說有關「善、惡」業道類的經典，並非有一部經典名爲《業道經》)言：業道如秤，重者先牽。	整理自署名為唐・<u>窺基</u>法師作(日本學者境野黃洋等考證此書應為淨土宗人依託所作)《西方要決科註・卷二》。《成實論》卷8〈四業品 107〉。《惟日雜難經》。《蘇婆呼童子請問經》卷 1〈分別處所分品 2〉。《修行道地經》卷1〈五陰成敗品 5〉。
聞「滅除藥鼓」，即箭出毒除。	引用《佛說首楞嚴三昧經》卷1。
心行處滅，言語道過	引用《大智度論》卷15〈序品 1〉。

	《方廣大莊嚴經》卷 11〈轉法輪品 26〉。
轉筋、木瓜	整理自《諸病源候論·霍亂轉筋候》。
五種不可思議力	整理自《增壹阿含經·卷第二十一》。《大智度論》卷30〈序品 1〉。《大方便佛報恩經》卷 1〈孝養品 2〉。
此「舍利」變為「摩尼如意寶珠」。此(摩尼如意寶)珠多(處)在「大海」中，「大龍王」以為首飾(大龍王會將這些「摩尼如意寶珠」作為自己頭頂上的美飾)。	整理自《悲華經》卷 10〈檀波羅蜜品 5〉。
譬如「迦羅求羅蟲」(krkalāsa 迦羅答羅蟲、加羅求羅蟲、黑木蟲)，其形微小，若得「大風」，(其)身(便)如「大山」，(此蟲乃)隨風大小，(作)為(自)己「身相」(身體之相)。	引用《大智度論》卷 7〈序品 1〉。
有(男)菩薩字愛作，(因)形容(形色容貌)端正(端莊雅正)，生人(常令女人對愛作菩薩生起)染著(心)。	整理自《大寶積經·卷 106·阿闍世王子會第三十七》。
「探湯、不及」之情，自然成就。	引用《論語·季氏》，故本句應解為：見到「惡行」如伸手探到熱湯般的迅速遠離；見到「善事」則又唯恐自己來不及馬上做到。
經言：「身」為苦器，「心」為惱端。	整理自《佛般泥洹經》卷 2。《增壹阿含經》卷 32〈力品 38〉。《佛母般泥洹經》卷 1。《根本說一切有部苾芻尼毘奈耶》卷 2。
夫(他方世界之)諸天(人)共器飯(共用一個食器進餐)。	引用《維摩詰所說經》卷 1〈佛國品 1〉。
足指按地。	引用《維摩詰所說經》卷 1〈佛國品 1〉。
須彌之入芥子，毛孔之納大海。	引用《維摩詰所說經》卷 2〈不思議品 6〉。
根敗永亡，號振三千。	整理自《維摩詰所說經》卷 2〈不思議

	品 6〉。故本句應解為： （二乘行者不悟「生即無生」之理，墮於「偏空」，則同於）**「根敗」永亡**（此指五根已敗壞之士，則其對於「五欲」已不能再次享色聲香味觸五欲之利樂。此喻不能發「無上成佛道心」之二乘聲聞，即如同「焦芽敗種」者，將永遠亡去成佛道的機會）， （二乘行者若能聞能悟「生即無生」之「大乘不可思議境界」之義，則應）**號振三千。**
無反、無復，於斯招恥。	整理自《維摩詰所說經》卷 2〈不思議品 6〉。故本句應解為： （二乘行者無法「發大心」追求往生淨土成佛）**無反、無復**（故將永遠無法「反哺、回復」報恩於如來），**於斯招恥**（二乘於此「不悟生即無生」與「不能發心成佛報佛恩」之事，應生懺悔與自招羞恥心）。
譬如淨「摩尼珠」，置之濁水，水即清淨。	引用《大般若波羅蜜多經(第 401 卷-第600 卷)》卷 572〈顯德品 11〉。《大乘理趣六波羅蜜多經》卷 5〈淨戒波羅蜜多品 6〉。《佛說菩薩行方便境界神通變化經》卷 2。《大方廣佛華嚴經》卷 78〈入法界品 39〉。
人有輟ᵗ 餐「養士」，或豐ˣ 起舟中。	整理自《吳越春秋・王僚使公子光傳・第三五年》。《呂氏春秋・卷十一・忠廉篇》。故本句應解為： **人有輟ᵗ 餐「養士」**（此指在春秋時代的慶忌，他在獲得要離這位忠士後，便把要離當「養士」，把自己吃的用的都減少下來，供應給要離去吃用），**或**（不是每個養士都會去謀殺自己的主人，但也有可能發生這種無常的事）**豐ˣ**（此字很多版本都已自動更改爲「疊」字。筆者認爲此字本應作「疊」字，而「疊」古又同於「疉」→疉禍；罪疉）**起舟中**（結果「養人」的慶忌卻遭「被養者」的要離給謀害了）。
積金盈庫，而不免餓死。	整理自《史記・佞ᵗ 幸列傳》。故本句應解為： （漢朝的鄧通）**積金**（堆積黃金）**盈庫**（充盈倉庫），**而**（最終）**不免「餓死」**。

好堅樹木	引用《大智度論》卷 10〈序品 1〉。
證「羅漢」於「一聽」，制「無生」於「終朝」。	引用蕭齊・劉虬ˊ 作《無量義經》之「序文」。《大智度論》卷 88〈四攝品 78〉。《大莊嚴論經》卷 10・五七。故本句應解為： **證「羅漢」於「一聽」**(最初一次聽聞佛法的機會中)，(能馬上安)**制「無生」於「終朝」**(整天)。
高原陸地，不生蓮華，卑濕淤泥，乃生蓮華。	引用《維摩詰所說經》卷 2〈佛道品 8〉。
明智慧「非作、非非作」也……明法身「非色、非非色」也。	整理《大乘入楞伽經》卷 5〈無常品 3〉。《大方廣佛華嚴經》卷 80〈入法界品 39〉。
譬如「出家」(之有修有證的)**聖人，以**(「出家」又名為)**「殺煩惱賊」故，名為「比丘」。**(但若是)**「凡夫」**(之)**出家者，**(無論他)**持戒、**(或)**破戒，皆**(亦)**名「比丘」。**	引用《佛說大般泥洹經》卷 4〈四依品 9〉。
應知「智慧、方便」是菩薩父母，若不依「智慧、方便」，「菩薩法」則不成就。	引用《維摩詰所說經》卷 2〈佛道品 8〉。
入「如來大會眾數」。	整理自《大寶積經》卷 6。
出極樂世界而至「園林遊戲地門」。	整理自《華嚴經・離世間品》。
師子搏ˊ 鹿。	引用《大智度論》卷 8〈序品 1〉。
譬如「阿修羅琴」，雖無(人去撥弦擊)**鼓者，而**(竟能發出)**「音曲」**(音韻曲調)**自然。**	引用《大智度論》卷 17〈序品 1〉。
十方無礙人，一道出生死。	整理自《華嚴經・菩薩明難品》。

　　《往生論註》引用「佛經論典」次數最多的，除了《無量壽經》的三個譯本(其餘的二個譯本是在曇鸞大師圓寂後才譯出)之外，就是《維摩詰經》、《大智度論》、《大般涅槃經》《法華經》、《觀無量壽佛經》、《華嚴經》、《大集經》……等。尤其引用《維摩詰經》與《大智度

論》的次數是高居第一名。

　　本書《《往生論註》與佛經論典之研究（全彩版）》，已將《往生論註》作一個完整的「佛經論典」補充歸納整理，所有「難字」的「注音」及「解釋」都盡量補充進去了。為了符合現代人閱讀的方便，已在每個人名、地名、法號、字號下皆劃上「底線」。

　　曇鸞的《往生論註》「內文」絕大部份都可以找到「藏經」的佐證，所以本書的編撰方式就是採「以經解論」及「以經解經」，讓大家在讀「論」的當下，同時又可以讀到很多「純佛經原典」的「法義」，避免個人對「內文」進行過多的「知見猜測」與「灌水擴充」，所以「以經解論、以經解經」永遠是「如法、正確」的一個方式。

　　最後祈望所有研究《往生論註》的佛教四眾弟子、教授學者們，能從這本書中獲得更方便及快速的「理解」，能因本書的問世與貢獻，帶給更多後人來研究本經、講解本經。末學在教學繁忙之餘，匆匆撰寫，錯誤之處，在所難免，猶望諸位大德教授，不吝指正，爰聊綴數語，以為之序。

公元 2019 年 8 月 18　果濱序於土城楞嚴齋

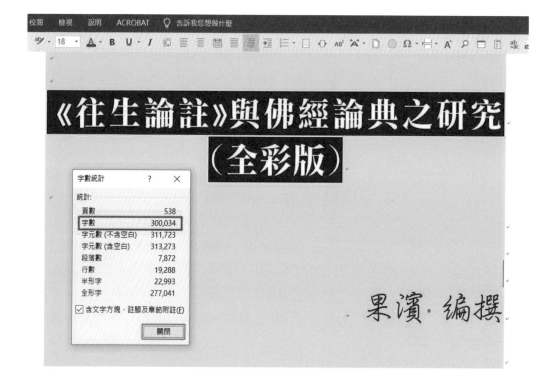

目錄及頁碼

大慈菩薩發願偈

(作者不詳,至宋代王日休校輯的《佛說大阿彌陀經》後,即開始盛行)

十方三世佛,<u>阿彌陀</u>第一。

九品度眾生,威德無窮極。

我今大皈依(皈依三寶,皈依西方淨土),懺悔三業罪。

凡有諸福善(福德善業),至心用迴向(迴向往生西方淨土)。

願(共)同(修學)念佛(諸)人,感應隨時現;

臨終西方(聖)境,分明在目前。

見聞(若有見、有聞西方淨土者)皆(能發心)精進,

同生(大眾皆發願、共同往生)<u>極樂</u>國。

(若得)見(<u>阿彌陀</u>)佛(便能)了(脫)生死,

(就能)如(諸)佛(般一樣能)度(盡)一切(所有眾生)。

無邊煩惱(誓願)斷,無量法門(誓願)修,

誓願度眾生,總願成佛道。

虛空(雖)有(空)盡,我(的)願(力)無窮(盡)。

情與無情,同圓(共同圓滿及成就)「種智」(佛之「一切種智」)。

十方三世一切佛,一切菩薩摩訶薩,摩訶般若波羅蜜。

蓮池大師西方迴向發願文

（淨土宗第八代祖師）

稽首西方安樂國（極樂世界），接引眾生大導師。
我今發願願往生，唯願慈悲哀攝受。

弟子○○，普爲四恩（《大乘本生心地觀經》云：「世、出」世間「有恩」之處……有其四種：一「父母恩」。二「眾生恩」。三「國王恩」（即國家之恩）。四「三寶恩」。如是四恩，一切眾生平等荷負。另宋・道誠輯《釋氏要覽・卷二》云：凡釋氏……皆迴向「四恩、三有」……恩有四焉：一「父母恩」。二「師長恩」。三「國王恩」。四「施主恩」）、三有（「欲界、色界、無色界」六道眾生，各隨所作善惡之業，即感招善惡之報，因果不亡，故名爲「有」），法界眾生，求於諸佛「一乘」（一佛乘）無上菩提道故，專心持念阿彌陀佛萬德洪名，期生淨土。

又以業重（罪業深重）福輕（福報輕淺），障深（業障深重）慧淺（智慧淺薄），染心（染污穢心）易熾（熾盛），淨德（清淨道德）難成。今於佛前，翹（翹誠→殷切虔誠）勤（通「翹勤」→盡心竭力；殷勤；懇切）五體（一頭二手雙腳），披瀝（竭盡忠誠）一心，投誠（投獻誠心；歸附；歸順）懺悔。

我及眾生，曠劫至今，迷本淨心（迷失原本清淨之真心），縱（放縱；縱逸）貪瞋癡，染穢（染污惡穢）三業（身口意三業），無量無邊。所作罪垢，無量無邊。所結冤業（冤屈；冤仇；怨恨），願悉消滅。

從於今日，立深誓願，遠離惡法，誓不更造。勤修聖道，誓不退墮。誓成正覺，誓度眾生。

阿彌陀佛，以慈悲願力，當證知我，當哀憫我，當加被我。願「禪觀」之中，夢寐（睡夢）之際，得（睹）見阿彌陀佛金色之身，得（經）歷阿彌陀佛寶嚴（妙寶莊嚴）之土。得蒙（受）阿彌陀佛，甘露灌頂。（阿彌陀佛）光明照身，手摩我頭，衣覆我體。使我宿障自除，善根增長，疾（快速）空（消空；空掉）煩惱，頓破無明，（能令我的）圓覺（圓滿之覺性）妙心（微妙之真心），廓然（廓達疏通；阻滯盡除）開悟，寂光（無淨無穢的常寂光淨土。如《佛說

觀普賢菩薩行法經》云: 釋迦牟尼名毘盧遮那,遍一切處;其佛住處名常寂光)真境,常得現前。

至於臨欲命終,預知時至,身無一切病苦厄難(例如大病不來,小病不斷。大病是指瘤、癌、絕症等。除此外,則皆可名爲小病),心無一切貪戀迷惑,諸根(眼耳鼻舌身意六根)悦豫(喜悦;愉快),正念分明,捨報(往生)安詳,如入禪定。阿彌陀佛與觀音、勢至,諸聖賢眾,放光接引,垂手(申手下垂)提攜。樓閣幢幡,異香天樂,西方聖境,昭示目前,令諸眾生,見者聞者,歡喜感嘆,發菩提心。

我於爾時,乘「金剛臺」(此指「上品上生」。如《佛說觀無量壽佛經》云: 觀世音菩薩執「金剛臺」,與大勢至菩薩至行者前,阿彌陀佛放大光明,照行者身,與諸菩薩「授手迎接」),隨從佛後,如彈指頃,生極樂國,七寶池內,勝蓮華中,華開見佛,見諸菩薩,聞妙法音,獲「無生忍」。於須臾間,承事(欽承奉事供養)諸佛,親蒙授記;得授記已,三身(法身、報身、化身)、四智(四種無漏智,大圓鏡智、平等性智、妙觀察智、成所作智),五眼、六通,無量百千「陀羅尼」門,一切功德,皆悉成就。

然後「不違」(不休止於;不久住於。如清·濟能輯《角虎集》云:「久住」極樂者,佛又令他「回入」娑婆,以度眾生。然亦「不違」安養,棲神于此。分身「回入」,隨類化現耳。是知: 或勸人捨娑婆而「生淨土」。或勸人捨淨土而「入娑婆」,無非觀機逗教,隨根鍛鍊,自他俱利)安養(極樂世界),(並發願)回入(迴心轉入)娑婆(世界),分身無數,遍十方剎(請注意這是指「遍十方剎」,並非指只回到藍色的地球來度眾生),以不可思議自在神力,種種方便,度脫眾生,咸令離染,還得淨心,同生西方,入「不退地」。

如是大願,世界無盡,眾生無盡。業及煩惱,一切無盡,我願無盡。

願今禮佛發願,修持功德,回施(回向布施;報效)有情,(令)四恩總報(總歸全部報答),(及)三有(皆獲)齊資(齊聚功德資糧),法界眾生,同圓(共同圓滿及成就)「種智」(佛之「一切種智」)。

北宋·楊傑居士撰《念佛鏡》序及《淨土十疑論》序

愛不重，不生娑婆。
念不一，不生極樂。
娑婆，穢土也；極樂，淨土也。

娑婆之壽有量；彼土(極樂世界)之壽則無量矣。娑婆備諸苦；彼土(極樂世界)則「安養」無苦矣。娑婆隨業「轉輪生死」；彼土(極樂世界)「一往」(一旦往生)則永證「無生法忍」，若(發)願度生，則任意自在，不為諸業轉(動)矣。其「淨穢、壽量、苦樂、生死」，(娑婆與極樂兩者皆有)如是差別，而眾生冥然不知，可不哀哉？

阿彌陀佛，淨土攝受之主(人)也；釋迦如來，指導淨土之(恩)師也。觀音、勢至，助佛揚化者也。是以如來一代教典，處處叮嚀，勸往生也。

阿彌陀佛與觀音、勢至，乘大願船，泛生死海，不著「此岸」、不留「彼岸」、不止「中流」(此喻阿彌陀佛乃周遍十方法界)，唯以「濟度」為佛事。是故《阿彌陀經》云：「若有善男子、善女人，聞說阿彌陀佛，執持名號，若一日乃至七日，一心不亂。其人臨命終時，阿彌陀佛與諸聖眾現在其前，是人終時，心不顛倒，即得往生極樂國土。」

又經云：「十方眾生，聞我名號，憶念我國，植諸德本，至心迴向，欲生我國，不果遂者，不取正覺。」所以祇洹精舍(有設立)無常院，令病者面西，作往生淨土想。蓋彌陀光明(能)遍照法界，(能對)念佛眾生(含四種念佛：觀像；觀想；持名；實相)攝取不捨。聖、凡一體，機、感相應。諸佛心內(之)眾生，塵塵極樂(無量無邊的每一個世界都是極樂世界，因佛眼所觀，佛與眾生平等，淨穢世界亦平等無二)；眾生心中(之)淨土，

念念彌陀(每一念的彌陀聲皆可證西方淨土)。

吾以是觀之：
智慧者易生，能斷疑故；禪定者易生，不散亂故；
持戒者易生，遠諸染故；布施者易生，不我有故；
忍辱者易生，不瞋恚故；精進者易生，不退轉故；
不造善、不作惡者(《壇經》云：不思善,不思惡,正與麼時,那箇是明上座本來面目)
易生，念能一故；
諸惡已作、業報已現者易生，實慚懼(羞愧懺悔、恐懼因果)故。
雖有「眾善」，若無「誠信心」、無「深心」、無「迴向發願心」
者，則不得「上上品」生矣。

噫！彌陀甚易持，淨土甚易往，眾生(若)不能持(執持名號)、(若)
不能往(發願往生)，佛如眾生何(就算佛來救度也無可奈何)？夫造惡業入苦趣，
念彌陀生極樂，二者皆佛言也。世人(既)憂墮地獄，而(又)疑往
生(淨土法門)者，不亦惑哉？

唐·善導大師撰《依觀經等明般舟三昧行道往生讚》

敬白一切往生知識等（欲往生西方淨土之諸大善知識），大須慚愧！

釋迦如來實是慈悲父母，（以）種種方便（法門）發起我等無上信心，又說種種方便，教門（教修法門）非一（非只有一種）。

但為我等（顛）倒（邪）見凡夫，若能依教修行者，則「門門見佛」，（皆能）得生淨土。

若見聞有人行「善」者，即以「善」助之。
若見聞有人行「教」（行持講經說法的「教宗」），（則）讚之。
若聞人說「行」（修持種種行門者，例如：律密淨等），即依（彼所修之）「行」
　　（而從）順之。
若聞人有「悟」（修持般若禪悟者），即依（彼所修之）「悟」（而歡）喜之。
何意然者？

同以「諸佛」為師，以「法」為母，生養共同（共同受父母之生、養之恩），情親非外（同為親屬眷情，並非是外人啊）。

（故）不得輕毀（與）他（個人）有緣之（其餘）教行，（而）讚（與）自有緣之「要法」，（此）即是自相（自己互相）破壞「諸佛法眼」！

法眼既滅，菩提（之）正道，（尚）履足（實踐）無由（既已破壞諸佛法眼，若還要去實踐菩提正道的話，絕無理由，亦絕無可能的），（甚至）淨土之門何能得入？

明·蓮池大師撰《雲棲法彙(選錄) (第12卷-第25卷) ·卷十二》

(淨土宗第八代祖師)

有自負「參禪」者，輒云：達磨「不立文字」，「見性」則休(只要能明心見性的話，一切其餘的經論經教都是多餘的，都要休絕停止下來)。

有自負「念佛」者，輒云：止貴(只需念佛即可，所以對經教經論這種「富貴繁鎖」的學問要保持「止步」不進的狀態)，直下有人(有人當下一句佛號即可明心見性)，何必「經典」？

此二輩人，有「真得」而作是語者，且不必論！

亦有實無所得(完全沒有從「參禪」或「念佛」中獲得見性)，而漫言(隨便說說)之者。

(此皆)大都不通「教理」(佛經教理)，而護惜(庇護懊惱惋惜)其「短者」(短失缺陷)也。

于一生「崇尚念佛」，然勤勤懇懇勸人看「教」(看經研讀教理)。何以故？

念佛之說，何自來乎？(若)非(釋迦)「金口」所宣，明載(於)「簡冊」，今日眾生何繇乂 (古通「由」)而知「十萬億剎」之外有「阿彌陀」也。

其「參禪」者，藉口「教外別傳」，不知離「教」(佛經教理)而參(例如不研究《楞嚴經》五十陰魔者)，是「邪因」也。

離「教」(佛經教理)而悟，是「邪解」也。

饒汝參而得悟，必須以「教」印證(例如應與《楞嚴》、《楞伽》等經典為印證)，不與「教」(佛經教理)合，悉邪也。

是故學儒者，必以「六經四子」為權衡(權量衡鑑)。

學佛者，必以「三藏十二部」為模楷(模式楷範)。

一、《無量壽經優波提舍願生偈》名稱問題

曹魏・康僧鎧(近代學界研究論斷作者確爲竺法護)譯《無量壽經》的梵名作：

Sukhāvatī-vyūha 或 amitābha-vyūha 或 amitāyuḥ-sūtr
無量壽 經 無量壽 經 無量壽 經

由世親(Vasubandhu; 婆藪ㄙㄡˇ 槃豆；天親；約公元360~440)菩薩造，北魏・菩提流支(Bodhiruci;公元529年或531年譯)譯的《**無量壽經優婆提舍願生偈**》，其原始梵名作：

Sukhāvatī-vyūhopadeśa
無量壽 經 論

若還原成「原型」則如下所示：

Sukhāvatī-vyūha-upadeśa
無量壽 經 論

本論的「梵文本」早已迭失，現只存「漢譯本」。

在《大正藏》中原作「**無量壽經優波提舍願生偈**」，但「宋本」藏經則名「**無量壽優波提舍經**」(「經」字被搬到後面放)。「元明本」藏經又作「**無量壽經優波提舍**」(「願生偈」三字取消)。

「**無量壽經優波提舍願生偈**」有多種稱呼，如：
❶《往生論》、❷《往生淨土論》、❸《往生偈》、❹《淨土論》、❺《無量壽經論》、❻《無量壽優波提舍經論》、❼《無量壽經優波提舍》、❽《願生偈》等。

唐代淨土宗第二代祖師道綽ㄔㄨㄛˋ (562～645)的《安樂集》則又將「**無量壽經**

優波提舍願生偈」稱作「淨土論」。

唐・道綽(562~645)撰《安樂集》

又依天親《淨土論》云：凡欲發心會無上菩提者，有其二義：一者、先須離三種與菩提門相違法。二者、須知三種順菩提門法。

✠唐代迦才也撰有《淨土論》，為了有別天親的《淨土論》，所以又作《迦才淨土論》。收於《大正藏》第四十七冊。作者迦才與善導同為繼承道綽之「淨土教」而活躍於同一時代之高僧。

《迦才淨土論》乃整理道綽《安樂集》內容，以「問答」之形式，敘說「淨土教」之教法，更彰顯《安樂集》之思想。

內容係評定極樂淨土之「報、化」及「往生機品」等，舉理證及實例論述「凡夫往生」之可能。全書總分九章，淨土教徒多沿用此書。

關於「無量壽經優波提舍願生偈」有多種稱呼的經論引證

日本・虎關 師鍊(公元 1278~1346)著《八海含藏》

天親菩薩造《往生淨土論》。

日本・日朝著、英圓纂補《四宗要文》

(天親菩薩造)《往生淨土論》註上(初)曰。謹案龍樹菩薩《十住毘婆沙》云：菩薩求「阿毘跋致」，有二種道。一者「難行道」。二者「易行道」。

唐・道鏡、善道共集《念佛鏡》

又(天親菩薩造)《無量壽經論》云：念佛有五種門。何者為五？一者、禮拜門，身業專禮阿彌陀佛……五者、迴向門，但念佛、禮佛功德，唯願往生淨土，速成無上菩提。

隋・費長房撰《歷代三寶紀》卷 9

(天親菩薩造)《無量壽優波提舍經論》一卷。

清・王耕心衷論《摩訶阿彌陀經衷論》

淨宗諸論，有(天親菩薩造)《無量壽經優波提舍》一卷、《淨土十疑論》一卷、《西方要訣》二卷。

《大明重刊三藏聖教目錄》卷3

(天親菩薩造)《無量壽經優波提舍》。

《楊仁山居士遺書》卷16

(天親菩薩造)《願生偈》(曇鸞註)。

北魏・曇鸞註解《無量壽經優婆提舍願生偈註》

總而言之，說所《願生偈》，總持「佛經」與「佛教」相應。

新羅・元曉撰《兩卷無量壽經宗要》

(天親菩薩造)《往生論》中說「五門行」。

新羅・璟興撰《無量壽經連義述文贊》卷2

(天親菩薩造)《往生論》及《攝論釋》(攝大乘論釋)，皆天親造，理必應同。

隋・慧遠撰《觀無量壽經義疏》

依(天親菩薩造)《往生論》「五門」為因。

隋・慧遠撰《無量壽經義疏》卷2

曰：天親作《往生偈》，女人根缺，及二乘種，皆不得生。

《往生論》原本題名為《無量壽經優波提舍願生偈》，但前面的《無量壽經》四個字並非指向《無量壽經》，也非針對《阿彌陀經》，或者那一部「特定」的單一佛典。

(　請　參　閱　Richard K.Payne,　"　The Five Contemplative gates of Vasubandhu ，s Rebirth Treatise as a Ritualized Visualization Practice"，The Pure Land Tradition:History and Development ,(Berkely:The Regents of the University of California.1996)，pp.234-242)

《往生論》的內容與《無量壽經》雖有「類似」之處，但這些「類似」都只是在描述「佛國土」，這在任何一個「描述佛國土」的經論中都可以找到相同的描述。

《無量壽經》中重要的思想或修行法，例如「十念往生」與「第十八、十九、二十願」的重要內容，這些內容在《往生論》中完全未被觸及，也未被詳加討論，只有曇鸞的《往生論註》才有觸及到這些內容。

《無量壽經》與《往生論》的「部分思想」也並不一致，甚至有些是互相衝突而不相容的。例如《往生論》中談到「彌陀淨土」是「女人及根缺，二乘種不生」，但在《無量壽經》的「五個譯本」中有多次談到「女人」確定是可以往生西方淨土的，只是在極樂世界中是「無男無女」的一種「三十二相、自然虛無之身」。

關於「極樂世界無男無女」的經論引證

吳·支謙譯《佛說阿彌陀三耶三佛薩樓佛檀過度人道經》

第二願：使某作佛時，令我國中(極樂世界)，無有「婦人、女人」(指極樂世界無女亦無男也)，欲來生我國(極樂世界)中者，即作「男子」(指成為大菩薩眾，非男非女也)……來生我國(極樂世界)者，皆於七寶水池「蓮華」中「化生」長大(既然是「蓮華化生」，何來男子、女子之相耶？)……不得是願，終不作佛。

吳·支謙譯《佛說阿彌陀三耶三佛薩樓佛檀過度人道經》

第六願：使某作佛時，令八方上下，無央數佛國，諸天人民。若善男子、善女人(女人確定是可以往生的)，欲來生我國(極樂世界)……飯食ㄙ(打齋供

^養)沙門，起塔作寺，斷「愛欲」，來生我國(_{極樂世界})作「菩薩」。得是願，乃作佛；不得是願，終不作佛。

吳・支謙譯《佛說阿彌陀三耶三佛薩樓佛檀過度人道經》

其國中(_{極樂世界})悉諸「菩薩、阿羅漢」，無有「婦女」(_{指極樂世界無女亦無男也})，壽命無央數劫。「女人」往生(_{女人確定是可以往生的})，即「化」作「男子」(_{指成爲大菩薩眾，非男非女也})。

後漢・支婁迦讖譯《佛說無量清淨平等覺經》

(1)(_{極樂世界者})其身體者，亦非「世間人」之身體也，亦非「天上人」之身體也，皆積眾善之德，悉受「自然虛無」之身體(_{既是自然虛無之體，則非男非女，明也})，甚姝好(_{殊妙相好})無比。

(2)其國中(_{極樂世界})悉諸「菩薩、阿羅漢」，無有「婦女」，壽命極壽，壽亦無央數劫。「女人」往生者，則「化生」皆作「男子」(_{指成爲大菩薩眾，非男非女也})，但有「菩薩、阿羅漢」無央數，悉皆洞視(_{洞然透視，喻天眼})、徹聽(_{徹底聽聞，喻天耳})，悉遙相見，遙相瞻望，遙相聞語聲，悉皆求道善者，同一種類，無有「異人」(_{既然是「同一種類」，則皆爲大菩薩眾，故非男非女也})也。

趙宋・法賢譯《佛說大乘無量壽莊嚴經》

(_{第二十七願})世尊！我得菩提，成正覺已，所有十方無量無邊，無數世界一切「女人」(_{女人確定是可以往生的})，若有厭離「女身」者，聞我「名號」，發「清淨心」，歸依頂禮，彼人命終，即生我刹(_{極樂世界})，成「男子身」(_{指成爲大菩薩眾，非男非女也})，悉皆令得「阿耨多羅三藐三菩提」。

曹魏・康僧鎧譯《佛說無量壽經・卷上》

(_{第三願})設我得佛，國中(_{極樂世界})天人，不悉(_{盡；全})「真金色」者，不取正覺。

(_{第四願})設我得佛，國中(_{極樂世界})天人，形色不同(_{既然沒有形色好醜的不同，則當然是非男非女也})，有好醜者，不取正覺。

(_{第二十一願})設我得佛，國中(_{極樂世界})天人，不悉成滿「三十二大人相」(_{既然都}

是三十二大丈夫相，當然是非男非女也)者，不取正覺。

曹魏·康僧鎧譯《佛說無量壽經·卷上》

(極樂世界中)其諸「聲聞、菩薩、天人」，智慧高明，神通洞達(洞開暢達)，咸「同一類」，形「無異狀」，但因順「餘方」(其餘他方世界)，故(仍)有「天人」之名。顏貌(容顏貌相)端正，超世希有，容色(容貌神色)微妙(精微巧妙)，非天(非天上之天人)、非人(非人間之世間人)，皆受「自然虛無」之身(既是自然虛無之體，則非男非女，非常明確的證據)，「無極」(無有極至)之體。

趙宋·法賢譯《佛說大乘無量壽莊嚴經》──

(第一願)世尊！我發誓言……(極樂世界)一切皆得身「真金色」(既然都是真金色，當屬非男非女也)。

(第十五願)世尊！我得菩提，成正覺已，所有眾生令生我剎(極樂世界)，皆具「三十二種」大丈夫相(既然都是三十二大丈夫相，當然是非男非女也)，一生令得「阿耨多羅三藐三菩提」。

關於「蜎飛、蠕動之類皆可往生西方淨土」的經論引證

《往生論》中談到「女人及根缺，二乘種不生」，但在《無量壽經》的「五個譯本」中有多次談到「蜎號(小蟲)飛、蠕號動(古同「蝡」→微動;爬動;緩慢爬行)之類」的眾生都可以往生西方淨土的，何況只是「六根殘缺」的人道眾生呢？舉例如下：

吳·支謙譯《佛說阿彌陀三耶三佛薩樓佛檀過度人道經》

(法藏)白(世自在王)佛言：我欲求佛為菩薩道，令我後作佛時……諸無央數天人民，及蜎號(小蟲)飛、蠕號動(古同「蝡」→微動;爬動;緩慢爬行)之類，諸來生我國(極樂世界)者，悉皆令作「菩薩、阿羅漢」，無央數，都勝諸佛國。

吳·支謙譯《佛說阿彌陀三耶三佛薩樓佛檀過度人道經》

第二十四願：使某作佛時……諸天人民，蜎^号(小蟲)飛、蠕^号 動(古同「蝡」)→微動；爬動；緩慢爬行)之類，見我光明，莫不慈心「作善」者，皆令來生我國(極樂世界)。得是願，乃作佛；不得是願，終不作佛。

吳・支謙譯《佛說阿彌陀三耶三佛薩樓佛檀過度人道經》

第四願：使某作佛時……諸天人民，蜎^号(小蟲)飛、蠕^号 動(古同「蝡」)→微動；爬動；緩慢爬行)之類，聞我「名字」，莫不慈心，歡喜踊躍者，皆令來生我國(極樂世界)。得是願，乃作佛；不得是願，終不作佛。

吳・支謙譯《佛說阿彌陀三耶三佛薩樓佛檀過度人道經》

第五願：使某作佛時，令八方上下，諸無央數天人民，及蜎^号(小蟲)飛、蠕^号 動(古同「蝡」)→微動；爬動；緩慢爬行)之類。若前世「作惡」，聞我「名字」，欲來生我國(極樂世界)者，即便反政(正)自悔過(懺悔過失)，為道作善。便持經戒(佛經戒律)，願欲生我國(而)不斷絕(所持經戒及願生之心)……在心所願。得是願，乃作佛；不得是願，終不作佛。

吳・支謙譯《佛說阿彌陀三耶三佛薩樓佛檀過度人道經》

第二願：使某作佛時……諸無央數天人民，蜎^号(小蟲)飛、蠕^号 動(古同「蝡」)→微動；爬動；緩慢爬行)之類，來生我國(極樂世界)者，皆於七寶水池「蓮華」中「化生」長大……不得是願，終不作佛。

吳・支謙譯《佛說阿彌陀三耶三佛薩樓佛檀過度人道經》

佛言：八方上下，無央數佛國，諸天人民，及蜎^号(小蟲)飛、蠕^号 動(古同「蝡」)→微動；爬動；緩慢爬行)之類，諸生阿彌陀佛國者，皆於七寶水池「蓮華」中「化生」，便自然長大，亦無「乳養」之者，皆食「自然」之飲食。

後漢・支婁迦讖譯《佛說無量清淨平等覺經》

佛言：八方上下，無央數佛國，諸天人民，及蜎^号(小蟲)飛、蠕^号 動(古同「蝡」)→微動；爬動；緩慢爬行)之類，諸生無量清淨佛國者，都皆於是七寶水池「蓮華」中「化生」，便則自然長大，亦無「乳養」之者，皆食「自然」之飲食。

吳·支謙譯《佛說阿彌陀三耶三佛薩樓佛檀過度人道經》

其(無量壽)佛尊壽,卻後無數劫,重復無數劫……諸無央數佛國諸天人民,及蜎号(小蟲)飛、蠕号動(古同「蜆」)➜微動;爬動;緩慢爬行)之類,皆欲使往生其國(極樂世界),悉令得「泥洹」(涅槃)之道……

(能令)八方上下,諸無央數天人民,蜎号(小蟲)飛、蠕号動(古同「蜆」)➜微動;爬動;緩慢爬行)之類,其生阿彌陀佛國,當作佛者,不可復勝數。

吳·支謙譯《佛說阿彌陀三耶三佛薩樓佛檀過度人道經》

佛言:阿彌陀佛國亦如是,悉令八方上下,「無央」(無窮盡)數佛國,諸「無央」(無窮盡)數天人民,蜎号(小蟲)飛、蠕号動(古同「蜆」)➜微動;爬動;緩慢爬行)之類都「往生」,甚大眾多,不可復計。

後漢·支婁迦讖譯《佛說無量清淨平等覺經》

佛言:無量清淨佛國亦如是,悉令八方上下、無央(無窮盡)數佛國,無央(無窮盡)數諸天人民,蜎号(小蟲)飛、蠕号動(古同「蜆」)➜微動;爬動;緩慢爬行)之類,都往生無量清淨佛國者,其輩甚大眾多,不可復計。

關於「西方淨土確定有二乘聲聞人」的經論引證

《往生論》中談到「彌陀淨土」是「二乘種不生」,但在《無量壽經》中有多次談到西方淨土確定是有「二乘聲聞人」存在的。

曹魏·康僧鎧譯《佛說無量壽經》

設我得佛,國中(極樂世界)「聲聞」,有能計量,乃至三千大千世界眾生,悉成「緣覺」,於百千劫,(能)悉共計挍知其(聲聞)數(量)者,不取正覺。

曹魏·康僧鎧譯《佛說無量壽經》

(極樂世界之)「聲聞、菩薩、天人」之眾,壽命長短,亦復如是,非算數譬喻

所能知也。

又「聲聞、菩薩」其數難量，不可稱說……佛語阿難：彼(阿彌陀)佛「初會」(之)「聲聞」眾數不可稱計，菩薩(之數量)亦然。

曹魏・康僧鎧譯《佛說無量壽經》

彼諸菩薩，及聲聞眾，若入「寶池」(七寶浴池)，意欲令水沒足，水即沒足。

曹魏・康僧鎧譯《佛說無量壽經》

(極樂世界中)其諸「聲聞、菩薩、天人」，智慧高明，神通洞達(洞開暢達)，咸「同一類」，形「無異狀」，但因順「餘方」(其餘他方世界)，故(仍)有「天人」之名。

曹魏・康僧鎧譯《佛說無量壽經》

阿難！彼佛國中(極樂世界)，諸「聲聞」眾，身光「一尋」(八尺)。菩薩光明，(能)照百「由旬」(yojana)。

曹魏・康僧鎧譯《佛說無量壽經》

佛語阿難：無量壽佛為諸「聲聞、菩薩、天人」頒宣(頒布宣諭)法時(佛法要義之時)，都悉集會「七寶講堂」，廣宣道教(佛道教化；道德教化)，演暢(開演暢敘)妙法(微妙大法)，(令聽者)莫不歡喜，心解(心開悟解)得道(得證聖道)。

曹魏・康僧鎧譯《佛說無量壽經》

佛告彌勒菩薩諸天人等：無量壽國(極樂世界)「聲聞、菩薩」，「功德、智慧」不可稱說。

姚秦・鳩摩羅什譯《佛說阿彌陀經》

又舍利弗！彼佛有無量無邊「聲聞」弟子，皆阿羅漢，非是算數之所能知；諸菩薩眾，亦復如是。舍利弗！彼佛國土，成就如是功德莊嚴。

龍樹造《十住毘婆沙論》卷5

阿彌陀佛「本願」如是，若人念我，稱名「自歸」，即入「必定」(「必定」菩薩，指必定會成就佛果位的「不退轉」菩薩。此「必定」義同「正定聚」，指眾生必定獲得「證悟」者)，得「阿耨多羅三藐三菩提」。是故常應「憶念」，以「偈」稱讚：
無量光明慧，身如真金山，我今身口意，合掌稽首禮。
金色妙光明，普流諸世界，隨物增其色，是故稽首禮。
若人命終時，得生彼國者，即具無量德，是故我歸命……
生彼國土者，無我無我所，不生彼此心，是故稽首禮。
超出三界獄，目如蓮華葉，聲聞眾無量，是故稽首禮。

日本·成藤成性曾說：
(天親菩薩)所釋的《無量壽經》是《阿彌陀經》。(從)天親菩薩(所)造《寶髻經四法波提舍》(中)顯示論主(天親菩薩)見過《阿彌陀經》的證據，(但他應該)沒有見過其它《無量壽經》的證據。(日本·成藤成性《淨土論》の本義と曇鸞·親鸞兩聖人の釋義」。《龍谷大論集》353 號（1956 年，昭和 31，p.108）

以成藤成性的說法，他認為如果只從世親菩薩所造的**《寶髻經四法波提舍》**內容來看，世親應該只見過《阿彌陀經》，可能沒有見過《無量壽經》的意思。但筆者認為這應該是成藤成性個人的研究心得，實際上也不見得是如此的。

但有幾點比較確定的是，在《阿彌陀經》中所提到藉由「執持名號」而達至「一心不亂」的內容，及《阿彌陀經》是「諸佛之所護念」、是「一切世間難信之法」。這些內容卻也都沒有出現在《往生論》的任何論述中。所以如果說世親只見過《阿彌陀經》的論述，這也是不圓滿的說法。

而日本·井亮亦指出：
(這個《往生論》應該是)**為令一切眾生接近《無量壽經》而述說，就是《無量壽經優波提舍》**的意思。(引自山口益,〈無量寿経ウパディシャなる題號について〉,

《印度学佛教学研究》10-2，p.421)

關於「《無量壽經優波提舍願生偈》中的《無量壽經》」四個字應作如可解

曇鸞《無量壽經優婆提舍願生偈註》

「無量壽」是安樂淨土(極樂世界)如來別號。釋迦牟尼佛在王舍城及舍衛國，於大眾之中說無量壽佛莊嚴功德，即以「佛名號」為「經體」。後聖者婆藪(ㄙㄡ)槃頭(Vasubandhu；婆藪ㄙㄡ槃豆；天親；公元 360~440)菩薩服膺ㄥ (欽服膺奉)如來大悲之教，傍ㄤ 經(依附順著經典)作「願生偈」，復造「長行」重釋。梵言「優婆提舍」，此間無正名相譯，若舉一隅可名為「論」。

曇鸞大師認為應把「無量壽經」四個字視為《佛說無量壽經》、《佛說觀無量壽佛經》(佛於王舍城所說)及《佛說阿彌陀經》(佛於舍衛城所說)等這三部經典的「代表總稱呼」。

也就是《往生論》是「通論」於這三部有關「彌陀淨土」的經典，並非專屬於《無量壽經》或屬於《佛說阿彌陀經》的。但其所闡述的義理，卻未必是「完全依據」於「淨土三經」，反而含有大量與「瑜伽唯識派」有密切關聯的《十地經》、《攝大乘論》及《瑜伽師地論》等的觀點，以及其餘大小乘佛經論典的內容。

「優波提舍」的解釋

(1)「優波提舍」是梵語 upadeśa 之音譯。u(優)pa(波)de(提)śa(舍)

(2)佛經分成「十二種」的體裁或形式，常稱作「十二部經」，「優波提舍」是其中的一種。

(3)梵語 upadeśa，就是「隨」(upa)、「示」(diś)之義。「優波提舍」也譯作「優婆提舍、優婆題舍、優波替舍、烏波第鑠、鄔波第鑠」。意譯作「指示、教訓、顯示、宣說、論義、論義經、注解章句經」。即對佛陀所

說之「教法」，加以「注解」或「衍義」，使其意義更加顯明，亦即經中「問答論議」之一類。

二、《往生論》的作者介紹

(1)世親菩薩(Vasubandhu)舊譯為天親菩薩,音譯為婆藪ㄡ 盤豆、筏蘇盤豆、伐蘇畔度、筏蘇畔徒、婆藪ㄡ 槃陀,為印度僧人。

(2)一般認為世親應在釋迦牟尼佛入涅槃後約 900 年出生,年代有三種說法。

❶公元 320～400。❷公元 390～470。❸公元 420～500。

日本·高楠順次郎於 1905 年 1 月亞細亞協會雜誌發表文章,主張世親在世年代為公元 420 年至 500 年間。

印順法師《說一切有部為主的論書與論師之研究》(正聞出版社,1981 年)第十三章《阿毘達磨論義的大論辯》第一節「世親及其論書」第一項「世親及其師承」認為「應該是公元 360 年至 440 年間」(相當於中國北魏年代 386 年～534 年)。

(3)世親菩薩是「瑜伽行唯識學派」(瑜伽行派、唯識派、唯識宗、唯識瑜伽行派、法相宗)的論師,出生於北印度健馱邏國(Gandhāra)富婁沙富羅城(Puruṣa-pura,布路沙布邏),世親在「說一切有部」中出家為僧,也是無著(Asaṅga 阿僧伽)之胞弟,世親和無著同為古印度「瑜伽行唯識學派」的創始人。

(4)世親菩薩原為「婆羅門」種姓,出身於健馱邏國,自小就接受完整的「婆羅門」經典教育,世親原本只通達「小乘」,並造《阿毘達磨俱舍論》,因此他對大乘佛法「原本」是有些誤解與誹謗,後來其兄無著(Asaṅga 阿僧伽)擔心世親誹謗「大乘」會下墮惡道,因此有次在與弟弟世親見面時,誦出《十地經》(又稱《十住經》,收入於《華嚴經》的〈十住品〉,內容在於宣講菩薩修行的十

個位階)的內容，此時世親聽聞之後，體悟到「大乘」甚深妙法，很後悔以前誹謗「大乘」的業，於是拿著刀想要把自己的「舌頭」割掉謝罪，後來兄無著告訴他說：「你原來犯的罪實在太大了，即使你有一千條舌頭都割下去，也不能滅你的罪孽。你如真的想滅除此罪，應當尋找更有效的辦法。你的罪既然由『舌』而生，自然也應該用『舌』去滅。你如能誠心誠意地宣揚『大乘』，以前的罪孽就會因此滅掉。」世親聽了哥哥無著的話語，便不再去割斷舌頭，開始弘揚「大乘」，他造了超過百部的「大乘論典」，並且修證到接近「初地」的「十迴向位」。

(5)《大唐西域記（校點本）》卷5

①無著(Asaṅga 阿僧伽)講堂故基，西北四十餘里，至故伽藍，北臨殑伽河，中有甎 窣堵波(stūpa)，高百餘尺，世親菩薩「初發大乘心」處。

②世親菩薩自北印度至於此也，時無著菩薩命其「門人」，令往迎候(迎接世親)，至此伽藍，遇而會見(指無著與世親會面)，無著弟子(先)止(停留)「戶牖ㄧㄡˇ」(門窗)外。

③(於)夜分之後，(無著)誦《十地經》(又稱《十住經》，收入於《華嚴經》的〈十住品〉，內容在於宣講菩薩修行的十個位階)，世親聞已，感悟追悔。甚深妙法，昔所未聞。誹謗之愆ㄑㄧㄢ，源發於舌，舌為罪本，今宜除斷。(世親)即執銛ㄒㄧㄢ刀，將自斷舌。

④乃見無著住立告曰：夫「大乘教」者，至真之理也，諸佛所讚，眾聖「攸ㄧㄡ宗」(所宗)。吾(無著)欲誨汝(世親)，爾(世親)今自悟。悟其時矣，何善如之？諸佛聖教，斷舌「非悔」(並非是一種真正的懺悔)。(世親)昔以舌毀大乘，今(應)以舌讚「大乘」，補過自新，猶為善矣，杜口絕言，其利安在？

⑤(無著)作是語已，忽不復見。世親承(無著之)命，遂不斷舌。(世親)且詣無著，諮受大乘。於是研精覃思，製「大乘論」，凡百餘部，並盛宣行。

(6)世親菩薩為「付法藏第二十一祖」(西天二十八祖中 的第二十一祖)。俗姓毘舍佉，父光蓋，母嚴一。原本家富無子，但父母乃禱佛塔求子。一夕，母夢吞明暗「二珠」，覺而有孕，後一月後，果產一子，即尊者婆修槃頭(Vasubandhu 世親)。

年十五，世親便禮光度羅漢出家，感毘婆訶菩薩為其「授戒」。世親在未師事闍夜多(禪宗所傳之二十八位祖師名為「西天二十八祖」。即❶摩訶迦葉❷阿難尊者……龍樹大士……⓳鳩摩羅多⓴闍夜多㉑婆修槃頭㉒摩拏羅)之前，常「一食不臥」，六時禮佛，清淨無欲，為眾所歸。闍夜多欲度化世親，乃對眾云：

我不求道，亦不顛倒；我不禮佛，亦不輕慢；我不長坐，亦不懈怠；我不一食，亦不雜食；我不知足，亦不貪欲。心無所希，名之曰道。

婆修槃頭在聽聞闍夜多之語後，遂發「無漏智」，後婆修槃頭即接闍夜多的衣鉢，精通經藏，廣化眾生。後行化至那提國時，付法予摩拏羅後，跏趺而逝。

(7)世親菩薩重要著述有《阿毗達磨俱舍論》三十卷、《攝大乘論釋》十五卷、《十地經論》十二卷、《金剛般若波羅蜜經論》、《廣百論》、《菩提心論》、《唯識三十頌》、《大乘百法明門論》、《無量壽經優波提舍》、《佛性論》四卷、《大乘成業論》、《大乘五蘊論》等四十多種。

(8)據現代學者德國人 Erich Frauwallner(英文譯音)研究認為，無著之胞弟世親與撰寫《阿毗達磨俱舍論》之世親，為同名同姓的二個不同人。也就是無著之胞弟世親為「瑜伽行派」的論師，暫名為「古世親」，而另一位撰《阿毗達磨俱舍論》者則為「說一切有部」之論師，暫名為「新世親」。歷年來會將「古、新世親」二人混同之原因，主要是因真諦法師所譯的《婆藪槃豆法師傳》記載造成，因為該書以「古、新世親」兩人為同一人，《婆藪槃豆法師傳》的「中間」部分都是屬於「新世親」之資料，而「前、後部分」則又為「古世親」之資料。

「古世親」確定是無著之胞弟，為「瑜伽行派」之論師，出家為僧後，剛開始是修學「說一切有部」之學，後才轉習「大乘」佛法，其年代應在 320 年至 380 年頃之間。

「新世親」的出生地不詳，屬於「說一切有部」的論師。其年代則約在 400 年至 480 年間，「新世親」曾以佛陀蜜多羅(Buddhamitra)為師，屬於「有部」，然又傾向於「經量部」。據傳說「新世親」甚受正勤日王(Vikramāditya，超日王)及太子婆羅袟底也(Baladitya)的禮遇，而《阿毗達磨

俱舍論》與《七十真實論》都是「新世親」所撰著的。

(9)原本德國人 Erich Frauwallner(英文譯音)研究指出《阿毗達磨俱舍論》是「新世親」所撰,並非是無著的弟弟「古世親」所撰,但於 1937 年在西藏所發現的《阿毗達磨燈論》(Abhidharma-dīpa),裡面的內容則又認為《阿毗達磨俱舍論》作者就是「瑜伽行派」的論師世親,兩者為同一人。(參見 Damien Keown. A Dictionary of Buddhism. Oxford University Press. 2004 年 1 月: 323. ISBN 978-0198605607)

(10)據印順法師《說一切有部為主的論書與論師之研究》(正聞出版社,1981 年)第十三章《阿毗達磨論義的大論辯》第一節「世親及其論書」第一項「世親及其師承」中,又認為「古世親」才是「說一切有部」的論師,著有《阿毗曇心論》廣釋。而「新世親」才是為無著的弟弟,著有《阿毗達磨俱舍論》,為「瑜伽行派」的論師。「古世親」與「後世親」兩人則有「師承」的關係。

三、《往生論》的譯者與撰註者

北魏・菩提流支

(1)菩提流支，梵名 Bodhiruci，又作菩提留支，意譯為道希。北天竺人，中國北魏僧人。為大乘「瑜伽系」之學者，資性聰敏，遍通三藏，精通「咒術」。

(2)菩提留支夙懷「弘法廣流」之志，於北魏・宣武帝永平元年(公元 508)至洛陽，宣武帝非常器重菩提留支，令敕住於永寧寺，進行翻譯梵經。計譯有《十地經論》、《金剛般若經》、《佛名經》、《法集經》、《深密解脫經》、《大寶積經論》、《法華經論》、《楞伽經》十卷、《無量壽經論》(《無量壽經優波提舍願生偈》；《往生論》。約公元 529 年或 531 年譯畢)等，凡三十九部一二七卷。

(3)菩提留支對「判教」亦有其獨到之看法，他依據《涅槃經》判釋一代佛法為「半、滿」兩教，謂佛「成道」後的「十二年內」所說法義皆為「半字教」，佛「成道」後的「十二年後」所說法義屬於「滿字教」。

(4)佛陀以「一種語言」演說一切法之意，又作「一圓音教、一音說法」。佛唯以「一音」說法，然眾生隨其根性之別，而有「大小、空有、頓漸」等教義之異解，故「一音教」又稱為「一音異解」，而菩提留支亦曾判立「一音教」，他認為佛陀的「一音教」中包含「大、小」二乘之教法。

(5)菩提留支又別依《楞伽經》而提倡「頓、漸」二教之判。因與中印度北魏僧勒那摩提(Ratnamati)共譯《十地經論》，故菩提留支被尊為「地論宗」之始祖。

(6)菩提留支又嘗授曇鸞以《觀無量壽經》長生不死之法，故菩提留支亦曾被尊為「淨土宗」之祖師。例如：日本聖冏於 1363 年撰寫的《淨土真宗付法傳》中，以馬鳴、龍樹、天親、菩提流支、曇鸞、道綽、善導、源空之「經卷相承」為「淨土宗」的「八祖相承」，其中又以天親、菩提流支、曇鸞、道綽、善導、源空之「直授相承」為「六祖相承」。

唐・菩提流志

(1)唐・菩提流志(Bodhiruci，562～727)，也有寫作菩提流支，原名達摩流支

(Dharmaruci)，意譯法希。菩提流志梵文名為 Bodhiruci，但此梵名 Bodhiruci 則與北印度北魏僧人菩提流支(菩提留支)同名，北魏的菩提流支為大乘「瑜伽系」之學者，遍通三藏，精通「咒術」。唐・菩提流志則為南印度人，也是精通「咒術」的。

北魏	唐
菩提流支;菩提留支 (Bodhiruci，生卒年不詳) 公元 508 至洛陽譯經	菩提流志，有時也寫作菩提流支 (Bodhiruci，562～727)
北印度人	南印度人
《十地經論》、《深密解脫經》、《大寶積經論》、《法華經論》、《楞伽經》十卷、《無量壽經論》(《無量壽經優波提舍願生偈》;《往生論》)	《大寶積經》、《不空絹索神變真言經》、《一字佛頂輪王經》、《千手千眼觀世音菩薩姥陀羅尼身經》、《如意輪陀羅尼經》、《佛心經品亦通大隨求陀羅尼》

(2)菩提流志天資聰睿，十二歲就出家，曾師事「婆羅奢羅」外道，故通曉「聲明、數論」，又通「陰陽曆數、地理天文、咒術醫方」等。菩提流志年六十始悟釋教之深妙，隱居山谷，修習「頭陀」。

(3)菩提流志又從耶舍瞿沙學習「三藏」，未及五載，皆悉了達，遍臨諸講肆。唐・高宗皇帝曾遙聞菩提流志的「雅譽」，遣使迎之。菩提流志遂於長壽二年(公元 693)至長安。當時的則天 武后非常厚禮菩提流志，敕住洛陽的佛授記寺。菩提流志於同年譯出《佛境界》、《寶雨》等十一部經。

(4)唐中宗・神龍二年(公元 706)，菩提流志移住長安崇福寺，譯《不空絹索神變真言經》、《一字佛頂輪王經》等。菩提流志又繼玄奘之遺業，譯《大寶積經》，歷經八年，遂畢其功，新譯二十六會 39 卷，新舊合有四十九會 120 卷。

(5)菩提流志後辭譯業，專事「禪觀」，壽過「百歲」，道業不虧。菩提流

志於<u>開元</u>十年(公元 722)入住洛陽 長壽寺。

(6)於<u>開元</u>十五年九月，<u>菩提流志</u>絕飲食藥餌，而「神色」與平常無異，於十一月五日奄然示寂，世壽為 166 歲(另一說為 156)。帝追贈<u>菩提流志</u>為「鴻臚大卿」，諡號「開元一切遍知三藏」。師所傳譯凡 53 部 111 卷，為唐代譯經之雄。

淨土十三祖

(1)南宋・<u>宗曉</u>(1151～1214)大師，他是<u>浙江</u>的天台僧人。在<u>宗曉</u>的《樂邦文類》卷第三中立了「淨土六祖」，從<u>慧遠</u>開始，<u>善導</u>、<u>法照</u>、<u>少康</u>、<u>省常</u>、<u>宗賾</u> 大師共六人。

(2)其後<u>宗曉</u>弟子志磐在《佛祖統紀》中又改立❶<u>慧遠</u>、❷<u>善導</u>、❸<u>承遠</u>、❹<u>法照</u>、❺<u>少康</u>、❻<u>延壽</u>、❼<u>省常</u>大師等七人。

(3)後人又推❽<u>蓮池 袾宏</u>為第八祖。清代的<u>悟開</u>在《蓮宗正傳》中又增推❾<u>蕅益 智旭</u>。後人又推❿<u>行策 截流</u>為第十祖。《蓮宗正傳》中也記⓫<u>省庵 實賢</u>為第十一祖，及⓬<u>際醒 徹悟</u>為第十二祖。

(4)<u>印光</u>大師往生以後，其門人又推⓭<u>印光</u>大師為「第十三祖」。這就是現在中國佛教界通行的「淨土十三祖」說。

(5)然而作為「念佛法門」的「開創者」，中國「北方」<u>玄中寺</u>的<u>曇鸞</u>、<u>道綽</u> 均未能「列入」，究其本源，有可能是給「淨土宗」排祖師位的<u>宗曉</u>與<u>志磐</u>兩位皆為<u>浙江</u>的「天台宗」僧人，所以在「淨土十三祖」中，光「天台宗」的僧人就多達了四位，所以沒有放「北方」的<u>曇鸞</u>與<u>道綽</u>兩人。

(6)若改由「其他宗派」的人來確立「淨土祖師」，評選者難免有個人的「傾向性、宗派性」問題存在。

(7)其次，佛教中心隨著<u>南宋</u>遷都<u>臨安府</u>(今<u>杭州</u>)，「淨土宗」祖師多是<u>長江</u>流域區域的僧人，並沒有「前後師承」的關係，所以「淨土十三祖」的標準公正性及其繼承性就值得「商榷」了。

(8)目前「維基百科」的排法是採「淨土宗十五祖」。

❶<u>慧遠</u>、❷<u>曇鸞</u>、❸<u>道綽</u> ❹<u>善導</u>、❺<u>承遠</u>、❻<u>法照</u>、❼<u>少康</u>、❽<u>延壽</u>、❾<u>省常</u>、❿<u>蓮池 袾宏</u>、⓫<u>蕅益 智旭</u>、⓬<u>行策 截流</u>、⓭<u>省庵 實賢</u>、⓮<u>際醒 徹悟</u>、⓯<u>印光</u>等十五位大師。

北魏・曇鸞法師

(1)曇鸞(476~542年)大師，或作曇巒，俗名不詳，自號玄簡大士，北魏大同府雁門(今山西省代縣)人。曇鸞少年時因為聽說「五台山」有許多靈異的事蹟，便前往探索，因而出家為僧。

(2)曇鸞大師為後來唐代「淨土教」之「集大成者」奠下了重要的基礎。曇鸞提出的理論與修行方法，成為後世「淨土宗」的根基，下開道綽（ㄔㄨㄛ）、善導一系，因此日本「淨土宗」尊稱曇鸞為為「淨土五祖」之「初祖」(日僧源空大師曾選中國「淨土五祖像」，計❶曇鸞、❷道綽、❸善導、❹懷感、❺少康等五人之畫像)，又尊為「淨土真宗七祖」之「第三祖」(日本「淨土真宗」所立的七祖聖教，即：❶龍樹之《十住毘婆沙論易行品》一卷、《十二禮》一卷。❷天親之《往生淨土論》一卷。❸曇鸞之《往生論註》二卷、《讚阿彌陀佛偈》一卷。❹道綽之《安樂集》二卷。❺善導之《觀經疏》四卷、《法事讚》二卷、《觀念法門》一卷、《往生禮讚》一卷、《般舟讚》一卷。❻源信之《往生要集》三卷。❼源空之《選擇本願念佛集》)。在南宋之後，中國「淨土宗」則改以慧遠大師為「淨土宗」的「初祖」，曇鸞大師反而被人遺忘，這與南宋之後，佛教重心「南移」有很深的關連。

(3)曇鸞大師精研《四論》(《中論》、《百論》、《十二門論》、《大智度論》)、《涅槃經》。後世也尊曇鸞大師為「四論宗」之「祖師」。當曇鸞大師讀《大集經》時，因為感到經文詞義精深，曾想為它作「疏解」，但是寫作一半就生病了，後至秦陵時，在「城樓」上見到了「異象」，因而痊癒。自此感到人的生命過於「短暫」，想要學習「長生」之法，遂至江南梁朝，尋找陶宏景，得到十卷的道教《仙經》。

(4)曇鸞大師回到北魏後，遇到菩提流支，他向菩提流支詢問「長生之術」。菩提流支便拿《觀無量壽經》(劉宋・畺良耶舍譯)贈與曇鸞，曇鸞於是就將道教的《仙經》燒燼，自此開始弘揚「淨土法門」。

(5)曇鸞大師擅長「調心練氣」，以「醫術」與「神通」，名滿於魏都。北魏君王相當敬重他，稱他為「神鸞」，並下敕命讓他移居到并州大寺，後又移居汾州北山石壁玄中寺。曇鸞大師兼通「內、外」典籍，四眾皆欽服，並稱其「聚眾弘法」之所為「鸞公巖」。

(6)曇鸞大師擅長導引「調氣」，兼擅「醫術」，曾著《調氣論》一卷、《療

百病雜丸方》三卷、《論氣治療方》一卷、《服氣要訣》一卷。

(7)曇鸞大師為世親撰的《無量壽經優波提舍願生偈》而作了一部《往生論註》。此外曇鸞還有《略論安樂淨土義》一卷，《禮淨土十二偈》(又稱《讚阿彌陀佛偈》)。曇鸞結合了印度佛教二大思潮之祖--龍樹與世親之思想，而將「空宗」思想注入「淨土教」的教理之中，頗受後世重視。

(8)《略論安樂淨土義》是曇鸞大師用「問答」的體裁方式，把有關彌陀「安樂淨土」的「三界攝否、莊嚴多生、往生輩品、邊地胎生、五智疑惑、渡與不渡、十念相續」等問題，作總別「九番」的問答，並一一加以解說。

(9)曇鸞大師為世親《無量壽經優波提舍願生偈》而作的《往生論註》。在《往生論註》的卷首，曇鸞根據龍樹的《大智度論》及《十住毗婆沙論》，提出「二道二力說」。曇鸞修行佛法區分為「依靠自力」的「難行道」，與「依靠他力」的「易行道」。曇鸞認為在「無佛」之世，想要依循「唯是自力、無他力加持」的「難行道」是最難以成功的，只有倚靠阿彌陀佛的力量來修行，才是最穩當最容易修行的法門。

(10)曇鸞大師認為《觀無量壽經》(劉宋・畺良耶舍譯)中所說的「十六觀想」太過於繁鎖，他提出持念阿彌陀佛「名號」的方法作為修行法門。認為即使是「惡人」，只要能持誦阿彌陀佛，並且真心懺悔，也可以「往生淨土」。

(11)曇鸞大師後於北魏興和四年(公元 542 年)，因病逝於平遙山寺，年僅六十七。

《續高僧傳・卷六》

(1)(曇鸞)而於「四論」(《中論》、《百論》、《十二門論》、《大智度論》)、佛性(指《涅槃經》)，彌所窮研。讀《大集經》，恨其詞義深密，難以開悟，因而注解。「文言」過半，便感氣疾，權停筆功，周行醫療。

(2)(曇鸞)行至汾州 秦陵故墟，入城東門，上望青宵，忽見天門洞開，六欲階位，上下重複，歷然齊觀，由斯「疾」瘳。

(3)欲繼前作，顧而言曰：命惟危脆，「不定」其常，本草諸經，具明正治。長年神仙，往往間出。心願所指，修習斯法。果剋既已，方崇佛教，

不亦善乎。

《續高僧傳・卷六》

(1)(曇鸞)因即辭還魏境，欲往名山，依方修治。行至洛下，逢中國三藏菩提留支，(曇)鸞往(菩提流支)啟曰：佛法中頗有「長生不死法」，勝此土《仙經》者乎？

(2)(菩提)留支唾(吐)地曰：是何言歟？非相比也。此方何處有「長生不死法」？縱得「長年」，少時不死，終更「輪迴三有」耳。即以《觀經》(《觀無量壽佛經》)授之，曰：此(《觀無量壽佛經》乃)「大仙方」，依之(《觀無量壽佛經》)修行，當得「解脫生死」。

(3)(曇)鸞尋頂受(《觀無量壽佛經》)。(於是就將)所齎「仙方」，並火焚之，自行化他，流靡弘廣。魏主重之(曇鸞大師)，號為「神鸞」焉。

《續高僧傳・卷六》

然(曇)鸞神宇高遠，機變無方。言晤不思，動與事會。調心練氣，對病識緣，名滿魏都。

唐・道綽$_{ㄔㄨㄛˋ}$ 大師

(1)道綽(公元562～645)大師為唐代淨土宗僧。并州汶水(山西太原)人，一說并州晉陽人，俗姓衛。又稱西河禪師。

(2)道綽大師上承曇鸞(公元476～542年)大師之思想(但兩人生前並沒有見過面，兩人差了20年)，為唐代「初期淨土教」的開拓者。日本「淨土真宗」尊道綽大師為「七祖聖教」中之「第四位」(日本「淨土真宗」所立的七祖聖教，即：❶龍樹之《十住毘婆沙論易行品》一卷、《十二禮》一卷。❷天親之《往生淨土論》一卷。❸曇鸞之《往生論註》二卷、《讚阿彌陀佛偈》一卷。❹道綽之《安樂集》二卷。❺善導之《觀經疏》四卷、《法事讚》二卷、《觀念法門》一卷、《往生禮讚》一卷、《般舟讚》一卷。❻源信之《往生要集》三卷。❼源空之《選擇本願念佛集》。道綽為一位《涅槃經》的學者，十四歲便出家，廣習「經論」，尤精《大涅槃經》，嘗開講《涅槃經》共二十四遍。

(3)後道綽大師住於曇鸞所創建之玄中寺中，道綽大師受寺內曇鸞(476年

～542年)和尚「碑文」所感(倆人生前並沒有見過面，因年代不同)，遂轉入「淨土信仰」，時為大業五年(公元609)，道綽時年四十八，道綽直至八十三歲為止，每日念佛皆達「七萬遍」。

(4)道綽大師一生講說《觀無量壽經》「二百遍」以上，主張不論「出家、在家」，均以「念佛」為要。其於念佛時，必數小豆粒，稱為「小豆念佛」，此係中國淨土念佛「數珠」的濫觴。

(5)於貞觀三年(公元629)，那年六十八歲，道綽大師便預知「化期」，他通告四眾，四眾咸集，此時忽見曇鸞大師竟然「現身」(倆人生前並沒有見過面)，告並以道綽說你的「餘報」未盡。後來道綽再活至七十歲，猶生「新齒」，唐太宗曾至太原見道綽，並布施以眾寶名珍。道綽大師直到年屆八十歲，仍容色盛發，神氣尤爽，暢談「淨土之業」，每每理味奔流，吐詞包蘊。

(6)道綽大師於貞觀十九年四月(公元645)才示寂，世壽共八十四歲。門弟子有善導、道撫、僧衍、道誾等。道綽大師曾著有《淨土論》兩卷，並依《觀無量壽經》，著《安樂集》二卷，以傳述「念佛」之教，為專弘「淨土教旨」之書。

現代人的譯註，略舉如下：

(可參閱香光資訊網/圖書館服務/讀者指引/利用指引/無量壽經優婆提舍書目，裡面可查閱所有資料)

一、民國・釋太虛法師《往生淨土論講要》。

二、民國・釋印順法師《往生淨土論講記》。

三、民國・釋淨空法師《往生論講記》。

四、慧淨法師編者《往生論註》。淨土宗文教基金會。2004 年 7 月。

五、戒修輯述《往生論註講義》(全二冊)。大陸宗教文化出版社。2009年。

六、林克智編述《往生論註譯釋》大陸宗教文化出版社。2016 年 4 月。

七、釋淨宗注疏《往生論註》述解。上海古籍出版社。2018 年 11 月。
ISBN：9787532587919

八、益西彭措堪布(智圓法師)講《往生論註》分段解義(上下冊)。

四、《往生論》的組織架構

《往生論》全部是由 96 句，共 960 個字的「偈頌」與 3110 字的「散文長行」所構成，就內容而言，這是一部非常小的「論書」。

偈頌一開始，即是歸敬偈：「**世尊！ 我一心，歸命盡十方無礙光如來**(即阿彌陀佛)，**願生安樂國**(極樂世界)」。

《往生論》的第一個偈頌裡，清楚地表明世親願意往生「阿彌陀佛極樂世界」的願望。

我依修多羅，真實功德相，説願偈總持，與佛教相應。

世親以 24 句敘述「十七種佛國土功德成就」--即十七種佛國土的殊勝、美妙處，然後第二次表明了「願往生極樂世界」的願望：「**故我願往生，阿彌陀佛國**」。

接著，以 17 句敘說了「**八種佛功德成就**」、「**四種菩薩功德成就**」，在此之後的最後一個偈頌，第三次表明了願意往生「彌陀極樂世界」的意願：「**我作論說偈，願見彌陀佛，普共諸眾生，往生安樂國**(極樂世界)」作為偈頌的結束。

《往生論》的組織架構

	內容
偈頌	1.表明「願往生極樂」的歸敬偈。 2.表明是依「經典」而造偈總持。 3.對極樂佛土「莊嚴」的描述。 4.第二次表明「願往生極樂」。

	5.對「淨土、佛、菩薩」種種莊嚴的描述。 6.表明願與眾生共同「往生極樂」的迴向偈。
長行	1.闡明《往生論》的宗旨。 2.略釋「五念門」(禮拜、讚歎、作願、觀察、迴向)。 3.詳說「觀察門」所應「觀」的三種莊嚴功德成就。 4.說明「三種莊嚴功德成就」的所依。 5.說明「五念門」成就的內涵。 6.將「五念門」配於「五門」。

1.表達願往生的意願:

在偈頌部分,世親有三次提到「**願生安樂國**」(極樂世界),而在「長行」中也說明他造此「偈頌」的目的就是為了發願「**往生安樂國**」(極樂世界)的原因。由此可知世親確實是有「往生極樂淨土」的意願。

2.重視「五念門」的實踐:

只要「五念門成就」就能往生極樂世界,以「五念門」做為「發願」與「往生極樂」的橋樑。

3.特別重視「觀察門」:

「五念門」的實踐又以「觀察門」(毗婆舍那)為中心,故世親用全論的三分之一的篇幅在說明所應「觀」的三種功德莊嚴。

4.對淨土莊嚴的理論說明:

所觀察的三種清淨是由「願心莊嚴」,這無非是在說明極樂的「清淨性」乃是由法藏菩薩的「願心」所莊嚴而成,亦即由此「願心」作為極樂清淨性的根源。

5.五念門成就的意涵:

「遠離三種菩提相應法」、「得三種隨順菩提法門」,略說為「得成就妙樂勝

真心」，能具備這些「才能生清淨佛國土」。

《往生論》略介

(1)《往生論》乃依「淨土」的經典而作「願生偈」，讚歎「極樂淨土」之莊嚴，闡說修習「禮拜、讚歎、作願、觀察、迴向」等「五念門」，勸往生西方。

(2)修習「五念門」可得種種成就，並次第得「近門、大會眾門、宅門、屋門、園林遊戲地門」等五種功德；前四種功德為「入功德」，能入於蓮華藏世界，自受法樂；「園林遊戲地門」則為「出功德」，即迴入「生死煩惱」，「遊戲神通」至「教化地」，如是「自利、利他」，速成就菩提。

(3)《往生論》是「唯一」由印度人天親菩薩所撰述之「往生論部」，所以特受淨土宗的重視，《往生論》與《無量壽經》、《觀無量壽經》、《阿彌陀經》等三部經合稱「淨土三經一論」。

(4)《往生論》大旨與無著造的《攝大乘論》之「十八圓淨」說類似，但此說法仍有爭議性存在。

(5)據《攝大乘論・卷下》所說，諸佛所住之「淨土」具備有「十八種圓滿」之殊勝功德。又稱「十八圓滿、十八具足」。即：

❶「色相圓淨」：又作「顯色圓滿、色類具足」。謂諸佛之「受用土」普放光明，「遍照」一切世界。

❷「形貌圓淨」：又作「形色圓滿、相貌具足、莊嚴具足」。謂諸佛所「遊化」之處、所「居止」之處，一一皆具足眾多之妙飾莊嚴。

❸「量圓淨」：又作「分量圓滿、量具足」。謂諸佛所處之淨土「廣大」無邊，不可測量。

❹「處圓淨」：又作「方所圓滿、方所具足」。謂淨土超越「三界」之行處，非「苦、集」二諦之所攝。

❺「因圓淨」：又作「因圓滿、因具足」。謂淨土由勝「出世間善法」之功能所生起，而非以「世間法」之「集」諦為因。

❻「果圓淨」：又作「果圓滿、果具足」。謂淨土係以「如來、菩薩」之「清

淨自在唯識智」為其體性,而非以「苦」諦為體性。

❼「主圓淨」:又作「主圓滿、主具足」。謂淨土為「如來」之所鎮,如來恆居於淨土「中央」。

❽「助圓淨」:又作「輔翼圓滿、伴具足、助伴具足」。謂淨土為諸「大菩薩」之安樂住處,菩薩於其中常助益「佛道」,受行「正教」,亦教他人受行「正教」。

❾「眷屬圓淨」:又作「眷屬圓滿、眷屬具足」。謂淨土為無量「八部眾」等之所行處。

❿「持圓淨」:又作「住持圓滿、住持具足」。謂於淨土中,諸菩薩及眷屬能持廣大之「法味喜樂」,長養「法身」。

⓫「業圓淨」:又作「事業圓滿」。謂菩薩能為「二乘、凡夫」等作一切利益之事。

⓬「利益圓淨」:又作「攝益圓滿、順攝具足」。謂淨土能遠離三界一切「煩惱、災橫、纏垢」。

⓭「無怖畏圓淨」:又作「無畏圓滿、無畏具足」。謂淨土能遠離一切「天魔、死魔」等「眾魔」之侵擾而無所怖畏。

⓮「住處圓淨」:又作「住處圓滿、住止具足」。謂淨土乃如來所依止之所,亦為一切殊勝「莊嚴」之所依處。

⓯「路圓淨」:又作「路圓滿、道路具足」。謂淨土以大乘正法中之「聞、思、修」等「三慧」為其往還通達之道。

⓰「乘圓淨」:又作「乘圓滿、乘具足」。謂淨土以「奢摩他」(śmatha 止;定)、「毘婆舍那」(vipaśyanā 觀)為所乘之道法。

⓱「門圓淨」:又作「門圓滿、門具足」。謂淨土以「空、無相、無願」等三解脫門為趣入之門。

⓲「依止圓淨」:又作「依持圓滿、依住圓淨、依持具足」。謂淨土以「聚集」無量「功德」之「大蓮華王」為依止。

(6)北魏・曇鸞著有《往生論註》二卷,全稱《無量壽經優婆提舍願生偈婆藪槃頭菩薩造并註》,又作《往生論註》、《無量壽經論註》、《無量壽經優婆提舍願生偈註》,略稱《論註》,此乃註解世親《往生論》唯一

的專書。

(7)《往生論註》上卷首揭<u>龍樹</u>菩薩之《十住毘婆沙論・易行品》，說明「難行道、易行道」二種修行方式。本《往生論》則屬於「易行道」，明示「他力」之法門，謂「往生淨土」之要因，全仗「<u>彌陀</u>本願」力；次為總說分，乃就「願生偈」一文逐次解釋，並設八項問答，說明「願生淨土」之機與「一切善惡凡夫相」。

(8)《往生論註》下卷則以「長行」釋解義分，立有：
1願偈大意、**2**起觀生信、**3**觀行體相、**4**淨入願心、**5**善巧攝化、**6**離菩提障、**7**順菩提門、**8**名義攝對、**9**願事成就、**10**利行滿足，共十科註釋文義，並於「利行滿足」科之末，開顯「自利利他」之要義，引《無量壽經》四十八願中之第「十一、十八、二十二」等願，作為「他力增上緣」之佐證。

(9)現在《大正藏》收的版本是來自「<u>德川</u>時代刊<u>大谷</u>大學藏本」，而另外<u>日本</u>「正倉院聖護藏」中還藏有《往生論註》之「古寫本」，此本與現行「大正藏本」的「中文字句」略有一點點的出入。

《往生論》快速導讀

《往生論》最主要分為兩部份，第一部份由 24 句偈組成的，說明「願生淨土」之宗旨及「<u>極樂</u>世界」之殊勝。第二部份則是以「長行」說明「願生淨土」的方法。

壹、願生偈

一、願生淨土之旨

世尊！ 我一心，歸命盡十方<u>無礙光</u>如來，願生安樂國(極樂世界)**。**

二、造論之意

我依修多羅，真實功德相，說願偈總持，與佛教相應。

三、說明<u>極樂</u>世界的莊嚴

觀彼世界相，勝過三界道。究竟如虛空，廣大無邊際。正道大慈悲，出世善根生。淨光明滿足，如鏡日月輪。備諸珍寶性，具足妙莊嚴。無垢光焰熾，明淨曜世間。寶性功德草，柔軟左右旋，觸者生勝樂，過迦旃鄰陀。寶華千萬種，彌覆池流泉，微風動華葉，交錯光亂轉。宮殿諸樓閣，觀十方無礙，雜樹異光色，寶欄遍圍繞。無量寶交絡，羅網遍虛空，種種鈴發響，宣吐妙法音。雨華衣莊嚴，無量香普熏。佛慧明淨日，除世癡闇冥。梵聲悟深遠，微妙聞十方。正覺<u>阿彌陀</u>，法王善住持。如來淨華眾，正覺華化生。愛樂佛法味，禪三昧為食。永離身心惱，受樂常無間。大乘善根界，等無譏嫌名，女人及根缺，二乘種不生。眾生所願樂，一切能滿足。是故願生彼，<u>阿彌陀佛國</u>。無量大寶王，微妙淨華台，相好光一尋，色像超群生。如來微妙聲，梵響聞十方，同地水火風，虛空無分別。天人不動眾，清淨智海生，如須彌山王，勝妙無過者。天人丈夫眾，恭敬繞瞻仰。觀佛本願力，遇無空過者，能令速滿足，功德大寶海。<u>安樂國</u>清淨，常轉無垢輪，化佛菩薩日，如須彌住持。無垢莊嚴光，一念及一時，普照諸佛會，利益諸群生。雨天樂華衣，妙香等供養，贊諸佛功德，無有分別心。何等世界無，佛法功德寶，我願皆往生，示佛法如佛。

四、總結偈

我作論説偈，願見<u>彌陀</u>佛，普共諸眾生，往生<u>安樂國</u>(極樂世界)。

貳、「長行」釋「往生淨土」的方法

開宗明義說此「願偈」為了現觀<u>安樂</u>世界(極樂世界)，見<u>阿彌陀</u>佛，願生彼國。而修「禮拜、讚歎、作願、觀察、迴向」五念門成就，畢竟得生<u>安樂國土</u>(極樂世界)，見彼<u>阿彌陀</u>佛。

「五念門」又可分為「身、口、意」三部份，
身：禮拜。
口：讚歎。
意：作願、觀察、迴向。

最後另補充「五門漸次成就」。

一、身業
禮拜阿彌陀如來應正遍知。

二、口業
稱彼阿彌陀如來名，如彼阿彌陀佛如來之「光明智相」，如彼名義，欲如
實修行相應。

三、意業
分「作願、觀察、迴向」三門，先「總明三門」，接著細述「觀察門」，再作
「迴向門」。

（一）總明三門
1.作願門

    一心專念，追求此生畢竟要往生安樂國土(極樂世界)而「作佛」，欲如實修
    行「奢摩他」(śmatha 止;定)。

《敦博本》與《敦煌本》對校版原文	《宗寶本》六祖壇經原文
(五祖)**弘忍和尚問**(六祖)**惠能曰**： 汝何方人？來此山禮拜吾。 汝今向吾邊，復求何物？	祖(五祖弘忍大師)問(六祖慧能大師)曰： 汝何方人？欲求何物？
(六祖)**惠能答曰**： 弟子是嶺南人，新州百姓。 今故遠來禮拜(五祖)和尚。 不求餘物，唯求「作佛」。	(六祖)慧能對曰： 弟子是嶺南 新州百姓。 遠來禮師(禮拜五祖弘忍大師)。 惟求「作佛」，不求餘物。

龍樹菩薩造《十住毘 婆沙論・卷五》

阿彌陀佛「本願」如是，若人念我，稱名「自歸」，即入「必定」(「必定」菩薩

指必定會成就佛果位的「不退轉」菩薩。此「必定」義同「正定聚」，指眾生必定獲得「證悟」者），得「阿
耨多羅三藐三菩提」，是故常應「憶念」(阿彌陀佛)……

若人「願作佛」，心念阿彌陀。

龍樹菩薩說：如果您發願想要「作佛」，
那就必須「心念」阿彌陀佛！

禪宗祖師「六祖慧能」在見到「五祖弘忍」的第一句話就是：
不求餘物，唯求「作佛」。

吾人信仰「西方淨土」者，也應該發願到「西方作佛」。

每過一日=接近「西方作佛」一日。

每在地球度過一天=接近「西方作佛」一天。

每經歷一次「苦難」=少經歷一次「苦難」。

每經歷一次「痛苦」=少經歷一次「痛苦」。

每經歷一次「煩惱」=少經歷一次「煩惱」。

每經歷一次「打擊」=少經歷一次「打擊」。

每經歷一次「病痛」=少經歷一次「病痛」。

每經歷一次「吃虧」=少經歷一次「吃虧」。

每經歷一次「倒楣」=少經歷一次「倒楣」。

每經歷一次「對方不還錢」=少經歷一次「對方不還錢」。

每經歷一次「不如意事」=少經歷一次「不如意事」。

每經歷一次「求不得苦」=少經歷一次「求不得苦」。

每經歷一次「生離死別」=少經歷一次「生離死別」。

如此「觀想」，你每天就會活的「無怨無悔」，活的「法喜充滿」。

每天所發生的「事」，都是在地球上的「最後一次」。

每度過一天=快接近「西方作佛」一天。

這樣的人生還會有「不快樂&不圓滿」的嗎？

這樣的人生還會有「痛苦」的嗎？

如此「煩惱心、執著心、仇恨心」就愈來愈淡化了～

只要心中經常「有罣礙心、有煩惱心、有顛倒夢想」，那修行就是退步。

只要心中能達到「無罣礙心、無煩惱心、無顛倒夢想」，那就能愈來愈接近「西方作佛」了。

2.觀察門

　　觀察「彼極樂國土莊嚴功德、阿彌陀佛莊嚴功德、諸菩薩莊嚴功德」三種，欲如實修行「毘婆舍那」（vipaśyanā 觀）。

3.迴向門

　　不捨一切苦惱眾生，心常「作願」，「迴向」為首，成就大悲心。

（二）細述觀察門

觀察「極樂佛國土」功德莊嚴 17 種。

觀察阿彌陀佛功德莊嚴 8 種。

觀察諸菩薩功德莊嚴 4 種。

合計共 29 種功德莊嚴。

一、觀察「極樂佛國土莊嚴」功德

　　有 17 種莊嚴：

　　①一者「清淨」功德成就。②「無量」功德成就。③「性」功德成就。

　　④「形相」功德成就。⑤「種種事」功德成就。⑥「妙色」功德成就。

　　⑦「觸」功德成就。⑧「莊嚴」功德成就。⑨「雨心」功德成就。

　　⑩「光明」功德成就。⑪「聲」功德成就。⑫「主」功德成就。

　　⑬「眷屬」功德成就。⑭「受用」功德成就。⑮「無諸難」功德成就。

　　⑯「大義門」功德成就。⑰「一切所求」功德成就。

二、、觀察「阿彌陀佛莊嚴」功德

　　有 8 種莊嚴：

　　①「座」莊嚴。②「身」莊嚴。③「口」莊嚴。④「心」莊嚴。

　　⑤「眾」莊嚴。⑥「上首」莊嚴。⑦「主」莊嚴。⑧「不虛作住持」莊嚴。

三、觀察「諸菩薩莊嚴」功德成就

　　諸菩薩有 4 種莊嚴：

　　①極樂世界諸菩薩，於一佛土，身不動搖，而遍十方作種種「應化」，

　　　如實修行，常作「佛事」。

　　②極樂世界諸菩薩之「應化身」，能於一切時，不前不後，一心一念，

　　　放大光明。悉能遍至十方世界，教化眾生；以種種方便，修行所

　　　作，能滅除一切眾生苦故。

③極樂世界諸菩薩彼一切世界無量，照諸佛會大眾無量，廣大無量供養、恭敬、贊歎諸佛如來。

④極樂世界諸菩薩，能於十方一切世界，無「三寶」之處，能住持莊嚴佛法僧寶之功德大海，遍示令解，如實修行。

四、功德莊嚴結說

以上所說的三種成就攝歸於「清淨」。

17 種「極樂佛國土莊嚴」功德成就，是名「器世間清淨」。

8 種「阿彌陀佛莊嚴」功德成就。是名「眾生世間清淨」。

4 種「諸菩薩莊嚴」功德成就。是名「眾生世間清淨」。

（三）廣明迴向

菩薩「巧方便」迴向成就。菩薩應以「禮拜」等五種修行，所集一切功德善根，不求自身獲得阿彌陀佛的「住持」之樂；欲拔一切眾生苦故，應作願「攝取」一切眾生，共同生彼安樂佛國(極樂世界)。

（四）五門結說

菩薩遠離：一者依「智慧門」➔**不求自樂，遠離我心貪著自身。**

二者依「慈悲門」➔**拔一切眾生苦，遠離無安眾生心。**

三者依「方便門」➔**憐愍一切眾生心，遠離供養恭敬自身心。**

「我心貪著自身、無安眾生心、供養恭敬自身心」此三種心與「菩提門」乃為相違法，修行的菩薩應遠離此三種心。

遠離此三種心後，可獲得：一者「無染清淨心」。

二者「安清淨心」。

三者「樂清淨心」，得此三種「隨順菩提門法」。

依「智慧方便」遠離三種「障菩提心」。

以「無染清淨心、安清淨心、樂清淨心」而成就「妙樂勝真心」。

菩薩若能具足「智慧心、方便心、無障心、勝真心」，則能生清淨佛國土。

※關於「三門、三心、獲得「妙樂勝真心」的圖解」說明

依智慧門 ➡ 不求自樂，遠離我心貪著自身 ➡ 得「無染」清淨心 ⎫
依慈悲門 ➡ 拔一切眾生苦，遠離無安眾生心 ➡ 得「安」清淨心 ⎬ 得〈妙樂勝真心〉
依方便門 ➡ 憐愍一切眾生心，遠離供養恭敬自身心 ➡ 得「樂」清淨心 ⎭

五門漸次成就：可分「出、入」二功德。

「近門、大會眾門、宅門、屋門」為「入功德」。

「園林遊戲地門」為「出功德」。

(一)入功德: 一者近門。 二者大會眾門。 三者宅門。 四者屋門。 以上屬於自利成就

①近門

　　以禮拜阿彌陀佛，為生彼極樂國土，故得生安樂世界(極樂世界)。

②大會眾門

　　以贊歎阿彌陀佛，隨順名義，稱阿彌陀如來名，依阿彌陀如來「光明智相」修行，故得入未來將成就「如來」果位的大會眾數。

③宅門

　　以「一心專念」作願生彼極樂國土，以修「奢摩他」(śmatha 止;定)之「寂止心」故，得入蓮華藏世界(即極樂世界)。

④屋門

　　以專念觀察彼極樂世界種種莊嚴，因修「毗婆舍那」(vipaśyanā 觀)之「觀察意」故，得往生到彼極樂世界處，並受用種種「法味」之樂。

（二）出功德：園林遊戲地門，迴向利益他行成就

⑤園林遊戲地門

在極樂世界成就佛果位後，即以「大慈悲」，觀察一切苦惱眾生，示「應、化」身而迴入「生死園煩惱林」中，作種種的方便「遊戲神通」，至於「教化地」，並以「本願力」作種種「功德」迴向施予所有眾生。

※關於「五念門、五門、功德、自利利他的圖解」說明

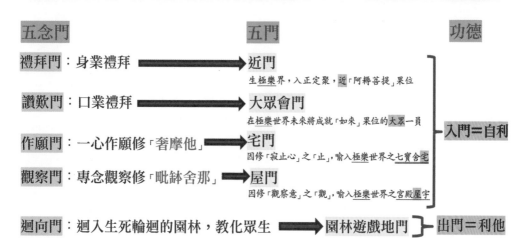

參、總結

菩薩如是修「五門行」，自利、利他，則必能速得成就「阿耨多羅三藐三菩提」。

五、世親菩薩是否「言行合一」的純粹「極樂世界信仰」者？

在「西藏」所傳的傳記中，記載世親他臨終前是念誦能往生「極樂世界」的「尊勝陀羅尼」咒。(詳見向井亮，〈世親造《往生論》的背景──「別時意」說との関連から〉，收於《仏教における淨土思想》(京都：日本佛教学會，1977)，p.165)

唐‧玄奘述、辯機撰《大唐西域記‧卷五》

(1)阿踰陀國(Ayodhyā 中印度古國)，週五千餘里。國大都城週二十餘里。穀稼豐盛，華菓繁茂。氣序和暢，風俗善順，好營福，勤學藝。伽藍百有餘所，僧徒三千餘人……

(2)城西南五六里大「菴沒羅林」(āmra 中印度吠舍釐城 Vaiśālī 附近)中，有故伽藍，是阿僧伽(Asaṅga 唐言無著)菩薩請益(上昇兜率向彌勒請益)導凡(化導凡夫眾生)之處。無著(兄)菩薩夜昇天宮(兜率)，於慈氏菩薩所受《瑜伽師地論》、《莊嚴大乘經論》、《中邊分別論》等，盡為大眾講宣妙理。

(3)「菴沒羅林」西北百餘步，有「如來髮、爪窣堵波」。其側故基，是世親(Vasubandhu 婆藪槃豆➜弟)菩薩從「覩史多天」(tuṣita 兜率天)下見無著(兄)菩薩處。

(4)無著(兄)菩薩，健馱邏國人也，佛去世後一千年中，誕靈利見，承風悟道，從「彌沙塞部」出家修學，頃之迴信「大乘」。

(5)其弟世親(弟)菩薩於「說一切有部」出家受業，博聞強識(強於記憶及見識)，達學(通達諸學問)研機(窮究精微之理)。

無著(兄)弟子佛陀僧訶(Buddhasiṃha 唐言師子覺)者，密行莫測，高才(才智過人)有聞。

(6)二三賢哲每相謂曰：凡修行業，願觀(拜見)慈氏(可見他們三人是發願要去「拜見」慈氏，並非只想著要去兜率的欲界天享樂而已)，若先捨壽，得遂宿心(宿世心願)，當相報語，以知所至(所至之處)。

(7)其後師子覺先捨壽命，三年不報。

世親(弟)菩薩尋亦捨壽，時經六月，亦無報命(復命。奉命辦事完畢，回來報告)。

(8)時諸異學咸皆譏誚(冷言冷語地譏諷)，以為世親(弟)菩薩及師子覺，流轉

「惡趣」，遂無靈鑒(靈應)。

(9)其後無著(兄)菩薩於夜「初分」(古印度分「夜」為「初分、中分、後分」)，方為門人教授「定法」，燈光忽翳(遮蔽)，空中大明，有一「天仙」(即指世親)乘虛下降，即進階庭(臺階前的庭院)，敬禮無著(兄)。

(10)無著(兄)曰：爾(世親你)來何暮(遲)？今名何謂？

(11)(弟世親)對曰：從此(娑婆世界)捨壽命，往「覩史多天」(tuṣita 兜率天)慈氏「內眾」，蓮華中生。

蓮華纔開，慈氏讚曰：

善來！　(svāgata 為印度比丘歡迎「來客」所用之客套語，即指「其來正好」之意。《南海寄歸內法傳·卷三》載印度寺眾禮法，凡弟子門人等應先對「來客」說「莎揭哆 svāgata」。「來客」即答「窣莎揭哆」susvāgata，譯作「極善來」)。

廣慧！　(又作「廣惠」，指遠離「煩惱障」與「解脫障」，獲得「定、慧」自在之「阿羅漢」等。如舍利弗、目犍連等人。《瑜伽師地論·卷六十五》云：有「廣慧」聲聞乘等，若諸有學，若阿羅漢。《成唯識論述記·卷七》本云：實十地菩薩，「廣惠」聲聞，獨覺亦得)

善來！　廣慧！

旋繞纔周(一回；一圈)，即來報命。

(12)無著(兄)菩薩曰：師子覺者，今何所在？

(13)(弟世親)曰：我旋繞時，見師子覺在「外眾」中，耽著「欲樂」，無暇相顧(互相照應；相視)，詎(無)能來報？

(14)無著(兄)菩薩曰：斯(此)事已矣(算了吧)。慈氏何相(貌相)？演說何法？

(15)(弟世親)曰：慈氏相好，言莫能宣。演說妙法，義不異此(娑婆世界)。然(慈氏)菩薩妙音，清暢和雅，聞者忘倦，受者無厭。

由無著、世親、師子覺的故事可知，在玄奘(602？～664)旅行印度的時候已經流傳往生兜率有「內眾」、「外眾」之別的傳說，而且有「內眾」優於「外眾」的傾向，也因此之故，往生兜率「內眾」即成為玄奘一生所繫的願望。問題是《大唐西域記》是玄奘所口述，然後由弟子辯機所撰寫下來，師子覺在「外眾」中，耽著「欲樂」的故事，其「真實性」有多少？那就不得而知了。

唐・冥詳撰《大唐故三藏玄奘法師行狀・卷一》

(1)法師從少以來，常願生彌勒佛所，及遊西方，又聞無著菩薩兄弟，亦願生「覩史多天宮」(tuṣita 兜率天)，奉事彌勒(可見是發願要去「奉事」慈氏，並非只想著要去兜率的欲界天享樂而已)，並得如願，俱有證驗，益增剋勵(剋苦勉勵)。

(2)自至玉花(位於陝西鄜州宜君縣西南，即玉花寺，又稱玉華宮寺)，每因翻譯，及禮懺之際，恒發願上生「覩史多天」(tuṣita兜率天)，見彌勒佛。除翻經時以外，若晝若夜，心心相續，無暫恡ㄌㄢˋ(同悋→乖庚)廢(荒廢)，從翻《大般若》訖後，即不復翻譯，唯「行道(修行佛道：繞佛；繞堂；經行)禮懺」。

唐・道宣撰《續高僧傳・卷四》

(1)奘生常以來願生彌勒，及遊西域，又聞無著兄弟皆生彼天，又頻祈請，咸有顯證。懷此專至，益增翹(翹首盼望)勵(剋苦勉勵)。

(2)後至玉華(位於陝西鄜州宜君縣西南，即玉花寺，又稱玉華宮寺)，但有隙次(空隙閑暇)，無不發願生「覩史多天」(tuṣita 兜率天)，見彌勒佛。自《般若》翻了，惟自策勤(策勵勤勞)，行道(修行佛道：繞佛；繞堂；經行)禮懺。

下面再舉出唐・白居易對「淨土」的信仰歷程，這與世親菩薩於兩處「淨土」都「求生」的故事是雷同的

　　唐・白居易(公元 772~846)在晚年之後，對佛教的信仰開始由早年的崇奉「禪宗」轉向對「淨土」的信仰。白居易對「淨土」的信仰主要表現在兩個方面，一是對「彌勒」淨土的信仰，二是對「彌陀」淨土的信仰。尤其是後期對「彌陀」淨土的信仰，成為白居易晚年的主要信仰。

　　唐・大和九年(公元 816)夏，白居易 63 歲，他在東都長壽寺與大比丘道嵩、存一、惠恭等 60 人，以及優婆塞士良、惟儉等共 80 人受「八關齋戒」，祈願往生「兜率陀天」彌勒淨土。當時與白居易一起受戒者，「施捨淨財」請人畫了一幅《兜率陀天彌勒上生內外眾圖》，白居易親自為之作「贊」。

　　唐・開成五年(公元 840)，白居易又作了一篇《畫彌勒上生幀記》，他說:「備願當來世，與一切眾生同彌勒上生，隨慈氏下降，生生劫劫，與慈氏俱永離生死流，終成無上道。」這表明了他對彌勒淨土的堅定信仰。

　　據《全唐詩》載，白居易還作詩表明自己對彌勒信仰的虔誠，他說:「吾學空門非學仙，恐君此說是虛傳。海山不是吾歸處，歸即應歸兜率天。」

　　白居易還作有《畫彌勒上生幀贊》，贊文序言如是:「曲躬合掌，焚香作禮，發大誓望，願生內宮，劫劫生生，清靜供養」。[1] 又云:「有彌勒弟子白樂天，同誓願遇是緣，爾時稽守當宋下生慈氏世尊足下，致敬無量」。而說贊曰:「百四十心，合唯一誠，百四十口，發同一聲，仰慈氏形，稱慈氏名，願我來世，一時上生」。[2]

　　白居易在深深信奉「彌勒」淨土的同時，又篤信「彌陀」淨土。他曾捐錢三萬，讓畫工杜宗敬按《阿彌陀經》和《觀無量壽佛經》的內容，畫成高九尺，寬一丈三尺的巨幅圖畫。畫成之後，白居易「焚香稽首，跪於佛前」，發願說:
西方世界是清淨土，無諸惡道及眾苦。願如老身病苦者，同生無量壽佛所。[3](詳《白居易全集》卷七十一《畫西方幀記》)

　　白居易在生命的最後幾年，隱居香山，專修「念佛三昧」。他求生彌陀淨土的堅定信念，可從詩偈中得知。

　　餘年七十一，不復事吟哦，看經費眼力，作福畏奔波。何以度心眼？一句阿彌陀。行也阿彌陀，坐也阿彌陀，終饒忙似箭，不離阿彌陀。

---

1 參《古今圖書集成選輯（上）》卷 91。詳 CBETA, B15, no. 88, p. 380, a。
2 參《古今圖書集成選輯（上）》卷 91。詳 CBETA, B15, no. 88, p. 380, a。
3 參《樂邦文類》卷 3。詳 CBETA, T47, no. 1969A, p. 183, b。

　　達人應笑我，多卻阿彌陀；達又作麼生？不達又如何？普願法界眾，同念阿彌陀！[4]

　　白居易的這首阿彌陀佛頌，在淨土教中一直被廣泛的「引用」。如明·宗本集《歸元直指集》[5]、明·李贄集《淨土決》[6]、明·一念編《西方直指》[7]、明·廣貴集《蓮邦詩選》[8]、明·道衍撰《諸上善人詠》[9]……等。

　　至於白居易為何對「彌勒內院」與「極樂世界」這兩處都想「求生」呢？這在歷史上也有「兩處」都發願、都求生的案例，試舉唐末五代·永明 延壽(904～975)，他每日「晝夜」中間總行 108 件佛事，每日持誦咒語達 27 種，在 108 種「佛事」中，其中確定與「西方淨土」有關的就高達 15 個願，但大師的「第三十九願」又是：

　　第三十九。初夜，普為一切法界眾生，旋繞念彌勒慈尊佛，願生「內院」親成(無生)「法忍」。[10]

　　從上面所引用的唐末五代·永明 延壽(904～975)與白居易(公元772~846)，還有約中國北魏·世親菩薩三位例子來看，可見對於「彌勒內院」與「極樂世界」兩處都想「求生」的人也是有「前例」可尋的。

4　參《歸元直指集》卷 1。詳 CBETA, X61, no. 1156, p. 438, a。
5　參明·宗本集《歸元直指集》卷 1。詳 CBETA, X61, no. 1156, p. 438, a。
6　參明·李贄集《淨土決》卷 1。詳 CBETA, X61, no. 1157, p. 498, a。
7　參明·一念編《西方直指》卷 2。詳 CBETA, X61, no. 1163, p. 635, b。
8　參明·廣貴集《蓮邦詩選》卷 1 詳 CBETA, X62, no. 1207, p. 803, b。
9　參明·道衍撰《諸上善人詠》卷 1。詳 CBETA, X78, no. 1547, p. 179, b。
10　參《智覺禪師自行錄》。詳 CBETA, X63, no. 1232, p. 161, a。

六、無量壽經［優婆提舍］願生偈（往生論）全文

世尊！ 我一心，歸命盡十方<u>無礙光</u>如來（即阿彌陀佛），<u>願生安樂國</u>（極樂世界）。

我依修多羅，真實功德相，

說願偈總持，與佛教相應。

觀彼世界相，勝過三界道，

究竟如虛空，廣大無邊際。

正道大慈悲，出世善根生，

淨光明滿足，如鏡日月輪。

備諸珍寶性，具足妙莊嚴，

無垢光焰ㄕ 熾ㄔ ，明淨曜世間。

寶性功德草，柔軟左右旋，

觸者生勝樂，過「迦旃隣陀」（kācalindika 雜臨時特帛 、迦遮鄰地衣、迦旃鄰提衣。意譯作細錦衣）。

寶華千萬種，彌覆池流泉，

微風動華葉，交錯光亂轉。

宮殿諸樓閣，觀十方無礙，

雜樹異光色，寶欄遍圍繞。

無量寶交絡，羅網遍虛空，

種種鈴發響，宣吐妙法音。

雨ㄩ 華衣莊嚴，無量香普熏，

佛慧明淨日 ，除世癡闇冥。

梵聲語深遠，微妙聞十方，

正覺<u>阿彌陀</u>，法王善住持。

如來淨華眾，正覺華化生，

愛樂佛法味，禪三昧為食。

永離身心惱，受樂常無間，

大乘善根界，等無譏嫌名。

女人及根缺，二乘種不生，

眾生所願樂，一切能滿足。

故我願往生，<u>阿彌陀佛國</u>，
無量大寶王，微妙淨花臺。
相好光一尋，色像超群生，
如來微妙聲，梵響聞十方。
同地水火風，虛空無分別，
天人不動眾，清淨智海生。
如<u>須彌山王</u>，勝妙無過者，
天人丈夫眾，恭敬繞瞻仰。
觀佛本願力，遇無空過者，
能令速滿足，功德大寶海。
<u>安樂國</u>(極樂世界)清淨，常轉無垢輪，
化佛菩薩日，如須彌住持。
無垢莊嚴光，一念及一時，
普照諸佛會，利益諸群生。
雨天樂花衣，妙香等供養，
讚佛諸功德，無有分別心。
何等世界無，佛法功德寶？
我皆願往生，示佛法如佛。
我作論說偈，願見<u>彌陀佛</u>，
普共諸眾生，往生<u>安樂國</u>(極樂世界)。

<u>無量壽</u>(阿彌陀佛)修多羅(經典)章句，我以偈總說竟。

論曰：此願偈明何義？觀<u>安樂</u>世界(極樂世界)，見<u>阿彌陀</u>佛，願生彼國土故。云何觀？云何生信心？

若善男子善女人，修「五念門」成就者，畢竟得生<u>安樂</u>國土(極樂世界)，見彼<u>阿彌陀</u>佛。何等五念門？

一者「禮拜門」。

二者「讚歎門」。
三者「作願門」。
四者「觀察門」。
五者「迴向門」。

❶云何「禮拜」？身業禮拜<u>阿彌陀</u>如來、應、正遍知，為生彼國意故。
❷云何「讚歎」？口業讚歎，稱彼如來名。如彼如來光明智相，如彼名義，欲如實修行相應故。
❸云何「作願」？心常作願，一心專念畢竟往生<u>安樂國土</u>(極樂世界)，欲如實修行「奢摩他」(śmatha 止;定)故。
❹云何「觀察」？智慧觀察，正念觀彼，欲如實修行「毘婆舍那」(vipaśyanā 觀)故。

彼觀察有三種。何等三種？
一者：觀察「彼佛國土」功德莊嚴。
二者：觀察<u>阿彌陀</u>佛功德莊嚴。
三者：觀察彼「諸菩薩」功德莊嚴。

❺云何迴向？不捨一切苦惱眾生，心常作願，迴向為首，成就大悲心故。

云何觀察「彼佛國土」功德莊嚴？「彼佛國土」功德莊嚴者，成就不可思議力故。如彼「摩尼如意寶性」，相似相對法故。

觀察「彼佛國土」功德莊嚴者，有十七種事，應知。何者十七？

一者：「清淨」功德成就。
二者：「無量」功德成就。
三者：「性」功德成就。
四者：「形相」功德成就。
五者：「種種事」功德成就。

六者：「妙色」功德成就。

七者：「觸」功德成就。

八者：「莊嚴」功德成就。

九者：「雨」功德成就。

十者：「光明」功德成就。

十一者：「聲」功德成就。

十二者：「主」功德成就。

十三者：「眷屬」功德成就。

十四者：「受用」功德成就。

十五者：「無諸難」功德成就。

十六者：「大義門」功德成就。

十七者：「一切所求」功德成就。

❶「清淨」功德成就者，偈言：「觀彼世界相，勝過三界道」故。

❷「無量」功德成就者，偈言：「究竟如虛空，廣大無邊際」故。

❸「性」功德成就者，偈言：「正道大慈悲，出世善根生」故。

❹「形相」功德成就者，偈言：「淨光明滿足，如鏡日月輪」故。

❺「種種事」功德成就者，偈言：「備諸珍寶性，具足妙莊嚴」故。

❻「妙色」功德成就者，偈言：「無垢光焰熾，明淨曜世間」故。

❼「觸」功德成就者，偈言：「寶性功德草，柔軟左右旋，觸者生勝樂，過『迦旃隣陀』」(kācalindika 雜臨時特帛、迦遮鄰地衣、迦旃鄰提衣、迦眞鄰底迦、迦止栗那綿。意譯作細錦衣)」故。

❽「莊嚴」功德成就者，有三種應知。何等三？

　　一者：水。

　　二者：地。

　　三者：虛空。

莊嚴「水」者，偈言：「寶華千萬種，彌覆池流泉，微風動華葉，交錯光亂轉」故。

莊嚴「地」者，偈言：「宮殿諸樓閣，觀十方無礙，雜樹異光色，寶欄遍

圍繞」故。

莊嚴「虛空」者，偈言：「無量寶交絡，羅網遍虛空，種種鈴發響，宣吐妙法音」故。

❾「雨⌣」功德成就者，偈言：「雨⌣華衣莊嚴，無量香普熏」故。
❿「光明」功德成就者，偈言：「佛慧明淨日，除世癡闇冥」故。
⓫「妙聲」功德成就者，偈言：「梵聲語深遠，微妙聞十方」故。
⓬「主」功德成就者，偈言：「正覺阿彌陀，法王善住持」故。
⓭「眷屬」功德成就者，偈言：「如來淨華眾，正覺華化生」故。
⓮「受用」功德成就者，偈言：「愛樂佛法味，禪三昧為食」故。
⓯「無諸難」功德成就者，偈言：「永離身心惱，受樂常無間」故。
⓰「大義門」功德成就者，偈言：「大乘善根界，等無譏嫌名，女人及根缺，二乘種不生」故。

淨土果報，離二種「譏嫌」過，應知。
一者：體。
二者：名。

體有三種：
一者：二乘人。
二者：女人。
三者：諸根不具人。
無此三過故，名「離體譏嫌」。

名亦有三種，非但無三體，乃至不聞「二乘、女人、諸根不具」三種名故，名「離名譏嫌」。「等」者，平等一相故。

⓱「一切所求功德滿足」成就者，偈言：「眾生所願樂，一切能滿足」故。

略說彼阿彌陀佛國土莊嚴十七種功德，示現如來自身利益(之)大功德力，

(及如來)成就利益他功德成就故。彼無量壽佛土莊嚴，第一義諦妙境界十六句，及一句次第說，應知。

云何「觀(阿彌陀)佛」功德莊嚴成就？「觀佛」功德莊嚴成就者,有八種應知。何等八種？

一者：「座」莊嚴。

二者：「身」莊嚴。

三者：「口」莊嚴。

四者：「心」莊嚴。

五者：「眾」莊嚴。

六者：「上首」莊嚴。

七者：「主」莊嚴。

八者：「不虛作住持」莊嚴。

❶何者「座」莊嚴？偈言：「(阿彌陀佛能成就)無量大寶王，微妙淨華臺」故。

❷何者「身」莊嚴？偈言：「(阿彌陀佛)相好光一尋，色像超群生」故。

❸何者「口」莊嚴？偈言：「(阿彌陀)如來微妙聲(此妙聲指阿彌陀佛的名號)，梵響聞十方」故。

❹何者「心」莊嚴？偈言：「(阿彌陀佛說法教化如)同地水火風，虛空無分別」故。無分別者，無分別心故。

❺何者「眾」莊嚴？偈言：「(極樂世界的)天人不動眾(已成就堅固不動的大乘不退轉根器)，(此皆由阿彌陀佛的)清淨智海(所)生」故。

❻何者「上首」莊嚴？偈言：「(阿彌陀佛)如須彌山王，勝妙無過者」故。

❼何者「主」莊嚴？偈言：「(阿彌陀佛於)天人丈夫眾，(皆受)恭敬繞瞻仰」故。

❽何者「不虛作住持」莊嚴？偈言：「觀(阿彌陀)佛本願力，(任何眾生所)遇(皆能)無空過(空耗錯過)者,能令速滿足,功德大寶海」故。

即見彼佛，未證「淨心」菩薩，畢竟得「平等法身」；與「淨心」菩薩無異，「淨心」菩薩與「上地」諸菩薩，畢竟同得「寂滅平等」故。

略説八句，示現如來「自利、利他」功德莊嚴，次第成就應知。

云何「觀菩薩」功德莊嚴成就？「觀菩薩」功德莊嚴成就者，觀彼菩薩有「四種」正修行功德成就，應知。何等為四？

一者：(極樂世界諸菩薩)於一佛土，身不動搖，而遍十方種種「應化」，如實修行，常作佛事。偈言：「安樂國(極樂世界)清淨，常轉無垢輪，化佛菩薩日，如須彌住持」故，開諸眾生淤泥華故。

二者：彼(極樂世界諸菩薩)應化身，一切時不前不後，一心一念，放大光明，悉能遍至十方世界教化眾生，種種方便，修行所作，滅除一切眾生苦故。偈言：「無垢莊嚴光，一念及一時，普照諸佛會，利益諸群生」故。

三者：彼(極樂世界諸菩薩)於一切世界無餘，照諸佛會大眾無餘，廣大無量供養，恭敬讚歎諸佛如來。偈言：「雨︿天樂華衣，妙香等供養，讚佛諸功德，無有分別心」故。

四者：彼(極樂世界諸菩薩)於十方一切世界無三寶處，住持莊嚴佛法僧寶功德大海，遍示令解，如實修行。偈言：「何等世界無，佛法功德寶，我皆願往生，示佛法如佛」故。

又向説「佛國土」功德莊嚴成就、「佛」功德莊嚴成就、「菩薩」功德莊嚴成就，此三種成就「願心」莊嚴。
略説入「一法句」故。「一法句」者，謂「清淨句」。「清淨句」者，謂「真實智慧，無為法身」故。
此清淨有二種，應知。何等二種？
一者：(極樂淨土)「器世間」清淨(總共有十七種佛國土的功德莊嚴成就)。
二者：(極樂淨土)「眾生世間」清淨(總共有八種佛功德莊嚴成就，與四種菩薩功德莊嚴成就)。

(極樂淨土)「器世間清淨」者，向説十七種「佛國土」功德莊嚴成就，是名「器

世間清淨」。

(極樂淨土)「眾生世間清淨」者,如向說八種「佛」功德莊嚴成就、四種「菩薩」功德莊嚴成就,是名「眾生世間清淨」。

如是「一法句」,攝二種清淨,應知。

如是菩薩「奢摩他(śmatha 止;定)、毘婆舍那(vipaśyanā 觀)」廣略修行,成就柔軟心,如實知「廣、略」諸法,如是成就「巧方便迴向」。

何者「菩薩巧方便迴向」?「菩薩巧方便迴向」者,謂說「禮拜」等五種,修行所集一切功德善根,不求自身住持之樂,欲拔一切眾生苦故,作願攝取一切眾生,共同生彼安樂佛國(極樂世界),是名「菩薩巧方便迴向成就」。

菩薩如是善知「迴向」成就,遠離「三種菩提門相違法」。何等三種?

一者:依「智慧門」,不求自樂,遠離「我心貪著自身」故。

二者:依「慈悲門」,拔一切眾生苦,遠離「無安眾生心」故。

三者:依「方便門」,憐愍一切眾生心,遠離「供養恭敬自身心」故。

是名「遠離三種菩提門相違法」故。

菩薩遠離如是三種「菩提門相違法」,得「三種隨順菩提門法」滿足故。何等三種?

一者:「無染清淨心」,不以為自身求諸樂故。

二者:「安清淨心」,以拔一切眾生苦故。

三者:「樂清淨心」,以令一切眾生得大菩提故,以攝取眾生,生彼國土故,是名「三種隨順菩提門法」滿足,應知。

向說「智慧、慈悲、方便」三種門,攝取「般若」,「般若」攝取「方便」,應知。

向說遠離「我心不貪著自身」、遠離「無安眾生心」、遠離「供養恭敬自身心」,此三種法「遠離障菩提心」,應知。

向說「無染清淨心、安清淨心、樂清淨心」，此三種心，略一處成就「妙樂勝真心」，應知。

如是菩薩「智慧心、方便心、無障心、勝真心」，能生「清淨佛國土」，應知。是名菩薩摩訶薩隨順「五種法門」所作，隨意自在成就。如向所說「身業、口業、意業、智業、方便智業」，隨順法門故。

復有「五種門」，「漸次」成就五種功德，應知。何者五門？
一者：近門。
二者：大會眾門。
三者：宅門。
四者：屋門。
五者：園林遊戲地門。

此五種門，初四種門成就「入功德」，第五門成就「出功德」。
入「第一門」者，以禮拜阿彌陀佛為生彼國故，得生安樂世界(極樂世界)，是名入「第一門」。

入「第二門」者，以讚歎阿彌陀佛，隨順名義，稱如來名，依如來「光明知相」修行故，得入大會眾數，是名入「第二門」。

入「第三門」者，以一心專念作願生彼，修「奢摩他」(śmatha 止;定)寂靜三昧行故，得入「蓮華藏世界」，是名入「第三門」。

入「第四門」者，以專念觀察彼妙莊嚴，修「毘婆舍那」(vipaśyanā 觀)故，得到彼處，受用種種「法味樂」，是名入「第四門」。

出「第五門」，以大慈悲觀察一切苦惱眾生，示「應、化」身，迴入「生死園煩惱林」中，遊戲神通，至教化地，以「本願力迴向」故，是名出「第五門」。

菩薩入四種門，「自利行」成就，應知；菩薩出第五門，「利益他」迴向行成就，應知。

菩薩如是修「五門」，行「自利、利他」，速得成就「阿耨多羅三藐三菩提」故。

七、《往生論註》與佛經論典之研究・卷上

曇鸞撰《無量壽經優婆提舍願生偈婆藪槃頭菩薩造（并）註》卷上

《往生論註》序-印光大師

生死，吾人第一大事也，淨土法門，了生死無上妙法也，一代時教，浩若淵海，其究竟暢佛普度眾生之本懷者，唯「淨土」一法而已。以「下凡」(者之)「信願念佛」，即可「帶業往生」，「上聖」(者)若肯「迴向」，速得圓成覺道。「仗佛慈力」與「唯仗自力」，其「難、易」(則)固(如)「日、劫」(之)相倍(差距)。

天親菩薩廣造諸論，宏闡「佛乘」，復宗《無量壽經》(正確應該說天親菩薩乃「宗」淨土經典，並非專「宗」於《無量壽經》此一經也)，作「願生偈論」，示「五門」修法，令畢竟得生，具顯「❶禮拜、❷讚歎、❸作願、❹觀察、❺迴向」之法。

於「❹觀察門」，詳示淨土莊嚴、(阿彌陀)如來法力、(諸)菩薩功德。凡(有)見聞者，悉(發)願往生。曇鸞法師(爲《往生論》)撰「註」詳釋，直將彌陀(之)誓願，天親(之)衷懷(衷心本懷)，徹底圓彰(圓滿的彰顯出來)，和盤托出。若(曇鸞大師)非深得「佛心」，具無礙辯(才)，何克臻乎此(到達如此的境界)？

夫淨土一法，為一切諸法之所「歸趣」，以故「華嚴」(已)證齊「諸佛」之「等覺」菩薩(指普賢菩薩)，尚須以「十大願王」迴向往生，則文殊、普賢、馬鳴、龍樹、智者、慈恩、清涼、永明等，自行化他，同歸淨土者，有由來矣。

知此(故知如此)，則唯執(執著一定要依)「自力」，(而)不仗「佛力」者，可以

(因此而生)怵然驚(戒懼驚恐之心)、憬然 然悟(而獲覺悟之心)，(往生淨土「仗佛力」者能)以期「現生即得」出此「娑婆」，生彼「極樂」，與觀音、勢至等諸「上善人」俱會一處，常時親炙(親受薰陶)阿彌陀佛，以冀證「無生忍」，「圓滿菩提」而後已也。

吾言(若)不足信，請質(問)之(於)普賢菩薩，自可「無疑」矣。

民國十一年壬戌，五月望日，常慚愧僧釋印光謹撰

《往生論註》序-印光大師

　　蕅益大師所選《淨土十要》，實為淨宗最要之妙典，成時大師欲為廣布，特節略之，致使有文義隱晦，稍(為)拂(拂逆違背)初機之處。因搜羅「原本」(原始正本)，特為排印，仍作「四冊」，以卷有薄(指書不夠厚、內容不夠多)者，遂取古德「宏揚淨土」之「要文」附之，如帝網珠，互相輝映，(此)誠為「淨宗」一大快事。

　　竊以天親菩薩《往生論》，(乃)淨宗之「要典」(重要的典籍)也，(而)世罕流通。曇鸞法師之《註》(指《往生論註》)，文「暢達」而義「深邃ㄙㄨㄟ」，洵ㄒㄩㄣ(誠然；實在)足開人(之)「正智」，起人(之)「正信」，乃「淨業」學人之大導師。惜中國(對曇鸞法師的《往生論註》)久已失傳，清末楊仁山居士請於東瀛(日本)，刻以流通，因「(往生)論、(往生論)註」相聯，初機殊難「分判」，乃「逐段標出」，令徐蔚如居士刻於北京。

　　今擬將此書(指《往生論註》)，并蓮華世界「詩」，合作一冊，以作《淨土十要》之「附本」，(希)冀與(淨土)《十要》并傳於世。庶可(於此)熛ㄅㄧㄠ焯ㄓㄨㄛ(熾盛之)火宅，常被「焚燒」之同倫(類)，(能)知此(三界火)宅之「外」，原有「最極清淨安隱」之(西方極樂)家鄉。

　　從茲(此)「當仁不讓」，賈勇(鼓足勇氣)先登(極樂)，同出(娑婆)五濁，同登(極樂)「九品」，同預(參預)「蓮池海會」，同侍無量壽佛，以漸證夫「無生法忍」，與無上菩提。得以上「不孤」(不辜負。如《史記・游俠列傳》云：今拘學或抱咫尺之義，久孤於世。司馬貞《索隱》云：遂久以當代，孤負我志)於「佛化」，下「不負」(不違負；不辜負)於「己靈」(自己的靈性、佛性)，方可名為「真大丈夫」也已。

　　　　　　　　　　　　　民國二十一年壬申季春，釋印光識

《無量壽經優婆提舍願生偈婆藪槃頭菩薩造(并)註》卷上

《往生論註》卷上

謹案龍樹菩薩《十住毘婆沙》云:

菩薩求「阿毘跋致」(avinivartanīya 不退轉、無退、必定)有二種道。

一者:「難行道」。

二者:「易行道」。

「難行道」者,謂於「五濁之世」、於「無佛時」,(若欲追)求「阿毘跋致」為難。

※關於「難行道與易行道」的經論引證

龍樹造《十住毘婆沙論》卷5〈易行品第九〉

(1)問曰:是「阿惟越致」(avinivartanīya 阿惟越致;不退轉;無退;必定)菩薩初事如先說。至「阿惟越致」地者,行諸「難行」,久乃可得,或墮「聲聞、辟支佛」地……

(2)是故若諸佛所說,有「易行道」,疾得至「阿惟越致」地方便者。願為說之……行大乘者,佛如是說,發願「求佛道」,重於舉「三千大千世界」……

(3)佛法有「無量門」,如世間道,有難、有易。「陸道」步行則苦,「水道」乘船則樂。

菩薩道亦如是,或有勤行精進,或有以「信方便」易行疾至「阿惟越致」者。

(4)如偈說:如是諸世尊,今現在十方。若人疾欲至「不退轉」地者,應以恭敬心,「執持」稱「名號」。

(5)若菩薩欲於「此身」得至「阿惟越致」(avinivartanīya 阿惟越致;不退轉;無退;必定)地,成就「阿耨多羅三藐三菩提」者。應當念是「十方諸佛」,稱其「名號」。

此「難」乃有多途，粗言「五三」(約計數目之詞語)，以示義意：

一者：外道相⸢(修槳反)善(外道是只修「相似」的善法)，(擾)亂(佛教的)「菩薩法」。

（在五濁中修行易墮「外道」）

二者：「聲聞」(只)自利，障(菩薩之)「大慈悲」。

（在五濁中修行易墮「小乘聲聞」）

三者：無顧(無顧念無反省)「惡人」，(專門)破他「勝德」(殊勝德行)。

（在五濁中修行易成為「凡夫惡人」）

四者：顛倒「善果」(善業果報)，能(破)壞「梵行」。

（在五濁中修行易倒顛是非與善惡）

五者：唯是「自力」(修行)，無「他力」(加)持。

（在五濁中修行只依「自力」而無「他力」加持，很難成就「不退轉」菩薩）

如斯等事，觸目(目光所及)皆是(到處都是)。譬如「陸路」，「步行」則苦。

「易行道」者，謂但以「①信佛因緣」，②願生淨土，③乘佛「願力」，便得往生彼清淨土。

「佛力」住持(安住維持、久住護持)，即入大乘「正定」之聚(samyaktva-niyata-rāśi 正定聚➜指眾生必定獲得「證悟」而永不退，亦指決定會成就佛位而永不退轉的「必定菩薩」。《俱舍論・卷十》云：「見道」位以上之聖者，已斷盡「見」等惑，亦可獲「畢竟不退」。又菩薩階位在「十信」以上者，亦稱「正定」)，「正定」即是「阿毘跋致」(avinivartanīya 阿惟越致；不退轉；無退；必定)。譬如「水路」，乘「船」則樂。

此《無量壽經優婆提舍》蓋「上衍」(最上等的衍義，即大乘法)之極致，(能獲得)不退(不退轉菩薩)之風航(在順風中航行)者也。

「無量壽」是安樂淨土(極樂世界)如來別號，釋迦牟尼佛在王舍城(宣講《無量壽經》、《觀無量壽佛經》)及舍衛國(宣講《阿彌陀經》)，於大眾之中說無量壽佛莊嚴功德，即以「佛名號」為「經」體。

後聖者婆藪ㄙㄡˇ 槃頭(Vasubandhu;婆藪ㄙㄡˇ 槃豆；天親；世親)菩薩，服膺ㄧㄥ (一升反。欽服膺奉)如來「大悲」之教，傍ㄆㄤˊ 經(依附順著經典)作「願生偈」，復造「長行」重釋。

梵言「優婆提舍」(upadeśa 指示；教訓；顯示；宣說；論義；論義經；注解章句經➔要與佛經義理相應，要入佛法相才算)，此間(在此中國間)無「正名」(明確的中文漢字)相譯，若舉一隅ㄩˊ (角度)，可(暫時假)名為「論」。所以無「正名」(可翻)譯者，(乃因)以此間(在此中國間)本無佛(佛乃印度人非中國人)故。如此(世)間書，就孔子而稱「經」(孔子乃「述」而不作，所以孔子所「述」的，後人皆尊稱為「經」)，餘人製作，皆名為「子」，(就像)國史、國紀之徒(類)，(也有)各別「體例」。

然佛所説「十二部經」中，(只要)有「論議」(的)經(都)名(為)「優婆提舍」(upadeśa)。若復佛諸弟子，(能)解佛(的)經教，(而且能)與佛(的)義(理)相應者，佛亦(方便開)許名(此為)「優婆提舍」(upadeśa)，以入「佛法相」故(因為他解説的義理都完全符合佛典經義，有「入佛法相」的)。

此間云「論」(如果直接翻譯成「論」這一個字的話)，直是「論議」而已(那 upadeśa 的意思就很容易被限制在只有一個「論議」的意思，不一定有與佛經義理相應)，豈得「正譯」彼名耶(無法正確的翻譯出 upadeśa「完整」意思來)？

又如：「女人」於子(即)稱(為)母(親)，(此女人)於兄(則又)云「妹」。如是等事，皆隨義各別。

若但以「女」名(這是在比喻只需採「梵音」稱作「優婆提舍」即可，不要只用「論」這個字)，汎(古

通「泛」➜普遍; 廣泛)談母(或)妹(也就是無論她的身分是母親或妹妹，都泛稱一個「女」字來稱呼她)，乃不失「女」之大體，豈含「尊、卑」之義乎(只用「女人」來泛稱母親和妹妹，並不會有尊或卑的涵義問題存在)！

此所云「論」亦復如是(如果直接翻譯成「論」這一個字的話，那 upadeśa 的意思就很容易被限制在只有一個「論議」的意思，且不一定有與佛經義理相應)，是以仍(因而音)存「梵音」曰「優婆提舍」(upadeśa)。

此「論」始終，凡有二重。
一是：「總說分」。
二是：「解義分」。

「總說分」者，前「五言偈」盡是。
「解義分」者，「論曰」已下(即是)，「長行」(以下)盡是。

所以為「二重」者，有二義。

「(五言)偈」以「誦經」為「總攝」故。
「論」以「釋偈」為「解義」故。

「無量壽」者，言無量壽如來，壽命長遠，不可思量也。

「經」者「常」也(所以並非是在指向某一部的「佛經」)，言安樂國土(極樂世界)，佛及菩薩清淨莊嚴功德，國土清淨莊嚴功德。能與眾生作「大饒益」(豐饒助益)，可常行于世(常時行於世間)，故名曰「經」。

「優婆提舍」(upadeśa)是佛(說)「論議經」(的)名(稱)。

「願」是「欲樂」義。

「生」者，天親菩薩「願生」彼安樂淨土(極樂世界)，(阿彌陀)如來淨華中生，故曰「願生」。

「偈」是「句數義」，以「五言句」，(去)略誦「佛經」，故名為「偈」。

譯婆藪(Vasu)云「天」，譯槃頭(bandhu)言「親」。此人字天親(Vasubandhu 世親)，事在《付法藏經》(天親菩薩為「付法藏」第二十一祖，即「西天二十八祖」中的第二十一祖。元魏‧吉迦夜、曇曜共譯《付法藏因緣傳》，又稱《付法藏因緣經》、《付法藏傳》、《付法藏經》、《付法傳》。敘述釋尊入滅後，迦葉、阿難等二十三位印度祖師嫡嫡付法相傳之事蹟與傳法世系)。

「菩薩」者，若具存「梵音」，應言「菩提薩埵」(bodhi-sattva)。

「菩提」(bodhi)者是「佛道」名。
「薩埵」(sattva)或云「眾生」，或云「勇健」。
求佛道眾生，有「勇猛健志」，故名「菩提薩埵」(bodhi-sattva)。
今但言「菩薩」，譯者略耳。

「造」亦「作」也，庶因人重法，故云「某造」(一般人如果知道「某論」是某位「大菩薩」所造的話，就會重視這部「法義」，亦即「名人」的著作就會吸引人去看那部書)，是故言《無量壽經優婆提舍願生偈婆藪槃頭菩薩造》。解論「名目」竟。

偈中分為「五念門」，如下「長行」所釋。

第一行，四句相含，有三念門。上三句是「⑴禮拜、⑵讚歎」門。下一句是「⑶作願門」。

第二行，論主自述「我依佛經」造論，與「佛教」相應，所服有「宗」，何故云此？為成「優婆提舍」(upadeśa)名故，亦是成上「三門」(指「禮拜、讚歎、作

願」共三念門），起下「二門」（指「觀察、迴向」共二念門）。所以次之說。

從第三行，盡二十四行，是「⑷觀察門」。

末後一行是「⑸迴向門」，分偈「章門」竟。

※關於「以五念門來修淨土」的經論引證

吳・支謙譯《佛說阿彌陀三耶三佛薩樓佛檀過度人道經》

佛告阿難：我哀「若曹」(你們)，令悉見阿彌陀佛，及諸「菩薩、阿羅漢」所居國土，若欲見之不？

[作願門]

阿難即大歡喜，長跪叉手言：願皆欲見之。

[禮拜門]

佛言：若起，更被ㄆ 袈裟，西向拜，當日所沒處，為阿彌陀佛作禮，以頭腦著地言：

[讚嘆門]

南無阿彌陀三耶三佛檀(samyak[正等]-saṃbuddha[正覺])。

後漢・支婁迦讖譯《佛說無量清淨平等覺經》

佛告阿難：我哀「若曹」(你們)，令悉見無量清淨佛，及諸「菩薩、阿羅漢」所居國土，若欲見之不？

[作願門]

阿難則大喜，長跪叉手言：願皆欲見之。

[禮拜門]

佛言：若起更被ㄆ 袈裟，西向拜，當日沒處，為無量清淨佛作禮，以頭面著地言：

[讚嘆門]

南無無量清淨平等覺(samyak[正等]-saṃbuddha[正覺])。。

唐·菩提流志譯《大寶積經·卷十七·無量壽如來會》(此為《無量壽經》
的同本異譯本)

爾時世尊告阿難言：此是無量壽佛極樂世界。

[禮拜門]

汝應從坐而起，合掌恭敬，五體投地，為(無量壽)佛作禮。

[讚嘆門]

彼(無量壽)佛名稱遍滿十方，彼一一方恒沙諸佛，皆共稱讚(無量壽佛)，無礙
(阻礙與限制)、無(間)斷。

曹魏·康僧鎧譯《佛說無量壽經·卷下》

佛告阿難：

[禮拜門]

汝起！ 更整衣服，合掌恭敬，禮無量壽佛。

[讚嘆門]

十方國土諸佛如來，常共稱揚讚歎彼(無量壽)佛，無(無法)著㶊 (著稱說盡。著古
亦通「佇」→滯留。或解成→無執著㶊 亦可)、無礙(阻礙與限制)。

吳·支謙譯《佛說阿彌陀三耶三佛薩樓佛檀過度人道經》

阿難言：諾(是的)！ 受教，即起，更被㶊 袈裟，西向拜，當日所沒處。

[禮拜門]

為彌陀佛作禮，以頭腦著地言：

[讚嘆門]

南無阿彌陀三耶三佛檀(samyak[正等]-saṃbuddha[正覺])。

後漢·支婁迦讖譯《佛說無量清淨平等覺經》

阿難言：諾(是的)！ 受教，則起，更被㶊 袈裟，西向拜，當日所沒處。

[禮拜門]

為無量清淨佛作禮，以頭腦著地言：

[讚嘆門]

南無無量清淨平等覺(samyak[正等]-saṃbuddha[正覺])。

唐・菩提流志譯《大寶積經・卷十七・無量壽如來會》(此為《無量壽經》的同本異譯本)

是時阿難! 即從坐起偏袒右肩,西面合掌,

[禮拜門]

五體投地,白佛言:

[作願門]

世尊! 我今<u>欲見極樂</u>世界<u>無量壽</u>如來,并供養奉事無量百千億「那由他」(nayuta)佛及菩薩眾,種諸善根。

曹魏・康僧鎧譯《佛說無量壽經・卷下》

於是阿難起,整衣服,正身(嚴正身心)西面,恭敬合掌,

[禮拜門]

五體投地,禮<u>無量壽</u>佛,白言:

[作願門]

世尊! <u>願見彼</u>(無量壽)佛<u>安樂</u>國土,及諸菩薩、聲聞大眾。

趙宋・法賢譯《佛說大乘無量壽莊嚴經》

[禮拜門]

(阿難於)頂禮之間,

[觀察門]

忽然得見<u>極樂</u>世界<u>無量壽</u>佛,容顏(容貌顏色)廣大,色相端嚴(端正莊嚴),如黃金山。

[讚歎門]

又聞十方世界諸佛如來,稱揚讚歎<u>無量壽</u>佛種種功德。

[作願門]

阿難白言:彼(無量壽)佛淨剎,得未曾有,我亦(發)願樂(往)生於彼土。

[禮拜門]

世尊告言:其中(已往)生者(之諸)菩薩摩訶薩,(皆)已曾親近無量諸佛,植眾

德本(道德根本)，汝欲(往)生彼(無量壽佛極樂世界)，應當一心歸依、瞻仰。

吳・支謙譯《佛說阿彌陀三耶三佛薩樓佛檀過度人道經》

即時阿難(與)諸「菩薩、阿羅漢」等，諸天、帝王、人民。

[觀察門]

悉皆見阿彌陀佛，及(見)諸「菩薩、阿羅漢」國土七寶已，心大歡喜踊躍。

[禮拜門]

悉起(立)為阿彌陀佛作禮，以頭腦著地，皆言：

[讚嘆門]

南無阿彌陀三耶三佛檀(samyak[正等]-saṃbuddha[正覺])。

後漢・支婁迦讖譯《佛說無量清淨平等覺經》

則阿難(與)諸「菩薩、阿羅漢」等，諸天、帝王、人民。

[觀察門]

悉皆見無量清淨佛，及(見)諸「菩薩、阿羅漢」國土七寶已，心皆大歡喜踊躍。

[禮拜門]

悉起(立)為無量清淨佛作禮，以頭腦著地，皆言：

[讚嘆門]

南無無量清淨三藐三佛陀(samyak[正等]-saṃbuddha[正覺])。

唐・菩提流志譯《大寶積經・卷十七・無量壽如來會》(此為《無量壽經》的同本異譯本)

如是阿難!

[觀察門]

彼(極樂世界)佛剎中無有「他論」及「異形類」。唯除一切「大聲聞」眾，(具有)「一尋」(八尺)光明，及彼菩薩摩訶薩，(則具有)「踰繕那」(yojana)等百千「尋」光。

(而)彼無量壽如來應正等覺(的)光明，(則能)映蔽(遮映屏蔽)一切「聲聞」及諸「菩薩」(之光明)，(亦能)令諸有情，悉皆得見(無量壽佛之光明)。

曹魏・康僧鎧譯《佛說無量壽經・卷下》

爾時阿難，
[觀察門]

即見無量壽佛(真實法相之身)，威德巍巍(巍崇峨巍)，如須彌山王，高出一切諸世界上，相好光明，(所有的世界)靡不照耀。此(娑婆世界)會四眾，一時悉見(無量壽佛真實法相之身)。

趙宋・法賢譯《佛說大乘無量壽莊嚴經》

爾時會中(娑婆世界)，苾芻、苾芻尼、優婆塞、優婆夷，天龍、藥叉、乾闥婆、阿修羅、迦樓羅、緊那羅、摩睺羅伽、人、非人等。
[觀察門]

皆見極樂世界種種莊嚴，及見無量壽如來，(亦見)「聲聞、菩薩」圍繞恭敬(於無量壽佛)，譬如「須彌山」王，出于「大海」……又見彼土(極樂世界)清淨平正，譬如「海面」，無有「丘陵、山嶮ㄒㄧㄢˇ、草木雜穢」，唯是眾寶莊嚴，聖賢共住。

底下所有經文都是[迴向門]

唐・菩提流志譯《大寶積經・卷十七・無量壽如來會》(此為《無量壽經》的同本異譯本)

(第十八願)若我證得無上覺時，餘佛剎中諸有情類，聞「我名」已，所有善根，心心迴向，願生我國(極樂世界)，乃至「十念」。若不生者，不取菩提，唯除造「無間惡業」，誹謗「正法」，及諸「聖人」。

唐・菩提流志譯《大寶積經・卷十七・無量壽如來會》(此為《無量壽經》的同本異譯本)

(第十九願)若我成佛，於他剎土，有諸眾生發「菩提心」，及於我所，起「清

淨念」，復以善根「迴向」，「願生」極樂。彼人臨命終時，我與諸「比丘眾」，現其人前。若不爾者，不取正覺。

唐・菩提流志譯《大寶積經・卷十七・無量壽如來會》(此為《無量壽經》的同本異譯本)

(第二十願)若我成佛，無量國中所有眾生，聞說「我名」，以己善根，迴向極樂。若不生者，不取菩提。

曹魏・康僧鎧譯《佛說無量壽經・卷上》

(第二十願)設我得佛，十方眾生，聞我「名號」，「係(繫)念」我國(極樂世界)，植諸德本(道德根本)，至心「迴向」，欲生我國(極樂世界)，不果遂者，不取正覺。

趙宋・法賢譯《佛說大乘無量壽莊嚴經》

(第三十願)世尊！ 我得菩提，成正覺已，所有眾生發「淨信心」，為諸沙門、婆羅門，「染衣、洗衣、裁衣、縫衣」修作「僧服」，或自手作，或使人作，作已迴向，是人所感，八十一生得「最上衣」，隨身豐足，於最後身，來生我剎(極樂世界)，(能)成就「阿耨多羅三藐三菩提」。

唐・菩提流志譯《大寶積經・卷十七・無量壽如來會》(此為《無量壽經》的同本異譯本)

何以故？他方佛國所有眾生，聞無量壽如來名號，乃至能發一念「淨信」，歡喜愛樂，所有「善根迴向」，願生無量壽國(極樂世界)者，隨願皆生，得「不退轉」，乃至「無上正等菩提」，除「五無間」，誹毀「正法」，及謗「聖者」。

魏・康僧鎧譯《佛說無量壽經・卷下》

諸有眾生，聞其名號，信心歡喜，乃至「一念」，至心迴向，願生彼國(極樂世界)，即得往生，住「不退轉」。唯除「五逆」，誹謗「正法」。

唐・菩提流志譯《大寶積經・卷十七・無量壽如來會》(此為《無量壽經》的同本異譯本)

阿難！　若有眾生，於他「佛剎」：

❶發「菩提心」。

❷專念無量壽佛。

❸及恒種殖眾多善根。

❹發心「迴向」願生彼國(極樂世界)。

唐・菩提流志譯《大寶積經・卷十七・無量壽如來會》(此為《無量壽經》的同本異譯本)

是故阿難！　若有善男子、善女人，願生極樂世界，欲見無量壽佛者：

❶應發無上「菩提心」。

❷復當專念極樂國土。

❸積集「善根」。

❹應持迴向。

由此見佛，生彼國中(極樂世界)，得「不退轉」，乃至「無上菩提」。

唐・菩提流志譯《大寶積經・卷十七・無量壽如來會》(此為《無量壽經》的同本異譯本)

阿難！　若他國眾生：

❶發「菩提心」。

❷雖不專念無量壽佛。

❸亦非恒種眾多善根。

❹隨己修行「諸善功德」。

❺迴向彼佛，願欲「往生」。

曹魏・康僧鎧譯《佛說無量壽經・卷下》

佛語阿難：其「中輩」者，十方世界諸天人民，其有「至心」，願生彼國(極樂世界)，雖不能行作「沙門」(只做一位白衣居士)，大修功德。

❶當發無上「菩提」之心。

❷一向(一心專向)專念無量壽佛。

❸多少修善(修諸善德)。

❹奉持(奉行執持)「齋戒」。

❺起立塔像。

❻飯食ㄙ (打齋供養)沙門。

❼懸繒ㄗ (彩色繒帛絲織品)、然燈、散華、燒香。

❽以此迴向,願生彼國(極樂世界)。

曹魏‧康僧鎧譯《佛說無量壽經‧卷下》

若有眾生,(能完全)明信「佛智」,乃至「勝智」,作諸功德,信心迴向(西方)。此諸眾生,(能)於七寶華中,自然「化生」(此為「真正」往生到西方淨土者),「跏趺」而坐,須臾之頃,身相光明,智慧功德,如諸菩薩具足成就。

劉宋‧畺ㄐㄤ良耶舍(424～453 來中國)譯《佛說觀無量壽佛經》

「上品上生」者,若有眾生願生彼國者,發三種心,即便往生,何等為三?

一者、至誠心。

二者、深心。

三者、迴向發願心。

具三心者,必生彼國。

劉宋‧畺ㄐㄤ良耶舍(424～453 來中國)譯《佛說觀無量壽佛經》

上品中生者:

❶不必(沒有一定;未必)受持、讀誦「方等」經典。

❷(但能)善解「義趣」,於「第一義」,心不「驚動」。

❸深信因果,不謗大乘。

以此功德,迴向願求生極樂國。

劉宋‧畺ㄐㄤ良耶舍(424～453 來中國)譯《佛說觀無量壽佛經》

上品下生者:

❶亦信「因果」。

❷不謗大乘。

❸但發「無上道心」。

以此功德，迴向願求生極樂國。

劉宋‧畺ㄐㄧㄤ良耶舍(424~453 來中國)譯《佛說觀無量壽佛經》

「中品上生」者，若有眾生，

❶(終身)受持「五戒」(出家、在家均可)。

❷(終身)持「八戒齋」(出家、在家均可)，修行諸戒。

❸(終身)不造「五逆」，無眾過惡。

以此「善根」，迴向願求生於西方極樂世界。

劉宋‧畺ㄐㄧㄤ良耶舍(424~453 來中國)譯《佛說觀無量壽佛經》

「中品中生」者：若有眾生，

❶若一日一夜持「八戒齋」(出家、在家均可)。

❷若一日一夜持「沙彌戒」(需出家)。

❸若一日一夜持「具足戒」(需出家，需受持「具足戒」方可成為正式比丘、比丘尼之資格)，
　威儀無缺。

以此「功德」，迴向願求生極樂國，戒香薰修。

世尊(此指釋迦佛，或指遍告十方諸佛亦可)！

我一心，「歸命」盡十方無礙光如來，願生安樂國(極樂世界)。

「世尊」者，(為)諸佛通號(之稱呼)。

論「智」，則「(法)義」無不達。

語「斷」，則「習氣」無餘。

「智、斷」(皆已)具足，(則)能利世間，(且)「為世尊重」，故曰「世尊」。

(佛的果位足有三德相，即「智德、斷德、恩德」。

《佛性論‧卷二》云：

①智德：佛具「觀察一切諸法之智慧」。

②斷德：佛已滅盡斷盡「一切煩惱惑業」之德。

③恩德：佛具救度眾生之願力，能賜眾生以「恩惠之德」）

此言(此「世尊」二個字之言)意歸釋迦如來，何以得知？下句言我依「脩多羅」(經)，天親菩薩在釋迦如來「像法」(世親約在釋迦佛入涅槃後 900 年出生。約公元360~440)之中，順釋迦如來「經教」，所以「願生」(發願求生西方淨土)。

「願生」(發願求生西方淨土)有宗(乃以釋迦佛所説的佛經爲宗旨)，故知此言(此「世尊」二個字之言)歸于釋迦。若謂「此意」(此「世尊」二個字之意)，(若將之解釋成)遍告諸佛(十方諸佛)，亦復無嫌(無可嫌疑之處；無妨的)。

※關於「正法與像法住世長久」的經論引證

《大方等大集經》卷56

今我涅槃後，「正法」五百年，住在於世間，眾生煩惱盡，精進諸菩薩，得滿於「六度」。行者速能入，無漏安隱城。

「像法」住於世，限滿一千年。

唐・窺基大師《金剛般若經贊述》卷1

「後五百歲」者，謂釋迦滅後，「正法」五百年。「像法」一千年。「末法」一萬年。未度「比丘尼」已前，時「正法」一千年也。

唐・兼貴ㄥ述《仁王護國 般若波羅蜜多 經疏》卷3

又如別記：「正法」一千年。「像法」一千年。「末法」一萬年。

此三別者，有教有行有得果證，名為「正法」。

夫菩薩歸「佛」，如孝子之歸「父母」，(如)忠臣之歸「君后」(《說文解字》云：「發號者，君后也」。上古氏族部落為「母系」社會，施令發號者一般是「女性」權威，所以「后」的意思為具有「權威」的女性長輩，男性首領也用這個字。如大禹兒子啟稱為「夏后氏」，傳說中射日的后羿)，動靜非己(自己一切的「動靜舉止」都不自作主張)，出沒必由(出入行事，都必有理由憑據)。知恩報德(欲知佛恩、欲報佛德)，理宜先啟(理應先宜向釋迦佛啟白)。

又所「願」(發願求生西方淨土)不輕(並非輕易的小事)，若(釋迦)如來不加「威神」，將何以達(辦)？(是故願)乞加(乞求釋迦佛的加持)神力(威神之力)，所以仰告(仰首上告釋迦如來)。

「我一心」者，天親菩薩「自督」之詞，言念：「無礙光如來，願生安樂(極樂世界)」，心心相續(指「相續」之心)，無「他想」間雜(指「純一」之心)。

問曰：佛法中「無我」，此中何以稱「我」？

答曰：言「我」有三根本。

一是：邪見語。(諸法本無我，若說有一個真實的我，此即是「邪見」之語)

二是：自大語。(佛說無我無人無眾生無壽者，若說有一個真實的我，此即是「我慢自大」之語)

三是：流布(流露表達)語。(我者，即非我，是名我。「我」只是一句「假名我」之語)

今言「我者」，天親菩薩「自指」(自己指自己)之言，(方便)用「流布語」，非「邪見、自大」也。

「歸命盡十方無礙光如來」者。

「歸命」即是「(1)禮拜門」。

「**盡十方無礙光如來**」即是「⑵讚歎門」。

何以知「歸命」是「⑴禮拜」？龍樹菩薩造《阿彌陀如來讚》（出自 龍樹造《十住毘婆沙論·卷五》）中，或言「稽首禮」，或言「我歸命」，或言「歸命禮」。

※關於「龍樹菩薩造〈阿彌陀如來讚〉」的經論引證

龍樹造《十住毘婆沙論》卷5

更有阿彌陀等諸佛，亦應「恭敬、禮拜」，稱其「名號」。今當具說：無量壽佛、世自在王佛、師子意佛……是諸佛世尊，現在十方清淨世界，皆「稱名憶念」。

阿彌陀佛「本願」如是，若人念我，稱名「自歸」，即入「必定」（「必定」菩薩，指必定會成就佛果位的「不退轉」菩薩。此「必定」義同 samyaktva-niyata-rāśi 正定聚➜指眾生必定獲得「證悟」而永不退，亦指決定會成就佛位而永不退轉的「必定菩薩」。《俱舍論·卷十》云：「見道」位以上之聖者，已斷盡「見」等惑，亦可獲「畢竟不退」。又菩薩階位在「十信」以上者，亦稱「正定」），得「阿耨多羅三藐三菩提」。是故常應「憶念」，以「偈」稱讚：

無量光明慧，身如真金山，我今身口意，合掌稽首禮。
金色妙光明，普流諸世界，隨物增其色，是故稽首禮。
若人命終時，得生彼國者，即具無量德，是故我歸命。
人能念是佛，無量力威德，即時入「必定」，是故我常念。
彼國人命終，設應受諸苦，不墮惡地獄，是故歸命禮。
若人生彼國，終不墮三趣，及與阿修羅，我今歸命禮。
人天身相同，猶如金山頂，諸勝所歸處，是故頭面禮。
其有生彼國，具天眼耳通，十方普無礙，稽首聖中尊。
其國諸眾生，神變及心通，亦具宿命智，是故歸命禮。
生彼國土者，無我無我所，不生彼此心，是故稽首禮。
超出三界獄，目如蓮華葉，聲聞眾無量，是故稽首禮。

彼國諸眾生，其性皆柔和，自然行十善，稽首眾聖王。
從善生淨明，無量無邊數，二足中第一，是故我歸命。
若人願作佛，心念阿彌陀，應時為現身，是故我歸命。
彼佛本願力，十方諸菩薩，來供養聽法，是故我稽首。
彼土諸菩薩，具足諸相好，以自莊嚴身，我今歸命禮。
彼諸大菩薩，日日於三時，供養十方佛，是故稽首禮。
若人種善根，疑則華不開，信心清淨者，華開則見佛。
十方現在佛，以種種因緣，歎彼佛功德，我今歸命禮。
其土甚嚴飾，殊彼諸天宮，功德甚深厚，是故禮佛足。
佛足千輻輪，柔軟蓮華色，見者皆歡喜，頭面禮佛足。
眉間白毫光，猶如清淨月，增益面光色，頭面禮佛足。
本求佛道時，行諸奇妙事，如諸經所說，頭面稽首禮。
彼佛所言說，破除諸罪根，美言多所益，我今稽首禮。
以此美言說，救諸著樂病，已度今猶度，是故稽首禮。
人天中最尊，諸天頭面禮，七寶冠摩足，是故我歸命。
一切賢聖眾，及諸人天眾，咸皆共歸命，是故我亦禮。
乘彼八道船，能度難度海，自度亦度彼，我禮自在者。
諸佛無量劫，讚揚其功德，猶尚不能盡，歸命清淨人。
我今亦如是，稱讚無量德，以是福因緣，願佛常念我。
我於今先世，福德若大小，願我於佛所，心常得清淨。
以此福因緣，所獲上妙德，願諸眾生類，皆亦悉當得。

※關於「歸命、禮拜」的經論引證

趙宋・法賢 譯《佛說大乘無量壽莊嚴經》

(阿難於)頂禮之間，忽然得見極樂世界無量壽佛，容顏(容貌顏色)廣大，色相端嚴(端正莊嚴)，如黃金山。又聞十方世界諸佛如來，稱揚讚歎無量壽佛種種功德。

阿難白言：彼(無量壽)佛淨剎，得未曾有，我亦(發)願樂(往)生於彼土。

世尊告言：其中(已往)生者(之諸)菩薩摩訶薩，(皆)已曾親近無量諸佛，植眾德本(道德根本)，汝欲(往)生彼(無量壽佛極樂世界)，應當一心歸依、瞻仰。

唐・菩提流志譯《大寶積經・卷十七・無量壽如來會》(此為《無量壽經》的同本異譯本)

阿逸多(彌勒)！ 我若具説「諸方」菩薩(往)生(到)極樂界，若已到、今到、當到，為供養禮拜瞻仰無量壽佛等者，但(只)説其名，(若要詳述，則)窮劫不盡。

此論「長行」中亦言修「五念門」，「五念門」中「(1)禮拜」是一。

天親菩薩既「願往生」豈容「不禮」？故知「歸命」即是「(1)禮拜」。

然「(1)禮拜」但(只)是「恭敬」(的一種表現)，不必「歸命」。
(但若是)「歸命」(則)必(含)是「(1)禮拜」。

若以此推，「歸命」為重，偈申「己心」(自己的心願)，宜言「歸命」，論解偈義，汎(古通「泛」➞普遍；廣泛)談「(1)禮拜」，彼此相成(意即講「歸命」時已廣泛包括「禮拜」在內，這是可互相成立的)，於義彌顯。

何以知「盡十方無礙光如來」是「(2)讚歎門」？

下「長行」中言：云何「(2)讚歎門」？

謂稱彼(阿彌陀)如來名(《佛説無量壽經》云：是故無量壽佛號：❶無量光佛。❷無邊光佛。❸無礙光佛。❹無對光佛。❺炎王光佛。❻清淨光佛。❼歡喜光佛。❽智慧光佛。❾不斷光佛。❿難思光佛。⓫無稱光佛。⓬超日月光佛)，如彼(阿彌陀)如來「光明智相」，如彼(阿彌陀如來)名義，欲如實修行相應故。

依<u>舍衛國</u>所說《無量壽經》，佛解<u>阿彌陀</u>如來名號。

(如《佛說阿彌陀經》云：) 何故號<u>阿彌陀</u>？彼佛光明無量，照十方國無所障礙，是故號<u>阿彌陀</u>。又彼佛壽命，及其人民，無量無邊阿僧祇劫，故名<u>阿彌陀</u>。

問曰：若言<u>無礙光</u>如來，光明無量，照十方國土，無所「障礙」者，此間眾生何以不蒙「光照」，光有所不照，豈非「有礙」耶？

答曰：(有)「礙」屬(於)眾生，(並)非「光」(有)礙也。譬如日光，(可)周(遍照曜)四天下，而「盲者」(瞎子)不見，(此並)非「日光」不(能)周(遍)也。亦如密雲洪(水)霆沵(灌，之句反→雨降灌)，而頑石不潤(沒有受到洪水的滋潤)，非雨不洽(霑，下恰反→浸潤沾濕)也。
若言「一佛」主領「三千大千世界」，是「聲聞論」中說。
若言「諸佛」遍領「十方無量無邊世界」，是「大乘論」中說。

<u>天親</u>菩薩今言：「盡十方無礙光如來」，即是依彼(阿彌陀)如來名，如彼(阿彌陀)如來「光明智相」讚歎。故知此(盡十方無礙光如來)句是「(2)讚歎門」。

「願生安樂國(極樂世界)」者，此一句是「(3)作願門」，<u>天親</u>菩薩「歸命」之意也，其安樂義(有關極樂世界的種種莊嚴義理)具在下「(4)觀察門」中。

問曰：「大乘經論」中處處說「眾生畢竟無生，如虛空」，云何<u>天親</u>菩薩言「願生」耶？

答曰：說「眾生無生」如「虛空」有二種。
　　一者：如凡夫所謂「實眾生」，如凡夫所見「實生死」。此所見事，

畢竟「無所有」，如「龜毛」、如「虛空」。

二者：謂「諸法因緣生」，故(眾生)即是「不生、無所有」，如「虛空」。

天親菩薩所「願生」者(亦)是「因緣」義，「因緣」義故「假名生」，非如「凡夫」謂有「實眾生、實生死」也。

(眾生者，即非眾生，是名眾生。

願生者，即非願生，是名願生。

眾因緣說法，我說即是空，亦為是假名，亦是中道義。)

問曰：依何義說「往生」？

答曰：於此(穢土)間，(有)假名(為)人中，(此假名為人者)修「五念門」，「前念」與「後念」作因(他以「前念」作為「後念」之因)。

(在)穢土(的)假名人，(與在)淨土(的)假名人，

(此倆位假名人)不得決定「一」(不能將他們倆位決定為「完全是同一」之體)，

不得決定「異」(不能將他們倆位決定為「完全是差異且不相關」之體)，

前心、後心(前心與後心也是一樣，不能將他們決定為「完全是同一或差異」之體)，亦復如是。何以故？

若「一」(若穢土的假名人，與淨土的假名人，完全是「同一之體」)則「無因果」。

(那眾生就不必「發願」從穢土往生到淨土去了，因為「因果」是不存在的)

若「異」(若穢土的假名人，與淨土的假名人，完全是「差異且不相關之體」)則「非相續」。

(那眾生就永遠都不能從穢土「發願往生」到淨土去了，因為「相續」是不存在的)

是義(以上的義理)，觀「一、異」門(可參閱龍樹《十二門論》中的〈觀一異門第六〉)，《論》中委曲(《十二門論》中有詳細且輾轉周折的說明)。

※關於「眾生畢竟無生如虛空與願生西方」的經論引證

宋・宗曉《樂邦文類・卷四・姑蘇禪師守訥〈唯心淨土文〉》

(1)佛說極樂淨土，普勸娑婆群生，應當「發願」，生彼國土。

(2)然學「頓」(頓教禪悟)者，(便)拂(排斥拂逆)之(淨土)為「權說」。(此乃)不通「理性」者，(而)泥？ 之於「事相」。

(3)吾嘗學「唯識」，「唯」遮「外境」，「識」表「自心」，心外無境，「境」全是「心」，「心法」遍周。「淨土」豈離乎當「(心)念」？

(4)「(眾)生、(諸)佛」同體，彌陀全是於「自心」。

(彌陀淨土)總攝「有情」，誠(實在)無「凡、聖」之異。

(彌陀淨土)融通「法界」，寧有「遠、近」之區？

(5)《首楞嚴經》(《楞嚴經・卷八》所云)：心存佛國，「聖境」冥現(如果心中存念著要去「佛國」的淨土思想，那麼佛國的聖境就會在此人的「禪觀」或「夢寐」中出現)。

(6)唯「闡提」(與)「無信根」者，則「十萬億佛土」，(即)「遠隔」他方之外矣。

(7)天衣(義)懷禪師，一生「迴向淨土」，問學者曰：若言捨「穢」取「淨」，「厭」此「忻」彼，則「取、捨」之情，乃是眾生妄想。若言(完全)「無淨土」，則「違佛語」。

(8)夫修淨土者，當如何修？復自答曰：

「生」則決定「生」，「去」則實「不去」。若明此旨，則「唯心淨土」，昭然無疑。

《維摩詰所說經》卷2〈佛道品 8〉

雖知諸佛國，及與眾生「空」，而「常修淨土」，教化於群生。

唐・菩提流志譯《大寶積經・卷十七・無量壽如來會》(此為《無量壽經》的同本異譯本)

(雖)了諸法如幻，佛國猶夢、響。

(仍)恒發誓莊嚴，當成(就)微妙土(極樂世界)。

菩薩以願力，修勝菩提行。

(雖)知土如影、像，(仍)發諸弘誓心。

若求遍清淨，殊勝無邊剎。

聞佛聖德名，願生安樂國(極樂世界國)。

若有諸菩薩，志求清淨土。
(雖)了知法無我，(仍)願生安樂國。

曹魏·康僧鎧譯《佛說無量壽經·卷下》
(雖)覺了一切法，猶如夢、幻、響。
(必)滿足諸妙願，必成(就)如是剎(極樂世界)。
(雖)知法如電、影，(仍需)究竟(完成)菩薩道，
其諸功德本，受決當作佛。
(雖)通達諸法性，一切空、無我，
(仍)惠求(大慈而願求生)淨佛土，必成如是剎。
諸佛告菩薩，今覲(拜見)安養佛(無量壽佛)。
聞法樂受行，疾得清淨處。
至彼嚴淨(莊嚴清淨)國，便速得神通。
必於無量(無量壽佛)尊，(將獲)受記成等覺。
其(無量壽)佛本願力，聞名欲往生，
皆悉到彼國(極樂世界國)，自致「不退轉」。

(以上是解)釋(偈誦)第一行「三念門」(指「禮拜、讚歎、作願」共三念門)竟。
次成「優婆提舍」(upadeśa)名，又成上起下偈。

我依修多羅，真實功德相，說願偈總持，與佛教相應。
此一行，云何成「優婆提舍」(upadeśa)名？云何成「上三門」(指「禮拜、讚歎、作願」共三念門)，起「下二門」(指「觀察、迴向」共二念門)。

偈言：「我依修多羅，與佛教相應」。

「修多羅」(sutra)是「佛經」名，我論佛經義，與「經」相應，以入「佛法相」

故，得名「優婆提舍」(upadeśa)，名成竟。

成「上三門」(指「禮拜、讚歎、作願」共三念門)，起「下二門」(指「觀察、迴向」共二念門)。(這本《往生論》是)何所依？何故依？云何依？

①何所依者？依(大乘)「修多羅」(sutra)。
②何故依者？以(阿彌陀)如來即(具有)「真實功德相」故。
③云何依者？修「五念門」相應故。
成上(指「禮拜、讚歎、作願」共三念門)起下(指「觀察、迴向」共二念門)竟。

「修多羅」者，(在)「十二部經」中，(佛陀親口)直說者，名「修多羅」(sutra)，謂(小乘教的)四阿含(原始佛教之根本經典，即《雜阿含經》、《中阿含經》、《長阿含經》、《增一阿含經》等四阿含)、(及小乘教的)三藏(指「經、律、論」)等。(另外「小乘教」的)「三藏」外「大乘」諸經，亦名「修多羅」。

此中言依「修多羅」(sutra)者，是(「小乘教」的)「三藏」外「大乘修多羅」，非《阿含》等經也。

(阿彌陀如來即具有)「真實功德相」者，有二種功德(的意思存在)。

一者：(凡夫皆)從「有漏心」(所)生，(此)不順(真實之)法性(此指離「能、所」二相的清淨真如法性)。所謂「凡夫、人天」(所造的)諸善，(或所感召的)人天果報，若因、若果，(其實)皆是「顛倒」，皆是「虛偽」，是故名「不實功德」。
(凡夫皆修「三輪體不空」之理)

二者：(如果能)從「菩薩」(的)智慧「清淨業」(生)起，(而)莊嚴佛事，(則)依「法性」(此指離「能、所」二相的清淨真如法性)入「清淨相」。是法(指阿彌陀的極樂世界法乃是)「不顛倒、不虛偽」，名為「真實功德」。(菩薩則修「三輪體空」之理)

云何(極樂世界法乃是)「不顛倒」？依「法性」，順「二諦」(指「世諦」與「第一義諦」)故。

云何（極樂世界法乃是）「不虛偽」？（極樂淨土具無量功德莊嚴，能）攝眾生入「畢竟淨」故。

※關於「世俗諦與第一義諦」的經論引證

《大智度論》卷29〈序品 1〉

佛法有二種：一者、世諦。二者、第一義諦。

「世諦」故，說「三十二相」。

「第一義諦」故，說「無相」。

《大智度論》卷38〈往生品 4〉

佛法中有二諦：一者、世諦。二者、第一義諦。

為「世諦」故，說「有眾生」。

為「第一義諦」故，說「眾生無所有」。

《中論》卷4〈觀四諦品 24〉

若不依「俗諦」，不得「第一義」。

不得「第一義」，則不得「涅槃」。

《大方廣佛華嚴經・卷三十七》

(1)爾時金剛藏菩薩，告解脫月菩薩言：佛子！ 菩薩摩訶薩！ 具足「第六地」行已，欲入「第七遠行地」，當修十種方便慧，起殊勝道。何等為十？所謂：

①雖善修「空、無相、無願三昧」→而「慈悲不捨」眾生。

②雖得「諸佛平等法」→而樂「常供養佛」。

③雖入「觀空智門」→而「勤集福德」。

④雖「遠離」三界→而「莊嚴」三界。

⑤雖畢竟寂滅諸煩惱焰→而能為一切眾生，起滅「貪瞋癡」煩惱焰。

⑥雖知諸法如幻、如夢、如影、如響、如焰、如化、如水中月、如

鏡中像，自性無二➜而「隨心作業」，無量差別。

⑦雖知一切國土，猶如「虛空」➜而能以清淨妙行，「莊嚴佛土」。

⑧雖知諸佛法身，本性「無身」➜而以相好，「莊嚴其身」。

⑨雖知諸佛音聲性空寂滅，不可言說➜而能隨一切眾生，出種種差別清淨音聲。

⑩雖隨諸佛了知三世；唯是一念➜而隨眾生意解分別，以種種相、種種時、種種劫數，而修諸行。

(2)菩薩以如是「十種方便慧」，起殊勝行，從「第六地」入「第七地」。入已，此行常現在前，名為「住第七遠行地」。

《大方廣佛華嚴經・卷十八》

佛子！菩薩住十種法，令諸大願皆得圓滿。何等為十？

一者、心無疲厭。

二者、具大莊嚴。

三者、念諸菩薩殊勝「願力」。

四者、聞諸佛土，悉願往生。

五者、深心長久，盡未來劫。

六者、願悉成就一切眾生。

七者、住一切劫，不以為勞。

八者、受一切苦，不生厭離。

九者、於一切樂，心無貪著。

十者、常勤守護「無上法門」。

「說願偈總持，與佛教相應」者，

「持」名「不散、不失」(攝持住法義，不使法義有所散落、或丟失)。

「總」名以「少」攝「多」(以用簡要的文字便能攝取眾多的義理)。

「偈」言「五言」句數。

「願」名「欲樂﹙ 往生」。
「說」謂「說諸偈論」。

總而言之,「說」所「願」生「偈」,「總持」佛經,「與佛教相應」。
「相應」者,譬如函蓋(包含概括)相稱﹙ (相符合配)也。

[一]觀彼世界相，勝過三界道。

此已下，是「第四觀察門」，此門中分為二別。

一者：觀察(極樂淨土)「器世間」莊嚴成就(總共有十七種佛國土的功德莊嚴成就)。

二者：觀察(極樂淨土)「眾生世間」莊嚴成就(總共有八種佛功德莊嚴成就，與四種菩薩功德莊嚴成就)。

此句已下，至願生彼阿彌陀佛國，是觀(極樂世界)「器世間」莊嚴嚴成就。

觀(極樂世界)「器世間」中復分為十七別，至文當目(到時再標出詳細科目來)。

此二句(指「觀彼世界相，勝過三界道」句)即是「第一事」，名為「觀察莊嚴清淨功德成就」(第一種國土莊嚴功德，共十七種)，此「清淨」是「總相」。

佛本所以(阿彌陀佛於因地修行中，之所以要生)起此(第一種)「莊嚴清淨功德」者。

見「三界」：

①是「虛偽相」。

②是「輪轉相」。

③是「無窮相」。

④如蚇ᵏ(尺音)蠖ᵏ(屈伸蟲，一郭反)循環。

(步屈蟲俗名「蚇ᵏ 蠖ᵏ 、尺蠖」，體柔軟細長，寄生於樹木間，以枝葉花果為食，行動時會將身體「上拱」屈伸而行，像人以手丈量距離時的動作，此喻生死與轉世投胎中間並無「斷滅」，就像步屈蟲就將身形上拱後，再往前移動)

⑤如蠶(才含反)繭ᵏ(蠶衣，公殄反)自縛。

(指蠶吐絲作繭，將自己包在繭內，此喻人自設框架，讓自己陷入困境，讓自我束縛起來。人在「貪瞋、

瞋恚」的煩惱裡不能起出，就像是作繭自縛的一種。人在「金錢、愛慾、權利」的「五欲」中不能解脫，也是在作繭自縛，人在「貢高、我慢、迷妄、有怨有悔」中不能遠離，也是在作繭自縛。人在「毒品、酗酒、賭博」中不能自拔，都是一種作繭自縛)

※關於「三界虛偽、輪轉、尺蠖、蠶繭」的經論引證

《大乘起信論》卷1
三界「虛偽」，唯「心」所作，離「心」則無「六塵」境界。

《賢愚經》卷6〈月光王頭施品 30〉
三界「輪轉」，無有定品。

《正法念處經》卷17〈餓鬼品 4〉
業縛眾生遊三界，「輪轉」無窮無休息。

《菩薩本緣經》卷1〈毘羅摩品 1〉
久在於生死，「輪轉」無窮已，猶如輪轉地。

《佛所行讚》卷3〈阿惟三菩提品 14〉
嗚呼生死海，「輪轉」無窮已，眾生沒長流，漂泊無所依。

《大乘密嚴經》卷3〈阿賴耶微密品 8〉
捨此身已，更受餘身，如「步屈蟲」行。

《大智度論》卷66〈歎信行品 45〉
如「尺蠖」尋條(樹枝條)，(先)安前足，(再)進後足，(走)盡樹端(後)，更無所「依止」，(再)還歸「本處」。

凡夫眾生即像「尺蠖」屬，走向「生死」的「盡頭」，沒有「解脫」，沒有「往生」，沒有可「依止」之處，於是就再走回「生死」的「本處」，繼續輪迴。

《大乘本生心地觀經》卷1〈序品 1〉
一切眾生以愚癡故，貪五欲樂，造五逆罪，入諸地獄，輪轉「無窮」，自業所因，受大苦惱，如世「蠶繭」，自為縈ㄥ纏。

《入楞伽經》卷5〈佛心品 4〉
若取聲為實，如「蠶繭自纏」；自心妄想縛，凡夫不能知。

哀哉！眾生締ㄠ（結不解，帝音）此「三界」（指眾生被牢牢「締結」於此三界），顛倒不淨。
（法藏菩薩）欲置眾生：
①於「不虛偽處」。

②於「不輪轉處」。

③於「不無窮處」（不會有無窮盡的生死輪迴）。

④得「畢竟安樂」大清淨處。（以上皆指極樂世界）

是故（法藏菩薩）起此（第一種）「清淨莊嚴功德」（的大願）也。

「成就」者，言此（極樂世界之）「清淨」不可破壞、不可污染，非如三界是「污染相」、是「破壞相」也。

※關於「第一種清淨莊嚴功德大願」的經論引證

唐・菩提流志譯《大寶積經・卷十七・無量壽如來會》(此爲《無量壽經》的同本異譯本)

(法藏比丘)具足莊嚴威德，廣大「清淨佛土」。

曹魏・康僧鎧譯《佛說無量壽經・卷上》

(法藏比丘)所修佛國(極樂世界)，開廓(開展寬廓)廣大，超勝獨妙，建立(淨土)常然(恒常了然)，無衰(衰減)無變(變滅)。

「**觀**」者，「觀察」也。

「**彼**」者，彼安樂國也。

「**世界相**」者，彼安樂世界(極樂世界)「清淨相」也，其相別在下。

「**勝過三界道**」，「道」者，「通」也。以如此因，得如此果；以如此「果」，酬如此「因」。通「因」至「果」，通「果」酬「因」，故名為「道」。

三界者：

一是「欲界」，所謂「六欲天、四天下人、畜生、餓鬼、地獄」等是也。

二是「色界」，所謂「初禪、二禪、三禪、四禪天」等是也。

三是「無色界」，所謂「空處、識處、無所有處、非想非非想處天」等是也。

此「三界」蓋是「生死凡夫」流轉之闇宅，雖復「苦、樂」小殊(稍爲不同)，(壽命)「脩、短」暫異(暫時差異)。統而觀之，(三界)莫非(是)有漏(之處)。

① 「倚、伏」(《老子》云：禍兮，福之所倚；福兮，禍之所伏)相乘(禍福無門，禍中可能帶著福；福中也可能又帶著禍。禍福相繼而來，沒有「定准」義，皆是無常法)，循環無際。

②雜生「觸、受」。

（「觸、受」是十二緣起中的兩支。眾生於「因」中造業複雜，有善有惡，因此「果報」上所產生的「觸」和「受」等十二支，就成爲一種「雜生」狀態）

③四倒（將「無常執爲常、非樂執爲樂、無我執爲我、不淨執爲淨」的四種顛倒）長拘（長劫都因在這四種顛倒見中）。

④且因且果，虛偽相襲。

（因循沿襲。如「因」中造業虛偽，則感「果」亦虛偽，成爲「虛偽相襲」之相）

※關於「三界是生死凡夫流轉之闇宅」的經論引證

《大方廣佛華嚴經》卷13〈光明覺品 9〉

(1)眾生流轉「愛欲海」，「無明」網覆大憂迫……眾生著我「入生死」，求其邊際不可得，普事如來獲妙法，爲彼宣說是其行。
(2)眾生無怙「病」所纏，常淪「惡趣」起「三毒」，大火猛焰恒燒熱，淨心度彼是其行。
(3)眾生迷惑「失正道」，常行邪徑入「闇宅」。

「安樂」（極樂世界）是（法藏）菩薩「慈悲正觀」之由生，（阿彌陀）如來「神力」本願之所建。

※關於「極樂世界是法藏菩薩本願所建」的經論引證

曹魏・康僧鎧譯《佛說無量壽經・卷一》

(1)於是世自在王(Loke-śvara-rāja)佛即爲（法藏比丘）廣說「二百一十億」諸佛刹

土，天人之善惡國土之粗妙，應其心願，悉現與之。

(2)時彼比丘(Dharmākara 法藏比丘)聞(Loke-śvara-rāja 世自在王)佛所説嚴淨(莊嚴清淨)國土，皆悉覩見，起發無上殊勝之願；其心寂靜，志無所著，一切世間無能及者。(法藏比丘)具足「五劫」，思惟攝取(210億個)「莊嚴佛國」清淨之行。

(3)阿難白佛：彼佛(Loke-śvara-rāja 世自在王佛)國土壽量幾何？

(4)佛言：其佛壽命四十二劫。

(5)時法藏(Dharmākara)比丘攝取「二百一十億」諸佛妙土清淨之行。如是修已，詣彼佛所，稽首禮足，遶佛三匝，合掌而住，白言世尊：我已攝取「莊嚴佛土」清淨之行。

(極樂世界能讓所有)「胎、卵、濕」生(極樂世界是在蓮華中「化生」，故此省略「化生」字詞)，緣茲「高揖」(雙手抱拳高舉過頭作揖，此是古代作爲「辭別時」的禮節)，(所有眾生的)業(力)繫(縛)長維(恒長維結)，從此永斷。

(極樂世界能讓眾生)續括ㄍㄨㄚ 之權，不待勸而彎弓。

(「括」古通「栝ㄍㄨㄚ」或「筈ㄍㄨㄚ」。指箭的末端，與弓弦交會處。「續括」是指以「後箭」射「前箭之筈」的方式，讓「箭括的末端」發生「自動相續不間斷」之一種權變方式。原本是需用力「彎弓」才能射箭，現在改成另一種權變方式，即不需待「勸發」用力的「彎弓」射箭，直接以「後箭」射「前箭之筈」的方式，即能達「箭箭相續」的一種自動模式。此喻在極樂世界已不必等待他人的「勸發」，你自然就能發心「自動」起修，甚至能達「無功用道、無功用心」的修行)

※關於「續括ㄍㄨㄚ、彎弓」的經論引證

《大方便佛報恩經》卷5〈慈品 7〉

即起四兵，往逆流離(王)，去四十里，挽「弓」射之，箭箭「相續」，筈ㄍㄨㄚ

筈_{ㄐㄧㄝ}(箭筈的末端)相拄_{ㄓㄨ}(連續相支撐相頂著)。時流離王見是事已，即懷恐怖，退還歸去。

《出曜經》卷7〈放逸品 5〉

昔佛在摩竭國界甘梨園石室窟中。是時，眾多比丘到時，著衣持鉢，入羅閱祇城乞食。見諸王子，及長者子數十之眾，共學射御，筈_{ㄐㄧㄝ} 筈_{ㄐㄧㄝ}(箭筈的末端)相拄_{ㄓㄨ}(連續相支撐相頂著)，無空漏者。

《大般若波羅蜜多經(第 201 卷-第 400 卷)》卷 332〈善學品 53〉

(1)善現！ 譬如壯夫，善閑射術，欲現己技，仰射虛空，為令空中「箭不墮地」，復以「後箭」射「前箭」(之)筈_{ㄐㄧㄝ}(箭筈的末端)，如是展轉(連續相支撐相頂著)，經於多時，「箭箭」相承，不令墮落；若欲令(箭)墮，便(停)止「後箭」(之射)，爾時諸箭，方頓「墮落」。

(2)善現當知！ 諸菩薩摩訶薩亦復如是，行深般若波羅蜜多，「方便善巧」所攝受故，乃至「無上正等菩提」，因(所)行(的)「善根」，未皆「成熟」，終不(證入)「中道」(及)證於「實際」，若(與)得「無上正等菩提」。

(3)(若)因(所)行(的)「善根」，一切「成熟」，爾時菩薩方證「實際」，便得「無上正等菩提」。

《鼻奈耶》卷9

爾時鞞舍梨諸童子等，在城門裏而射，筈_{ㄐㄧㄝ} 筈_{ㄐㄧㄝ}(箭筈的末端)相拄_{ㄓㄨ}(連續相支撐相頂著)。時尊者迦留陀夷平旦，著衣持鉢，入鞞舍梨「分衛」(乞食)，遙見諸童子共射，筈_{ㄐㄧㄝ} 筈_{ㄐㄧㄝ}(箭筈的末端)相續。

《大智度論》卷76〈學空不證品 60〉

(1)又為明了故，說善射譬喻：如人善於「射術」。「弓」是菩薩「禪定」，「箭」是「智慧」，「虛空」是「三解脫門」，「地」是「涅槃」。

(2)是菩薩以「智慧箭」射「三解脫門」(之)虛空，更以「方便」力故，以「後箭」射「前箭」，不令(立刻就)墮(入於)「涅槃地」；(只要仍)未具足「十力」等佛事故，終不(立刻)「取證」(涅槃)。

《大智度論》卷19〈序品 1〉

(1)菩薩雖久住「生死」中,亦應知「實道、非實道」,是「世間」、是「涅槃」。

(2)知是已,立大願,眾生可愍,我當拔出著「無為處」; 以是實法,行諸波羅蜜,能到「佛道」。

(3)菩薩雖學、雖知是法,(在)未具足「六波羅蜜」故,不(立刻)「取證」(涅槃)。如佛說:譬如仰射空中,箭箭相拄歲(連續相支撐相頂著),不令落地; 菩薩摩訶薩亦如是,以「般若」波羅蜜「箭」,射「三解脫門空」中,復以「方便」箭,射「般若」箭,令不(立刻就)墮(入於)「涅槃地」。

(極樂世界能讓眾生)勞謙(勤勞修行,但卻謙恭)善讓(雖造作諸善,但卻禮讓),

齊普賢而同德(很快就成就與普賢菩薩同等的功德,此是彌陀本願「第二十二願」中所說「現前修習普賢之德」的成就)。

(極樂世界)勝過「三界」,抑(而且;但是)是近言(只就淺近處來說極樂世界的莊嚴功德相而已)。

※關於「勞謙」的經論引證

《文殊師利佛土嚴淨經》

世尊及諸正士,乃能「勞謙」(勤勞修行但卻謙恭),忍誨(慈忍教誨)群生。

《維摩詰所說經》卷3〈香積佛品 10〉

彼諸菩薩聞說是已,皆曰:未曾有也! 如世尊釋迦牟尼佛,隱其無量「自在」之力,乃以貧所樂法,度脫眾生; 斯諸菩薩亦能「勞謙」(勤勞修行但卻謙恭),以無量「大悲」,生是佛土(指娑婆世界)。

《守護國界主陀羅尼經》卷3〈大悲胎藏出生品 3〉

菩薩摩訶薩為諸眾生，起「大悲心」，「勞謙」(勤勞修行但卻謙恭)忘倦。

[二] 究竟如虛空，廣大無邊際。

此二句名(第二種)「莊嚴量功德成就」，佛本所以(阿彌陀佛於因地修行中，之所以要生) 起此「莊嚴量」功德者，見：

①三界陝ㄒ (戶甲反)小，墮(敗城阜，或垂反→有生住異滅毀壞的傾墮)陘ㄒ (山絕坎， 形音→連綿的山脈的中間有很多斷絕的部分)陪ㄟ (重土，一日備，父才反→重疊高大的土 堆)陼ㄓ (如渚者陼丘，之與反→海上的沙洲)。

②或(見)宮觀(宮殿樓閣)迫(伯音)迮ㄗ (子格反→壓迫狹迮)。

③或(見)土田(土地田宅)逼(逼促催迫)隘ㄞ (陋，已賣反→局隘狹小)。

④或(只能)志求(只能志微而求得)路促(道路窄促)。

⑤或(見)山河隔(塞，公厄反)障(阻隔障礙)。

⑥或(見)國界(國與國間爲掠奪)分部(劃分出的疆域分部)。

有如此等種種舉急(例舉急促)事。

是故(法藏)菩薩興此(第二種)「莊嚴量」功德願：願我國土「如虛空廣大無際」。

「如虛空」者，言來生(來此轉生過來)者，雖眾(多)猶若「無」也。

「廣大無際」者，成上「如虛空」義。

何故「如虛空」？以「廣大無際」故。

「成就」者，言十方眾生「往生」者，若已生、若今生、若當生，雖無量無邊，畢竟常如「虛空」，廣大無際，終無滿時，是故言：「**究竟如虛空，廣大無邊際**」。

※關於「極樂世界廣大、無極」的經論引證

後漢・支婁迦讖譯《佛說無量清淨平等覺經》

所以者何？

①無量清淨佛國為最快(最勝明快)，八方上下「無央」(無窮盡)數諸佛國中，眾菩薩中王也。

②無量清淨佛國為諸無央數佛國中之雄國也。

③無量清淨佛國為諸無央數佛國中之珍寶也。

④無量清淨佛國為諸無央數佛國中之極長久也。

⑤無量清淨佛國為諸無央數佛國之眾傑也。

⑥無量清淨佛國為諸無央數佛國中之廣大也。

⑦無量清淨佛國為諸無央數佛國中都自然之無為也。

⑧無量清淨佛國為最快(最勝明快)明好(光明相好)甚樂之無極(無有極至)也。

無量清淨佛國「獨勝」者何？本為菩薩求道時，所願勇猛(勇銳威猛)，精進不懈，累德所致，故乃爾耳。

唐・菩提流志譯《大寶積經・卷十七・無量壽如來會》(此為《無量壽經》的同本異譯本)

若求遍清淨，殊勝無邊剎，

聞佛聖德名，願生安樂國(極樂世界國)。

若有諸菩薩，志求清淨土，

(雖)了知法無我，(仍)願生安樂國。

唐・菩提流志譯《大寶積經・卷十七・無量壽如來會》(此為《無量壽經》

的同本異譯本)

阿逸多(彌勒)！ 是故菩薩摩訶薩，欲令無量諸眾生等，速疾安住「不退轉」
於「阿耨多羅三藐三菩提」，及欲見彼廣大莊嚴，攝受殊勝「佛剎」(極樂世界)圓滿功德者。

吳·支謙譯《佛說阿彌陀三耶三佛薩樓佛檀過度人道經》
佛言：阿彌陀佛國亦如是，悉令八方上下，「無央」(無窮盡)數佛國，諸「無央」(無窮盡)數天人民，蜎ᵘ (小蟲)飛、蠕ᵉˡᵘ 動(古同「蝡」→微動；爬動；緩慢爬行)之類都「往生」，甚大眾多，不可復計。
阿彌陀佛國諸「菩薩、阿羅漢眾、比丘僧」，故如常一法「不異」為「增多」。

問曰：如《維摩》方丈(指佛寺住持的居室，喻一丈見方)，苞容有餘，(極樂世界)何必國界無賷ᴾ (子支反→無可計算)，乃稱廣大。
(其實只要像「維摩丈室」的小屋就可包容極其廣大的事物，既如此，那為何阿彌陀佛的淨土一定要是「國界無量無邊」才算是「廣大無邊」的呢？)

答曰：所言廣大，非必以畦ˣⁱ (五十畝，下圭ᵏᵘⁱ 反)、畹ʷᵃⁿ (三十畝，一遠一萬反)為喻(廣大有兩種定義。一、在「相對比較」下的一種「廣大」。二、絕待的廣大，無法比較、不可言喻下的一種「絕待」式的「廣大」)，但言「如空」(指「非狹非廣」，離絕待的不可思議的「如空」)，亦何累(牽連；妨礙)方丈？
(指極樂世界本非大非小、非狹非廣，故不必費口舌去說什麼「在小而大，或在大而小」的相對字辭了。但極樂世界不妨說「可小中見大、亦可在狹而廣」的方便語)

又「方丈」之所苞容，(原本是強調)在狹而廣。
覈ʰᵉ (實，下革反)論「果報」，豈若「在廣而廣」耶？
(其實若從極樂世界「果報」的立場去討論的話。極樂世界乃阿彌陀佛願力下所現的廣大國土，一者、極樂國土本來就是廣大無邊的不可思議。二者、在極樂無邊的國土中，又能處處含藏十方無盡的虛空與國土，此即「在廣而廣」義。極樂世界的「果報」更為不可思議的殊勝，亦同《華嚴經》

所説的「重重無盡」的不可思議世界）

※關於「《維摩》方丈，苞容有餘」的經論引證

維摩詰現神通，東方須彌燈王如來，遣三萬二千「師子座」來入舍

三國吳・支謙譯《維摩詰經》	姚秦・鳩摩羅什譯《維摩詰所説經》	姚秦・鳩摩羅什譯《維摩詰所説大乘經》	唐・玄奘譯《説無垢稱經》
【不思議品第六】 壹於是維摩詰問文殊師利： 仁者！遊於無量無數佛國億百那術，何等佛土為「一切持」？一切有好「師子之座」？	壹爾時長者維摩詰問文殊師利： 仁者！遊於無量千萬億阿僧祇國，何等佛土有好「上妙功德」；成就「師子之座」？	壹爾時長者維摩詰問文殊師利： 仁者！遊於無量千萬億阿僧祇國，何等佛土有好「上妙功德」；成就「師子之座」？	壹時無垢稱問妙吉祥： 仁者！曾遊十方世界無量無數百千俱胝諸佛國土，何等佛土有好「上妙具足功德」；大師子座。
貳文殊師利言： 有！族姓子！東方去此佛國度如三十六恒沙等剎，其世界名須彌幡，其佛號須彌燈王如來至真等正覺。今現在。	貳文殊師利言： 居士！東方度(越過)三十六恒河沙國，有世界名須彌相，其佛號須彌燈王，今現在。	貳文殊師利言： 居士！東方度(越過)三十六恒河沙國，有世界名須彌幢相，其佛號須彌燈王，今現在。	貳妙吉祥言： 東方去此過三十六殑伽沙等諸佛國土，有佛世界名曰山幢，彼土如來號山燈王。今正現在，安隱住持。

參其佛身長八十四億「踰膳那」(yojana)量，其師子座高「六十八億」踰膳那(yojana)量。彼菩薩身長「四十二億」踰膳那(yojana)量，其師子座高「三十四億」踰膳那(yojana)量。 肆居士！當知彼土如來師子之座，最為殊妙，具諸功德。 伍時無垢稱攝念入定，發起如是「自在神通」，即時東方山幢世界山燈王佛遣「三十二億」大師子座滿高廣嚴淨，甚可愛樂。乘「空」來入無垢稱室。	參彼佛身長「八萬四千」由句(yojana)，其師子座高「六十八億」由句(yojana)，菩薩身長「四萬二千」由句(yojana)，其師子座高「三十二億」由句(yojana)，嚴飾(莊嚴淨飾)第一。 伍於是長者維摩詰現「神通力」，即時彼佛(指須彌燈王佛)遣「三萬二千」師子之座，高廣嚴淨，來入維摩詰室。	參彼佛身長「八萬四千」由句(yojana)，其師子座高「八萬四千」由句(據梵文原意師子座高度是低於佛之身長的)，嚴飾(莊嚴淨飾)第一。 伍於是長者維摩詰現「神通力」，即時彼佛(指須彌燈王佛)遣「三萬二千」師子座，高廣嚴淨，來入維摩詰室。	參其佛身「八萬四千」由延(yojana)，佛師子座「六萬八千」由延(yojana)。其菩薩身「四萬二千」由延(yojana)，須彌幡國有「八百四十萬」師子之座。 肆彼國如來為「一切持」，其師子座為「一切嚴」。 伍於是維摩詰則如其像，「三昧」正受，現「神足」(神通具足)，應時彼佛須彌燈王如來遣「三萬二千」師子座，高廣淨好，昔所希見。

㊤此「諸菩薩」及「大聲聞 釋梵 護世 諸天子」等，昔所未見，先亦未聞。	㊤諸「菩薩、大弟子(大聲聞)、釋 梵 四天王」等，昔所未見。	㊤諸「菩薩、大弟子(大聲聞)、釋 梵 四天王」等，昔所未見。	㊤一切「弟子(聲聞)、菩薩 諸天 釋 梵 四天王」；來入維摩詰舍。
㊛其室焌然，廣博嚴淨，悉能包容「三十二億」師子之座，不相妨礙。	㊛其室廣博，悉皆包容「三萬二千」師子座，無所妨礙。	㊛其室廣博，悉皆包容「三萬二千」師子座，無所妨礙。	㊛見其室，極廣大，悉包容「三萬二千」師子座。所立處，不迫迮勼(迫窄迮狹)。
㊜廣嚴大城(Vaiśālī)，及「贍部洲、四大洲」等，諸世界中「城邑 聚落 國土 王都 天龍 藥叉、阿素洛」等，所住宮殿，亦不迫迮勼(迫窄迮狹)。悉見如本，前後無異。	㊜於毘耶離城(Vaiśālī)，及閻浮提 四天下(四大部洲)，亦不迫迮勼(迫窄迮狹)，悉見如故。	㊜於呲耶離城(Vaiśālī)，及閻浮提等四大部洲，亦不迫迮勼(迫窄迮狹)，悉見如故。	㊜於維耶離城(Vaiśālī)，無所罣礙。於「佛」所止，及「四天」處(四大部洲)，無所罣礙。悉見如故，若前不減。

[三]正道大慈悲，出世善根生。

此二句名(第三種)「莊嚴性(本性；本體)功德成就」。佛本何故(阿彌陀佛之所以要生)起此莊嚴？

見有國土：

①以「愛欲」故則有「欲界」。

②以攀厭(攀求「內在」的定生「喜樂」或「舍受」、厭捨「外在」五欲樂的心)「禪定」故，則有「色、無色界」。

③此三界皆是「有漏邪道」所生，(眾生皆)長寢(於三界)大夢，莫知悕(心念；意願)出(離三界)。

是故(法藏菩薩)興「大悲心」(生起第三種)：願我成佛，以無上「正見道」，(生)起「清淨土」，(只要有眾生發願往生到我極樂淨土，便能立刻)出于三界。

A(從「本體」上解釋)「性」是「本」(本性；本體)義，言此(極樂)淨土，(乃)隨順(依隨順從)「法性」，不乖(違背)「法本」(極樂世界是順從阿彌陀佛之「清淨自性」所建立的，並沒有違背本性)，事同《華嚴經》〈寶王如來性起〉義。

(極樂世界就是法藏菩薩發願修行成佛後所得的淨土，亦即由阿彌陀佛的「佛性、覺性、菩提心」所生起的莊嚴淨土。以上是解釋第三種「莊嚴性功德」成就的「性」字，其第一個解釋)

※關於「如來性起」的經論引證

「如來性起」傳統的解釋是：

「性起」是指「從性而起」，亦即從「佛果之境界」來說事物「現起的因緣」。

「緣起」乃「依緣而起」，亦即從「因位之境界」來論說事物「現起」的法則。

「性起」屬「果」，乃<u>盧舍那佛</u>之法門。

「緣起」屬「因」，乃<u>普賢</u>之法門。

<u>唐・法藏</u>《華嚴經探玄記》卷16〈寶王如來性起品 32〉

《佛性論・如來藏品》云：從「自性」住「來」至得「果」，故名「如來」。「不改」名「性」。顯「用」稱「起」，即「如來之性起」。

又「真理」名「如」、名「性」。

顯「用」名「起」、名「來」。即「如來為性起」。

此等從「人、法」及法用題品目。

但「如來性起」一詞，亦有譯為「如來興顯、如來出生、如來出現、如來種姓成、生如來家」等異譯，可是在所有的譯文中都沒有與「性」相對應的「梵文」出現。「性」字只是「語助詞」，所以可不必一直著重在解釋「性」義。「起」之意思即指「出生、興顯、出現、成」。

<u>唐・慧苑</u>《續華嚴經略疏刊定記》卷13〈如來出現品 第三十七 〉

問：<u>晉本</u>(六十《華嚴經》)名為「性起」，今此乃曰「出現」。何故爾耶？

答：舊翻「如來性起」四字中。「如來」兩字正依「梵本」，「性」字全無。「起」字或「通」。以「溫鉢底」(utpatti)言，正譯為「生」、為「現」。「通」有「起」義故。

<u>唐・智儼</u>《華嚴經內章門 等雜孔目章 》卷4

「性起」者，明「一乘」法界「緣起」之際，本來「究竟」，離於「修造」。何以故？以「離相」故。「起」在大解大行，離分別「菩提心」中，名為「起」也。由是「緣起性」故，説為「起」。「起」即「不起」，「不起」者是「性起」，廣如經文。

<u>唐・法藏</u>撰《華嚴經問 答》卷2

問：若爾者，即「不起」，何故言為「起」耶？

答：言「起者」，即其「法性」離分別。「菩提心」中現前在，故云為「起」。

是即以「不起」為「起」。如其法「本性」，故名「起」耳，非有「起相」
之「起」。

以「不起」(不起妄念;不生一念)為「起」，不在「頭上安頭」而另起所謂的「正念」，
這就是〈性起品〉的宗旨。

唐·法藏述《華嚴一乘教義分齊章》卷2
又唯一「法界」性，「起心」亦具十德，如〈性起品〉說。

《華嚴經·如來性起品》經文主要是描述「佛陀的成等正覺」與「菩薩對
佛的覺知」，而非在說如來「物質身」的出生與出現。

在依「主」釋，「華嚴宗」所方便施設的「如來性」義，是由「性空之緣起」，
指向「如來之真性」(真心)。

在持「業」釋上，「如來性」則只是「起(起心)」的「形容詞」，指向眾生的「個
體心」(妄心)。

「如來性起」中的「起」是指能修持的「主體心」，「性起」一詞可平實地語
譯為「靈性的生起心」，全句為「如來的靈性(佛性)所起之心」。

〈如來性起品〉在描敘佛陀「成等正覺」的珍貴，進而導引菩薩們去生起
「正知正見」、發「菩提心」，然後「成等正覺」。

《華嚴經·如來性起品》全文所說的「性起正法、身、語、意」等等「十
德」，其實都是指「起心」。如經云：

云何「菩薩」摩訶薩知「如來、應供、等正覺」性起正法？

後九段，是普賢陸續回答菩薩如何由「身、語、意、境界、行、菩提、
轉法輪、般涅槃、所種善根」這九方面來「起心」認知「等正覺」。

這十段經文，都是教導菩薩如何「起心」認知「成等正覺」的「正法、身、語、意」等等的勝意，強調的是「成等正覺」之「如如」，並藉此開示「一切眾生悉具如來智心」。如經云：

爾時，普賢菩薩摩訶薩告如來性起妙德菩薩等諸大眾言：
佛子！「如來、應供、等正覺」性起正法，不可思議，所以者何？非少因緣，成等正覺出興于世。佛子！ 以十種無量無數百千阿僧祇因緣，成等正覺出興于世。何等為十？一者、發無量菩提之心，不捨一切眾生……

B(從「因」上解釋)又言「積習成性」，指法藏菩薩，集諸「波羅蜜」積習所成。
(以上是解釋第三種「莊嚴性功德」成就的「性」字，其第二個解釋)

C(從「因」上解釋)亦言「性」者，是「聖種性」(登地以上者皆稱之)，序法藏菩薩於世自在王佛(Loke-śvara-rāja)所悟「無生法忍」。爾時(法藏菩薩的階)位名「聖種性」，(法藏菩薩)於是(聖種)性中，發「四十八大願」，修起此土，即曰安樂淨土(極樂世界)。是彼「因」所得，「果」中説「因」，故名為「性」。
(以上是解釋第三種「莊嚴性功德」成就的「性」字，其第三個解釋)

D(從「作用」上解釋)又言「性」是「必然」(指由阿彌陀佛加持下的一種「必然」之性)義、「不改」義，如「海性」一味，「眾流入」者，必為「一味」，「海味」(此喻極樂世界「必然、不改」之性)不隨彼改也。又如人身，(本)性「不淨」故，(若有)種種妙好「色、香、美味」入身，(仍)皆為「不淨」。
(以上是解釋第三種「莊嚴性功德」成就的「性」字，其第四個解釋)

E(從「果報」上解釋)安樂淨土(極樂世界)，諸「往生」者，無不「淨色」、無不「淨心」，畢竟皆得「清淨平等」無為「法身」。以安樂國土(極樂世界)清淨「性」成就故。

(以上是解釋第三種「莊嚴性功德」成就的「性」字，其第五個解釋)

「正道大慈悲，出世善根生」者，「平等大道」也。

「平等道」所以名為「正道」者，「平等」是諸法體相，以「諸法平等」故「發心」等，「發心」(平)等故「道」(平)等，「道」(平)等故「大慈悲」(平)等，「大慈悲」是「佛道正因」，故言：「正道大慈悲」。

※關於「正道、平等道」的經論引證

唐・玄奘譯《稱讚淨土佛攝受經》
如是眾鳥，晝夜六時恒共集會，出和雅(溫和文雅)聲，隨其類音宣揚妙法，所謂：

❶甚深念住(四念住)、

❷正斷(四正勤)、

❸神足(四神足)、

❹根(五根)、

❺力(五力)、

❻覺(七覺支)、

❼道(八正道支)支等無量妙法。

曹魏・康僧鎧譯《佛說無量壽經・卷下》
(1)(生極樂世界之諸菩薩)以無礙智，(能)為人演說。等觀(平等觀照)三界，(皆)空無所有。志求佛法，具諸辯才。

(2)(能)除滅眾生「煩惱」之患。(既)從如來(教化之所)生，(故能)解法「如如」(不生不滅、不異不動之如如)，善知「集、滅」(苦集滅道)，(具諸)音聲方便，不欣世語(世間言語)，樂在「正論」(佛法正道的出世言論)。

(3)彼土眾生聞是聲已，各得「念佛、念法、念僧」無量功德，熏修其身。

慈悲有三緣。

一者：「眾生緣」是「小悲」。

二者：「法緣」是「中悲」。

三者：「無緣」是「大悲」。

「大悲」即「出世善」也。安樂淨土(極樂世界)從此「大悲」(無緣大慈)生故，故謂此「大悲」(無緣大慈)為「淨土之根」，故曰：「**出世善根生**」。

※關於「小悲、中悲、大悲」的經論引證

三緣慈悲；三種緣慈；三慈

(一)生緣慈悲：

又作「有情緣慈、眾生緣慈」。即觀一切眾生猶如赤子，而與樂拔苦，此乃「凡夫」之慈悲。然三乘(聲聞、緣覺、菩薩)最初之「慈悲」亦屬此種，故亦稱「小悲」。

(二)法緣慈悲：

指開悟「諸法無我」之真理所起之「慈悲」。此係「無學」(阿羅漢)二乘，及「初地」以上菩薩之「慈悲」，又稱「中悲」。

(三)無緣慈悲：

為遠離「差別」之見解，由「無分別心」而生起的「平等絕對」之慈悲。此係「佛」獨具之大悲，非「凡夫、二乘」等所能生起，故特稱為「大慈大悲、大慈悲」。

《大般涅槃經》卷15〈梵行品 8〉

(1)云何而言「四無量心」？推義而言，則應有三。

(2)世尊！ 慈有三緣：一緣「眾生」。二緣於「法」。三則「無緣」。「悲、喜、捨」心，亦復如是⋯⋯

(3)

①眾生緣」(小悲)者，緣於「五陰」(色身)，願與其「樂」，是名「眾生緣」。

②「法緣」(中悲)者，緣諸眾生所須之「物」，而「施」與之(施與「法義」)，是名「法緣」。

③「無緣」(大悲)者，緣於「如來」，是名「無緣」(無分別心的平等)⋯⋯

(4)世尊！

①「慈」之所緣，一切眾生，如緣「父母、妻子、親屬」，以是義故，名曰「眾生緣」(小悲)。

②「法緣」(中悲)者，不見「父母、妻子、親屬」，見一切法皆從「緣生」，是名「法緣」。

③「無緣」(大悲)者，不住「法相」及「眾生相」，是名「無緣」。

《大乘理趣六波羅蜜多經》卷8〈靜慮波羅蜜多品 9〉

(1)復次，慈氏！ 慈有三種：
一「眾生緣慈」。二「法緣慈」。三「無緣慈」。

(2)

①云何「眾生緣慈」(小悲)？ 若「初發心」(初發心求菩提道而仍未有深行者)，遍觀「有情」(眾生)，(而)起「大慈心」。

②云何「法緣慈」(中悲)？ 若修行時(能)「觀一切法」，名「法緣慈」。

③云何「無緣慈」(大悲)？ 得「無生忍」。「無」有二相(沒有小悲、中悲二相的分別心)，名「無緣慈」。

(3)慈氏！ 當知此即菩薩摩訶薩，住「真法界」大慈心。

《佛說大乘菩薩藏正法經》卷16〈慈悲喜捨品 5〉

(1)復次太子！ 諸「聲聞」人所起「慈心」，但唯「自利」。「菩薩」慈心，而常「利益」一切眾生。

(2)又復當知：

①「初發心」菩薩(初發心求菩提道而仍未有深行者)，行「眾生緣慈」(小悲)。

②「修行位」菩薩，行「法緣慈」(中悲)。

③得「忍」(無生法忍)菩薩，行「無緣慈」(大悲)。

(3)太子！ 如是所說，皆是菩薩摩訶薩行「大慈心」。若諸菩薩住「慈心」者，即能為諸眾生行「廣大慈」。

[四] 淨光明滿足，如鏡日月輪。

此二句，名(第四種)「莊嚴形相功德成就」。佛本所以(阿彌陀佛於因地修行中，之所以要生)起此莊嚴功德者？

①見日行「四域」(四大部洲)，光不周「三方」(三大部洲)。(見到日輪運行於「四大部洲」時，光明只能「完整」的照耀其中「一洲」，而不能照耀其餘「三洲」)

②庭燎(力少反→古代庭中照明的火炬)在宅，(光)明不滿(不能照滿)「十仞」(1 仞平均為 172 cm～196 cm)。

以是故(法藏菩薩生)起(第四種)「滿淨光明」願：如日月光輪，滿足自體。
彼安樂淨土(極樂世界)雖復廣大無邊，清淨光明，無不充塞。
故曰：「淨光明滿足，如鏡日月輪」。

※關於「如鏡日明輪」的經論引證

唐·菩提流志譯《大寶積經·卷十七·無量壽如來會》(此為《無量壽經》的同本異譯本)

(第四十願)若我成佛，國中(極樂世界)群生(眾生)，隨心欲見(其餘)諸佛淨國(清淨國土)，殊勝莊嚴，(能)於(極樂世界的)「寶樹」間，悉皆出現，猶如明鏡，見其面像。若不爾者，不取菩提。

曹魏·康僧鎧譯《佛說無量壽經·卷上》

(第四十願)設我得佛，國中(極樂世界)菩薩，隨意欲見(其餘)十方無量嚴淨(莊嚴清淨)佛土，應時如願(如其所願)，(能)於(極樂世界的)「寶樹」中，皆悉照見，猶如明鏡，睹其面像。若不爾者，不取正覺。

唐・菩提流志譯《大寶積經・卷十七・無量壽如來會》(此為《無量壽經》的同本異譯本)

(第三十一願)若我成佛，(我之)國土(極樂世界)光淨(光明清淨)，(周)遍無與等，(能)「徹照」無量無數不可思議諸佛世界，如明鏡中，現其面像。若不爾者，不取菩提。

曹魏・康僧鎧譯《佛說無量壽經・卷上》

(第三十一願)設我得佛，(我之)國土(極樂世界)清淨，皆悉(能)「照見」十方一切無量無數不可思議諸佛世界，猶如明鏡，睹其面像。若不爾者，不取正覺。

趙宋・法賢譯《佛說大乘無量壽莊嚴經》

(第二十五願)世尊！我得菩提，成正覺已，(吾)所居(之)佛剎(極樂世界)，廣博(廣大博達)嚴淨(莊嚴清淨)，光瑩(光明清瑩)如鏡，悉能「照見」無量無邊(其餘)一切佛剎。眾生睹者，(能)生希有心，不久速成「阿耨多羅三藐三菩提」。

※關於「極樂世界能光照一切」的經論引證

「四大部洲」所處的地方，其「日夜」時間都是不同的，據《起世經》所云：

(一)「南贍部洲」在日「正中」時，「東勝身洲」之日方始沒，「西牛貨洲」之日則剛出，「北俱盧洲」則正當「半夜」之時。

(二)「西牛貨洲」在日「正中」時，「南贍部洲」之日方始沒，「北俱盧洲」之日則剛出，「東勝身洲」則正當「半夜」之時。

(三)「東弗婆提」(東勝身洲)在日「正中」時，「北俱盧洲」之日方始沒，「南贍部洲」之日則剛出，「西牛貨洲」則正當「半夜」之時。

(四)「北鬱單越」(北俱盧洲)在日「正中」時，「西牛貨洲」之日方始沒，「東勝身洲」之日則剛出，「南贍部洲」則正當「半夜」之時。

《起世經》卷10〈最勝品 12〉

諸比丘!

(1)若「閻浮洲」(南贍部洲)，日正中時，

「弗婆提洲」(東勝身洲)，日則始沒。

「瞿陀尼洲」(西牛貨洲)，日則初出。

「欝單越洲」(北俱盧洲)，正當「半夜」。

(2)若「瞿陀尼洲」(西牛貨洲)，日正中時，

此「閻浮洲」(南贍部洲)，日則始沒。

「欝單越洲」(北俱盧洲)，日則初出。

「弗婆提洲」(東勝身洲)，正當「半夜」。

(3)若「欝單越洲」(北俱盧洲)，日正中時，

「瞿陀尼洲」(西牛貨洲)，日則始沒。

「弗婆提洲」(東勝身洲)，日則初出。

「閻浮洲」(南贍部洲)中，正當「半夜」。

(4)若「弗婆提洲」(東勝身洲)，日正中時，

「欝單越洲」(北俱盧洲)，日則始沒。

「閻浮洲」(南贍部洲)中，日則初出。

「瞿陀尼洲」(西牛貨洲)，正當「半夜」。

諸比丘!

(1)若「閻浮洲」(南贍部洲)人所謂西方，「瞿陀尼」(西牛貨洲)人以為東方。

(2)「瞿陀尼」(西牛貨洲)人所謂西方，「欝單越」(北俱盧洲)人以為東方。

(3)「欝單越」(北俱盧洲)人所謂西方，「弗婆提」(東勝身洲)人以為東方。

(4)「弗婆提」(東勝身洲)人所謂西方，「閻浮洲」(南贍部洲)人以為東方。

南北二方，亦復如是。

曹魏·康僧鎧譯《佛說無量壽經·卷上》

佛告阿難：無量壽佛威神光明，最尊第一，諸佛光明所不能及。(阿彌陀佛佛光)或照百佛世界，或千佛世界。取要言之，乃照東方恆沙佛剎，南西北方，四維上下，亦復如是。

吳・支謙譯《佛說阿彌陀三耶三佛薩樓佛檀過度人道經》

①阿彌陀佛光明，所照最大，諸佛光明，皆所不能及也。佛稱譽(稱揚讚譽) 阿彌陀佛光明極善。

②阿彌陀佛光明極善，善中明好(光明相好)，甚快無比，絕殊(絕妙殊特)無極 (無有極至)也。

③阿彌陀佛光明，清潔無瑕穢(瑕垢染穢)，無缺減也。

④阿彌陀佛光明姝好(殊妙相好)，勝於日月之明，百千億萬倍，諸佛光明中 之極明也。

⑤光明中之極好也。

⑥光明中之極雄傑也。

⑦光明中之快善(快心妙善)也。

⑧諸佛中之王也。

⑨光明中之極尊也。

⑩光明中之最明無極(無有極至)也。

［五］備諸珍寶性，具足妙莊嚴。

此二句，名(第五種)「莊嚴種種事功德成就」。佛本何故(阿彌陀之所以要生)起此
莊嚴？
見有國土：
①(只有)以「泥土」為宮飾(宮殿裝飾)。

②(只有)以「木石」為華觀(浮華的臺觀)。

③或(琢)彫 ᴯ (黃)金(刻)鏤 ᴺ (寶)玉，意願「不充」(仍未達充足圓滿、窮微極妙的效果)。

④或(需要)營備(營造建置而準備)百千(器具)，具受辛苦。

以此故(法藏菩薩)興「大悲心」(生起第五種)：願我成佛，必使「珍寶」，具足嚴
麗(莊嚴妙麗)，自然(而現)相忘於「有餘」(在極樂世界中，有自然的珍寶，而且永遠「有餘」而
無所缺，眾生自然就會「相忘」於彼此「互相競爭」與「奪取」)，自得於佛道。

※關於「極樂世界珍寶具足莊嚴」的經論引證

曹魏·康僧鎧譯《佛說無量壽經·卷上》
(第三十二願)設我得佛，(極樂世界)自「地」以上，至於虛空，宮殿樓觀(樓閣臺觀)，
池流華樹，國土(極樂世界)所有一切萬物，皆以無量雜寶「百千種香」而共
合成。嚴飾(莊嚴盛飾)奇妙，超諸天人。其「香」普薰十方世界，(若有)菩薩
聞者，皆修佛行。若不爾者，不取正覺。

吳·支謙譯《佛說阿彌陀三耶三佛薩樓佛檀過度人道經》
(1)阿彌陀佛所可教授(教導傳授)，講堂精舍，皆復自然七寶，金銀、水精、
　琉璃、白玉、虎珀、車磲，自共相成，甚姝明好(光明相好)，(姝)絕無比。

亦無作者，不知所從來，亦無持來者，亦無所從去。

(2)阿彌陀佛所願德重，其人(若)作善故，論經語義，說經(演說經義)行道(修行佛道)，(於)講會其中，(皆)自然「化生」爾，其講堂精舍，皆復有七寶「樓觀」(樓閣臺觀)欄楯（カン），復以金銀、水精、琉璃、白玉、虎珀、車磲為瓔珞，復以「白珠、明月珠、摩尼珠」為「交露」(交露原意指「交錯的珠串所組成的帷幔，狀若露珠」，此處指「交織綿絡」)，覆蓋其上。皆自作「五音聲」，甚好無比。

(3)諸「菩薩、阿羅漢」所居舍宅，皆復以「七寶」，「金銀、水精、琉璃、珊瑚、虎珀、車磲、碼瑙」化生，轉共相成其「舍宅」，悉各有七寶「樓觀」(樓閣臺觀)欄楯（カン），復以「金銀、水精、琉璃、白玉、虎珀、車磲」為瓔珞，復以「白珠、明月珠、摩尼珠」為「交露」(交露原意指「交錯的珠串 所組成的帷幔，狀若露珠」，此處指「交織綿絡」)，覆蓋其上，皆各復自作「五音聲」。

曹魏・康僧鎧譯《佛說無量壽經・卷上》

(極樂世界)其講堂、精舍、宮殿、樓觀(樓閣臺觀)，皆七寶莊嚴，自然化成。復以「真珠、明月、摩尼」眾寶，以為交絡(交織綿絡)，覆蓋其上。

※關於「自然相忘於有餘」的經論引證

法藏菩薩所成就的佛國土，所有萬物都具「珍寶」的體性，自然而有，圓滿充足。

在極樂世界的「珍寶」永遠都是「有剩餘」而無所乏匱的，只要在此淨土中修行，眾生自然就會「相忘」於彼此「互相競爭」與「奪取」之心，也能令眾生自然修菩提行而成就佛道。

《莊子・內篇・大宗師》

泉涸（カク），魚相與處於陸，相呴（ク）(呼氣；吹氣)以溼(沾濕)，相濡(滋潤)以沫(口沫；唾沫)，不如「相忘」於「江湖」。

這是說泉水乾涸（カク）了，魚困在陸地上，只能相互依偎，以「唾沫」相互濕

潤對方而得以「生存」。這是在比喻在「現實的生活」下，彼此可能都要「相互扶持、苟延殘喘」的意思，其目的就是為了「拯救」和「成全」對方的「生命」與「幸福」。

然而對於「魚」而言，最幸福、最重要的是「江湖之水」，而非在「現實」上的「相濡以沫」，因為「相濡以沫」的最終可能都會使自我與對方陷入一種「有害」的境地，最終「死」於彼此的「互相執著」，無法獲得真正的幸福。

所以與其「互相執著對方而存活著」，不如我們都互相「不相識、不認識、不必互相執著」，大家能各自暢遊於廣大的「江湖之水」上，忘記「相濡以沫」的生活。

同理，在極樂世界中，有自然的珍寶，而且永遠「有餘」而無所缺，眾生自然就會「相忘」於彼此「互相競爭」與「奪取」之心。

此(極樂世界)莊嚴事，縱使「毘首羯磨」(viśvakarman。此天神住於三十三天，乃帝釋天之大臣，專門司掌「建築、彫刻」等事業，被稱為「宇宙之建造者」)，(號稱)工稱妙絕(精妙絕倫)，(就算毘首羯磨天神)積思竭想(累積千頭思緒，竭盡萬般構想)，豈能取(取得;取索)圖(極樂世界的精妙構圖)？

「性」(指「備諸珍寶性」的「性」字)者「本」義也(意指「珍寶」就是由「清淨自性」所化現，並非指世間真正的金銀等寶)，能生(的自性)既「淨」，所生(的珍寶)焉得「不淨」？故經言：隨其心淨，則佛土淨(《維摩詰所說經‧佛國品》云：若菩薩欲得淨土，當淨其心；隨其心淨，則佛土淨)。

是故言：「備諸珍寶性，具足妙莊嚴」。

※關於「毘首羯磨天神」的經論引證

《起世經・卷第七》

(1)時「釋天王」欲得瓔珞，即念「毘守羯磨」天子。時彼天子，即便「化」作眾寶「瓔珞」，奉上「天王」。

(2)若三十三天，諸眷屬等，須「瓔珞」者，「毘守羯磨」亦皆「化」出而供給之。

《大般涅槃經・卷中》

(1)時「天帝釋」知王心念。呼一天子，名「毘首建磨」，極為「妙巧」，無事不能，而語之言：

(2)今閻浮提，轉輪聖王名「大善見」，其今欲更開拓「宮城」，汝便可下為作「監匠」，使其居處「嚴麗」，雕飾如我無異。

(3)彼天(毘首建磨天)奉勅，即便來下，猶如壯士屈伸臂頃，到閻浮提。當王前立，時王既見彼「天子形」(毘首建磨天)，風姿端正，必知非凡，而問之言：汝是何神而忽來下？

(4)天即答言：大王當知！ 我「天帝釋」之「大臣」也，名「毘首建磨」，極閑「工巧」。大王心欲「開廣宮殿」故，「天帝釋」遣我來下，為作「監匠」以助於王。

(5)王聞此言，心懷歡喜。時彼天子(毘首建磨天)，即便「經始」(開始經營)，開廓「宮城」。

(6)城之四門，其間相去，二十四「踰闍那」(yojana由旬)，為王起殿。高下縱廣，各八「踰闍那」，七寶嚴麗如「帝釋宮」，其殿凡有八萬四千「間隔住處」，皆有七寶「床帳臥具」。

(7)又復為王起「說法殿」，高下縱廣，亦八「踰闍那」，七寶莊嚴，無異於前。其殿四面，有「七寶樹」，及以名「華」，列植(成行的種植)蔭映(覆照)，又造「寶池」，其水清潔，具八功德。

(8)其殿中央，施「師子座」，七寶莊嚴，極為高廣。覆以「寶帳」，垂(同「垂」)七寶。又為四遠來聽法者，設「四寶座」，黃金、白銀、琉璃、頗梨」，其數凡有八萬四千。

(9)「毘首建磨」既為彼王造作宮城，皆悉竟已，與王辭別，忽然不現，還歸天上。

[六]無垢光炎^熾熾^イ，明淨曜世間。

此二句，名(第六種)「莊嚴妙色功德成就」。佛本何故(阿彌陀之所以要生)起此莊嚴？

見有國土：

①優劣不同，以不同故，(便有)高下以形(相)。

②「高下」既形(相)，(則)「是非」(愛憎比較之心)以(生)起。

③「是非」(愛憎比較之心)既(生)起，(則)長淪(沒，倫音→淪落輪轉)三有。

是故(法藏菩薩)興「大悲心」，起「平等願」：願我國土，光炎^熾熾^イ盛，第一無比，不如「人天」金色，能有「奪」者(指「人天」的金色還會被「更殊勝的妙色」所奪取、所遮蔽、所掩蔽住)。

若為「相奪」(「如何」是一者被另一者所映奪、所映蔽的狀況呢)？

①如「明鏡」(古代用銅製作的鏡子)在「金」邊，則不現(若將「古銅鏡」放在「金子」的旁邊，則「古銅鏡」便不能顯出其光芒，因為被「金」的光芒給映奪、映蔽了)。

②今日時中「金」(今日之時的「金」)，比佛在時(佛陀在世)「金」，(今日之時的「金」)則不現。

③佛在時「金」(佛陀在世之時的「金」)，比「閻浮那」金，(佛陀在世之時的「金」)則不現。

④「閻浮那」金(jambūnada-suvarṇa 閻浮檀金)，比大海中「轉輪王道」中金沙，(閻浮那的金)則不現。

⑤「轉輪王」道中「金沙」，比「金山」，(轉輪王的金沙)則不現。

⑥「金山」，比「須彌山」金，(金山的金)則不現。

⑦「須彌山」金，比「三十三天瓔珞」金，(須彌山的金)則不現。

⑧「三十三天瓔珞」金，比「炎摩天」金，(三十三天的瓔珞金)則不現。

⑨「炎摩天」金，比「兜率陀天」金，(炎摩天的金)則不現。

⑩「兜率陀天」金，比「化自在天」金，(兜率陀天的金)則不現。

⑪「化自在天」金，比「他化自在天」金，(化自在天的金)則不現。

⑫「他化自在天」金，比安樂國(極樂世界)中光明，(他化自在天的金)則不現。

所以者何？
彼(極樂世界國)土「金光」，絕(斷絕；淨盡)從(由)垢業(所)生故，(極樂世界國土一切)「清淨」無不成就故。

安樂淨土(極樂世界)是「無生忍」菩薩(從)「淨業」所(生)起，(極樂世界是)阿彌陀如來「法王」所領。阿彌陀如來為(能顯「金光」的)「增上緣」故。

是故言：「無垢光炎(ㄢ) 熾(ㄔ) ，明淨曜世間」。
「曜世間」者，曜「二種世間」也(指極樂世界「器世間」清淨，總共有十七種佛國土的功德莊嚴成就。以及極樂世界「眾生世間」清淨，總共有八種佛功德莊嚴成就，與四種菩薩功德莊嚴成就)。

※關於「光炎熾盛，照耀世間」的經論引證

曹魏・康僧鎧譯《佛說無量壽經・卷上》

(1)<u>無量壽佛</u>，光明顯赫^(顯耀奕赫)，照曜十方，諸佛國土，莫不聞焉。不但我今稱其光明，一切諸佛、聲聞、緣覺、諸菩薩眾咸共歎譽，亦復如是。

(2)若有眾生，聞其光明威神功德，日夜稱說，至心不斷，隨意所願，^(將來)得生其國。

(3)^(此諸眾生將)為諸菩薩、聲聞之眾，所共歎譽、稱其功德；至其然後得佛道時，^(亦將)普為十方諸佛菩薩^(讚)歎其光明，亦如今也。

曹魏・康僧鎧譯《佛說無量壽經・卷上》

①計如「帝王」，雖^(為)人中尊貴，形色端正，^(但)比之「轉輪聖王」(cakra-varti-rājan)，甚為鄙陋，猶彼「乞人」在「帝王」邊。

②^(又)「轉輪聖王」(cakra-varti-rājan)，^(雖)威相殊妙，天下第一，^(但)比之「忉利天王」(Śakra Devānām-indra 帝釋天主)，又復醜惡，不得相喻「萬億倍」也。

③^(又)假令「天帝」(Śakra Devānām-indra 帝釋天主)，比^(較於)「第六天王」(Para-nirmita-vaśa-vartin。欲界之「他化自在天」)，^(則)百千億倍，^(仍)不相類^(似)也。

④設「第六天王」(Para-nirmita-vaśa-vartin。欲界之「他化自在天」)，比^(較於)無量壽佛國「菩薩、聲聞」，^(其)光顏^(光明容顏)容色^(容貌神色)，不相及逮^(逮及→至；追上；趕上)，^(甚至)百千萬億，^(皆)不可計倍^(計算出其倍數)。

[七]寶性功德草，柔軟左右旋。觸者生勝樂，過「迦旃隣陀」(kācalindika 雜臨時特帛、迦遮鄰地衣、迦旃鄰提衣、迦真鄰底迦、迦止栗那綿。意譯作細錦衣)。

此四句，名(第七種)「莊嚴觸功德成就」。佛本何故(阿彌陀之所以要生)起此莊嚴？見有國土：

①雖(有)寶重(珍寶貴重)金玉(黃金珠玉)，(但卻)不得為(做)衣服。

②雖(有)珍玩、、明鏡，(但卻)無議(古通「義」→適宜)於敷具(niṣīdana。坐臥時敷於地上或臥具上之「長方形布」)。

③斯(指金玉與珍玩)緣(因)悅於目(賞欣悅目)，不便於「身」也(金玉、珍玩、明鏡都不能拿來當作「衣服、敷具」使用)。

④身眼二情(身根與眼根這二種，情→根)，豈弗(豈不)鋒(劍鋒)楯(古通「盾」→盾牌)乎？

(互相矛盾，因為眼睛能欣賞金玉、珍玩、明鏡，但卻不能拿來當作身體上的「衣服、敷具」使用)

是故(法藏菩薩)願言(生起第七種)：使我國土「人、天」，六情(六根)和於水乳(指六根在接觸六塵時，都能如「水乳」般的「交融」)，卒(盡)去(除)楚、越之勞(畢竟可以免除「六根與六塵」所發生「不調和」的辛勞)。

所以(在極樂世界中的)七寶柔軟，悅目便身(既能賞欣悅目，也能拿來當作身體上的「衣服、敷具」使用)。

※關於「楚、越之勞」的經論引證

有關「楚、越之勞」四個字，原本成語是作「肝膽楚、越」，出自《莊子・德充符》：「自其異者視之，肝膽楚、越也」。「肝膽」是比喻關係「密切」；

「楚、越」是春秋時兩個諸侯國,雖然土地相連在一起,但關係並「不好」,變的很遙遠。「肝膽楚、越」是比喻雖有著「密切關係」的雙方,但變得「互不關心」或「互相敵對」的意思。

「楚、越之勞」是指楚與越雖然有著「密切的關係」,但兩者關係並「不好」,就像「眼睛」能欣賞「金玉、珍翫、明鏡」般的密切,但卻不能拿來當作身體上的「衣服、敷具」使用。而在極樂世界中,並沒有這種矛盾,七寶是完全柔軟的(地球上的七寶總是堅硬的),既能令我們賞欣「悅目」,也能拿來當作「衣服、敷具」等的使用。

「迦旃隣陀」(kācalindika 雜臨時特帛、迦遮鄰地衣、迦旃鄰提衣、迦真鄰底迦、迦止果那綿。意譯作「細錦衣」)者,天竺柔軟草名也。「觸之」者,能(令人)生「樂受」,故以為喻。

註者(指曇鸞大師本人)言:此間(此地球之間)土石草木,各有「定體」(例如土就是土,石就是石,草木就是草木,都有「定體」)。譯者(指菩提流支大師)何緣目(將)彼「寶」(極樂世界的七珍寶)為「草」耶?

當以其(極樂世界的七珍寶很細軟柔順有如)蘆▨(草得風貌,父蟲反→風被草吹動而倒伏貌)然(翩然若飛貌)、蔡▨(草旋貌,一㷎▨反→草被風吹後的旋轉貌)途(細草曰莎,亡小反→有版本作「莎▨」字→細草,就像路途上的細草般),故以「草」目之(於是就將「草」這個字來當作比喻用的字眼)耳。

余(指曇鸞大師本人)若參譯(參加翻譯天親菩薩的原始梵文本),當別有途(當會用「別的方式」去翻譯這個地方)。

※關於「柔軟草」的經論引證

《佛說菩薩行方便境界神通變化經》卷3

(1)文殊師利！ 是善觀稱世界，地平如掌，寶樹遍覆，生「柔軟草」，其草「右旋」，如難提跋旦孔雀項色，觸如「天衣」，是「草」普遍善觀稱界。

(2)有百千萬「園」以為莊嚴，其一一園，復以百千萬「園」圍遶莊嚴，有百千萬「池」周遍莊嚴，是一一池，以八楞「摩尼寶」而間錯之。

《佛說如來不思議祕密 大乘經》卷4〈持國輪王先行品 5〉

(1)爾時世尊，知諸菩薩……阿僧祇數無量無邊不可思議劫前，有劫名善現，世界名莊嚴。有佛出世，號無邊功德寶眾莊嚴王如來……

(2)彼莊嚴世界廣大妙好安隱豐樂，人民熾盛，地平如掌，無諸砂礫，荊棘雜穢，草木樹林青蔚可愛。

(3)復有名華，「軟草」覆地，青潤妙好，如孔雀項，「右旋」喜相，有色有香，令人適悅。

(4)下足于地，隨減「四指」，舉足還復，隨起「四指」。無極寒熱，溫涼調適，軟美清風，令人愛樂。

(5)其地莊嚴，如「吠瑠璃」，彼時人民，色相嚴好，少貪瞋癡，及餘煩惱。

《大般若波 羅蜜多經(第 401 卷-第 600 卷)》卷 570〈平等品 7〉

(1)爾時，佛告舍利子言：「此最勝天已曾過去無量無數無邊大劫，於諸佛所修行一切波羅蜜多，為諸菩薩守護般若波羅蜜多，由此因緣，今得值我諮受般若波羅蜜多； 於未來世復經無量無數大劫，修習無上菩提資糧，然後證得所求無上正等菩提，十號具足，佛名功德莊嚴，土名最極嚴淨，劫名清淨。

(2)其土豐樂，人眾熾盛，純「菩薩僧」、無「聲聞眾」。彼土大地，七寶合成，眾寶莊嚴平坦如掌，「香花、軟草」而嚴飾之。無諸「山陵、堆阜、荊棘」，「幢幡、花蓋」種種莊嚴。

(3)有大都城，名為難伏，七寶羅網，彌覆其上，金繩交絡(交織綿絡)，角懸金鈴，晝夜六時，「空天」奏樂，及散種種「天妙香花」。

(4)其土人眾，歡娛受樂，勝妙超彼「他化天宮」。「人、天」往來，不相隔礙，無「三惡趣」及「二乘」。

《大般若波羅蜜多經(第 401 卷-第 600 卷)》卷 571〈證勸品 10〉

(1)佛告<u>最勝</u>：天王當知! 過去無量不可思議無數大劫，有佛名曰<u>功德寶</u>王，十號圓滿，國名<u>寶嚴</u>，劫名<u>善觀</u>。

(2)其土豐樂，無諸「疾惱」，「人、天」往來，不相限礙，地平如掌，無諸「山陵、堆阜、瓦礫、荊棘、毒刺」；遍生「細草」，柔軟紺青，如孔雀毛。

(3)量纔四指，下足便靡，舉步隨昇；「瞻博迦花、悅意花」等，及餘「軟草」，周遍莊嚴，不暑不寒，四序調適，「吠琉璃」寶，以成其地。

(4)時，諸有情心性調善，三毒煩惱，制伏不行。彼佛世尊「聲聞」弟子「一萬二千」那庾多數，「菩薩」弟子「六十二億」。時，人極壽「三十六億」那庾多歲，無復中夭。

《佛說首楞嚴三昧經》卷 2

於此世界，南方過於千佛國土，國名<u>平等</u>，無有「山河、沙礫、瓦石、丘陵、堆阜」，地平如掌，生「柔軟草」，如「迦陵伽」。

「生勝樂」者，(若)觸(世間的)「迦㫋隣陀」(kācalindika。意譯作「細錦衣」)，(則易)生「染著樂」。(若)觸彼軟寶(極樂世界的細軟柔順七珍寶)，(則)生「法喜樂」。

二事(接觸世間的「迦㫋隣陀」細錦衣，與接觸極樂世界的「細軟柔順珍寶」)相玄(相差玄遠)，非勝如何是(可見接觸極樂世界的「細軟柔順珍寶」不是最殊勝的話，那又如何才是最殊勝的事呢)。

故言：「寶性功德草(極樂世界的七珍寶皆即「細軟柔順性」的功德特質，就像柔軟草一樣)，(七寶)柔軟(可)左右旋(旋轉)，(凡有)觸者(皆)生(殊)勝(法)樂，(超)過(世間的)迦㫋隣陀」。

※關於「迦旃隣陀細綿衣」的經論引證

趙宋・法賢譯《佛說大乘無量壽莊嚴經》

(極樂世界中有風)復吹樹「花」，(花)落於地上，(則)周遍(於)佛刹，高(有)七人量，平正莊嚴，柔軟光潔。行人往來，(若)足躡ㄋ一ㄝ其地，(則足)深「四指」量，如「迦隣那」(應指「迦左隣那」衣。kācalindika 雜臨時特帛、迦遮鄰地衣、迦旃鄰提衣、迦真鄰底迦、迦止栗那綿。意譯作「細錦衣」)，(而)觸身(獲)安樂。(若於)過食時後，是諸寶花，(則)隱地不現。經須臾間，復(又)有「風」生，吹樹落花，(再遍)布(於)地面上，如前無異，「初、夜、後」夜，亦復如是。

唐・菩提流志譯《大寶積經・卷十七・無量壽如來會》(此為《無量壽經》的同本異譯本)

(1)彼諸花聚(散花之聚集)，亦復如是。其花微妙，廣大柔軟，如兜羅(tūla)綿(picu)。

(2)若諸有情，足蹈彼「花」，(則足)沒ㄇ一ˋ深「四指」，隨其舉足，(大地則)還復如初。(若)過晨朝已，其花自然(又)沒ㄇ一ˋ入於地。舊花既沒ㄇ一ˋ，大地(又復原至)清淨……

(3)阿難！ 一切廣大珍奇之寶，無有不生(於)極樂界者。

曹魏・康僧鎧譯《佛說無量壽經・卷上》

(1)(極樂世界中)又(有)風吹散「華」，(此華飄散)遍滿(整個)佛土，隨色(隨著諸色)次第，而不雜亂，柔軟光澤，馨香(芳馨幽香)芬烈(芬馥鬱烈)。

(2)(若有情眾生)足履其(華)上，(當)蹈下(則足將陷入)四寸，隨舉足已，還(恢)復如故。(當)華用已訖(此喻華萎之時)，地輒「開裂」，以次(按次序而逐漸)化沒ㄇ一ˋ(塵化隱沒)，(大地恢復)清淨無遺。

[八-1]寶華千萬種，彌覆池流泉。微風動華葉，交錯光亂轉。

此四句，名(第八種之一)「莊嚴水功德成就」。佛本何故(阿彌陀之所以要生)起此願？見有國土：

①或濆ㄅㄢ(云音)溺(江水大波，謂之「濆溺」)洪濤ㄊㄠ(大海波，大牟ㄇㄡ反)，滓ㄗ(滓濁雜亂)沫(浪沫噴涌)驚人。

②或凝(凝凍結冰)澌ㄙ(流氷，上支反→冰解凍後成為漂流的冰)浹ㄐㄚ(古甲反→很明顯的凍相)
渫ㄒㄧㄝ(凍相著，大甲反→冰凍之相很顯著)，
蹙ㄘㄨ(迫，子六反→慶促逼迫)枷(冰凍的災厄就像套在犯人頸上的木製刑具一樣)懷(內心懷著)
忑ㄊㄜ(失常，他則反→古同「忒」。忐忑 忑忑 不安)。

③(人類面對洪水洶湧、驚濤駭浪、水流湍急、噴出的湧泉、冰水溶化的冰塊、凍結之相)向(從以前到現在都讓我們)無「安悅」(安和愉悅)之情，背(背後一直負著)有「恐值」(恐怖值遇這些災難)之(憂)慮。

(法藏)菩薩見此，興大悲心(生起第八種之一)：願我成佛，所有流泉、池沼ㄓㄠ(池，之小反)，與「宮殿」相稱(相符合配)(事出《經》中)，種種寶華，布為「水」飾，微風徐扇(徐徐搧動著花葉)，映發(輝映交發)有序(很有次序，不會雜亂)。(極樂世界的池水能令人)開神(開悟心神)悅體(愉悅身體)，無一「不可」(不讓人感到「欣可」喜悅與滿足)。

是故言：「寶華千萬種，(皆)彌覆(在)池、流泉(寶池、玉流涌泉)。微風(吹)動(樹)華葉(果)，交錯(交相錯雜)光亂轉(所現出的「光澤」就如星亂般之陳列轉動)」。

※關於「極樂世界流泉、池水」的經論引證

曹 魏・康僧鎧譯《佛説無量壽經・卷上》

(阿彌陀佛與諸菩薩羅漢之浴池水，皆具)**八功德水**(八種殊勝功德之水：❶澄淨❷清冷❸甘美❹輕軟❺潤澤❻安和❼除饑渴❽長養諸根)，**湛然**(澄湛寂然)**盈滿**(充盈滿溢)，**清淨香潔，味如甘露**。

唐・菩提流志譯《大寶積經・卷十七・無量壽如來會》(此爲《無量壽經》的同 本異譯本)

其水清冷，具八功德(八種殊勝功德之水：❶澄淨❷清冷❸甘美❹輕軟❺潤澤❻安和❼除饑渴❽長養諸根)。

唐・玄奘譯《稱讚淨土佛攝受經》

又，舍利子！ 極樂世界淨佛土中，處處皆有七妙寶池，八功德水，彌滿其中。何等名為「八功德水」？

一者、澄淨。

二者、清冷。

三者、甘美。

四者、輕軟。

五者、潤澤。

六者、安和。

七者、飲時除飢渴等無量過患。

八者、飲已，定能長養諸根四大，增益種種殊勝善根。多福眾生，常樂受用。

姚秦・鳩摩羅什譯《佛説阿彌陀經》

(1)**又舍利弗！ 極樂國土，有七寶池，八功德水，充滿其中，池底純以「金沙」布地。四邊階道，金銀、琉璃、玻璃合成。**

(2)**上有樓閣，亦以❶金銀、❷琉璃、❸玻璃、❹硨磲、❺赤珠、❻瑪瑙而嚴飾**(莊嚴盛飾)**之。**

唐・菩提流志譯《大寶積經・卷十七・無量壽如來會》(此爲《無量壽經》

的同本異譯本)

爾時佛告(阿難與)**彌勒**菩薩言：汝頗見(極樂世界)具足清淨威德、莊嚴「佛剎」，及見空中「樹林、園苑、涌泉、池沼」不耶？

[八-2]宮殿諸樓閣，觀十方無礙，雜樹異光色，寶欄遍圍繞。

此四句，名(第八種之二)「**莊嚴地功德成就**」。**佛本何故**(阿彌陀佛之所以要生)**起此莊嚴？**

見有國土：

①(到處都是)嶕ㄐㄧㄠ (才消反➔山勢險峻)嶢ㄧㄠˊ (高貌，牛消反➔嶕嶢高峰貌)峻(高，俊音➔峭峻)嶺(山嶺)。

②(到處都是)枯木橫岑ㄘㄣˊ (橫亙ㄍㄣˋ 巖岑)。

③(到處都是)岝ㄗㄜˊ (才白反➔山高)峉ㄜˊ (山不齊，五百反➔高大)陘ㄒㄧㄥˊ (深山谷，亦山隋ㄍㄨㄞ貌，形音➔山谷)嶙ㄌㄧㄣˊ (深無崖，力人反➔山石一層層的重疊不平)。

④(到處都是)蕭ㄒㄧㄠ (惡草貌，消音➔有毒的草，或者是不好的草)茅(道多草不可行，方交反➔茅草)盈(充盈)壑(深壑溪谷)。

(穢土具有上面多種的現象，所以法藏菩薩發願他的國土要「地平如掌」)

⑤(到處都是)茫茫滄海(地球上有 3/4 都是海洋)，為絕目(極盡目力之所及)之川(都是一望無際的川流)。(所以法藏菩薩發願他的國土要「宮殿樓閣，鏡納十方」)

⑥(到處都是)葻ㄌㄢˊ 葻(風被草吹動而倒伏貌)廣澤(廣大的沼澤)，為無蹤之所(無法用蹤跡到達的處所，罕無人跡之處)。(所以法藏菩薩發願他的國土要「寶樹寶欄，互爲映飾」)

(法藏)**菩薩見此，興大悲願**(生起第八種之二)：**願我國土，地平如掌。宮殿樓閣，鏡納十方**(像鏡子一樣，沒有障礙，可含納十方佛國土)。

的ㄉㄧˊ (確實；究竟)「**無所屬**」，**亦**「**非不屬**」(極樂國土的「任何一處」都能顯現出「十方佛國土」；而「十方佛國土」亦無進入極樂國土的「所屬」中，因此「無所屬」；但「十方佛國土」也不是不「影現」在極

樂世界當中，因此亦「非不屬」。總之，十方佛國土和極樂國土確實是處在「非一、非異、非所屬、非不所屬」的不可思議境界中）。(具有)寶樹、寶欄，互為映飾(交相映襯與莊嚴盛飾)。

是故言：「(極樂世界內有無數)宮殿諸樓閣，(亦可從內而往外)觀十方無礙(的其餘國土)，(宮殿樓閣皆有)雜樹(能發出種種奇)異光色(光茫色澤)，(有)「寶欄」遍圍繞」。

※關於「寶樹、寶欄」的經論引證

唐·菩提流志譯《大寶積經·卷十七·無量壽如來會》(此為《無量壽經》的同本異譯本)

復有「金、銀、真珠、妙寶」之網，懸諸「寶鈴」，周遍嚴飾(莊嚴盛飾)。若諸有情所須「宮殿、樓閣」等，隨所「樂欲」，高下、長短、廣狹、方圓，及諸床座、妙衣敷上，以種種寶而嚴飾(莊嚴盛飾)之，於眾生前「自然」出現，人皆自謂「各處其宮」。

曹魏·康僧鎧譯《佛說無量壽經·卷上》

(1)所居舍宅宮殿樓閣，稱其形色，高下大小，或一寶二寶，乃至無量眾寶，隨意所欲，應念即至。

(2)又以眾寶「妙衣」，遍布其地，一切天人踐(踐蹈)之(妙衣)而行。無量寶網(七寶羅網)，彌覆佛土，皆以「金縷、真珠」，百千雜寶，奇妙珍異，莊嚴校飾(寶校麗飾)，周匝四面，垂以「寶鈴」，光色晃曜(晃煜明曜)，盡極「嚴麗」(莊嚴華麗)。

曹魏·康僧鎧譯《佛說無量壽經·卷上》

又其國土(極樂世界)，七寶諸樹，周滿世界，金樹、銀樹、琉璃樹、玻黎樹、珊瑚樹、瑪瑙樹、硨磲之樹。

※關於「的ㄉ 無所屬，亦非不屬」的經論引證

「的ㄉ 無所屬，亦非不屬」。的ㄉ 是──「確實、究竟」的意思。指十方佛國土和極樂國土確實是「非一非異、非所屬、非不所屬」的不可思議狀態。極樂國土的「任何一處」都能顯現出「十方佛國土」；而「十方佛國土」亦無進入極樂國土的「所屬」中，因此「無所屬」；但「十方佛國土」也不是不「影現」在極樂世界當中，因此亦「非不屬」。總之，十方佛國土和極樂國土是處在「非一非異、非所屬、非不所屬」的不可思議境界中。

從《華嚴經》的「華藏世界品」的經文來看，娑婆世界是位於「華藏莊嚴世界海」最中央的普照十方熾然寶光明世界種的「第十三層」世界。也就是娑婆世界是「屬於」處在「華藏莊嚴世界海」中的一小部份，即娑婆世界與「華藏世界海」乃「非異、非不所屬」的狀態。在「華藏世界海」中能「顯現」出娑婆世界來的；但娑婆世界為「五濁惡世」，與「華藏世界海」為毘盧遮那佛的「莊嚴淨土」是不同的，所以娑婆世界與「華藏世界海」又是「非一、非所屬」的狀態。

唐・實叉難陀譯《大方廣佛華嚴經・卷第八・華藏世界品 第五之一》

(1)爾時，普賢菩薩復告大眾言：諸佛子！ 此「華藏莊嚴世界海」，是毘盧遮那如來往昔於「世界海」微塵數劫修菩薩行時，一一劫中親近「世界海」微塵數佛，一一佛所淨修「世界海」微塵數大願之所嚴淨……

(2)爾時，普賢菩薩復告大眾言：諸佛子！ 此不可說佛剎微塵數「香水海」，在「華藏莊嚴世界海」中，如「天帝網」分布而住。

(3)諸佛子！ 此最中央「香水海」，名無邊妙華光，以「現一切菩薩形摩尼王幢」為底 出大蓮華，名一切香摩尼王莊嚴 有「世界種」而住其上，名普照十方熾然寶光明，以「一切莊嚴具」為體，有不可說佛剎微塵數世界於中布列。

❶其最下方有世界，名<u>最勝光遍照</u>，以「一切金剛莊嚴光耀輪」為際，依「眾寶摩尼華」而住； 其狀猶如「摩尼寶形」，一切「寶華莊嚴雲」彌覆其上，佛剎微塵數世界周匝圍遶，種種安住，種種莊嚴，佛號<u>淨眼離垢燈</u>。

❷此上過佛剎微塵數世界，有世界名<u>種種香蓮華妙莊嚴</u>，以「一切莊嚴具」為際，依「寶蓮華網」而住； 其狀猶如「師子之座」，一切「寶色珠帳雲」彌覆其上，二佛剎微塵數世界周匝圍遶，佛號<u>師子光勝照</u>……

⓬此上過佛剎微塵數世界，有世界名光明照耀，以「普光莊嚴」為際，依「華旋香水海」住； 狀如「華旋」，「種種衣雲」而覆其上，十二佛剎微塵數世界周匝圍遶，佛號<u>超釋梵</u>。

⓭此上過佛剎微塵數世界，至此世界名<mark>娑婆</mark>，以「金剛莊嚴」為際，依「種種色風輪所持蓮華網」住， 狀如「虛空」，以「普圓滿天宮殿莊嚴虛空雲」而覆其上，<mark>十三佛剎微塵數世界周匝圍遶，其佛即是「毘盧遮那如來世尊」</mark>。

※「普照十方熾然寶光明世界種」的構造圖

<u>娑婆</u>世界是位於「華藏莊嚴世界海」最中央的<u>普照十方熾然寶光明世界種</u>的「第十三層」世界，如下圖⬇

普照十方熾然寶光明世界種

【二十佛剎微塵數世界周匝圍遶】⑳妙寶焰世界（寶莊嚴具狀）・福德相光明佛
【十九佛剎微塵數世界周匝圍遶】⑲清淨光普照世界（寶華旋布狀）・普照法界虛空光佛
【十八佛剎微塵數世界周匝圍遶】⑱離塵世界（珠瓔狀）・無量方便最勝幢佛
【十七佛剎微塵數世界周匝圍遶】⑰寶莊嚴藏世界（八隅形）・無礙智光明遍照十方佛
【十六佛剎微塵數世界周匝圍遶】⑯清淨光遍照世界（龜甲之形）・清淨日功德眼佛
【十五佛剎微塵數世界周匝圍遶】⑮眾妙光明燈世界（卍字之形）・不可摧伏力普照幢佛
【十四佛剎微塵數世界周匝圍遶】⑭寂靜離塵光世界（執金剛形）・遍法界勝音佛
【十三佛剎微塵數世界周匝圍遶】⑬娑婆世界（狀如虛空）・毘盧遮那如來世尊
【十二佛剎微塵數世界周匝圍遶】⑫光明照耀世界（華旋狀）・超釋梵佛
【十一佛剎微塵數世界周匝圍遶】⑪恒出現帝青寶光明世界（半月之形）・無量功德法佛
【十佛剎微塵數世界周匝圍遶】⑩金剛幢世界（周圓狀）・一切法海最勝王佛
【九佛剎微塵數世界周匝圍遶】⑨出妙音聲世界（梵天身形）・清淨月光明相無能摧伏佛
【八佛剎微塵數世界周匝圍遶】⑧出生威力地世界（因陀羅網狀）・廣大名稱智海幢佛
【七佛剎微塵數世界周匝圍遶】⑦眾華焰莊嚴世界（樓閣之形）・歡喜海功德名稱自在光佛
【六佛剎微塵數世界周匝圍遶】⑥淨妙光明世界（四方形）・普光自在幢佛
【五佛剎微塵數世界周匝圍遶】⑤普放妙華光世界（普方形有隅角）・香光喜力海佛
【四佛剎微塵數世界周匝圍遶】④種種光明華莊嚴世界（摩尼蓮華狀）・金剛光明無量精進力善出現佛
【三佛剎微塵數世界周匝圍遶】③一切寶莊嚴普照光世界（八隅形）・淨光智勝幢佛
【二佛剎微塵數世界周匝圍遶】②種種香蓮華妙莊嚴世界（師子之座形）・師子光勝照佛
【一佛剎微塵數世界周匝圍遶】①最勝光遍照世界（摩尼寶形）・淨眼離垢燈佛

一切香摩尼王莊嚴大蓮華

無邊妙華光香水海
以「現一切菩薩形摩尼王幢」為底

金剛大輪圍山

金剛大輪圍山

種種光明蘂香幢大蓮華

普光摩尼莊嚴香水海

種種光明蘂香幢大蓮華

普光摩尼莊嚴香水海

空輪　殊勝威光藏風輪　空輪

果濱監製

※娑婆世界位於「華藏莊嚴世界海」最中央的普照十方熾然寶光明世界種之「第十三層」世界

《大方廣佛華嚴經·卷二十一》

(1)善男子! 彼<u>無垢金光莊嚴世界</u>普照光明幢劫中,有如是等十佛剎極微塵數如來出興於世,我於彼時或為天王、或為龍王……或為童女身,悉以種種諸供養具,恭敬供養、尊重承事彼諸如來,亦聞諸佛所説妙法,悉皆聽受,憶持不忘。

(2)從此命終,還即於「此世界」中生,經於佛剎極微塵數劫修行菩薩種種妙行,然後「壽終」,生此「華藏莊嚴世界海」中娑婆世界,值<u>迦羅鳩孫馱</u>如來,承事供養,令生歡喜,得「三昧」,名<u>離一切塵垢影像光明</u>。

《大方廣佛華嚴經·卷七十一》

(1)善男子! <u>清淨光金莊嚴世界</u>普光明幢劫中,有如是等佛剎微塵數如來出興於世,我於彼時,或為天王,或為龍王……或為童女身,悉以種種諸供養具,供養於彼一切如來,亦聞其佛所説諸法。

(2)從此命終,還即於「此世界」中生,經佛剎微塵數劫修菩薩行;然後命終,生此「華藏莊嚴世界海」(之)娑婆世界,值<u>迦羅鳩孫馱</u>如來,承事供養,得三昧,名<u>離一切塵垢光明</u>。

唐·澄觀撰, 唐·宗密述《華嚴經行願品疏鈔·卷六》

(1)不生<u>華藏</u>,而生<u>極樂</u>,略有四意。

一、(阿彌陀佛與娑婆特別的)<u>有緣</u>故。

二、欲使(娑婆)眾生(所)<u>歸憑</u>(歸依憑藉之處)情一(專情而一)故。

三、(極樂世界其實亦)<u>不離華藏</u>故。

四、(阿彌陀佛)<u>即本師</u>(極樂世界的阿彌陀佛、觀自在菩薩,其實皆表「本師」毘盧遮那之「德」也)故。

(2)鈔略有四意者:

一、<u>彌陀願重</u>(願力特別的深重),偏接(專門要接引)<u>娑婆界人</u>。

二、但聞十方(佛國淨土)皆(殊)妙,(無論是)此、彼(都是)融通,(吾人)<u>初心</u>(初發

心學習修行)忙忙（廣大；繁冗），無所依託，故（到極樂世界乃為吾人）方便（接）引之。

三、極樂去此（娑婆世界），但有十萬億佛土，華藏中所有「佛刹」皆微塵數，故（極樂世界）「不離」（華藏世界）也。如《大疏》說「華藏世界」底布風輪、須彌塵數、普光摩尼海中出大蓮華……如天帝網，安布而住……一一相當，遞相連接，成世界網。故知阿彌陀佛國不離華藏界中也。

四、即此第三十九偈讚品云：或有見佛「無量壽、觀自在」等共圍繞，乃至賢首如來、阿閦、釋迦等彼竝。判云：讚本尊遮那之德也（亦即無量壽佛、觀自在菩薩皆是「本師本尊」毘盧遮那之「德」也）。

[八-3] 無量寶交絡(交織綿絡)，羅網遍虛空。種種鈴發響，宣吐妙法音。

此四句，名(第八種之三)「莊嚴虛空功德成就」。佛本何故(阿彌陀之所以要生)起此莊嚴？

見有國土：

①煙雲塵霧，蔽障(遮蔽阻障)太虛(虛空)。

(所以法藏菩薩發願他的國土要「寶網交絡，羅遍虛空」)

②(雷)震(劇)烈霔ㄓ(雨聲，上林反→雨貌;雨聲)霍(大雨，下郭反→倏霍急速)，從上而墮。(所以法藏菩薩發願他的國土要「鈴鐸宮商，鳴宣道法」)

③不祥裁ㄢ(天火，葬才反→古同「災」)霓ㄋ(屈虹青赤，或白色陰氣，五結反→氛霓妖氣)，每自(天)空來。

④(這些災難將使人)憂慮百端(百般的端緒)，為之毛豎(喻人之容顏或毛孔皮膚爲之豎起)。

(所以法藏菩薩發願他的國土要「視之無厭，懷道見德」)

(法藏)菩薩見此，興大悲心(生起第八種之三)：願我國土，寶網(七寶羅網)交絡(交織綿絡)，羅遍(羅網周遍)虛空，(微風吹動羅網上的)鈴鐸ㄉ(大鈴，大各反)宮商(五音中的宮音與商音，泛指音律)，鳴宣(鳴盛宣揚)道法(佛道法義)，(使人)視之無厭(不會讓人生起百端的「憂慮恐怖」與「毛孔豎起」的情形)，(極樂世界種種一切都會令人)懷道(心懷道心)見德(見自性功德)。

是故言：「無量寶交絡(交織綿絡)，羅網遍虛空。種種鈴發響，(種種的)宣吐(宣揚吐辭都是微)妙法音」。

※關於「寶網、交絡、鈴鐸、宮商」的經論引證

曹魏・康僧鎧譯《佛說無量壽經・卷上》

(極樂世界)其講堂、精舍、宮殿、樓觀(樓閣臺觀)，皆七寶莊嚴，自然化成。復以「真珠、明月、摩尼」眾寶，以為交絡(交織綿絡)，覆蓋其上。

後漢・支婁迦讖譯《佛說無量清淨平等覺經》

無量清淨佛所願德重，其人(若)作善故，論經語義，說經(演說經義)行道(修行佛道)，(若)講會其中，(皆)自然「化生」耳。其講堂「精舍」，皆復有七寶「樓觀」(樓閣臺觀)欄楯等，復以「金銀、水精、琉璃、白玉、虎珀、車磲」為瓔珞，復以「白珠、明月珠、摩尼珠」為「交絡」(交織綿絡)，覆蓋其上，皆自作「五音聲」，音聲甚妹無比。

曹魏・康僧鎧譯《佛說無量壽經・卷上》

行行相值，莖莖相望，枝枝相準，葉葉相向，華華相順，實實相當，紫色光曜，不可勝視。清風時發，出五音聲，微妙宮商(五音中的宮音與商音，泛指音律)，自然相和。

唐・菩提流志譯《大寶積經・卷十七・無量壽如來會》(此為《無量壽經》的同本異譯本)

(極樂世界)其條葉(枝條樹葉)花果，常有無量百千種種妙色，及諸珍寶，殊勝莊嚴……有「師子雲」聚寶等，以為其鎖，飾諸寶柱。又以「純金、真珠」，雜寶鈴鐸等(鈴鐺寶鐸)，以為其網，莊嚴寶鎖，彌覆其上。以頗梨「萬」字，半月寶等，互相映飾(輝映裝飾)。

唐・菩提流志譯《大寶積經・卷十七・無量壽如來會》(此為《無量壽經》的同本異譯本)

復有「金、銀、真珠、妙寶」之網，懸諸「寶鈴」，周遍嚴飾(莊嚴盛飾)。若諸有情所須「宮殿、樓閣」等，隨所「樂欲」，高下、長短、廣狹、方圓，及諸床座、妙衣敷上，以種種寶而嚴飾(莊嚴盛飾)之，於眾生前「自然」出現，人皆自謂「各處其宮」。

[九]雨ㄩˋ 華衣莊嚴，無量香普薰。

此二句，名(第九種)「莊嚴雨ㄩˋ 功德成就」。佛本何故(阿彌陀佛之所以要)興此莊嚴？

見有國土：

①欲以服飾(衣料類的種種裝飾物)布地(鋪於地上)，延請(邀請)所尊(所尊重的人，喻長輩或高僧大德)。

②或欲以「香、華、名寶」，用表(用來表示)恭敬(內心的恭敬)。

③而業貧(福業貧乏)感薄(所感召的福報微薄)，是事不果(雖有善願，但無法實現)。

是故(法藏菩薩)興「大悲」願(生起第九種)：願我國土，常雨ㄩˋ (降下)此物(此類的資具之物)，滿(足)眾生(想要供養長輩或高僧大德的)意(願)。

何故以「雨ㄩˋ 」為言？恐「取者」(執著的人)云：若(天空)常雨ㄩˋ (降下)華、衣，(此華衣)亦應「填塞」(填滿充塞)虛空，何緣不妨(怎能說這樣不是一種妨礙呢)？

是故(仍)以「雨」為喻，(若)雨(能)適時(而降下)，則無「洪滔」(水漫大，他高反→洪水滔天)之患，安樂(極樂世界的果)報，豈有「累情」之物乎(那有連累有情眾生，讓眾生增加負擔與煩惱的事呢)？

經言：(極樂世界)日夜六時，雨ㄩˋ (降下)寶衣、雨ㄩˋ (降下)寶華，寶質(寶物的質地)柔軟，(若有)履踐其上，則下(陷)「四寸」。(但)隨舉足時，(地又)「還復」如故。(所有的「寶衣寶華」一旦)用訖(使用完訖)入「寶地」(當下即又沒入「寶地」)，如水(滲)入坎(坑之處一般)。

是故言：「雨ㄩˋ 華衣莊嚴，無量香普薰」。

※關於「無量香普薰」的經論引證

唐・菩提流志譯《大寶積經・卷十七・無量壽如來會》(此為《無量壽經》的同本異譯本)

(1)(極樂世界所)受用種種「宮殿、園林」，衣服、飲食、香華、瓔珞，隨「意」所須，悉皆如「念」，譬如「他化自在」(Para-nirmita-vaśa-vartin)諸天……

(2)復有無量如意「妙香、塗香、末香」，其香普薰彼佛國界(極樂世界)，及散「花、幢幡」，亦皆遍滿，其有欲聞香者，隨願即聞，或不樂(不樂聞香)者，終無所受。

唐・菩提流志譯《大寶積經・卷十七・無量壽如來會》(此為《無量壽經》的同本異譯本)

阿難！彼極樂界，於晨朝時，周遍四方，「和風」微動，不逆、不亂。吹諸雜花，種種香氣，其香普薰，周遍國界。

[十] 佛慧明淨日，除世癡闇冥。

此二句，名(第十種)「莊嚴光明功德成就」。佛本何故(阿彌陀佛之所以要)興此莊嚴？

見有國土：

(有眾生)雖復「項背」日光(頸項和背脊都頂著日光)，而(其內心仍)為「愚癡」所闇。

是故(法藏菩薩)願言(生起第十種)：使我國土所有光明，能除(所有眾生內心的)癡闇，(能)入佛智慧，不為「無記」之事(「無記」是指不能說是善，也不能說是惡之義。因為在「穢土」中，如果光明照在身上，既不生善心，也不生惡念，就是在作「無記」之事。而極樂世界的光明在照觸眾生時，就有「滅惡生善」的作用，故不會成為「無記」之事)。

亦云：安樂國土(極樂世界)光明，從如來「智慧」報起(圓滿果報所生起)，故能除世闇冥。

經言：或有佛土，以「光明」為佛事，即是此也。

故言：「佛慧明淨日(阿彌陀佛由智慧所現如日般的清淨光明)，除世癡闇冥」。

※關於「佛慧明日、除世闇冥」的經論引證

「三界」裡的光明，如「日、月」等光，只能遣除「外界」的黑暗，而不能滅除「內心」的「癡暗」，原因是我們都是從「有漏共業」所生起。

唐・菩提流志譯《大寶積經・卷十七・無量壽如來會》(此為《無量壽經》的同本異譯本)

復次阿難！極樂世界，無有「昏闇」，亦無「火光」，(所謂的)涌泉、陂ㄆ湖(陂澤;湖澤)，彼皆「非有」(並非是真實存有的)，亦無住著「家室」(家庭;家眷)、林苑

之名(亦無此類事物的「眞實之名」)，及表示之像「幼童色類」，亦無「日月、晝夜」之像(極樂世界仍有日月。此處指的是日月星辰之光明被阿彌陀佛的光明給遮蔽，而不是說完全沒有日月之光)，於一切處「標式」既無，亦無名號，唯除「如來」所加威(加持的威神力)者。

趙宋・法賢譯《佛說大乘無量壽莊嚴經》

復次阿難！彼佛國土(極樂世界)無其「黑闇」，無其「星曜」，無其「日月」(極樂世界仍有日月。此處指的是日月星辰之光明被阿彌陀佛的光明給遮蔽，而不是說完全沒有日月之光)，無其「晝夜」(因無公轉或自轉造成)，無其「取捨」，無其分別，純一「無雜」，唯受清淨最上快樂。

曹魏・康僧鎧譯《佛說無量壽經・卷下》

(生極樂世界之諸菩薩)摧滅(催伏消滅)「嫉心」，不「忌勝」(嫉妒才望勝過自己的人)故。專樂求法，心無厭足。常欲廣說，志無疲倦。擊「法鼓」，建「法幢」，曜(曜明)慧日(智慧如日般的普照)，(能)除「癡闇」。

吳・支謙譯《佛說阿彌陀三耶三佛薩樓佛檀過度人道經》

❶阿彌陀佛國放「光明」威神，以(令)諸無央數天、人民，及「蜎ㄐㄩㄢ(小蟲)飛、蠕ㄖㄨㄢˊ動(古同「蝡」→微動；爬動；緩慢爬行)」之類，皆悉見阿彌陀佛「光明」，莫不「慈心歡喜」者。

❷諸有「泥犁(naraka 地獄)、禽獸(畜生)、薜荔(preta 餓鬼)」諸有「考治(拷打治罪)勤苦(厄勤哀苦)」之處，即皆「休止」(休停止息)不復治(拷打治罪)，莫不解脫「憂苦」(憂愁痛苦)者。

❸諸有盲者，即皆得視。

❹諸有聾者，即皆得聽。

❺諸有瘖ㄣ(瘖啞)者，即皆能語。

❻諸有僂ㄌㄡˊ(僂背)者，即得申(申舒)。

❼諸跛(跛足瘸ㄑㄩㄝ˙腿)癖ㄆˋ(癖痼ㄍㄨˋ)蹇ㄐㄧㄢˇ(蹇躄ㄅㄧˋ跛瘸ㄑㄩㄝˊ)者，即皆走行。

❽諸有病者，即皆愈起。

❾諸尪ㄨㄤ(尪悴羸劣)者，即皆強健(強壯健康)。

❿諸愚癡者,即更黠ᐟ慧(聰黠智慧)。

⓫諸有婬者,皆是梵行。

⓬諸瞋怒者,悉皆慈心作善。

⓭諸有被毒者,毒皆不行(不發行;不發作)。

曹魏·康僧鎧譯《佛說無量壽經·卷上》

其有眾生遇斯(阿彌陀佛)「光」者,三垢消滅,身意柔軟,歡喜踴躍,「善心」生焉。

唐·菩提流志譯《大寶積經·卷十七·無量壽如來會》(此為《無量壽經》的同本異譯本)

彼(阿彌陀佛)之光明,清淨廣大,普令眾生身心悅樂(喜悅歡樂),復令一切餘佛剎中,「天、龍、夜叉、阿修羅」等皆得歡悅。阿難! 我今開示(開導示誨)彼佛光明,滿足一劫,說不能盡。

曹魏·康僧鎧譯《佛說無量壽經·卷上》

(願得)神力(數)演大光(盛大光明),普照無際土,

消除三垢(貪瞋癡)冥,(光)明(救)濟眾厄難。

開彼智慧眼,滅此昏盲闇。

［十一］梵聲悟深遠，微妙聞十方。

此二句名(第十一種)「莊嚴妙聲功德成就」。佛本何故(阿彌陀佛之所以要)興此願？
見有國土：

①雖有善法(雖然有作善妙功德法)，而「名聲」不遠(不能遠揚)。

②有「名聲」雖遠(遠揚的國土)，復不「微妙」(精微奧妙)。

③有(國土雖)名聲「妙遠」(奧妙深遠)，復不能「悟物」(讓人覺悟到諸法萬物的眞理)。

是故(法藏菩薩)起此莊嚴。

天竺國稱「淨行」(清淨絕慾之修行者)為「梵行」，稱「妙辭」(微妙的言辭)為「梵言」。
彼國(天竺國)貴重「梵天」，多以「梵」為讚，亦言「中國法」(古印度佛法興盛的地
方名「中國」)與「梵天」通故也(古印度的「語言、文字、善行」等法，經常都與「梵天」相通的，因
爲他們認爲這些都是由「梵天」所傳授下來人間的，因此都稱作「梵」)。

「聲」者「名」也(指極樂世界國土的名聲)，「名」謂安樂土(極樂世界)名。

經言：若人但聞安樂淨土(極樂世界)之名，欲願往生，亦得如願。
此名「悟物之證」也(這是「極樂世界」這個國土名稱，可讓眾生「覺悟」的一個明證)。。

《釋論》(《大智度論》)言：如斯(極樂世界)淨土，非「三界」所攝，何以言之？
(極樂世界乃)無「(五)欲」故，非「欲界」。
(極樂世界乃)「地居」(微妙的七寶金色大地)故，非「色界」(住於虛空中)。
(極樂世界乃)「有色」(淨土中的一切菩薩眾都有形色與顯色)故，非「無色界」。

※關於「極樂世界雖有地，但又非屬色界」的經論引證

曹魏·康僧鎧譯《佛說無量壽經·卷上》

(1)(極樂世界中)又(有)風吹散「華」,(此華飄散)遍滿(整個)佛土,隨色(隨著諸色)次第,而不雜亂,柔軟光澤,馨香(芳馨幽香)芬烈(芬馥鬱烈)。

(2)(若有情眾生)足履其(華)上,(當)蹈下(則足將陷入)四寸,隨舉足已,還(恢)復如故。(當)華用已訖(此喻華萎之時),地輒「開裂」,以次(按次序而逐漸)化沒ㄇㄛ (塵化隱沒),(大地恢復)清淨無遺。

曹魏·康僧鎧譯《佛說無量壽經·卷上》

(第三十二願)設我得佛,(極樂世界)自「地」以上,至於虛空,宮殿樓觀(樓閣臺觀),池流華樹,國土(極樂世界)所有一切萬物,皆以無量雜寶「百千種香」而共合成。嚴飾(莊嚴盛飾)奇妙,超諸天人。其「香」普薰十方世界,(若有)菩薩聞者,皆修佛行。若不爾者,不取正覺。

吳·支謙譯《佛說阿彌陀三耶三佛薩樓佛檀過度人道經》

(1)其國(極樂世界)地皆自然七寶,其一寶者「白銀」,二寶者「黃金」,三寶者「水精」,四寶者「琉璃」,五寶者「珊瑚」,六寶者「琥珀」,七寶者「車渠」,是為七寶。

(2)皆以自共為地,曠蕩(曠遠浩蕩)甚大無極(無有極至),皆自相參,轉相(輾轉互相)入中,各自焜ㄎㄨㄣ煌(焜耀輝煌)參明,極自軟好(軟美絕好),甚姝無比。

親光菩薩等造,唐·玄奘譯《佛地經論》卷1

如是「淨土」,非「三界」(之)「愛所執受」故,離「二縛」故,非彼「異熟」增上果故,如「涅槃」等,超過「三界」(之)「異熟果地」。若爾「淨土」,非「三界」攝,便是「無漏」。

《大智度論》卷38〈往生品 4〉

(1)問曰:(若)生他方「佛國」者,為是「欲界」、(為)非「欲界」?

(2)答曰:(若生)他方佛國,(環境若是)雜惡不淨者,則名「欲界」。

若(是轉生為)「清淨」(佛國)者,則無「三惡道、三毒」,乃至「無三毒」之名,

亦「無二乘」之名，亦無「女人」(與男人)。

(3)一切人皆有「三十二相」(之大菩薩)，(具)無量光明，(能)常照世間；(能於)一念之頃，作「無量身」，(能)到無量如恒河沙等世界，(能)度無量阿僧祇眾生，(然後再)還來(自己之)「本處」。

(4)如是(的佛國)世界，(雖處)在「地」上故，(但)不名「色界」；(因為是)無「欲」故，(所以)不名(為)「欲界」；(仍然)有「形色」故，(所以亦)不名(為)「無色界」。

(5)(此乃)諸大菩薩(之)福德「清淨業」(所感召的)因緣故，別得「清淨世界」，(且是)出於「三界」(之地)。

蓋(極樂世界乃已證「無生法忍」)菩薩「別業」(特別的清淨之業)所(導)致耳。

「出有而有」曰「微」(「出有」者，謂「出三有」。「而有」者，謂「淨土有」也)。

「名能開悟」曰「妙」(妙好也，以名能「悟物」故稱妙)。

極樂世界能讓眾生超出「三有」，而依止於彌陀本願，故能「有此淨土」可修行成佛。

「微」指極樂世界中萬物具足「莊嚴」，為「純一無漏」之妙相，故超出「三界」諸「有漏相」。

只要「聽聞」且「相信」阿彌陀佛之「名」與極樂世界之「名」，就能讓眾生發起「自性」本具莊嚴之「覺悟」。

只要「聽聞」且「相信」西方淨土具成就「不可思議功德之利」，就能讓眾生發起「攝取」無量眾生「同生淨土」之「覺悟」，亦能生起不住「空、有」二邊的「中道妙悟」。

是故言：「(極樂世界的)梵聲，悟(能讓人開啓覺性之悟)深遠(佛國土的名聲遠播至深邈窮遠之處)、微妙(佛國土的精微奧妙)，聞十方(十方世界皆聽聞)」。

※關於「微妙梵聲」的經論引證

唐·玄奘譯《稱讚淨土佛攝受經》

又，舍利子! 極樂世界淨佛土中，常有妙風吹諸寶樹及寶羅網出微妙音。譬如百千俱胝天樂，同時俱作，出微妙聲，甚可愛玩；如是彼土常有妙風，吹眾寶樹及寶羅網，擊出種種微妙音聲，說種種法。

曹魏·康僧鎧譯《佛說無量壽經·卷上》——

(極樂世界)微風徐動，吹諸寶樹，演出無量妙法音聲。其聲流布(流傳散布)，偏諸佛國(極樂世界)。

[十二]正覺阿彌陀，法王善住持。

此二句，名(第十二種)「莊嚴主功德成就」。佛本何故(阿彌陀佛之所以要)興此願？見有國土：

(有)「羅剎」為君(主)，則(導致)「率土」(全國境域之內)相噉(互相殺噉)。(需等待)「寶輪」(能轉「寶輪」的「轉輪聖王」)駐(立馬，長句反)殿(大殿之後)，則「四域」(天下)無虞(無有憂虞)。譬之「風靡」(譬如大風傾靡的橫掃過來時，草木皆隨風而轉)，豈無本耶(豈是沒有了「根本」的「賢王」呢)？

※關於「轉寶輪」的經論引證

《大智度論》卷25〈序品 1〉

佛轉法輪，如「轉輪聖」王「轉寶輪」……「王」德具足，能「轉寶輪」，香湯灌頂，受「王位」於「四天下」之首。

此喻一個國土的「國君」問題，如果「共業」感召，就會搞得全國都大亂。只能等「賢君」問世來主持國政，人民才能安康幸福。

是故(法藏菩薩)興願(生起第十二種)：願我國土，常有「法王」，法王「善力」之所「住持」(安住維持、久住護持)。

「住持」(安住維持、久住護持)者，如「黃鵠⿰鳥古」持子安，千齡更起(甚至已過千年，黃鵠仍然不斷的生起聲聲的呼喚子安)。

魚母(如果能)念持(憶念住持)子，(就算經過)逕ㄐㄧㄥˋ 𣽾ㄏㄨㄛˋ (夏有水冬無水曰𣽾，火岳反→夏季有水，冬季沒水的溪澤或乾枯的泉水)不壞(魚子也不會爛壞)。

※關於「黃鵠持子安，千齡更起」的經論引證

「鵠ㄍㄨ」古通「鶴ㄏㄜ」，所以「鵠ㄍㄨ」也可讀作「鶴ㄏㄜ」音。如唐·李商隱〈聖女祠〉詩：「寡鵠迷蒼壑，羈凰怨翠梧。」馮浩箋注：「鵠，《英華》作鶴。鶴、鵠古通。」

相傳「黃鵠」是一種極善於高飛的「大鳥」。

「黃鶴呼子安」的典故

《水經注·卷二十·沔水》

水出陵陽山下，逕陵陽縣西，為旋溪水。昔銍ㄓ 縣人陵陽 子明釣得「白龍」處。

舊題漢· 劉向《列仙傳》卷下《陵陽子明》

(1)陵陽 子明者，銍ㄓ 鄉人也，好釣魚。於旋溪釣得「白龍」，子明懼，解(魚)鉤(禮)拜，而放(放生)之。

(2)(子明)後得「白魚」，腹中有「書」，教子明「服食」之法(道教的一種修鍊方式)。

(3)子明遂上黃山，采「五石脂」，沸水而服之，(過了)三年，龍來迎(接子明而)去，(子明便棲)止陵陽山上，百餘年。

(4)(陵陽)山去地千餘丈。(有一天子明)大呼山下人，令上山，半告言(說)：溪中子安(黃子安，原名實子安，又稱黃鶴仙人，常騎黃鶴雲遊天下的仙人)當來，問子明「釣車」在否？

(5)(過)後二十餘年，子安死。人取葬石(陵陽)山下，有「黃鶴」來棲其塚ㄓㄨㄥ邊樹上，(此黃鶴一直)鳴呼子安云。

　　「黃鶴呼子安」的故事，讓許多詩人興起無限的感慨，曹魏·阮籍的〈詠懷詩〉，就有云：「黃鶴呼子安，千秋未可期。」唐·李白詩云：「白龍降陵陽，黃鶴呼子安；羽化騎日月，雲行翼鴛鸞。」又詩云：「黃鶴久不來，子安在蒼茫。」

　　子安已經「羽化成仙」去，徒留「黃鶴」在人間，但是過去子安經常乘「黃鶴」凌雲遨翔的深厚情誼，卻讓「黃鶴」念念不已，「黃鶴」對子安的聲聲呼喚，思念之情表露無遺！

　　這段故事流傳到北魏的曇鸞大師在作《往生論註》時，就把「黃鶴呼子安」的「黃鶴」鳥，比喻成在「叫念」眾生，在「護念」眾生的阿彌陀佛了。《往生論註》中便把文字改成「黃鵠持子安，千齡更起」。

　　因為《往生論》原半首偈是說：「正覺阿彌陀，法王善住持。」曇鸞大師的註解就用「黃鵠持子安，千齡更起」去解釋，大意是說：極樂世界有「無上正等正覺」的阿彌陀佛，阿彌陀佛就是「大法王」，有強大「善法之力」，能「安住維持」這片極樂淨土，就像「黃鵠持子安」一般。

　　「黃鵠」是比喻阿彌陀佛，阿彌陀佛「善住持」其極樂世界，在無量長遠的壽命中，阿彌陀佛一直在「安住維持、久住護持」著極樂世界於「不壞」，就像「長壽」的「黃鶴」鳥「執持憶念、念念不忘子安」，甚至在「千年之後」，阿彌陀佛這隻「黃鶴」鳥依然在呼喚著子安這位「有情眾生」，你到底何時才「願意」捨棄「三界」而求生西方淨土作佛呢？

※關於「魚母念持子，逕㴱㴱聚㴱不壞」的經論引證

《楞嚴經・卷五》

十方如來，憐念眾生，如母憶子，若子逃逝，雖憶何為？
子若憶母，如母憶時，母子歷生，不相違遠。
若眾生心，憶佛念佛，現前、當來，必定見佛，去佛不遠，不假方便，自得心開。

《大智度論》卷37〈習相應品 3〉

「佛念」不欲令墮「聲聞、辟支佛」故。所以者何？入「空、無相、無作」，以「佛念」故而不墮落；譬如魚子，母念故得生，不念則壞。

安樂國(極樂世界)為(阿彌陀佛)「正覺」，(以無上的)善(力住)持其國(土)，豈有非「正覺」事耶(在極樂國土中修行，哪裡會有「不能覺悟、不能開啟正覺」的事發生呢)？
是故言：「正覺阿彌陀，法王善住持」。

※關於「阿彌陀佛為極樂世界之住持法王」的經論引證

唐·玄奘譯《稱讚淨土佛攝受經》

(1)爾時，世尊告舍利子：汝今知不？於是西方，去此(娑婆)世界，過「百千俱胝」(百千億→同「十萬億」名相)那庾多佛土，有佛世界名曰極樂。

(2)其中世尊名無量壽及無量光，如來、應、正等覺十號圓滿，今現在彼，(作)安隱住持(安住維持、久住護持)，為諸有情宣說甚深微妙之法，令得殊勝利益安樂。

曹魏·康僧鎧譯《佛說無量壽經·卷上》

(1)阿難白佛：法藏(Dharmākara)菩薩為「已成佛」，而取滅度？為「未成佛」？為「今現在」？

(2)佛告阿難：法藏(Dharmākara)菩薩今「已成佛」，現在西方，去此「十萬億剎」，其佛世界名曰安樂。

[十三] 如來淨華眾，正覺華化生。

此二句，名(第十三種)「莊嚴眷屬功德成就」。佛本何故(阿彌陀佛之所以要)興此願？
見有國土：

①或以「胞血」(胞胎母血)為身器(身體器官孕育之處所)。

②或以「糞尿」(糞穢尿道)為生元(出生所依之元由)。

③或「槐ㄏㄨㄞ 棘ㄐㄧˊ 」(周代朝廷有種「三槐、九棘」，「公卿大夫」都分坐其下，以定「三公九卿」之職位。
後代便以「槐棘」喻指「三公九卿」之職位)高圻ㄑㄧˊ (高官京圻疆界，天子直轄處)，(竟生)出「猜
狂」(猜疑奸詐輕狂諂媚)之子。

④或豎ㄕㄨ 子(對人的鄙稱，猶今言「小子小人」)、婢ㄅㄧˋ (低賤的女奴)腹(腹胞懷孕)，(竟生)出
「卓犖ㄌㄨㄛˋ 」(零角反→超絕出眾；卓越英舉)之才。

⑤譏誚ㄑㄧㄠˋ (才召反→譏諷侮誚)由之「懷火」(住在地球，會經常遭受到別人的「譏諷侮誚」，所以
要「夏熱握火或懷火」式的屈辱受苦、勵精圖治)。
「恥辱」(恥笑羞辱)緣以「抱冰」(住在地球，會經常遭受到別人的「恥笑羞辱」，所以要「冬寒抱
冰」的刻苦自勉、不屈不撓)。

※關於「胞血為身器、糞尿為生元」的經論引證

《正法念處經・卷七十》
(中陰身)於受生(遭受投生轉世)時，(需有)父母精血(的因緣)，(中陰身)於(母體)尿道(指
產門)中，(神)識生受胎，業風(業力之風)所(聚)集。

《大智度論・釋初品中 三十七品 義第三十一》(卷十九)
如偈說：是身種不淨，非餘妙寶物。不由「淨白」(潔淨純白)生，但從「尿道」

(指產門)出，是名「種子不淨」。

《大威德陀羅尼經・卷二十》

(其實)汝等觀「菩薩」(若一定處)在「母胎」中(的話)，彼(母胎)有「糞穢」垢濁，(故)彼(菩薩乃改)從母「右脇」生，時胎垢(是)「不污染」。

※關於「懷火、抱冰」的經論引證

成語「冬寒抱冰，夏熱握火」

冬天寒冷卻要抱冰，夏天炎熱卻要握火。形容刻苦自勉。

臥薪嘗膽

《史記・卷四十一・越王勾踐世家》或《吳越春秋・卷八・勾踐歸國 外傳・勾踐七年》

越王(勾踐)念復吳(吳王夫差)讎(復仇)，非一旦也，苦身勞心，夜以接日。目臥，則攻之以蓼(眼睛累了，就用「苦菜」刺激眼睛，不讓自己休息)；足寒，則漬ˊ之以水(腳冷了，就用冷水泡腳，讓自己清醒)。冬常抱冰，夏還握火。愁心苦志，懸膽ˇ(像膽汁或黃連滋味的東西)於戶，出入嘗之，不絕於口。中夜潸ˉ泣，泣而復嘯。於是群臣咸曰：「君王何愁心之甚？夫復讎謀故，非君王之憂，自臣下急務也。」

所以(法藏菩薩)願言(生起第十三種)：使我國土，(所有的一切眾生)悉於如來「淨華」(清淨蓮華)中生，眷屬平等(沒有任何「出生、種姓、地位、獎懲、屈辱」等的不平現象)，「與奪」(賜予和剝奪；獎勵和懲罰)無路(無由發生之路)。

故言：「如來淨華眾，正覺華化生」。

※關於「蓮華化生」的經論引證

吳・支謙譯《佛說阿彌陀三耶三佛薩樓佛檀過度人道經》

佛言：八方上下，無央數佛國，諸天人民，及蜎(小蟲)飛、蠕動(古同「蝡」→微動；爬動；緩慢爬行)之類，諸生阿彌陀佛國者，皆於七寶水池「蓮華」中「化生」，便自然長大，亦無「乳養」之者，皆食「自然」之飲食。

吳・支謙譯《佛說阿彌陀三耶三佛薩樓佛檀過度人道經》

(1)其人壽命欲終時，阿彌陀佛即自與諸「菩薩、阿羅漢」，共翻(翻翔)「飛行」迎之，則往生阿彌陀佛國。

(2)便於七寶水池「蓮華」中「化生」，即自然受身長大，則作「阿惟越致」(avinivartanīya 不退轉)菩薩，便即與諸菩薩，共翻輩(翻翔群眾)「飛行」，供養八方上下諸無央數佛，即逮㕮(及；至)智慧勇猛(勇銳威猛)，樂聽經道(佛經聖道)，其心歡樂。

唐・菩提流志譯《大寶積經・卷十七・無量壽如來會》(此為《無量壽經》的同本異譯本)

(1)譬如他國(他方諸國)，有人來至，而此「菩薩」亦復如是。(若有)餘國發心來「生」(往生)極樂，見無量壽佛奉事供養，及諸菩薩、聲聞之眾。

(2)阿逸多(彌勒)！汝觀「殊勝智」者(指他方諸大菩薩往生至極樂世界，皆為「殊勝智」者)，彼因「廣慧力」故，受彼「化生」(此為「真正」往生到西方淨土者)，於「蓮花」中結「加趺坐」。

[十四] 愛樂ㄠ 佛法味，禪三昧為食。

此二句，名(第十四種)「莊嚴受用功德成就」。佛本何故(阿彌陀佛之所以要)興此願？
見有國土：

①或探巢(探尋動物的巢穴)破卵(破壞卵蛋)，(只)為籑ㄗ(盛食滿貌，亡公反→食物裝滿器皿之貌)饒ㄋ(飽也多也，人消反→飽滿)之膳(為了營辦豐盛的美食)。

②或(因饑苦逼惱)懸沙指帒ㄆ(古同「袋」)，(作)為相慰(互相安慰因饑渴所引起的苦惱)之方(式)。

嗚呼！諸子(這些眾生們)實可痛心。

※關於「懸沙指帒」的經論引證

《楞嚴經指掌疏》卷8
又如懸沙止饑，望梅止渴。

《宗鏡錄》卷73
(1)又律中「四食章」，古師義門手鈔云：思食者，如「饑饉」之歲，小兒從母求食，啼而不止。
(2)母遂懸砂囊，誑云：此是飯。兒七日諦視其「囊」，將為是「食」。
(3)其母七日後，解下視之，其兒見是「砂」，絕望，因此命終。方驗生老病死，皆是「自心」。

《成唯識論證義(第4卷-第10卷)》卷4
如遠見水，雖渴不死。懸沙療飢，望梅止渴。傳記所載，皆其證也。

《唯識開蒙問答》卷2

如懸沙療饑，望梅止渴。此皆由「思」，資益根大，即其事也。

是故（法藏菩薩）與「大悲」願（生起第十四種），願我國土，以「①佛法」、以「②禪定」、以「③三昧」為食，永絕「他食」之勞。

「愛樂ㄠ ①佛法味」者，如日月燈明佛說《法華經》六十小劫，時會聽者亦坐，一處六十小劫，謂如「食頃」。無有一人，若身、若心而生「懈倦」。

以「②禪定」為食者，謂諸「大菩薩」常在「三昧」，無「他食」也。

「③三昧」（爲食）者，彼諸人天，若須食時，百味嘉餚，羅列在前，眼見色、鼻聞香，身受適悅（舒適喜悅），自然飽足。

※關於「日月燈明佛說《法華經》六十小劫，時會聽者亦坐，一處六十小劫」的經論引證

日月燈明佛為眾說《無量義 教菩薩法 佛所護念》經；復為妙光菩薩說《妙法蓮華 教菩薩法 佛所護念》經；共「六十小劫」不起于座

西晉・竺法護譯《正法華經》	後秦・鳩摩羅什譯《妙法蓮華經》	隋・闍那崛多、達磨笈多共譯《添品妙法蓮華經》
壹（文殊菩薩）又曰：阿逸（彌勒菩薩）！時日月燈明「勸發菩薩 護諸佛法」，而為眾會（與會大眾）講演「大頌方等正經」。	壹（文殊菩薩云）是時日月燈明佛（爲與會大眾而）說「大乘經」，名「無量義 教菩薩法 佛所護念」。說是經已（日月燈明	壹（文殊菩薩云）是時日月燈明佛（爲與會大眾而）說「大乘經」，名「無量義 教菩薩法 佛所護念」。說是經已（日月燈明

時彼世尊(日月燈明如來)於座寂然，以「無量頌三昧正受」（anantanirdeśapratiṣṭhāna-samādhi），即不復現，無身無意，都不可得，心無所立。	佛已說完「無量義 教菩薩法 佛所護念」此經典），即於大眾中，結「加趺」坐，入於「無量義處三昧」（anantanirdeśapratiṣṭhāna-samādhi），身心不動。	佛已說完「無量義 教菩薩法 佛所護念」此經典），即於大眾中，結「加趺」坐，入於「無量義處三昧」（anantanirdeśapratiṣṭhāna-samādhi），身心不動。
貳世尊(日月燈明如來)適「三昧」已……	貳是時，天雨「曼陀羅華」……	貳是時，天雨「曼陀羅華」……
參其(日月燈明)佛「三昧」(指「無量頌三昧正受」)未久，威神德本……	參爾時(日月燈明)如來放「眉間」白毫相光……	參爾時(日月燈明)如來放「眉間」白毫相光……
肆彼時世尊(日月燈明如來)與「二十億」諸菩薩俱，於眾會中講說經法，諸菩薩大士覩「大光明」普照世間。	肆彌勒(菩薩)當知，爾時會中，有「二十億菩薩」樂欲聽法。是諸菩薩，見此光明普照佛土，得未曾有，欲知此「光」所為因緣。	肆彌勒(菩薩)當知!爾時會中，有「二十億菩薩」樂欲聽法，是諸菩薩，見此光明普照佛土，得未曾有，欲知此「光」所為因緣。
伍而其(日月燈明)佛世，有菩薩，名曰超光(文殊菩薩之前生)，侍者「十八人」。有一菩薩而獨(疲)勞懈(怠)，名曰名聞(彌勒菩薩之前生)。(日月燈明)佛「三昧正受」，從「三	伍時(指在日月燈明佛時)有菩薩，名曰妙光(文殊菩薩之前生)，有「八百弟子」。是時日月燈明佛從「三昧」(指「無量義處三昧」)起，因妙光菩薩(而)說「大乘經」，名「妙法	伍時(指在日月燈明佛時)有菩薩，名曰妙光(文殊菩薩之前生)，有「八百弟子」。是時日月燈明佛從「三昧」(指「無量義處三昧」)起，因妙光菩薩(而)說「大乘經」，名「妙法

昧」(指「無量頌三昧正受」)起，為超光菩薩講「正法華方等之業 諸菩薩行皆說佛法」，(日月燈明佛於)一處安坐，具足「六十劫」說斯經典(指《正法華》經)。

㊅眾會亦然，身不傾動，心無因緣(心無別餘之因緣，只有專心聽講《正法華經》)。又彼世尊(日月燈明佛)「六十中劫」因為諸會說法，聽者一無疲厭，心不勞擾。

蓮華 教菩薩法 佛所護念」，(日月燈明如來)「六十小劫」不起于座(而講說《妙法蓮華經》)。

㊅時(與)會聽者，亦坐一處，「六十小劫」身心不動，聽(日月燈明)佛所說(之《妙法蓮華經》)，謂如食頃。是時眾中，無有一人，若身、若心而生「懈倦」。

蓮華 教菩薩法 佛所護念」，(日月燈明如來)「六十小劫」不起于座(而講說《妙法蓮華經》)。

㊅時(與)會聽者，亦坐一處，「六十小劫」身心不動，聽(日月燈明)佛所說(之《妙法蓮華經》)，謂如食頃。是時眾中，無有一人，若身、若心而生「懈倦」。

※關於「以禪定、三昧為食，自然飽足」的經論引證

唐・菩提流志譯《大寶積經・卷十七・無量壽如來會》(此為《無量壽經》的同本異譯本)

復次阿難! 彼佛國中(極樂世界)有「微細食」。諸有情類，嘗(所飲嚐)「無噉」(並沒有真實的飲噉)者，如「第六天」(Para-nirmita-vaśa-vartin。欲界之「他化自在天」)隨所「思念」(指以「思、意念」為食)，如是飲食即同食已，色力(貌色與精力)增長，而無便穢(大小便穢)。

曹魏・康僧鎧譯《佛說無量壽經・卷上》

雖有此食，實無「食者」(卻無真正的飲食動作)，但(只)「見色、聞香」，意(念)以為食，自然(即)飽足。身心柔軟，無所味著，事已(於食畢)「化去」，時至(若

_{欲食時})復「現」。

彼佛國土_(極樂世界)，清淨安隱，微妙快樂，_(謹)次於無為「泥洹」_(涅槃)之道。

吳・支謙譯《佛説阿彌陀三耶三佛薩樓佛檀過度人道經》

(極樂世界)皆有自然萬種之物，百味飯食，「意」欲有所得，即自然在前，所不用者，即自然去，比如「第六天上」(Para-nirmita-vaśa-vartin。欲界之「他化自在天」)自然之物，恣_(恣心;恣飲)若自然，即皆隨「意」。

訖已_(在食訖完畢後，食物與器具)化去_(自然就變化消失而去)，若須復現_(若又想飲食時，就會再次的出現)，其事在經_(指在淨土諸經都有這些道理)。

是故言：「愛樂_(?) ①佛法味、②禪、③三昧為食」。

[十五] (極樂世界會讓你)永離身心 (苦)惱，受樂 (恒)常無間 (恒常而無間斷)。

此二句，名 (第十五種)「莊嚴無諸難功德成就」。佛本何故 (阿彌陀佛之所以要)興此願？

見有國土：

①或朝預 (早上才參預受獎)袞 (古代帝王賜「袞衣」的一種「褒嘉」禮服)寵 (恩寵犒賞)，夕惶 (傍晚就被問罪而驚惶的面對)「斧、鉞」 (斧與鉞的兵器)。

②或幼 (年幼時辛苦)捨 (古通「舍」→房舍)蓬 (蓬草陋室)藜 (藜莖編的床榻)，長 (長大時突然)列「方丈」 (「列」指名位顯列。「方丈」指「方丈之食」，極言「肴饌」之豐盛→以上指人生百態，人生無常是也)。

③或鳴笳 (漢代時流行於西域一帶少數民族地區的「管樂器」名稱)道出，歷經催還。 (古代貴官出行，前導著用「鳴笳」以啟路，亦作為「進軍」之號令。有人在「笳聲」的號角聲中，滿懷壯志地「領兵出道」去征戰，中間卻由於君王在「奸臣」的唆使下，還沒「歷經」戰場的捷告，就被連下聖旨「催促」著收兵而還)

有如是等種種「違奪」。 (前後不一、有頭無尾、朝令夕改、互相抵觸、違己心願、功名被奪等，種種「違逆侵奪」之事發生)

是故 (法藏菩薩)願言 (生起第十五種)：使我國土 (永遠)安樂相續，畢竟「無間」 (無有間斷)。

「身惱」者，(由身上所發生的)「飢、渴、寒、熱、殺、害」等也。
「心惱」者，(由心上去計較)「是、非、得、失」，(於是引起)「三毒」 (貪瞋癡)等也。

是故言：「永離身心惱，受樂常無間」。

※關於「極樂世界無諸三毒苦難」的經論引證

《妙法蓮華經》卷6〈藥王菩薩本事品 23〉

若「如來」滅後，後「五百歲」中，若有「女人」，聞是經典(《法華經》)，如說修行。於此命終，即往安樂世界(極樂世界)、阿彌陀佛、大菩薩眾，圍繞「住處」，生「蓮華」中，寶座之上。不復為「貪欲」所惱，亦復不為「瞋恚、愚癡」所惱，亦復不為「憍慢(驕傲輕慢)、嫉妒」諸垢所惱。

《阿彌陀經疏鈔》卷2

「八苦」者……
而彼國「蓮華化生」，則無「生苦」。
寒暑「不遷(不遷變改易)」，則無「老苦」。
身離「分段」(分段生死)，則無「病苦」。
壽命無量，則無「死苦」。
無父母妻子，則無「愛別離苦」。
「諸上善人」同會一處，則無「冤憎會苦」。
所欲自至，則無「求不得苦」。

趙宋·法賢譯《佛說大乘無量壽莊嚴經》

又彼佛國土(極樂世界)大富無量，唯受快樂，無有眾苦，無「地獄、餓鬼、畜生、焰魔羅界」及「八難」之報，唯有清淨「菩薩」摩訶薩及「聲聞」之眾。

姚秦·鳩摩羅什譯《佛說阿彌陀經》

舍利弗！彼土何故名為極樂？其國眾生，無有眾苦，但受諸樂，故名極樂。

曹魏·康僧鎧譯《佛說無量壽經·卷上》

彼佛國土(極樂世界)，清淨安隱，微妙快樂，(謹)次於無為「泥洹」(涅槃)之道。

﹝十六﹞大乘善根界，等無譏嫌名。女人及根缺，二乘種不生。

此四句，名（第十六種）「莊嚴大義門功德成就」，「門者」通「大義之門」也。「大義」者，「大乘」所以也。如人造城，得門則入。若人得生安樂（極樂世界）者，是則成就「大乘之門」也。

佛本何故（阿彌陀佛之所以要）興此願？
見有國土：
①雖有「佛如來」賢聖等眾，由「國濁」（國土眾生的根器較為濁穢）故，分一說三。

（於是就分成這是「一乘法」，或宣揚演說這又是「三乘法」。但極樂世界純是「大乘一味、平等一味、無上乘」的）

→所以法藏菩薩發願他的國土要「純一大乘」。

②或以拓（聽各反）眉致誚（嘲笑責備）。

（又見到有些國土中的女人，為了貪著自身的形象，故意把眉毛描拓的很長，因此很容易就遭到譏諷嘲笑）

→所以法藏菩薩發願他的國土要「女人不生」。

③或緣指語招譏。

（又見到有些國土中是六根殘缺的狀態，例如「啞巴」則緣以手指的比劃來當作語言，因此很容易被誤會而遭到譏諷嘲笑）。

→所以法藏菩薩發願他的國土要「根缺不生」。

是故（法藏菩薩）願言（生起第十六種）：使我國土，皆是「大乘一味、平等一味」。根敗種子（「根敗」是指菩提的「根芽」已經敗壞。這是對「聲聞、緣覺」不發「成佛之心」的一種貶稱。因為他們壞失了「菩提根種」，所以經常被呵為「焦芽敗種、敗壞種子」），畢竟不生。
（甚至連）「女人、（六根）殘缺」名字亦斷。

是故言：「大乘善根界，等無「譏嫌」名（連容易遭受到「被譏嫌」的任何名稱

都不會有，都不存在）。**女人及根缺，二乘種不生」。**

※關於「女人及根缺，二乘種不生」所衍生的疑難

女人及根缺，二乘種不生。衍生兩個疑難。

女人、六根殘缺、二乘種性人，都不能往生西方淨土？
(西方淨土有限制「女人、根缺、二乘」這三類人「發願」來求生西方淨土。
那此句問題就會更大，完全違背佛說)

女人、六根殘缺、二乘種性人，在西方淨土中是「不存在」的？
(西方淨土本來就「非男非女、諸根皆圓滿的純一金色大菩薩」。那此句
就是多餘的了？)

正確的知見是：

無論是「男人、女人、六根殘缺、蜎 (小蟲)飛、蠕 動(古同「蝡」→微動；爬動；
緩慢爬行)、二乘人、色界及無色界天人、其餘十方眾生」等。

只要能願意「發心」求生迴向西方，則阿彌陀佛絕無「拒絕」你往生到他
佛國的理由。就如下圖：

玄證本阿彌陀鉤召圖(阿弥陀鉤召図)--西方接引圖

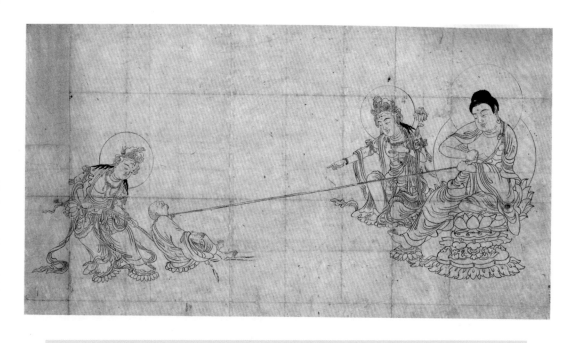

玄證本阿彌陀鉤召圖（阿弥陀鉤召図）--西方接引圖

問曰：案王舍城所説《無量壽經》，法藏菩薩四十八願中言：設我得佛，國中「聲聞」有能「計量」知其數者，不取正覺，是「有聲聞」一證也。

又《十住毘婆沙》中龍樹菩薩造「阿彌陀讚」（即指龍樹《十住毘婆沙論・卷五》中的「阿彌陀佛讚偈」）云：起出三界獄，目如蓮華葉，聲聞眾無量，是故稽首禮，是「有聲聞」二證也。

又《摩訶衍論》中言：佛土種種不同，或有佛土純是「聲聞僧」，或有佛土純是「菩薩僧」，或有佛土「菩薩、聲聞」會為僧，如阿彌陀安樂國（極樂世界）等是也，是「有聲聞」三證也。

諸經中有說安樂國（極樂世界）處，多言「有聲聞」，不言「無聲聞」，「聲

「聞」即是二乘之一。

論(天親菩薩的《往生論》)言：乃至「無二乘」名，此云何會(如何會通理解)？

答曰：A(從「理」上解釋極樂世界不應有二乘人)以「理」推之，安樂淨土(極樂世界)，不應有「二乘」，何以言之？夫有病則有藥，「理數」之常也。《法華經》言：釋迦牟尼如來，以出「五濁世」故，分一為三(把一乘分成三乘法來演說)。「淨土」既非「五濁」，(應)無「三乘」，明矣(若有「二乘人」往生到極樂世界，在聽聞法義後，即由原本的「小果位」，漸次升進到「菩薩位」)。

B(從「理」上解釋「阿羅漢」應只能轉生到「淨土」)《法華經》導ㄉ (古同「道」)：諸「聲聞」是人於何而得解脫？但「離虛妄」，名為「解脫」，是人實未得「一切解脫」(聲聞之解脫，稱為「愛盡解脫」，而非為「一切解脫」。大乘菩薩的「一切解脫」是斷煩惱習，一切皆盡，無「我、法」二執)，以未得「無上道」故。

竅推此理，「阿羅漢」(只證「人空」，未證「法空」)既未得「一切解脫」，必應「有生」(有轉生之處)，此人(阿羅漢)更不(會再)生「三界」，(而且在)「三界」外，除(了)「淨土」更無生處，是以(阿羅漢)唯應於「淨土」生。

C(從「稱呼」上解釋「聲聞」只是沿用他以前世界的稱呼)如言(極樂世界仍有)「聲聞」者，(此應)是(指)「他方聲聞」來生(此處者)，仍「本名」故(仍沿用他以前的世界的稱呼)，(雖已在極樂世界，仍)稱(他)為「聲聞」。

如「天帝釋」(轉)生(到)人中時，(仍然)姓憍尸迦(Kauśika。忉利天之主，帝釋天之異名)，(此天帝釋)後雖(已)為(人間的)「天主」，佛欲使人知其(此天帝釋「本來前世」的)由來，(佛在)與(此人間的)「帝釋」語時，猶稱(呼他以前在天上的名稱叫)憍尸迦，其此類也。

又此論但言「二乘種不生」，謂安樂國(極樂世界)不生(定性的)「二乘」種子，(但)亦何妨(「不定性」的)「二乘」來生耶？

譬如：橘栽^为（栽種）**不生江北**（長江以北），**河、洛**（黃河、洛水）**菓肆**（水菓商肆店舖）**亦見有橘**（橘子的栽種雖然不生在長江以北的地區，但卻不妨礙在黃河和洛水流域的水果店裡見到橘子）。

又言：**鸚鵡不渡**（渡越）**隴西**（今甘肅一帶），**趙、魏**（今河北一帶）**架桁**^{ㄏㄤˊ}（屋梁上的梁架桁條）**亦有鸚鵡**（鸚鵡雖然不會飛渡而越出其產地的隴西，但不妨在趙、魏國人家中的「梁架桁條」上養有鸚鵡）。

此二物（橘子與鸚鵡），**但言其種不渡**（只是說他們的「種子根源」並非「來自此地區」），**彼**（極樂世界）**有「聲聞」亦如是**（亦即極樂國中雖然不生「定性」二乘種子的人，但不妨有「不定性」二乘人來生於此），（若）**作如是解，**（則天親菩薩所造的）**經論則**（較容易）**會**（解）。

※關於「二乘種性具定性與不定性」的經論引證

凡聖與「四種涅槃」的關係圖：

(1)「凡位」與「聖位」的所有眾生皆有「**自性涅槃**」。

(2)「初果**➜有學位**」是斷盡三界之見惑，最長僅於「人界」與「天界」中各往返七度；亦即於十四生間必證得「四果阿羅漢」，後始能證入「有餘」或「無餘」的涅槃。

(3)「二果**➜有學位**」尚未斷除後三品之「修惑」，故仍需一度生於「天界」再來「人間」，方能證入「有餘」或「無餘」的涅槃。

(4)「三果**➜有學位**」已斷盡「欲界」九品「修惑」中之後三品，而不再返至「欲界」受生之階位故稱「不還果」，有五種「不還果」。

❶「中般」：於「色界」之「中有」位而入「般涅槃」者。

❷「生般」：生於「色界」，未久即能起道聖，斷除「無色界」之惑而入「般涅槃」者。

❸「有行般」：生於「色界」，經過長時之加行勤修而入「般涅槃」者。

❹「無行般」：生於「色界」，但未加行勤修，任運經久，方才斷除「無色界」之惑而入「般涅槃」者。

❺「上流般」：先生於「色界」之初禪，漸次上生於「色界」餘天之中，最後至「色究竟天」或「有頂天」而入「般涅槃」者。

(註：「有學位」畫了一條 "彎曲的虛線" 到「有餘涅槃」的地方。表示「有學位」者，需經七返或一返或入五不還天後，方能取證「涅槃」)

(5)「四果阿羅漢➜無學位」已斷盡「色界、無色界」之一切「見惑、修惑」，而永入「涅槃」，不再有生死流轉之階位。

(6)二乘「無學」中的「**定性無學**」，死後已無「殘餘」所依的身體，除了可證得「**自性涅槃**」和「**有餘涅槃**」外，還可以直接證入「**無餘涅槃**」。但是他們永無成佛之期，除非迴心向「菩薩」階位才可。

(7)二乘「無學」中的「**不定性無學**」者，由於他們不樂度生，不求佛道，故不成佛，也不入「**無餘涅槃**」，僅得「**自性涅槃**」及「**有餘涅槃**」。這類「無學」皆屬「不定性」，故也有可能馬上「迴小向大」，則即如「不定性菩薩」一樣，可得「**自性涅槃、有餘涅槃**」及菩薩果位的「**無住涅槃**」。

(8)菩薩位中的「**無學迴心**」者，是指「二乘無學」位中有人發心「**迴心轉向大乘**」，即屬菩薩的「**漸悟**」修行者(「不定種性」菩薩者須經「聲聞、緣覺」過程方得入菩薩道，是爲「漸悟」菩薩)，這些「**不定種性**」的菩薩皆能證入「**無餘涅槃**」，但他們發願「不入」於「**無餘涅槃**」，或「不住」於「**無餘涅槃**」，所以這類的修行者共證得「**自性涅槃**」、「**有餘涅槃**」及「**無住涅槃**」三種。

(9)菩薩位中的「**直往定性者**」者，屬菩薩的「**頓悟**」修行者(「菩薩定性」者，不須經「聲聞、緣覺」之過程，而直登菩薩階位者，稱爲「頓悟」菩薩)，因為沒有經過「二乘」的過程，自然無「**有餘、無餘**」涅槃可證，「頓悟」菩薩是直接證入「**無住涅槃**」的。由於他們未達「**究竟位**」，所以不能如「**究竟位**」的如來全部圓滿證得「**四種涅槃**」。

(10)唯入「究竟位」的佛陀如來，方能證得「轉依佛果」，且「四種涅槃」全部圓滿具足(如來能入「無餘涅槃」，也能證「無餘涅槃」，但「不住」於「無餘涅槃」中)。如是具足「四種涅槃」，名為證得「二轉依果」中的「**大涅槃**」。

凡聖差別

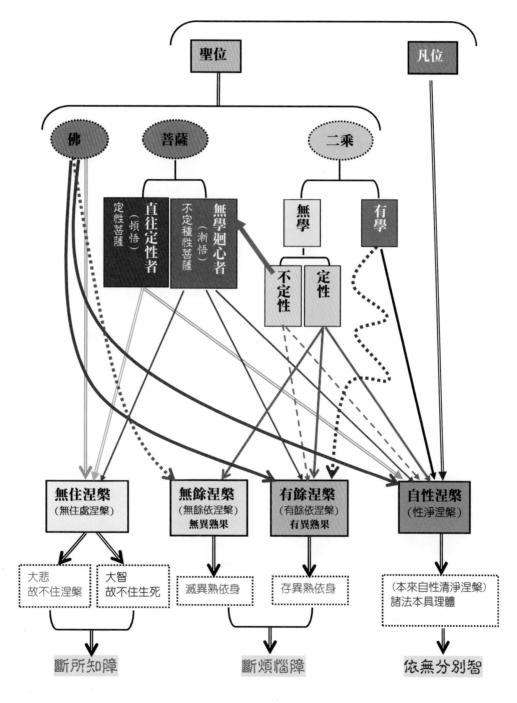

※關於「橘栽不生<u>江北</u>，<u>河</u>、<u>洛</u>菓肆見有橘」的圖例說明

南橘北枳^业。准^务橘為枳^业

是記載於《晏子春秋・內篇雜下》的一則故事，現已成為一則成語，表示「橘樹」若栽在<u>淮南</u>就叫做「橘」，而若栽在<u>淮北</u>卻變成了「枳」(也稱「枸橘、臭橘」。落葉灌木或小喬木。木似「橘」而小，莖上有刺，春生白花，至秋成實。果小，味酸苦，不能食，但可入藥)，以此表示「同樣的事物」會因為「環境不同」而發生「名稱」上的改變。(下圖取自網路)

※關於「鸚鵡不渡隴西，趙、魏架桁有鸚鵡」的圖例說明

(下圖取自網路)

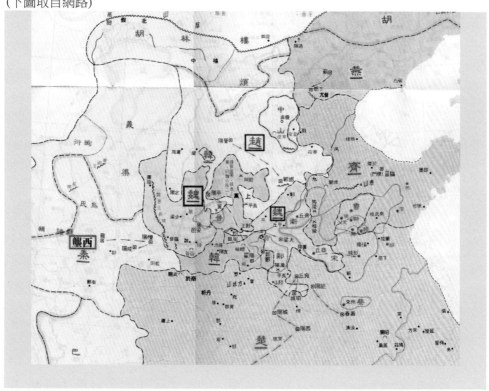

問曰：以「名」召「事」(以名稱來召呼事情)，有「事」(若眞有其事)乃有「名」(稱)，安樂國(極樂世界)既無「二乘、女人、根缺」之事，亦何須復言「無此三名」耶？

答曰：如「軟心」菩薩，(因己心修行)不甚勇猛，(雖爲「菩薩」卻常被)譏言(菩薩中的)「聲聞」。

　　　如(男)人諂曲(諂媚曲迎)，或復懧ㄋㄨㄛˋ弱(懧劣怯弱)，(被)譏言(男人中的)「女人」。

　　　又如眼雖明，而不識事(不明事理)，(被)譏言(明眼人中的)「盲人」。

　　　又如耳雖聽，而聽(後卻)義不解，(被)譏言(耳聰人中的)「聾人」。

又如舌雖語(雖然可以講話)，而訥ㄋ 口(訥鈍口拙)謇ㄐ 吃ㄐ (謇喫口吃)，(被)譏言(辯舌中的)「瘂人」。

有如是等(六)根雖具足，而(仍)有(被)「譏嫌」之名。

是故須言，乃至「無名」(無二乘、女人、根缺之名)，明「淨土」無如是等「與、奪」(賜予和剝奪；獎勵和懲罰)之名(淨土無「二乘、女人、根缺者」的事實，連加在這三者的「譏嫌」名字也沒有，甚至連與這三者的「類似現象」也沒有)。

問曰：尋法藏菩薩本願，及龍樹菩薩所讚(即指龍樹《十住毘婆沙論·卷五》中的「阿彌陀佛讚偈」)，皆似以彼國「聲聞」眾多為奇，此有何義？

答曰：(定性的)「聲聞」以「實際」為證(即以證「人無我」為究竟)，計(此類「定性」聲聞)不應更能生「佛道」(成佛的道心)根芽。而佛以「本願」不可思議「神力」，攝(受此類「定性」聲聞)令生彼(極樂世界)，(阿彌陀佛)必當復以「神力」，(令「定性」聲聞變成「不定性」聲聞而)生其無上(成佛)道心。

譬如「鴆ㄓ 鳥」入(飛入)水，「魚蚌ㄅ 」(魚和蚌，泛指鱗介類水產。魚蚌都會因此中毒)咸死；(而當一隻)「犀角」觸之(魚蚌)，死者皆活(已經死亡的魚蚌又突復活起來。此喻犀牛之角能治諸死毒之症)。如此，(本來)不應生而生(活命)，所以「可奇」(被許可為非常奇特的事)。

然「五不思議」(眾生、業力、禪定力、龍力、佛力)中，「佛法」最不可思議。佛能使「聲聞」復生無上(成佛)道心，真不可思議之至也。

※關於「聲聞羅漢亦住於清淨佛土」的經論引證

《大智度論》卷93〈畢定品 83〉

(1)問曰：「阿羅漢」先世因緣所受，「身必」應當滅，住在「何處」，而具足佛道？

(2)答曰：得「阿羅漢」時，「三界」諸漏因緣盡，更不復生「三界」。有「淨

佛土」，出於「三界」，乃至「無煩惱」之名。(有五百阿羅漢將)於是「國土」佛所(指釋迦佛的國土)，聞《法華經》(後)，(被釋迦佛授記為)具足「佛道」。

(3)如《法華經》說：有「羅漢」，若不聞(一佛乘之)《法華經》，自謂(已)得「滅度」(指得少為足)。我(釋迦佛)於餘國為說是事，汝(指彼羅漢們)皆當「作佛」。

※關於「聲聞羅漢亦具成佛之性，皆當作佛」的經論引證

得佛授記之五百「阿羅漢」悔過自責：自謂已得「究竟滅度」，得少為足。已有「無價寶珠」繫其衣裏，而竟不覺知

西晉・竺法護譯《正法華經》	後秦・鳩摩羅什譯《妙法蓮華經》	隋・闍那崛多、達磨笈多共譯《添品妙法蓮華經》
①爾時五百「無著」(阿羅漢)，目見耳聞如來「授決」，歡喜踊躍，往詣佛所，自投于地，稽首作禮，悔過自責：鄙(我)之徒等(徒眾)，每憶前者，自謂「已得泥洹滅度」，無有巧便，不能識練，了別「正歸」，棄背「明哲」，(心)志疲厭想，今乃得建(到)「如來之慧」，當成「正覺」……	①爾時「五百」阿羅漢於佛前得「受記」已，歡喜踊躍，即從座起，到於佛前，頭面禮足，悔過自責：世尊！我等常作是念，自謂(證四果就)「已得究竟滅度」，今乃知之，如「無智」(愚人)者。所以者何？我等應得「如來智慧」，而便自以(聲聞)「小智」為足……	①爾時「五百」阿羅漢於佛前得「授記」已，歡喜踊躍，即從座起，到於佛前，頭面禮足，悔過自責：世尊！我等常作是念，自謂(證四果就)「已得究竟滅度」，今乃知之，如「無智」(愚人)者。所以者何？我等應得「如來智慧」，而便自以(聲聞)「小智」為足……
②昔者世尊，本始造行，為菩薩時，發諸通惠(慧)，我等不解，亦不覺了，於今悉住「羅漢」之地，而(自)謂「滅度」。	②佛亦如是(如彼親人將「無價寶珠」繫於醉人身上)，(佛昔於因地)為菩薩時，教化我等，令發一切「智心」。而尋(隨即)廢	②佛亦如是(如彼親人將「無價寶珠」繫於醉人身上)，(佛昔於因地)為菩薩時，教化我等，令發一切「智心」。而尋(隨即)廢

處嶮_下難(險阻艱難)業，常如虛乏，今日如此，乃能志願於諸「通慧」(一切種智)，當以斯法，開化(開示教化)餘人，以「如來慧」分別道意。

㊃比丘爾等，勿以此誼(同「義」)謂「泥洹」也。卿諸賢者，又當親殖「眾德」之本。昔者如來以「權方便」開導若(你)等，今亦如是「重說」經法，若(你)之徒類(徒眾)，(竟)自取(小乘)滅度。

㊄今者世尊，授以「無上正真道」決。

忘，不知不覺。既得「阿羅漢道」，自謂「滅度」，資生(賴以為生之具)艱難，得少為足。「一切智」願，猶在不失。(昔發大心求「一切智」之願猶在，至今不失)

㊃今者世尊覺悟我等，作如是言：諸比丘！汝等所得(小乘涅槃)，非「究竟滅」。我久令汝等種「佛」(之)善根，以方便故，示「(小乘)涅槃相」，而汝謂為「實得滅度」。

㊄世尊！我今乃知(自身)實是「菩薩」，得受「阿耨多羅三藐三菩提」記(指得受「應化身」成佛之記)。以是因緣，甚大歡喜，得未曾有。

忘，不知不覺。既得「阿羅漢道」，自謂「滅度」，資生(賴以為生之具)艱難，得少為足。「一切智」願，猶在不失。(昔發大心求「一切智」之願猶在，至今不失)

㊃今者世尊覺悟我等，作如是言：諸比丘！汝等所得(小乘涅槃)，非「究竟滅」。我久令汝等種「佛」(之)善根，以方便故，示「(小乘)涅槃相」，而汝謂為「實得滅度」。

㊄世尊！我今乃知(自身)實是「菩薩」，得受「阿耨多羅三藐三菩提」記(指得受「應化身」成佛之記)。以是因緣，甚大歡喜，得未曾有。

※關於「漏盡阿羅漢還作佛。佛力不可思議，能令聲聞羅漢具成佛之性」的經論引證

《大智度論》卷93〈畢定品 83〉

(1)問曰：若「阿羅漢」往「淨佛國土」，(已)受「法性身」，如是應得「疾作

佛」，何以言(羅漢還會有)「迂迴、稽留」(的情形)？

(2)答曰：是(羅漢)人著「小乘」因緣，捨「眾生」、捨「佛道」，又復「虛言」(自己已經)得道；以是因緣故，雖(小乘阿羅漢已)不受「生死」苦惱，(但)於「菩薩」(道上的)根鈍(根器仍屬鈍根之類)，(故阿羅漢仍)不能「疾」成「佛道」，不如「直往菩薩」(直往佛道的「定性」菩薩)。

(3)復次，佛法於「五不可思議」(眾生、業力、禪定力、龍力、佛力)中最第一，今言「漏盡阿羅漢還作佛」，唯佛能知。

《大智度論》卷30〈序品 1〉

經說：「五事」不可思議，所謂：

①「眾生」多少。②「業」果報。③「坐禪」人力。④諸「龍力」。⑤諸「佛力」。

於「五不可思議」中，「佛力」最不可思議！

《大方便佛報恩經》卷1〈孝養品 2〉

(1)當知：①「如來」不可思議。②「世界」不可思議。③「業報」不可思議。④「眾生」不可思議。⑤「禪定」不可思議。⑥「龍王」不可思議。

(2)此是「佛」不可思議，佛欲令一切眾生「知佛心」者，乃至「下流鈍根」眾生，皆令得知。欲令一切眾生能得見者，即便得見；欲令不得見者，假令對目而不能見，正使「聲聞、緣覺」、有「天眼通」，亦不得見。

※關於「初果羅漢亦可得名為菩薩或名為佛。佛力不可思議，能令聲聞羅漢具成佛之性」的經論引證

《大般涅槃經・卷36》

(1)善男子！從「須陀洹」乃至「諸佛」，亦得名為「須陀洹」。

(2)若「斯陀含」(二果)乃至諸佛(卻)無「須陀洹」，云何得名「斯陀含」乃至「佛」？

一切「眾生」，名有「二種」：

一者、「舊」。

二者、「客」。

(3)凡夫之時，有世(閒)名字，既「得道」已，更為立「名」，名(為)「須陀洹」。

　以先得，故名「須陀洹」(初果)。

　以後得，故名「斯陀含」(二果)。

(4)是(得道聖)人亦名(為)「須陀洹」亦名(為)「斯陀含」，乃至(名為)「佛」亦復如是。

　善男子！「流」有二種：

　　一者「解脫」。

　　二者「涅槃」。

(5)一切「聖人」皆有(上述)是「二」，(因此)亦可得名「須陀洹」(或)亦名「斯陀含」，

　乃至(名為)「佛」亦復如是。

(6)善男子！「須陀洹」者亦名(為)「菩薩」。何以故？

　「菩薩」者，即是「盡智」及「無生智」。

　「須陀洹」人，亦復求索如是「二智」，是故當知「須陀洹」人(亦)得名(為)

　「菩薩」。

(7)「須陀洹」人亦得名(為)「覺」。何以故？

　「正覺」見道，斷煩惱故，「正覺」因果故，「正覺」共道及不共道故。「斯

　陀含」乃至「阿羅漢」亦復如是。

※關於「初果羅漢與究竟佛果，只差毛端一滴水的距離而已。佛力不可思議，能令聲聞羅漢具成佛之性」的經論引證

《大般涅槃經》卷36〈迦葉菩薩品 12〉

(1)迦葉菩薩白佛言：世尊！如佛先説：「須陀洹」人所(應)斷(的)「煩惱」，

　猶如縱廣「四十里水」，其餘在者(指其餘還未斷除的煩惱)，(僅)如「一毛渧」。

(2)此中云何説「斷三結」(即)名「須陀洹」？

　一者：(斷)我見。

　二者：(斷)非因見因(指「五見」中之「戒禁取見」，即非因而計因，非道而計道之謬見)。

　三者：(斷)疑網。

隋·智顗《摩訶止觀》卷10

「見惑」浩浩如「四十里水」。「思惑」殘勢如「一渧水」。

《雜阿含經》

(1)爾時，世尊告諸比丘：譬如「湖池」，廣長「五十由旬」，「深」亦如是。

(2)若有士夫(喻男子)以「一毛端渧」(與)彼「湖水」(做比較)。云何？比丘！彼「湖水」為多？(還是)為士夫(的)「毛端一渧水」多？

(3)比丘白佛：世尊！士夫(的)「毛端」尠少耳，(彼)湖水(則有)無量千萬億倍，不得為比。

(4)佛告比丘：具足(已)見「真諦」，(已)「正見」具足。世尊弟子「見真諦果」(指證須陀洹果)，正無間等。彼於爾時，(邪見)已斷、(正見、真諦)已知，斷其根本，如截(斷)「多羅」樹頭，更不復生。

(5)(初果須陀洹其)「所斷諸苦」甚多無量，(喻)如「大湖水」；(其)所餘之苦(指其餘還未斷除的煩惱)如「毛端(一)渧水」。

《增壹阿含經》

(1)猶如，摩呵男！大村左右有「大池水」，縱橫「一由旬」，水滿其中。若復有人，來取彼「一渧水」。云何？摩呵男！水何者為多？「一渧水」多？為「池水」多乎？

(2)摩呵男曰：「池水」多，非「一渧水」多也。
世尊告曰：此亦如是。

(3)(已證)「賢聖」弟子，(其)「諸苦」已盡，永無復有，「餘存在」者(指其餘還未斷除的煩惱)，如「一渧水」耳。

(4)如我眾(我底下的大眾弟子們)中，(其)「最下道」(指須陀洹)者，不(起)過七死七生，而盡「苦際」。(須陀洹)若復(能)「勇猛精進」，便為「家家」(kulaṃkula，即出一家而至另一家，例如從人間生於天界，又從天界生於人間。若於天界，或人間而證得「預流果」之聖者，稱為「家家聖者」。若於「天界」得「阿羅漢果」之聖者，則稱為「天家家」。若於「人間」得「阿羅漢果」之聖者，則稱為「人家家」)，即得道跡。

《修行道地經》

(1)應時除盡「八十八諸結」，當去「十想結」。所以者何？

(2)如從「江河」取「一渧之水」，究竟道義(指第一義)如(除去)江河水(此喻煩惱)，其餘(指其餘還未斷除的煩惱)未除如「一渧水」，即(可)成「道跡」，會至「聖賢」。

(3)(初果須陀洹需要)七反生天、七反人間，(才)永盡苦本。

※關於「鴆鳥入水，魚蟯咸死」的經論引證

「鴆鳥」大約生活在古代廣東 嶺南一帶的一種「毒鳥」，牠比「鷹」略大，羽毛大都是「紫色」的，「腹部」和「翅膀尖」的部份則是「綠色」的。在古書《五經異義》中有說「鴆鳥」的「毒性」源頭主要是從牠吃的「食物」來，因為嶺南多「毒蛇」，「鴆鳥」就以這些「毒蛇」為食。如果把「鴆鳥」的「羽毛」放在酒裏面，則這個酒就可以「毒殺」他人。自古相傳以「鴆鳥毛」或「鴆鳥糞」置於酒內，就會有劇毒。

《唐律疏議》附錄《唐律釋文》

鴆，鳥名也。此鳥能食蛇，故聚「諸毒」在其身，如將此鳥之「翅」攪「酒」，飲此酒者必死，故名此酒為「鴆漿」。

在古書《草木子》中有解釋「鴆鳥」為何不畏「蛇毒」的原理，因為「鴆鳥」在吃下「毒蛇」以後，鴆鳥的「腎」就會分泌出含有強烈氣息的「黏液」，

會將「蛇毒」給萃取出來，並開始煎熬這些「毒物」，直到成為比「粉末」更微細的東西。最後這些「毒粉」會隨著「汗水」而滲透到「鴆鳥」的皮膚上，因此「鴆鳥」的羽毛就會含有「劇毒」。如果用「鴆鳥」的羽毛放在水中輕點後，這灘水就會被稱為「文血漿」，也就是喝後便性命不保。如果在這灘水中「洗手」，骨肉就會盡碎。但「鴆鳥」的肉卻是無毒的，甚至可以說是一種美味。

《漢書・齊悼惠王劉肥傳》

太后怒，迺酓 令人酌彭 兩卮ㄓ (古代盛酒器)「鴆酒」置前，令齊王為壽。顏師古注引應劭ㄕㄠ 曰：鴆鳥，黑身赤目，食「蝮蛇(一種毒蛇)、野葛(毒草名)」，以其「羽」畫酒中，飲之立死。。

「鴆鳥」如果曾在「水中」洗浴，其水即會有毒，人若誤飲，就會「中毒」而死。

宋・法應集。 元・普會續集《禪宗頌古聯珠通集》卷13

「鴆鳥」落水「魚鱉ㄅㄧㄝ 」死，毒龍行處草木枯。坐中若有江南客，休向人前唱鷓ㄓㄜ 鴣ㄍㄨ 。

※關於「犀角觸之，死者皆活」的經論引證

唐・張鷟ㄓㄨㄛ 撰《朝野僉ㄑㄧㄢ 載》

(1) (若有人吃)「冶葛」(即野葛，毒草名)食之，立(馬上)死。(凡)有「冶葛」處，即有「白藤花」，(此白藤花)能解「冶葛」毒。

(2) (凡有)「鴆鳥」食水之處，即有「犀牛」，(但此)「犀牛」不濯ㄓㄨㄛ 角(不會去碰水而洗濯到牠的角)。其水(指鴆鳥曾飲過的水)物食之，必死，(因)為鴆食(毒)蛇之故。

在整個中東和遠東地區，用「犀牛角」治病由來已久，它被人們譽為「靈

丹妙藥」。目前「犀牛角」最大的作用算是「抗癌」，即是抑制「腫瘤」的生長及「解毒」，可治一切的「血毒病」。

《本草綱目》

犀角，犀之「精靈」所聚，足「陽」明藥也。「胃」為水谷之海，飲食藥物必先受之，故「犀角」能解一切「諸毒」，「五臟六腑」皆稟氣於「胃」，風邪熱毒，必先干之，故「犀角」能療「諸血」及「驚狂、斑痘」之症。

曇鸞《略論安樂淨土義》

又如鴆鳥入水，魚蚌﹙古同「蚌」﹚斯斃。犀角觸泥，死者咸起。
豈可得言「性命」一斷，無可生乎？

「犀牛角」的主要成分:

犀角的主要成分為「角蛋白(Keratin)、膽固醇、磷酸鈣、碳酸鈣」等。還含有其他「蛋白質、肽﹖ 類、遊離氨基酸、胍衍生物(Guanidinederivatives)、甾﹖ 醇類」等。「犀角」用「熱水」抽提,可得 2mg/g 的「氨基酸」，其中含「絲氨酸、甘氨酸」等約 20 種。「水煎液」又含「乙醇胺」。

「犀牛角粉」的諸多功效

①治溫熱暑疫，痙﹖ 厥昏狂，譫﹖ 語發斑，舌色幹光，或紫絳﹖ ，或圓硬，或黑苔；兼治痘瘡﹖ 毒重，夾帶紫斑，暨痘疹後餘毒內熾，口糜咽腐，目赤神煩者。(詳《溫熱經緯》神犀丹)

②治太陰溫病，神昏譫﹖ 語者。(詳《溫病條辨》清宮湯)

③治傷寒，熱毒內盛，身發赤斑者。(詳《聖濟總錄》犀角湯)

④治急黃，心膈﹖ 煩躁，眼目赤痛者。(詳《聖惠方》犀角散)

⑤治傷寒及溫病，應發汗而不汗之內蓄血者，及鼻衄﹖ 、吐血不盡，內餘瘀血，面黃，大便黑，消瘀血者。(詳《千金方》犀角地黃湯)

⑥治吐血似鵝鴨肝，晝夜不止者。(詳《聖濟總錄》生犀散)

⑦治下痢鮮血者。(詳《古今錄驗方》)

⑧治小兒瘡疹，不惡寒，但煩躁，小便赤澀，多渴，或赤斑點者者。(詳

《奇效良方》犀角散）

⑨治孩子驚癇，不知人，迷悶、嚼舌、仰目者，（詳《廣利方》）

⑩治小兒丹毒，遍身遊走，風熱煩躁昏憒者。（詳《奇方類編》犀角消毒飲）

⑪治療熱病、咽喉赤腫、口內生瘡、不能下食者。（詳《太平聖惠方》犀角煎）

「犀牛」是受「國際保護」的珍稀瀕危動物，已被列入《瀕危野生動植物種國際貿易公約》附錄，從 1993 年起，早已禁止「犀牛角」，包括其任何可辨認部分，和含其成份的藥品、工藝品等的「貿易」，並取消了「犀牛角」藥用的標準。

他力七喻

即用以比喻依阿彌陀佛之「本願他力」而得以「往生淨土」之七種譬喻；此皆用以喻顯諸佛之「不可思議力」，猶如下列七事，皆不能以常情衡量。據《安樂集・卷上》載，所謂七喻：

(1)如百人「聚薪」百年，其高縱然「千仞」，火焚「半日」便盡。

(2)如船載人，因「風帆」之勢，一日可達千里。

(3)如貧者獲一「瑞物」，以之貢王而得「重賞」，頃刻致富。

(4)如病弱者甚至無法上於「驢」背，但若隨從「輪王」而行，卻可凌空飛騰。

(5)如巨大「粗索」，千人不制，而童子「持劍」，揮斬即斷。

(6)如「鴆鳥」入水，魚蚌皆死；「犀角」觸泥，死者還活。故知「性命」雖斷，若憑「不可思議之力」，猶可「再生」。

(7)如子安於墳下「千年」，「黃鵠」喚之，竟然還活。

上述七喻，皆以喻顯一切萬法皆有「自力他力、自攝他攝」，千開萬閉，無量無邊，不能以有限之識，疑其無礙之法。

眾生所願樂，一切能滿足。

此二句，名(第十七種)「莊嚴一切所求滿足功德成就」。佛本何故(阿彌陀佛之所以要)興此願？

見有國土：

①或名高(聲名崇高)位重(地位顯重)，(想要)潛處(潛匿隱藏之處)無由(沒有門徑;沒有方法)。

(人怕出名，豬怕肥？人被名聲所累，名氣太大，一堆是非與毀謗。錢財一多，罪業也可能跟著來找你)

②或人凡(常人凡夫)性鄙(天性卑微鄙劣)，悕(心念;意願)出(出人頭地)靡路(沒有門路)。

③或(壽命)脩短繫業(繫縛於業力)，制(掌控克制)不在己，如「阿私陀」(Asita)仙人類也(指修神仙的仙人也是無法控制自己的壽命長短，每人的業力都不是「神通」可以掌控的)。

④有如是等(諸事)，(皆)為業風(業力之風)所吹(墮)，(故)不得自在。

是故(法藏菩薩)願言(生起第十七種)：使我國土，各稱(種種名稱)所求(之願)，滿足情願(皆能滿足有情眾生所求之願)。(即有求必應，所願所求之「名」皆能滿願)

是故言：「眾生所願樂，一切能滿足」。

是故願生彼，阿彌陀佛國。

此二句，結成上「觀察十七種莊嚴國土成就」，所以願生。釋(極樂淨土)「器世間」清淨(總共有十七種佛國土的功德莊嚴成就)，訖(訖今已解釋完畢)之于上(如上段諸文)。

次觀(極樂淨土)「眾生世間清淨」(總共有八種佛功德莊嚴成就，與四種菩薩功德莊嚴成就)。

此門中分為二別。

一者：觀察(八種)阿彌陀如來莊嚴功德。

二者：觀察(四種)彼諸菩薩莊嚴功德。

觀察如來莊嚴功德中有八種，至文當目。

問曰：有論師汎(古通「泛」)→普遍；廣泛)解「眾生」名義，以其(眾生皆)輪轉「三有」，(故)受眾多(的)生死，故名「眾生」。今(亦)名佛菩薩為「眾生」(此眾生是指「不生不滅」之義)，是義云何？

答曰：經言：一法有「無量名」，一名有「無量義」，如以受「眾多生死」故，名為「眾生」者，此是「小乘」家(在解)釋「三界」中「眾生」名義，(此並)非「大乘」家(對)「眾生」(解釋的)名義也。

「大乘」家所言「眾生」者，如《不增不減經》言：言「眾生」者，即是「不生不滅」義。

何以故？若有(真實的)「生」，(則)「生」已復「生」，(此)有無窮過(失)故。(亦)有「不生」而「生」過(失)故，是故(正確知見應云)「無生」。

若有「生」，(則)可有「滅」；既「無生」(無真實之生)，何得「有滅」(有真實之滅)？是故「無生無滅」(方)是「眾生」義。如經中言：「五受陰」(五取蘊)通達「空無所有」，(此)是「苦」義(「苦」的真實義)，斯其類也(亦即「無生無滅」，沒有真實的生，沒真實的滅，才是「眾生」的真實義。諸法既是「無生無滅」，故此「眾生」句亦含諸佛菩薩也。故眾生亦可解為「生死輪迴的眾生、不生不滅的眾生、不增不減的佛菩薩」)。

※關於「眾生者，即是不生不滅」的經論引證

《佛說不增不減經》

(1)舍利弗當知，「如來藏」未來際，「平等」恒，及有「法界」者，即是一切諸法根本。「備」一切法、「具」一切法，於世法中，「不離不脫」真實一切法。「住持」(安住維持、久住護持)一切法、「攝」一切法。

(2)舍利弗！我依此「不生不滅、常恒、清涼不變、歸依不可思議清淨法

界」，説名「眾生」。所以者何？言「眾生」者，即是「不生不滅、常恒、清涼不變、歸依不可思議清淨法界」等異名，以是義故，我依彼法説名「眾生」。

《摩訶般若波羅蜜經·卷一》

(1)<u>釋提桓因</u>言：大德須菩提！「眾生」有何義？

(2)<u>須菩提</u>言：「眾生」義即是「法」義。於意云何？所言「眾生、眾生」有何義？

(3)<u>釋提桓因</u>言：眾生非「法」義，亦非「非法」義，但有「假名」。
　　　　　是名字「無本無因」，強為立名，名為「眾生」。

(4)<u>須菩提</u>言：於意云何？此中實有眾生「可説、可示」不？

(5)(_{釋提桓因言：})不也！

(6)<u>須菩提</u>言：**憍尸迦**！若眾生「不可説、不可示」，云何言：「眾生無邊故，般若波羅蜜無邊？」

　　　　　憍尸迦！若如來住壽，如恆河沙劫，説言：「眾生、眾生。」實有眾生「生滅」不？

(7)<u>釋提桓因</u>言：不也！何以故？眾生從本已來，常清淨故。

(8)(_{須菩提言：})**憍尸迦**！是故當知「眾生」無邊，「般若」波羅蜜無邊。

《大智度論·釋往生品 第四之上》(卷三十八)

佛法中有二諦：一者、世諦，二者、第一義諦。

為「世諦」故，説「有眾生」。(_{故有真實的業障、有真實的因果})

為「第一義諦」故，説眾生「無所有」。(_{業障與因果皆是「不可得」，皆是「不可思議」})

《大方廣佛華嚴經·卷三十五》

(1)佛子！如來身中，悉見一切眾生發菩提心，修菩薩行，成等正覺。乃至見一切眾生「寂滅涅槃」，亦復如是。皆悉一切以「無性」故。無相、無盡。無生、無滅故。

(2)「我」非「我性」故。「眾生」非「眾生性」故。

(3)覺無所覺故，法界無自性故，虛空界無自性故，如是等覺「一切無性」。

《僧伽吒經・卷二》

(1)爾時一切婆羅門尼乾子等，從座而起偏袒右肩，右膝著地，合掌禮佛白佛言：

(2)世尊！如來晝夜多度「生死眾生」，(然而)眾生界(仍)「不減不增」。

《大智度論・卷六十四》

(1)佛說眾生「空」(之)因緣，所謂：十方如恒河沙諸佛，以神通力，為眾生無量劫說法，一一佛度無量阿僧祇眾生「入涅槃」，假令如是，於眾生「無所減少」。

(2)若實有眾生、實有「減少」者，諸佛應有「減眾生罪」。

(3)若眾生實「空」，「和合因緣」有「假名眾生」故，無有「定相」；是故爾所佛度眾生，實無「減少」。若不度；亦「不增」，是故諸佛無「減眾生」(之)咎！

(4)是故說：菩薩欲度「眾生」，為欲度「虛空」。

(5)爾時一比丘，聞畢竟空相，驚喜言：我當禮「般若」波羅蜜！般若中無有法定「實相」，而有眾生等及諸果報。

《佛說諸法本無經》

說「眾生性」是「菩提」，「菩提性」即諸「眾生」。「眾生、菩提」二「不一」(亦不異也)，若知是者得「人上」。

(阿彌陀佛能成就)**無量大寶王，微妙淨華臺。**

此二句名(第一種)「莊嚴座功德成就」。佛本何故(阿彌陀佛之所以要)莊嚴此「座」？見有菩薩：

於「末後身」(antima-deha，最後生、最後有、最後末身，生死身中「最後之身」。小乘指證「無餘

依涅槃」之阿羅漢，大乘指證佛果之「等覺菩薩」身），敷草而坐，成「阿耨多羅三藐三菩提」。

人天見者(見到「等覺」菩薩的「坐具」非常平凡)，(竟)不生「增上(增勝上進)信、增上恭敬、增上愛樂、增上修行」。

是故(法藏菩薩)願言(生起第一種)：我成佛時，使無量「大寶王」滿微妙「淨華臺」，以為「佛座」。

「無量」者，如《觀無量壽經》言：
「七寶地」上，有「大寶」蓮華王座，蓮華一一葉作「百寶色」。有八萬四千脈，猶如天畫。(一一)脈有八萬四千光，華葉小者，縱廣二百五十由旬(應爲 3200 公里)。如是華有八萬四千葉，一一葉間有百億「摩尼珠王」以為映飾。一一「摩尼」，放千光明，其光如蓋，「七寶」合成，遍覆地上。

「釋迦毘楞伽」寶(śakrābhilaṅga-maṇi-ratna。一般譯作「帝釋持」，意即「帝釋天之所有」；即帝釋天之「頸飾」，常能放光，遍照三十三天。經典中亦以之爲釋尊、觀世音、彌勒等佛菩薩之莊嚴具)，以為其臺；此蓮華臺，八萬金剛「甄叔迦寶」(kiṃśuka 赤色寶)，梵「摩尼」寶，妙「真珠網」，以為嚴飾。

於其臺上自然而有四柱「寶幢」，一一「寶幢」如八萬四千億須彌山；幢上「寶幔」如「夜摩天宮」，有五百億微妙「寶珠」，以為映飾。

一一寶珠，有八萬四千光，一一光作八萬四千異種金色，一一金光遍安樂寶土，處處變化，各作異相。或為「金剛臺」，或作「真珠網」，或作「雜華雲」，於十方面，隨意變現，化作「佛事」。

如是等事(像這一類有關佛的「蓮華高座」莊嚴事)，出過數量(超出過百千萬億不可思議的數量)。

※關於「如何觀阿彌陀佛、觀世音、大勢至」的經論引證

劉宋・畺<small>ㄐㄧㄤ</small> 良耶舍(424～453 來中國)譯《佛說觀無量壽佛經》

時<u>韋提希</u>(Vaidehī)見<u>無量壽佛</u>已,接足作禮,白佛言:世尊!我今因「佛力」故,得見無量壽佛及二菩薩,未來眾生,當云何觀<u>無量壽佛</u>及二菩薩(觀世音與大勢至)?

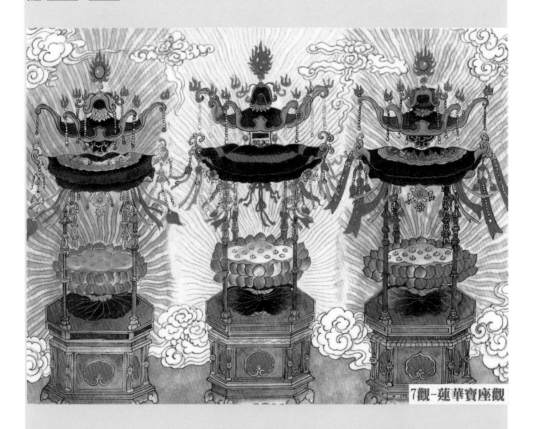

7觀-蓮華寶座觀

佛告<u>韋提希</u>(Vaidehī):欲觀彼佛者,當起想念,於「七寶地」上,作「蓮花想」,令其蓮花,一一葉作「百寶色」。有八萬四千脈,猶如天畫;一一脈有八萬四千光,了了分明,皆令得見。

華葉小者,縱廣「二百五十由旬」(應為 3200 公里);如是蓮華有八萬四千大葉,一一葉間,有百億「摩尼珠王」以為映飾。一一「摩尼珠」放千光明,其

光如蓋，七寶合成，遍覆地上。「釋迦毘楞伽摩尼寶」(śakrābhi laṅga-maṇi-ratna。一般譯作「帝釋持」，意即「帝釋天之所有」；即帝釋天之「頸飾」，常能放光，遍照三十三天。經典中亦以之為釋尊、觀世音、彌勒等佛菩薩之莊嚴具)以為其臺；此蓮花臺，八萬金剛「甄叔迦寶」(kiṃśuka 赤色寶)，梵「摩尼」寶，妙「真珠網」，以為交飾(交相裝飾)。

於其臺上，自然而有四柱「寶幢」，一一「寶幢」如百千萬億「須彌山」；幢上「寶縵」如「夜摩天宮」，復有五百億微妙「寶珠」，以為映飾。

一一寶珠，有八萬四千光，一一光作八萬四千異種金色，一一金色遍其寶土，處處變化，各作異相；或為「金剛臺」，或作「真珠網」，或作「雜花雲」，於十方面，隨意變現，施作「佛事」，是為「花座想」，名第七觀。

佛告阿難：如此妙花，是本法藏比丘「願力」所成，若欲念彼佛者，當先作此「妙花座想」。作此想時，不得「雜觀」；皆應一一觀之，一一葉，一一珠，一一光，一一臺，一一幢，皆令分明，如於鏡中，自見面像。

此想成者，滅除「五百億劫」生死之罪，必定當生極樂世界。

作是觀者，名為「正觀」。若他觀者，名為「邪觀」。

是故言：「(阿彌陀佛能成就)無量大寶王，微妙淨華臺」。

※關於「阿彌陀佛的微妙淨華臺」的經論引證

唐・菩提流志譯《大寶積經・卷十七・無量壽如來會》(此為《無量壽經》的同本異譯本)

(1)彼諸國中(娑婆世界)比丘、比丘尼、優婆塞、優婆夷，悉見無量壽如來(之大光明)如「須彌山王」，(遍)照諸(其餘)佛剎，時諸佛國皆悉明現(光明顯現)，如處(在)「一尋」(八尺之內這樣看得一清二楚)。

(2)以無量壽如來殊勝(之)「光明」，極清淨故，(因此)見彼「高座」(此喻無量壽佛之光有如須彌山之「高座」)，及諸「聲聞、菩薩」等眾。譬如大地，(被)洪水「盈滿」(充盈滿溢)，(所有)樹林山河，皆(隱)沒不現，唯有「大水」(無量壽佛的光明，就像世界只呈現出一片大水似的)。

(阿彌陀佛)相好光一尋，色像超群生。

此二句名(第二種)「莊嚴身業功德成就」。佛本何故(阿彌陀佛之所以要)莊嚴如此「身業」？

見有佛身：

①(只)受「一丈」光明，於人身(之)光(作比較的話)，不甚(並不是)超絕(超群絕倫)，(例)如「轉輪王」相好(轉輪王亦具三十二相)亦大同(指轉輪王的三十二光明相已經很相似很類似如此的「佛身」)。

②(例如)提婆達多(Devadatta 提婆達多。爲釋迦佛「叔父」斛飯王之子，即釋迦佛的「堂兄弟」，爲阿難的兄弟，曾經加入釋迦佛的僧團，但是後來因爲意見不合與權力鬥爭，另外成立「教派」。提婆達多原本擁有「獨立」的教團，曾受阿闍世王之禮遇，後來勢力漸大，還教唆阿闍世王去弒父，謀奪王位。古來皆以提婆達多「破和合僧、出佛身血、放狂象、殺蓮華色比丘尼、十爪毒手」等五事爲提婆之「五逆」。最終是「溺水」而死，多數經典記載命終後墮地獄)所減唯一(指提婆達多的貌相與佛陀相比，大略只減少了「白毫相光」與「無見頂相」這一二項而已)，致令阿闍世王(Ajātaśatru。？～前 461 年)以茲懷亂(指阿闍世王被提婆達多的外相所誘，於是心懷迷亂的推舉提婆達多作爲新的佛陀)。

③(六師外道之一的)刪闍耶(Sañjayī-vairaṭīputra 刪闍耶毘羅胝子)等，敢如蟷蜋(螳

螂的別名)，**或如此類也**(外道的刪闍耶毘羅胝子竟然敢如「螳臂擋車」般的與佛對抗)。

是故(法藏菩薩發願要生起第二種)**莊嚴如此「身業」**。

※關於「刪闍耶毘羅胝子竟然敢如螳臂擋車般的與佛對抗」的經論引證

如果佛陀所「示現」、或所「現出」的「色身相」；與「凡夫相」並沒有「很大很大」的差別的話，眾生可能會產生「佛相」並沒有非常非常「特殊」的想法；不會生出「非常恭敬」的心；更誇張的事，也有人會想跟佛陀分庭抗禮，而自作「新佛」，自己宣布是「佛」等諸愚蠢事。因此法藏菩薩誓願將來成阿彌陀佛，一定是「最尊第一」之身。

佛陀十大弟子中的「智慧第一」舍利弗與「神通第」一目犍連，在皈依釋迦牟尼佛之前都曾拜於刪闍夜毗羅胝子外道的門下，傳統上稱刪闍耶毘羅胝子的觀點為「**不死矯亂**」(amarā-vikkhepa)論。由於他對於「業果」之「有、無」等問題，都不作出「確定」的回答，所以他是一名「不可知論」者。

刪闍耶毘羅胝子外道專門主張「國王」乃至眾生，皆無所謂「善」，也無所謂「惡」。有如「地、水、火、風」一樣，其有益於萬物，也有害於萬物。雖然有些人是被他人所喜，有些人是被他人所惡，但這些人的本身並無「善、惡」。

《長阿含經》卷 17

(1)**我昔一時至散若毘羅梨子**(Sañjayī-vairaṭīputra 刪闍耶毘羅胝子)**所，問言：大德！如人乘象、馬車，習於兵法，乃至種種營生，皆現有「果報」。今者此眾現在「修道」，現得「報」不？**

(2)**彼答我言：**

大王！現「有」沙門果報？問如是。

答：此事如是，此事「實」，此事「異」，此事「非異、非不異」。

大王！現「無」沙門果報？問如是。

答：此事如是，此事「實」，此事「異」，此事「非異、非不異」。

大王！現「有、無」沙門果報？問如是。

答：此事如是，此事「實」，此事「異」，此事「非異、非不異」。

大王！現「非有、非無」沙門果報？問如是。

答：此事如是，此事「實」，此事「異」，此事「非異、非不異」。

(3)世尊！猶如人問「李瓜」報，問「瓜李」報，彼亦如是，我問現得「報」不？而彼「異論」答我。

《大般涅槃經》卷19〈梵行品 8〉

(1)今有大師名刪闍耶毘羅胝子(Sañjayī-vairaṭīputra)，一切「知見」，其智淵深，猶如大海，有「大威德」，具「大神通」，能令眾生離諸「疑網」。一切眾生不知「見覺」，唯是一人，獨知「見覺」。今者(刪闍耶毘羅胝子)近在王舍城住，為諸弟子說如是法：

(2)一切眾中，若是王者，自在隨意，造作善惡。雖為「眾惡」，悉無有罪。如火燒物，無「淨、不淨」，王亦如是，與「火」同性。

(3)譬如大地，淨穢普載，雖為是事，初無瞋喜，王亦如是，與地同性。譬如水性，淨穢俱洗、雖為是事，亦無憂喜，王亦如是，與水同性。譬如風性，淨穢等吹，雖為是事，亦無憂喜，王亦如是，與風同性。如秋髡 樹，春則還生，雖復髡斫，實無有罪。

(4)一切眾生亦復如是，此間命終，還此間生，以還生故，當有何罪？一切眾生苦樂果報，悉皆不由「現在世」業，「因」在「過去」，「現在」受「果」。現在「無因」，未來「無果」。

(5)以「現果」故，眾生「持戒」勤修精進，遮現「惡果」；以「持戒」故，則得「無漏」，得「無漏」故，盡「有漏業」，以「盡業」故，眾苦得盡，眾苦盡故，故得解脫。

(6)唯願大王，速往其所，令其療治身心苦痛，王若見者眾罪則除。

(7)王即答言：審有是師，能除我罪，我當歸依。

《佛本行集經》卷48〈舍利目連因緣品 49〉

(1)爾時，<u>優波低沙</u>(Upatiṣya 舍利弗)童子及俱離多(Mahāmaudgalyāyana 摩訶目犍連)童子未有「歸依」，不知何去？時二童子，遂剃鬚髮，於<u>刪闍耶</u>(隋云彼勝 Sañjayī-vairaṭīputra 刪闍耶毘羅胝子)外道之所，出家學道。

(2)時彼二人，念行捷利，少欲知足，智慧深遠⋯⋯時二童子既聞是已，於七日七夜，皆悉通達。

(3)時彼二人通達是已，於波離婆闍迦「外道」之所，及五百眷屬，為教授師。時彼二人，如是次第，主領大眾。雖復如此，而於內心，未得「安靜」。

(4)時<u>優波低沙</u>(Upatiṣya 舍利弗)童子，告<u>波離婆闍迦</u>(隋云遠離)拘離多曰：善哉拘離多(Mahāmaudgalyāyana 摩訶目犍連)！此刪闍耶波離婆闍迦法，不究竟「窮盡苦際」。拘離多！汝應共我「更求善師」。

案此間(此中國間對)詁ㄍㄨˇ訓(對於古代語言的解釋)，六尺曰「尋」(據唐·慧琳《一切經音義》云：八尺曰尋)，如《觀無量壽經》言：

阿彌陀如來身高，六十萬億「那由他」恒河沙由旬，佛圓光如百億三千大千世界。譯者(翻譯的人)以「尋」而言，何其晦(木代反)乎(指用尋字比喻佛身是非常隱晦難懂的字)？里舍(鄉里村舍)間人，不簡(不必簡擇其身體)縱橫長短，咸謂「橫舒兩手臂」為「尋」。

若譯者(翻譯的人)或取此類(此種以「尋」作為比喻之類)，用準(於)<u>阿彌陀如來</u>，(亦以)舒臂(橫舒兩手臂)為言，故稱(作)「一尋」者，(則阿彌陀佛的)「圓光」亦應「徑」六十萬億「那由他」(nayuta;niyuta)恒河沙「由旬」(yojana)。

※關於「佛身觀、彌陀色身觀」的經論引證

第九「真身」觀(佛身觀、佛觀、遍觀一切色身想、彌陀色身觀)

9觀-彌陀色身觀

佛告阿難及韋提希(Vaidehī)：此想成已，次當更觀無量壽佛「身相光明」。阿難當知！無量壽佛身，如百千萬億(倍之)「夜摩天」(Suyāma-deva-rāja)閻浮檀金色(jambūnada-suvarṇa 紫金)。佛身高六十萬億「那由他」(nayuta;niyuta)恒河沙「由旬」(yojana)；眉間「白毫」，「右旋」宛轉，如「五須彌山」。佛眼清淨如「四大海水」，清白分明。身諸毛孔演出光明，如須彌山。

彼佛「圓光」如百億(個)「三千大千世界」；於「圓光」中，有百萬億「那由他」(nayuta;niyuta)恒河沙「化佛」；一一「化佛」，亦有眾多無數「化菩薩」，以為侍者。

無量壽佛有「八萬四千相」；一一相中，各有八萬四千隨形好；一一好中復有八萬四千光明；一一光明遍照十方世界，(能對)念佛(之)眾生，攝取(攝

受執取)不捨。(阿彌陀佛)其光相好及與「化佛」，不可具說；但當「憶想」，令心明見。(若能)見此事者，即(可得)見「十方一切諸佛」，以見諸佛故，名「念佛三昧」。

作是觀者，名「觀一切佛身」，以「觀佛身」故，亦見「佛心」。諸佛心者，「大慈悲」是，以「無緣慈」(無緣大慈)攝諸眾生。(若能)作此觀者，(將來)捨身他世，(皆得)生諸佛前，(證)得「無生忍」(最少是初地菩薩所得。如《大智度論》云：得是「無生忍」故，即入菩薩位[此指初地]。《十住經》云：菩薩得「無生法忍」，入「第八地」，即時得是「第八不動地」，名爲「深行菩薩」。又《大般若波羅蜜多經》則云：「畢竟不生」故，名「無生法忍」，由得如是「無生法忍」故，名「不退轉」菩薩摩訶薩[此指第七])。

是故「智者」，應當「繫心諦觀」無量壽佛。

觀無量壽佛者，從一「相好」(而)入，但觀眉間「白毫」，極令明了。(只要能)見眉間「白毫相」者，(則阿彌陀佛)八萬四千相好，自然當見。

(若)見無量壽佛者，即(能得)見十方無量諸佛；(能)得見「無量諸佛」故，(即能得)諸佛現前「受記」。是為「遍觀一切色想」，名第九觀。

作是觀者，名為「正觀」。若他觀者，名為「邪觀」。

是故言：「(阿彌陀佛)相好光一尋，色像超群生」。

※關於「身光一尋」的經論引證

曹魏·康僧鎧譯《佛說無量壽經·卷下》

阿難！彼佛國中(極樂世界)，諸「聲聞」眾，身光「一尋」(八尺)。菩薩光明，(能)照百「由旬」(yojana)。

曹魏・康僧鎧譯《佛說無量壽經・卷上》

無量壽佛，光明顯赫(顯耀奕赫)，照曜十方，諸佛國土，莫不聞焉。不但我今稱其光明，一切諸佛、聲聞、緣覺、諸菩薩眾咸共歎譽，亦復如是。若有眾生，聞其光明威神功德，日夜稱說，至心不斷，隨意所願，(將來)得生其國。

問曰：《觀無量壽經》言：諸佛如來是「法界身」，入一切眾生「心想」中，是故汝等「心想佛」時，是心即是「三十二相、八十隨形好」。是心作佛，是心是佛，諸佛正遍知海，從「心想」生，是義云何？

答曰：「身」名「集成」(集聚而成)，「界」名「事別」(事物的差別)。如「眼界」緣「根、色、空、明、作意」五因緣生，名為「眼界」(眼識)。是「眼」但(只能)自行(於)己緣(自身自己的因緣)，不行(於)他緣(其他的因緣)。(眼界乃)以「事別」(事物的差別)故，「耳、鼻」等界亦如是。

言諸佛如來是「法界身」者，「法界」是「眾生」(之)心法也，以心能生「世間、出世間」一切諸法，故名「心」為「法界」。「法界」能生諸「如來相好身」，亦如「色」等能生「眼識」。

是故「佛身」名(為)「法界身」，(如來之「法界身」)是身不行(於)「他緣」，是故入一切「眾生心想」中，「心想佛」時，是「心」即是「三十二相、八十隨形」好者。

當眾生「心想佛」時，佛身相好，(即)顯現(於)眾生心中也。譬如「水」清，則「色像」現，「水」之與「像」(即處在)「不一不異」(的境界中)，故

言：佛相好身，即是「心想」也。

是心作佛者，言「心」能「作佛」也。是「心」是「佛」者，心外無佛也。

譬如：「火」(此喻佛身相好)從「木」(此喻眾生心)出，「火」不得離「木」也(此喻佛乃從眾生心而現，佛與眾生心是不離的)。

以(火)不離「木」故，則(火)能燒「木」。

(此喻佛與眾生心不離，且佛能加持眾生心)

「木」為「火」(所)燒，(則)「木」即為「火」也。

(此喻佛能加持眾生心，而眾生心能成就佛，眾生與佛是不離的)

木------不即不離；非一非異------火

(此喻眾生心)　　　　　　　　　　　　　　(此喻佛身相好)

諸佛正遍知海，(乃)從(眾生)「心想」生者。「正遍知」者，真正如「法界」而知也，法界「無相」，故諸佛(亦)「無知」(無虛妄分別之知)也；以「無知」故，(即是)無「不知」也。

(能達到)「無知而知」(的境界)者，(即)是「正遍知」也。是知(諸佛之「正遍知」乃)深廣(而)不可測量，故「譬海」(以海作為譬喻)也。

※關於「眼識最少五緣生最多九緣生」的經論引證

唯識偈頌說：眼識九緣生，耳識唯從八，鼻舌身三七，後三五三四，
　　　　　　若加「等無間」，從頭各增一。

註：「等無間緣依」又名「開導依」。「鼻、舌、身」這三個識，每一個都需要七種緣即可生起作用，所以叫「三七」。「後三」是指「第六識」需要「五種緣」、「第七識」

需要「三種緣」、「第八識」需要「四種緣」。

不過「第七識」亦有說需要「四緣」才行，亦即還要再加上一個「第八意識」的「見分」。

❶吾人之心識作用，念念相續，無有間隔，前一念滅謝時，後一念隨即生起，且於此前後念生滅之間具有密切的「互倚」關係。

❷前一念之「心王」會成為後一念之「心王、心所」生起時所須依靠之條件因緣。

❸前一念之「心王」於滅謝之同時，既「避開」其現行位，復引導後念之「心王、心所」之生起，故稱「開導依」。

❹以「前念」具有資助、生長"後念"「心王、心所」之功能，故有「開導根」之稱。

❺以「前、後」念生滅之際，歷然相望，緊密相接，而無有間斷，故又稱「等無間緣依」。

下面將八識生起所需的緣，圖表如下頁所示：

識體	諸識生起所需的緣									等無間緣 開導依緣
	增上緣	增上緣	增上緣	所緣緣	增上緣	增上緣	增上緣	增上緣	親因緣	
眼識 (九種緣)	空 空間距離	明 光明亮度	根(眼) 此指「扶根;浮塵根;扶塵根;浮根;扶根塵」	境(色)	作意 起心動念	第六識 分別依	第七識 染淨依	第八識 根本依	種子	✓
耳識 (八種緣)	空 需要一定的空間或距離	不需光明或亮度 ✗	根(耳)	境(聲塵)	作意	第六識	第七識	第八識	種子	✓
鼻識 (七種緣)	✗ 需要極近的距離	✗	根(鼻)	境(香塵)	作意	第六識	第七識	第八識	種子	✓
舌識 (七種緣)	✗ 需要零距離	✗	根(舌)	境(味塵)	作意	第六識	第七識	第八識	種子	✓
身識 (七種緣)	✗ 需要零距離	✗	根(身)	境(觸塵)	作意	第六識	第七識	第八識	種子	✓
第六意識 (五種緣)	✗ 完全不需	✗	✗	境(法塵)(一切法)	作意	✗	第七識	第八識	種子	✓
第七末那識 (三種緣) 或說四種緣	✗ 完全不需	✗	✗	境(此處指第八識的「見分」)	作意	✗	✗	第八識	種子	✓
阿賴耶識 (四種緣)	✗ 完全不需	✗	✗	境(此處指種子、根身器界)	作意	✗	第七識	✗	種子	✓

(阿彌陀)**如來微妙聲**(此妙聲指阿彌陀佛的名號)，**梵響聞十方**。

此二句，名(第三種)「**莊嚴口業功德成就**」。佛本何故(阿彌陀佛之所以要)興此莊嚴？

見有如來：

名似不尊(不被人所尊重)，**如外道軹**樂 (推車，人冢子 反→反推車，此喻做苦力的眾生)，(這些外道對釋迦佛)**稱「瞿曇」姓**(Gautama 印度剎帝利種中之一姓，為釋迦佛所屬之本姓。如果直呼佛為「瞿曇」就像在叫推車的工人一樣低賤)，**成道日聲**(佛陀在菩提樹下「成道日」時的名聲)，**唯徹「梵天」**(也只傳播響徹到「梵天」而已)。

是故(法藏菩薩)**願言**(生起第三種)：**使我成佛，妙聲**(微妙名聲)**遐布**(遐遠散布於十方無盡的世界)，**聞者**(只要有聽聞到我的「名號」者)**悟「忍」**(證悟「無生法忍」)。

是故言：「(阿彌陀)**如來微妙聲**(此妙聲指阿彌陀佛的名號)，**梵響聞十方**」。

※關於「外道呼佛為瞿曇。十方諸佛菩薩皆歎阿彌陀佛」的經論引證

《大般涅槃經》卷3

(1)爾時，鳩尸那城有一「外道」，年百二十，名須跋陀羅，聰明多智，誦「四毘陀經」，一切「書論」無不通達，為一切人之所宗敬。

(2)其聞「如來」在娑羅林雙樹之間，將「般涅槃」，心自思惟：我諸「書論」，說佛出世，極為難遇，如「優曇鉢」花，時一現耳。

(3)其今在於娑羅林中，我有所疑，試往請問，「瞿曇」若能決我疑者，便是實得「一切種智」。

(4)作此念已，往到佛所。

吳・支謙譯《佛說阿彌陀三耶三佛薩樓佛檀過度人道經》

第四願：使某作佛時，令我名字，皆聞八方上下，無央數佛國，皆令諸佛，各於比丘僧大坐中，說我「功德國土」(極樂世界)之善。

後漢・支婁迦讖譯《佛說無量清淨平等覺經》

十七(願)：我作佛時，令我名聞八方上下無數佛國，諸佛各於弟子眾中，歎我「功德國土」(極樂世界)之善。

唐・菩提流志譯《大寶積經・卷十七・無量壽如來會》(此為《無量壽經》的同本異譯本)

(第十七願)若我成佛，彼無量剎中無數諸佛，不共諮嗟(讚嘆)稱歎「我國」(極樂世界)者，不取正覺。

曹魏・康僧鎧譯《佛說無量壽經・卷上》

(第十七願)設我得佛，十方世界無量諸佛，不悉咨嗟(讚嘆)稱「我名」者，不取正覺。

唐・菩提流志譯《大寶積經・卷十七・無量壽如來會》(此為《無量壽經》的同本異譯本)

(第四十八願)若我成佛，餘佛國中所有菩薩，若聞我「名」，應時不獲(證)「一、二、三」忍(三法忍指：❶音響忍；隨順音聲忍；生忍。❷柔順忍；思惟柔順忍；柔順法忍。❸無生法忍；修習無生忍；無生忍。或指「喜忍；悟忍；信忍」這三個忍)，於諸佛法不能現證「不退轉」者。不取菩提。

趙宋・法賢譯《佛說大乘無量壽莊嚴經》

(第三十六願)世尊！我得菩提，成正覺已，所有十方一切佛剎，聞我「名」者，應時即得「初忍(音響忍)、二忍(柔順忍)」，乃至「無生法忍」，成就「阿耨多羅三藐三菩提」。

曹魏・康僧鎧譯《佛說無量壽經・卷上》

(1)(第四十四願)設我得佛，他方國土諸菩薩眾，聞我「名字」，歡喜踊躍，修

「菩薩行」，具足德本(道德根本)。若不爾者，不取正覺。

(2)(第四十七願)設我得佛，他方國土諸菩薩眾，聞我「名字」，不即得至「不退轉」者。不取正覺。

(3)(第四十八願)設我得佛，他方國土諸菩薩眾，聞我「名字」，不(立)即(證)得至「第一忍」，「第二、第三」法忍(三法忍指：❶音響忍；隨順音聲忍；生忍。❷柔順忍；思惟柔順忍；柔順法忍。❸無生法忍；修習無生忍；無生忍。或指「喜忍；悟忍；信忍」這三個忍)，於諸佛法不能即(證)得「不退轉者」，不取正覺。

趙宋・法賢譯《佛說大乘無量壽莊嚴經》

願(法藏)我得佛清淨聲，法音普及無邊界，宣揚戒定精進門，通達甚深微妙法，智慧廣大深如海，內心清淨絕塵勞，超過無邊惡趣門，速到菩提究竟岸，亦如過去無量佛，威光(威德佛光)普照眾生界，為彼群生(眾生)大導師，度脫(度化解脫)老死令安隱，常行布施及戒忍，精進定慧六波羅，未度有情令得度，已度之者使成佛。

(阿彌陀佛說法教化如)**同地水火風，虛空無分別。**

此二句，名(第四種)「莊嚴心業功德成就」。佛本何故(阿彌陀佛之所以要)興此莊嚴？

見有如來：

說法云此「黑」(喻惡法)、此「白」(喻善法)、此「不黑不白」(指「無記法」)。

下法(喻修習「五戒十善」得生人天善趣)、

中法(修習「四諦十二因緣」得解脫生死)、

上法(喻修習「六度」萬行得成就佛果)、

上上法(喻了知自心本來即是佛，般若空性)。

有如是等無量差別品，(看)似有分別。

※關於「下法施、中法施、上法施、上上法施」的經論引證

《正法念處經・卷第三十一》

(1)若為「財物」故，與人說法，不以「悲心」利益眾生而取財物，是名「下品」之法施也。是「下法施」，不以「善心」為人說法，唯為「財利」，不能自身如說修行，是名「下施」。

(2)若以「說法」而得「財物」，或用飲酒，或與女人共飲共食，如伎兒法，自賣求財，如是法施，其果甚少……是等「法施之人」，生於天上，作「智慧鳥」，能說偈頌，是則名曰「下法施」也。

(3)云何名為「中法施」耶？為「名聞」故，為「勝他」故，為欲勝「餘大法師」故。為人說法，或以「妬心」為人說法。如是法施，得報亦少。生於天中，受「中果報」。或生人中，如是帝釋天王……是則名曰「中法施」也。

(4)云何名為「上法施」耶？以「清淨心」，為欲增長眾生智慧，而為說法。不為「財利」，為令「邪見」諸眾生等，住於「正法」。

(5)如是法施，自利利人，無上最勝，乃至涅槃，其福不盡。是則名曰「上法施」也……

(6)「下法施」，說布施法，不說「智慧」。
「中法施」者，說於「持戒」。
「上法施」者，說於「智慧解脫」。

(7)「下智慧」者，為人說法，少人解悟，說「布施」法，唯說「布施」，不說餘法……

(8)云何名曰「中法施」耶？說於「持戒」相應之法，以修其心，是「中智慧」……

(9)云何名為「上法施」耶？說智(慧)功德，以修思心，不求恩惠。唯為利他，而演說法，說「欲」過惡，欲味繫縛，「出離」為樂，令邪見者，住於正法，說於清淨離垢之法，是「上法施」。

「下等」的法施者，只說「布施」一法，不說「智慧」。

「中等」的法施者，只說「持戒」一法，不說「解脫與智慧」。
「最上等」的法施者，既會說布施、持戒，更要說「智慧與解脫」。

所以對人說：「你要一直布施的法」。其實這算是「下等的法施」。
如果一直說：「只需要持戒即可，其餘的都不必學」。其實這算是「中等的法施」。

「最上等」的法布施者，都叫人要「布施、持戒」外，還要教人「智慧」與「如何解脫輪迴」。

是故（法藏菩薩）願言（生起第四種）：**使我成佛**；（我將「平等無二」及無「親、疏、賢、劣」的教化眾生）

①（我的說法教化就）**如「地」**（能）**荷負**（萬物），（此大地並）**無「輕、重」之殊**。

②（我的說法教化就）**如「水」潤長**（滋潤生長萬物），（此水並）**無「菵**（惡草→有毒的草，或者是不好的惡草）**、蒰**（瑞草，括音→薄荷之別名，此喻祥瑞的好草）**」之異**。

③（我的說法教化就）**如「火」**（可）**成熟**（萬物），（此火並）**無「芳、臭」**（芳香、臭穢）**之別**。

④（我的說法教化就）**如「風」**（可）**起發**（飛起發揚），（此風並）**無「眠、悟」**（睡眠、醒悟）**之差**。

⑤（我的說法教化就）**如「空」**（可）**苞受**（苞含藏受），（此空並）**無「開、塞」**（敞開、閉塞）**之念**。

⑥**得之于「內」**（我所說的「法義」皆從「自內心中」獲得），**物安於「外」**（因此我所說的「法義」就像是外在的「地水火風空」五物一樣，能周遍法界、無「親疏賢劣」的「平等無二」度化眾生，讓眾生皆能獲「安穩寂靜」）。

「虛」往「實」歸（所有具「生滅對立、有能有所」的「虛」，在聽完我的「法義」後皆能導歸入「無生無滅、無能無所」的「實」。「有生滅」的「虛」前往而來，就能將之導歸入「無生滅」的「實」），**於是**

(所有的「分別、虛妄、對立、生滅」，皆能入)**于息**(「止」而獲「寂滅」)。

※關於「說法如地水火風空般的周遍法界」的經論引證

曹魏・康僧鎧譯《佛說無量壽經・卷下》

(生極樂世界之諸菩薩)

智慧如大海。三昧如山王(所證的禪定三昧如須彌大山之王般的堅固崇高)。

慧光(智慧光明)**明淨**(明亮潔淨)**，超踰日月。**

清白(清淨純白)**之法，具足圓滿。**

猶如雪山，照(耀)**諸功德，等一**(平等一相)**淨故。**

猶如大地，(能容)**淨穢好惡，無「異心」故。**

猶如淨水，(能)**洗除「塵勞」諸垢染故。**

猶如火王，(能)**燒滅一切煩惱**(木)**薪故。**

猶如大風，(能)**行諸世界，無障礙故。**

猶如虛空，於一切(所)**有，**(皆)**無所著故。**

唐・菩提流志譯《大寶積經・卷十七・無量壽如來會》(此為《無量壽經》的同本異譯本)

(生極樂世界之諸菩薩)

其智宏深(宏大精深)**，譬之巨海。**

菩提高廣(高大寬廣)**，喻若須彌。**

自身威光(威德光芒)**，超於日月。**

凡所思擇(思緒擇決)**，與慧相應，猶如雪山。**

其心潔白，光明普照，無邊功德。

(能)**燒煩惱**(木)**薪，方**(方喻)**之**(為)**於火，不為善惡之所動搖。**

心靜常安，猶如大地。

洗滌煩惑(煩惱疑惑)**，如清淨水。**

心無所主(心不在內外中間)**，猶如火。**

不著世間，猶如風。

養(養育)諸有情，猶如地。

觀諸世界(及一切所有)，如虛空。

趙宋・法賢譯《佛說大乘無量壽莊嚴經》

(生極樂世界之諸菩薩)

堅固不動，如須彌山。

智慧明了，如日月(能)朗(照)。

廣大，如「海」(能)出功德寶。

熾盛，如「火」(能)燒「煩惱薪」。

忍辱，如「地」(能容)一切「平等」。

清淨，如「水」(能)洗諸「塵垢」。

如虛空無邊，不障一切故。

是故言：「(阿彌陀佛說法教化如)同地水火風虛空，無分別」。

(極樂世界的)天人不動眾，清淨智海生。

此二句，名(第五種)「莊嚴大眾功德成就」。佛本何故(阿彌陀之所以要生)起此莊嚴？

見有如來：

說法輪(轉法輪)下，所有大眾諸「根性、欲(指「聞法修行」方面之樂欲)」，種種不同。

於佛智慧，若退(有的是半途而退廢)、若沒(有的是徹底而退轉)，(眾生)以「不等」(不平等)故，眾不純淨(眾生皆不純一清淨)。

所以(法藏菩薩)興願(生起第五種)：願我成佛，所有天人，皆從如來智慧「清淨海」生。

「海」者,言(阿彌陀)佛(的)一切種智,深廣無涯,(在阿彌陀佛的「清淨智海」中)不宿(不會留宿)「二乘、雜善、中下(根器)」死屍,(阿彌陀佛的「清淨智海」)喻之如海(任何的眾生若死在海中,大海都會把牠消滅瓦解掉,所以大海不會留宿任何的死屍存在)。

※關於「大海不宿死屍」的經論引證

《大般涅槃經·卷第三十二》

善男子!譬如大海有八不可思議,何等為八?

　　一者:漸漸轉深。

　　二者:深難得底。

　　三者:同一醎味。

　　四者:潮不過限(海潮朝夕之漲退,不越其限,應來就來,該退即退)。

　　五者:有種種寶藏。

　　六者:大身眾生在中居住。

　　七者:不宿死尸。

　　八者:一切萬流、大雨投之,不增不減。

善男子!漸漸「轉深」有三事,何等為三?

　　一者:眾生福力。

　　二者:順風而行。

　　三者:河水入故。

《大方廣十輪經》卷3〈相輪品 5〉

優波離!譬如「大海」,不宿「死尸」。如是我諸「聲聞」大弟子眾,「破戒」諂曲,此等「惡人」,不應共住,亦復如是。

《寶雲經》卷3

譬如「大海」,不宿「死尸」。何以故?海法爾故。菩薩法海,一切「結漏、煩惱」死尸及「惡知識」,亦不同宿。何以故?菩薩法爾故。

是故言：「(極樂世界的)**天人不動眾**(已成就堅固不動的大乘不退轉根器)，(此皆由阿彌陀佛的)**清淨智海**(所)**生**」。

「不動」者，言彼(極樂世界之)天人(皆)成就「大乘根」，(故)不可傾動(傾覆動搖)也。

※關於「極樂世界皆具大乘根器而不可傾動」的經論引證

曹魏‧康僧鎧譯《佛說無量壽經‧卷下》
(生極樂世界之諸菩薩)猶如蓮華，於諸世間，無染污故……如金剛山，(所有)眾魔外道，不能動故。

趙宋‧法賢譯《佛說大乘無量壽莊嚴經》
(生極樂世界之諸菩薩)堅固不動，如須彌山。智慧明了，如日月(能)朗(照)。

(阿彌陀佛)**如須彌山王，勝妙無過者。**

此二句，名(第六種)「莊嚴上首功德成就」。佛本何故(阿彌陀之所以要生)起此願？見有如來：

①(於大)眾中或有強梁(強橫凶暴)者，如提婆達多(Devadatta 提婆達多)流比(同流類的比照)。

(提婆達多 為釋迦佛「叔父」斛飯王之子，即釋迦佛的「堂兄弟」，為阿難的兄弟，曾經加入釋迦佛的僧團，但是後來因為意見不合與權力鬥爭，另外成立「教派」，也就是要廢棄釋迦佛而「自作新佛」。提婆達多原本擁有「獨立」的教團，曾受阿闍世王之禮遇，後來勢力漸大，還教唆阿闍世王去弒父，謀奪王位。古來皆以提婆達多「破和合僧、出佛身血、放狂象、殺蓮華色比丘尼、十爪毒手」等五事為提婆之「五逆」。最終是「溺水」而死，多數經典記載命終後墮地獄)

②或有國王(此指阿闍世的父親頻婆娑羅王 Bimbisāra 提出要與恚達多菩薩「分國半治」或「分國共治」國家的願望)，與佛並治(共同治理天下)，不知甚推(甚言[極力表明]推仰)佛。

③或有請佛(此指阿耆達婆羅門國王)，(結果竟)以「他緣」(其他緣故)廢忘(廢除忘記)。

有如是等(諸事)，似(乎是)上首力(作「上首」的功德力)不成就(仍然沒達到「圓滿」的成就)。

※關於「阿彌陀佛為莊嚴上首」的經論引證

「上首」(pramukha)指在「大眾」之中位居「最上」者。在禪林道場中，有的會將「首座」代稱作「上首」的名號。此句指阿彌陀佛成為西方淨土大眾中「最無比尊勝者」。

《摩訶般若波羅蜜經》卷4〈金剛品 13〉

爾時須菩提白佛言：世尊！何以故名為「摩訶薩」？
佛告須菩提：是菩薩於必定眾中為「上首」，是故名「摩訶薩」。

唐·菩提流志譯《大寶積經·卷十七·無量壽如來會》(此為《無量壽經》的同本異譯本)

(法藏比丘)修習如是菩薩行時，經於無量無數不可思議，無有等等億「那由他」(nayuta)百千劫內……志樂寂靜，離諸染著，為令眾生，常修「白法」(純淨之法)，於善法中，而為上首。

曹魏·康僧鎧譯《佛說無量壽經·卷下》

(生極樂世界之諸菩薩)猶如蓮華，於諸世間，無染污故……如梵天王，於諸善法，(為)最上首故。

※關於「頻毘娑羅王曾欲與悉達多分國共治天下」的經論引證

《過去現在因果經》卷3

(1)時頻毘娑羅王（Bimbisāra 頻婆娑羅；頻毘娑羅王；頻頭娑羅王；頻浮婆王；民彌沙囉王；缾沙王；萍沙王；瓶沙王），來詣（悉達多）太子，方便譬說，（勸悉達多太子）不應出家，（頻毘娑羅王提出要與悉達多）分國共治（天下的願望），及以「全與」（全部給與悉達多想要的任何願望），并欲「與兵」，令伐他國。

(2)（悉達多）太子亦復，皆悉不受，即又前行，（到）達「仙人」所，而為說法，降伏其心；又至伽闍山苦行林中尼連禪河側，靜坐「思惟」，日食「一麻、一米」。

《佛本行集經》卷23〈勸受世利品 28〉

爾時，摩伽陀國王舍城主，姓施尼氏，名頻頭娑羅（Bimbisāra 頻婆娑羅；頻毘娑羅王；頻頭娑羅王；頻浮婆王；民彌沙囉王；缾沙王；萍沙王；瓶沙王）。未作王時，曾乞五願：

一者：願我「年少」之時，早得「王位」。

二者：若得「王位」已後，願我化內（教化之內），有佛世尊（此即指釋迦佛），出現天下。

三者：若（有）佛出現（於）世時，願我自身，承事供養（佛陀）。

四者：若得「承事」（佛陀）已後，唯願為我如應「說法」。

五者：佛若為我說法，（待）我「聞法」已，願（我）莫（生）「謗毀」，（一直修）得「證法」已，（能）依而奉行。

《佛本行集經》卷23〈勸受世利品 28〉

(1)時，頻頭王（Bimbisāra 頻婆娑羅；頻毘娑羅王；頻頭娑羅王；頻浮婆王；民彌沙囉王；缾沙王；萍沙王；瓶沙王）說是語已，白（悉達多）菩薩言：仁！今若為「愛敬」父故，不取「王位」，捨（王位而）出家者，我今請仁在「我境界」（我的國土之境內），受於「五欲」種種所須，當隨仁意（悉達多您之心意）。

(2)（若）須財「與財」，及諸「婇女」。若（悉達多您能）「佐助」我，我當與仁「分國半治」，（悉達多）可居「我境」（我的國境），（請接）受我（給你的「分國半治」的）「王位」。

我(會)承事仁(悉達多)，不令(您有任何的)乏少。

※關於「阿耆達婆羅門國王欲請供佛陀，結果竟然拖了三個月而忘記」的經論引證

《中本起經》卷2〈佛食馬麥品 13〉

(1)時舍衛國界中間，有郡名隨蘭然(Vairañjā 毘蘭若市，憍薩羅國 Kauśala 的一個都市名)，有「婆羅門」(為婆羅門之王)名阿耆達(阿耆達多；阿祇達；阿耆達兜)，多智明慧，居富無比……明日阿耆達往詣祇洹，入門見佛……佛為說法，歡喜踊躍，即便退席，請佛及比丘僧，垂化照臨，一時三月。

(2)佛以「神旨」，知往古「因緣」，「默然」受請。阿耆達得佛許可，辭退還國。於是阿耆達還家，嚴供極世「珍美」。

(3)是日世尊，與五百比丘僧，往詣隨蘭然。時阿耆達，天魔迷惑，耽荒五欲：一「寶飾」、二者「女樂」、三者「衣食」、四者「榮利」、五者「色欲」。

(4)(阿耆達)退入「後堂」，告勅門士：不得「通客」(開通任何的客人)，一時「三月」，不問尊卑，須吾有教。

(5)如來到門，閉而不通，便止舍邊「大叢樹」下。佛告比丘僧：此郡(隨蘭然)既飢，人「不好道」，各且自便，隨利「分衛」(乞食)。

(6)舍利弗受勅，獨升「忉利天」上，日食「自然」。眾僧「分衛」(乞食)，三日「空還」。時有「馬師」，減「麥」飯佛及比丘僧。阿難已得其麥，以鉢受之，心用悲疾，曰：諸天「名味」，「國王」供饍，每謂其「味」，不可尊口。今得此「麥」，甚為「麤惡」。何忍持此「供養佛」乎？……

(7)是時世尊欲詣拔耆國，先使阿難往告阿耆達。阿難受教，即便往告。阿耆達見阿難來，意猶未悟，即問阿難：如來今為所在？

(8)阿難報曰：世尊在此，爾來「三月」。前受卿(阿耆達)請，尊無「二言」(虛假之言)，一時已竟，告別當去。

(9)阿耆達聞佛垂化，乃無「供養」，(於是)「悲怖」交至，即馳詣佛，頭面作禮，而自陳言：「愚癡」罪覆，違失「言信」。願佛慈悲，恕原其重。

(10)佛告梵志：明汝至心。阿耆達歡喜前白佛言：(懇請)願(再)留「七日」，得敘「供養」。佛以「歲至」，即便「可」之。

(11)時日舍利弗，從「天」來下，「歲節」已過，當詣拔耆國。阿耆達取供養「餘具」，遍散道中，欲令佛「蹈」上而過。

(12)佛告梵志：飯具米糧，是應「食噉」，不宜「足蹈」。佛受其施，便為呪願，而作頌曰……阿耆達心悅結解，逮得「法眼」淨。國人大小皆發道心，前禮佛足，歡喜而退。

是故(法藏菩薩)願言(生起第六種)：**我為佛時，願一切大眾，無能生心，敢與我等**(敢來與我等齊的平起平坐)，(我將是極樂世界中)**唯一法王，更無俗王**(世俗的國王，因為世俗國王仍會發生種種「不圓滿」事)。

是故言：「(阿彌陀佛)**如須彌山王，勝妙**(殊勝妙樂)**無過者**(無人能超越過)」。

(阿彌陀佛於)**天人丈夫眾，**(皆受)**恭敬繞瞻仰。**

此二句，名(第七種)「莊嚴主功德成就」。佛本何故(阿彌陀之所以要生)起此莊嚴？見有佛如來：

①雖有大眾(在旁圍繞)，(但)眾中亦有「不甚恭敬」(的事情發生)。如一比丘語釋迦牟尼佛，若不與我解「十四難」(十四不可記、十四無記、十四難、十四種之不記答)，我當更學「餘道」！

②亦如居迦離(Kokālika 瞿伽離、瞿波利、俱迦梨、拘迦利、仇伽離)謗舍利弗，佛「三語」而「三不受」(佛三次對居迦離比丘阻止他毀謗舍利弗、目犍連，但居迦離都沒有接受)。

③又如諸外道輩，假入佛眾，而常伺求佛「短」。

④又如「第六天魔」常於佛所，作諸「留難」(讓人「流連顛沛」或「故意刁難」的種種禍

難)。

有如是等種種「不恭敬相」。

※關於「十四難、十四無記」的經論引證

《大智度論》卷15〈序品 1〉

(1)復次,於「十四難」(十四不可記、十四無記、十四難、十四種之不記答)不答法中有「常、無常」等,觀察無礙,不失「中道」,是法「能忍」,是為「法忍」。

(2)如一比丘,於此「十四難」思惟觀察,不能「通達」,心不能「忍」;持衣鉢至佛所,白佛言:佛能為我解此「十四難」,使我意「了」者,當作「弟子」;若不能解,我當更求「餘道」!

(3)佛告:癡人!汝本共我;要誓「若答十四難,汝作我弟子」耶?

比丘言:不也!

(4)佛言:汝「癡人」,今何以言「若不答我,不作弟子」?我為「老、病、死」人說法濟度;此「十四難」是「鬪諍法」,於法「無益」,但是「戲論」,何用問為?若為汝答,汝心「不了」,至死「不解」,不能得脫「生、老、病、死」。

(5)譬如有人,身被「毒箭」,親屬呼「醫」,欲為「出箭」塗藥,便言:未可出箭,我先當知汝姓字?親里?父、母年歲?次欲知箭出在何山?何木?何羽?作「箭鏃」者為是何人?是何等鐵?復欲知弓何山?木?何蟲角?復欲知藥是何處生?是何種名?如是等事,盡了「了知」之,然後聽汝「出箭」塗藥。

(6)佛問比丘:此人可「得知」此眾事,然後「出箭」不?

比丘言:不可得知!若待「盡知」,此則已死。

《大智度論》卷26〈序品 1〉

佛不答「十四難」者,佛有四種答:

一者、定答。

二者、分別義答。

三者、反問答。

四者、「置答」。

此「十四難」法，應「置答」。

《大智度論》卷9〈序品 1〉

(1)問曰：如佛所説「一切世界無量無邊」，云何言「其世界最在邊」？

「最在邊」者，是墮「有邊相」；若世界「有邊」，眾生「應盡」。何以故？無量諸佛，一一佛度無量阿僧祇眾生令入無餘涅槃，更無「新」眾生，故者「應盡」！

(2)答曰：

佛經雖言「世界無量」，此「方便説」，非是「實教」。如實「無神」，「方便」故説言「有神」。

(3)此「十四難」，世界「有邊、無邊」，俱為「邪見」。

《大智度論》卷2〈序品 1〉

(1)問曰：「十四難」不答故，知非「一切智人」。何等「十四難」？

(2)世界及我常，世界及我無常，世界及我亦有常亦無常，世界及我亦非有常亦非無常；世界及我有邊，無邊，亦有邊亦無邊，亦非有邊亦非無邊；死後有神去後世，無神去後世，亦有神去亦無神去，死後亦非有神去亦非無神去後世；是身、是神，身異、神異。

（一）世間「常」	（二）世間「無常」	（三）世間「亦常亦無常」	（四）世間「非常非無常」	（五）世間「有邊」	（六）世間「無邊」	（七）世間「亦有邊亦無邊」
（八）世間「非有邊非無邊」	（九）如來死後「有」	（十）如來死後「無」	（十一）如來死後「亦有亦非有」	（十二）如來死後「非有非非有」	（十三）命身「一」	（十四）命身「異」

※關於「居迦離毀謗舍利弗，佛陀三次阻止，但都無效」的經論引證

《出曜經·卷第十》

(1)昔佛在<u>羅閱祇城</u>耆闍崛山，時尊者<u>舍利弗</u>、<u>大目犍連</u>，食時，著衣持鉢，正其威儀。下<u>靈鷲山</u>頂，入城乞食。

(2)食後，還出<u>羅閱祇城</u>，未至其所。道逢暴雨，雷電霹靂。道側有神寺，房舍深邃。先有「放牛女人」於此止住。

(3)時<u>舍利弗</u>、<u>目犍連</u>入寺便住，不見女人。女人遙見<u>舍利弗</u>等，即便「失精」墮地。

(4)時<u>瞿波利</u>(Kokālika 瞿伽離、俱迦梨、拘迦利、仇伽離)**比丘復從後來，<u>舍利弗</u>遙見**，來語<u>目連</u>曰：不與愚從事，得離惡人快。今此比丘是「惡知識」，宜可出避。即與<u>目連</u>出彼寺廟，涉道而去。

(5)<u>瞿波利</u>後至，入於廟內，見有女人「顏貌端正」，作弄「女姿」，像如「犯婬」，有「不淨」在地。

(6)咄曰：禍災未曾所見，云何<u>舍利弗</u>、<u>目連</u>等，自稱「智慧、神足」，誇世獨步。「神通、智達」謂為第一，今乃與此「放牛女人」犯「婬」交接，斯現事如是？世豈有聖人耶？

(7)我今躬自見，不從人聞，得是歡喜，即出寺廟。徒跣涉雨，至世尊所。頭面禮足，在一面立。

(8)時<u>瞿波利</u>(Kokālika)**比丘前白佛言：<u>舍利弗</u>、<u>目連</u>等。纂(編撰出的)行(修行)**極弊，造凡夫業。適從城出，道遇暴雨，入寺避之。見<u>目連</u>等，與「牧牛女人」交接。我躬見之，實不虛誑。女人今故在寺，現可驗之。

(9)爾時世尊三稱(三次的呼叫)<u>瞿波利</u>(Kokālika)字，而告之曰：止！止！比丘！勿吐斯言，可發「善心」向<u>舍利弗</u>、<u>目連</u>等。所以然者？此二賢人，梵行已立，所作已辦。

(10)時<u>瞿波利</u>(Kokālika)復重白佛：我今「實信」如來如所教勅，然<u>舍利弗</u>、<u>目連</u>所行「穢惡」。實見「婬妷」，犯於「梵行」……

(11)時，「四天王」夜非人時，往至瞿波利(Kokālika)所，謂瞿波利(Kokālika)
曰：舍利弗、目連等賢善之人，三界福田無有過者，何為興念誹謗，
自墜罪苦？

(12)比丘問曰：卿是何人？

(13)報曰：護世四天王……

(14)即其夜，瞿波利(Kokālika)舉身生「疱ˇ」，大如芥子，轉如胡豆，漸如
桃杏，亦如「鼻羅菓」等。瘡遂壞敗，膿血流出臭穢難近，身壞命終，
入「阿浮度地獄」(即 arbuda 頞ˇ浮陀地獄；皰ˇ裂地獄；皰地獄)中，千具犁牛而耕
其舌。

(15)爾時世尊告諸比丘：守護「口過」，慎勿誹謗，夫誹謗之生，皆由「貪
嫉」。

《雜寶藏經‧卷三》

(1)昔有尊者舍利弗、目連，遊諸聚落，到「瓦師」(製造陶瓦器的工匠)所(處所)。
值天「大雨」，即於中(於「窰洞」中)宿。會值(適逢)「窰ˇ」(同「窯」。窯洞➡供人居
住的土室)中，先時(在此之前)有一「牧牛之女」，在後(在舍利弗、目連之後面)深處；
而「聲聞人」，不「入定」時，無異「凡夫」，故不「知見」(牧牛女在後面)。

(2)彼牧牛女，見舍利弗、目連，其容「端正」，心中「惑著」(迷惑貪愛)，便
失「不淨」。

(3)尊者舍利弗、目連，從「瓦窰ˇ」出。

(4)仇伽離(Kokālika 瞿伽離比丘、俱迦梨、拘迦利)善於「形相」，觀人顏色，知「作欲
相」(作婬欲相)、不作欲相(不作婬欲相)。見「牧牛女」在後而出(隨在舍利弗、目連
的後面而出來)，其女顏色，有成「欲相」，不知彼女(乃)「自生惑著」而失「不
淨」，即便謗(毀謗)言：尊者舍利弗、目連，「婬」牧牛女！

(5)(仇伽離)向諸比丘，廣說是事(廣說舍利弗、目連，婬污牧牛女之事)。

(6)時諸比丘，即便三諫(三次的勸諫)：莫謗尊者舍利弗、目連！

(7)時仇伽離(Kokālika)心生瞋嫉，倍更忿盛……

(8)時婆伽梵，遙於天上，知仇伽離(Kokālika)謗尊者舍利弗、目連，即便
來下。至仇伽離(Kokālika)房中。仇伽離(Kokālika)問言：汝是阿誰？

(9)答言：我是婆伽梵。

(10)為何事來？

(11)梵言：我以「天耳」，聞汝謗尊者<u>舍利弗</u>、<u>目連</u>，汝莫說尊者等有如此事……

(12)時<u>仇伽離</u>(Kokālika)，於其身上，即生惡瘡，從頭至足，大小如豆……其疱_{ㄆㄠ}轉大如瓠_{ㄏㄨ}，身體壯熱，入冷池中，能令冰池甚大沸熱，疱_{ㄆㄠ}瘡盡潰，即時命終，墮「摩訶優波地獄」（即 utpala 優鉢羅地獄。譯爲青蓮華）。

※關於「四果大羅漢，如果不入定，則同凡夫，神通不足」的經論引證

唐・道暹ㄒㄧㄢ《法華經文句輔正記・卷二》

羅漢出定，則同凡夫。

《大寶積經卷・九十九》

(1)爾時尊者<u>大目犍連</u>，語無畏德女言：汝見「佛法」與「聲聞法」有何差別？而見如是諸「大聲聞」，不起奉迎？不與訊對？不讓床坐？

(2)<u>無畏德女</u>答<u>目連</u>言：假使星宿，遍滿三千不能照了，「聲聞」亦爾。（聲聞羅漢）以「入定智」而能「照知」，若「不入定」，則不覺知。

(3)<u>大目連</u>言：若（聲聞羅漢）「不入定」，則不能知「眾生之心」。

(4)女言<u>目連</u>：佛「不入定」而於恒河沙等世界，如應說法，度諸眾生，「善知心」故。何況微少星宿光明諸聲聞耶？此是諸佛如來勝事。

《根本說一切有部毘奈耶雜事・卷十六》

(1)時婆羅門復……乃見具壽<u>舍利子</u>攜君持「瓶水」，可受「三升」，向「便利」處，見已生念：此是沙門喬答摩「上首」弟子，我且觀察如何洗淨？即隨後去。

(2)若阿羅漢「不入定」時，不能觀察他人「意趣」。

(3)<u>舍利子</u>既見彼人隨從而行，遂便「斂念」，「觀」此婆羅門何故隨我？乃知此人心求「潔淨」，欲於我所，伺其「善、惡」。復「觀」其人有善根不？

與誰相屬？遂見彼人先有「善根」，繫屬於我。

《中阿含經・卷三十》

(1)爾時，尊者大目犍連教授為佛而作「禪屋」，露地「經行」。彼時，「魔王」化作「細形」，入尊者大目犍連「腹」中。

(2)於是，尊者大目犍連即作是念：我今腹中猶如「食豆」，我寧可入如其「像定」，以如其「像定」自「觀」其「腹」。

(3)是時，尊者大目犍連至「經行」道頭，敷「尼師檀」，結「跏趺坐」，入如其「像定」，以如其「像定」，自「觀」其「腹」，尊者大目犍連便知「魔王」在其「腹」中。

(4)尊者大目犍連即從「定」寤，語魔王曰：汝波旬出！汝波旬出！莫觸嬈如來，亦莫觸嬈如來弟子，莫於長夜無義無饒益，必生惡處，受無量苦。

❈從這段經文來看，大目 犍連是在「經行」當中被魔王入侵到肚子去，當時他只有「感覺」像是一顆「豆子」跑進去，並不知道是魔王跑進去。因為大目 犍連當時沒有「入定」，只是在「經行」。所以就算是四果大羅漢、神通第一的尊者，在沒有「入定」時，形同「凡夫」一樣，沒有敏銳的神力。後來大目 犍連結「跏趺坐&入定&禪觀」，終於發現不是「豆子」在體內，而是「魔王」躲在裡面～

※關於「諸外道輩，常假混入佛眾，而伺求佛之短失」的經論引證

釋迦佛陀生前也有被眾生「設計」與「陷害」的時候。佛陀至少有四件屬於「人事無常」的事情發生過：(底下內容皆選自《佛說興起行經》，已改成白話方式介紹)

(一)佛被孫陀利「毀謗」之緣。

(二)佛被奢彌跋提「毀謗」之緣。

(三)佛被㮹 沙繫盂」(盛飯的器皿)「毀謗」之緣。

(四)佛「遭食馬麥」之緣。

(一)佛被孫陀利「毀謗」之緣：

往昔波羅奈城有一位在「賭博遊戲」的人，名叫淨眼，當時有一位婬女，名叫鹿相。而當時的淨眼誘引鹿相至樹園中，並共相娛樂，後來為了奪取鹿相美妙的衣服，竟然殺掉鹿相，然後把她埋於一位「辟支佛」的廬中。後淨眼乃「自說其罪」，因此被便國王殺掉。當時的淨眼即今生的釋迦佛，而往昔的鹿相即今日的孫陀利(Sundarī)。

以是罪緣，無數千歲，受無量苦，今日釋迦雖然得佛，由此「餘殃」，故今日仍受孫陀利女(Sundarī)的「毀謗」。

(二)佛被奢彌跋提「毀謗」之緣：

過去遠劫有位婆羅門，名叫延如達，他常教導五百位童子。復有一「梵天」婆羅門之婦，名叫淨音，也常供養延如達。後一日，有位「辟支佛」入城乞食，淨音乃準備「美食」而要供養「辟支佛」。

此時延如達便興起「嫉妒」心，就叫他底下的五百位童子去毀謗此「辟支佛」與淨音有「私通」之情。

後來「辟支佛」即現「神變」而入滅，於是眾人乃知這一切都是延如達所搞得鬼。

延如達雖然今日已成為釋迦佛，而往昔的淨音即今日的奢彌跋提，五百童子即今日的五百羅漢。

因過去延如達之「嫉妒心」，受諸苦報，今雖得為釋迦佛，由此「餘殃」，故今日佛仍受奢彌跋提的「毀謗」。

(三)佛被旃沙繫盂（盛飯的器皿）「毀謗」之緣：

往昔有位佛，名為盡勝如來，會中有兩比丘法師，一名無勝，一名常歡。當時波羅奈城有大愛長者之婦，名為善幻。兩比丘常往來其家。

無勝比丘已斷煩惱，故受供較「無缺」；而常歡比丘因煩惱未盡，故受供較「微薄」。

常歡比丘遂生出「妒嫉心」，便誹謗無勝比丘與善幻婦有「私通」之情。常歡比丘即今日的釋迦佛，而善幻婦者即今日的旃沙(Ciñcā-mānavika 旃遮摩那)。

世尊以是因緣，受諸苦報，今雖得成佛，由此餘殃，佛在為外道、王臣說法時，有位<u>多舌童女</u>(Ciñcā-mānavika 遊遮摩那；遊沙)<u>繫盂</u>ㄩˊ（盛飯的器皿）於腹上，便謂世尊使我有「懷孕」，今當「臨產」，事須「酥油」養於小兒，請佛陀盡當「給付」。

爾時會中的「釋提桓因」乃變化作一「黃鼠」，鑽入<u>多舌</u>童女的衣群中，咬斷繫「盂」之繩索，「盂」遂落地。

(四)佛「遭食馬麥」之緣：

過去世時有位毘婆葉如來，當時城中有位「婆羅門」名叫因提耆利，底下有五百位童子皆受他教化。因提耆利便在槃頭摩跋城中供養毘婆葉如來。

供養後，因為有一位生病的比丘名曰<u>彌勒</u>，不能前來受供，於是<u>因提耆利</u>婆羅門便準備為這位病比丘<u>彌勒</u>去請一些食物。

當<u>因提耆利</u>路過<u>梵志</u>山時，見到很多沙門和尚飯食「香美」，於是更生起嫉妒心說：

這些禿頭沙門，應該要吃「馬麥類」的食物，不應該享受這些「美食」的，後來<u>因提耆利</u>婆羅門還告訴他底下的五百位童子說著「同樣的話」。

<u>因提耆利</u>婆羅門即今日的<u>釋迦</u>佛，而當年的五百童子即今日的五百羅漢。以是因緣，今雖得成佛，由此殘緣，世尊及五百羅漢今日便於<u>毘蘭邑</u>(即毘蘭多國)遭食「馬麥」長達九十日。

《慧上 菩薩問 大善權經・卷二》

(1)當來比丘，或有出家行作沙門，為人「所謗」，有懷疑者，觀佛世尊，雖見「譏訕ㄕㄢˋ」，心不動轉、不却「宿罪」。

(2)念「佛如來」普勝之德，猶復若茲，況我等而無譏議？

(3)思惟此已，益加精進，清淨奉戒，心不迴轉。

《大寶積經・卷二十八》

(1)諸佛如來具足成就一切「白法」(純淨無染之法)，滅諸「惡法」尚有如是惡對「被謗」，何況我等及其餘者？

(2)如是知已，不復退還(退還道心)，(勤)修淨梵行。

是故(法藏菩薩)願言(生起第七種)：**使我成佛**，(我極樂世界中的)**天人大眾**，(彼此都能互相)**恭敬「無倦」**(沒有倦怠及厭煩)。所以但言「天人」者，(因極樂)淨土(乃)無「**女人**」(指無女人及男人)，及「**八部鬼神**」故也。

※關於「極樂世界無八部鬼神」的經論引證

吳‧支謙譯《佛說阿彌陀三耶三佛薩樓佛檀過度人道經》
其國(極樂世界)七寶，地皆平正，無有「泥犁(naraka 地獄)、禽獸(畜生)、薜荔(preta 餓鬼)、蜎ㅂ (小蟲)飛、蠕ㄖ 動(古同「蝡」→微動；爬動；緩慢爬行)」之類，無有「阿須倫、諸龍鬼神」。

是故言：「(阿彌陀佛於)**天人丈夫眾**，(皆受)**恭敬繞瞻仰**」。

觀(阿彌陀)**佛本願力**，(任何眾生所)**遇**(皆能)**無空過**(空耗錯過)**者。能令速滿足，功德大寶海。**
此四句，名(第八種)「莊嚴不虛作『住持』功德成就」。佛本何故(阿彌陀之所以要生)起此莊嚴？
見有如來(還在「住世」之時)：
①但(只)以「聲聞」為僧，(而)無「求佛道」者(無有發大心想要成就佛道者)。

②或有「值佛」(還在「住世」之時)而不免(墮墮到)「三塗」(三惡道)，(如)善星(Sunakṣatra)、提婆達多(Devadatta 提婆達多)、居迦離(Kokālika 瞿伽離、瞿波利、俱迦梨、拘迦利、仇

_{伽離})等是也。

③又_(有)人_(已)聞佛名號，_(已)發無上_(成佛的)道心，_(但卻)遇「惡因緣」，_(竟然)退入「聲聞、辟支佛地」者_(此指舍利弗曾修行六十劫的「菩薩道」，後來遇有人來「乞眼」之事，造成舍利弗退墮而迴向「小乘」道)。

有如是等_(皆屬於值佛如來「在世」而)「空過」者_(值遇佛陀卻空耗錯過)、「退沒」_(退菩薩心而淪沒至小乘道)者。

※關於「善星比丘墮阿鼻地獄」的經論引證

《大般涅槃經·卷三十三》

(1)善男子！汝若不信如是事者，善星(Sunakṣatra)比丘今者近在尼連禪河(Nairañjanā)，可共往問。

(2)爾時如來即與迦葉往善星所，善星比丘遙見如來，見已即生「惡邪」之心。_(善星比丘)以「惡心」故，生身陷入，_(便)墮「阿鼻獄」。

※關於「舍利弗曾修行六十劫的菩薩道，後來遇有人來乞眼，遂造成退墮而迴向小乘」的經論引證

《大智度論》卷12〈序品 1〉

(1)如舍利弗於「六十劫」中行「菩薩道」，欲渡「布施」河。時有「乞人」來乞其眼。

(2)舍利弗言：「眼」無所任_(任用；堪用；能用)，何以索之？若須「我身」及「財物」者，當以相與！

(3)答言：不須「汝身」及以「財物」，唯欲得「眼」。若汝實行「檀」_(dāna 布施；捨施)者，以「眼」見與！

(4)爾時，舍利弗出一「眼」與之。乞者得眼，於舍利弗前嗅之「嫌臭」，唾

而「棄地」，又以「腳蹹 」。(所有的境界「考驗」，都是屬於「突然性的、意外性的」，此時一個人的「貪瞋癡心」是否會生起，就知道修行的功力了)

(5)舍利弗思惟言：如此「弊人」(弊陋卑鄙的人)等，難可度也！眼實「無用」而「強索」之，既得而「棄」，又以「腳蹹 」，何「弊」(弊陋卑鄙)之甚！如此人輩，不可(救)度也。不如自調(自我調適)，早脫生死。

(6)(舍利弗)「思惟」是已，(舍利弗)於「菩薩道」退(轉)，(竟而)迴向「小乘」，是名「不到彼岸」。若能「直進不退」，成辦佛道，(方)名「到彼岸」。

《大智度論》卷26〈序品 1〉

(1)何以故佛無「身」失(沒有「身」的過失)、無「口」失(沒有「口」的過失)？

(2)答曰：佛於無量阿僧祇劫來，「持戒」清淨故，身、口業無失；餘諸阿羅漢如舍利弗等，極多「六十劫」，不久習「戒」，故有(過)失。

(3)佛無量阿僧祇劫集諸「清淨戒」成就故、常行甚深「禪定」故、得一切「微妙智慧」故、善修「大悲心」故，無有(過)失。

《大智度論》卷76〈夢中不證品 61〉

(1)佛及「菩薩」，(皆修)「六波羅蜜」能成菩薩故，(佛與菩薩)應是(眾生之)「善知識」。「小乘道」異(與大乘道不同)，云何(亦)能與(眾生)作「善知識」？

(2)答曰：有「小乘」人，先世(前世)求佛道故「利根」，雖(仍)是「小乘」，(但恒)有「憐愍心」，觀(觀察此小乘者)應成「大乘者」(而)為說「大乘法」，(令)知「報佛恩」故，令「佛種」(成佛的種性)不斷。

(3)如舍利弗「六十劫」求佛道，雖(曾經)「退轉」作「阿羅漢」，亦(是)「利根」智慧，能為「諸菩薩」說「大乘」。

(4)須菩提常行「無諍三昧」，常有「慈悲心」於眾生故，亦能教化「菩薩大乘法」。如摩訶迦葉以「神通力」持此身至彌勒出世，於九足山中出，與大眾作「得道」因緣。如是等甚多。

《薩婆多毘尼毘婆沙》卷1

(1)如昔有一「鴿」為「鷹」所追，(鴿)入舍利弗影，(鴿仍然感到)戰懼不安。(鴿)移入「佛影」，(則)泰然不怖。(就算)大海可(被)移(動)，此鴿(仍)不動。

(2)所以爾者，(因)佛有「大慈大悲」；<u>舍利弗</u>(則)無「大慈大悲」。佛(之)「習氣」盡；<u>舍利弗</u>(則)「習氣」未盡。佛(於)「三阿僧祇」劫，修「菩薩行」；<u>舍利弗</u>(於)「六十劫」中修習「苦行」。

(3)以是因緣，「鴿」入舍利弗影中，(鴿)猶「有怖畏」；(鴿)入佛影中，而「無怖畏」。

《大方便佛報恩經》卷6〈優波離品 8〉

(1)昔有一「鴿」為「鷹」所逐。(鴿)入<u>舍利弗</u>影，(鴿仍然感到)戰懼不解。(鴿)移入「佛影」，(則)泰然無怖。(就算)大海可(被)移(動)，此鴿(仍)無動。

(2)所以爾者，(因)佛有大慈大悲；<u>舍利弗</u>(則)無大慈大悲。佛(之)「習氣」盡；<u>舍利弗</u>(則)習氣」未盡。佛(於)「三阿僧祇」劫，修「菩薩行」；<u>舍利弗</u>(於)「六十劫」中修習「苦行」。

(3)以是因緣，「鴿」入<u>舍利弗</u>影，(鴿)猶有怖畏；(鴿)入佛影中，而「無怖」也。

《最勝問 菩薩十住除垢斷結經》卷2〈廣受品 7〉

(1)時<u>舍利弗</u>承佛威神，宣告來會「諸菩薩」等：聽我「曩昔」在「坏冬 器」(指未經燒成的磚瓦陶器，此喻初發「菩薩心」在修行時)時，或從「一住」進至「五住」，還復「退墮」而在「初住」；復從「初住」至「五、六住」。如是經歷「六十劫」中，竟復不能到「不退轉」，所興即悔(才興起要修菩薩道，就又馬上後悔)，亦不究竟。

(2)設當「持心」如「淨戒」者，所願必得，而不犯「俗」，以智慧法，靡不照明。

※**關於「極樂世界必得不退轉之大乘菩薩，絕無退墮小乘」的經論引證**

後漢・<u>支婁迦讖</u>譯《佛說無量清淨平等覺經》

十八(第十八願)：我作佛時，諸佛國人民，有作菩薩道者，常念我淨潔(純淨

{清潔)}心,壽終時,我與不可計「比丘眾」,飛行迎之,共在前立,即還生我國(極樂世界),作「阿惟越致」_(avinivartanīya 不退轉)。不爾者,我不作佛。

唐·菩提流志譯《大寶積經·卷十七·無量壽如來會》_{(此為《無量壽經》}
_{的同本異譯本)}

_(第四十五願)若我成佛,他方菩薩聞我「名」已,皆得「平等三摩地門」,_{(此諸}
{菩薩若)}住是(平等三摩地)定中,_(便能)常供無量無等諸佛,乃至菩提,<u>終不退轉</u>。
若不爾者,不取正覺。

唐·菩提流志譯《大寶積經·卷十七·無量壽如來會》_{(此為《無量壽經》}
_{的同本異譯本)}

(第四十八願)若我成佛,餘佛國中所有菩薩,若聞我「名」,應時不獲(證)「一
_(音響忍)、二、三」忍,於諸佛法不能現證「不退轉」者。不取菩提。

曹魏·康僧鎧譯《佛說無量壽經·卷上》

_(第四十七願)設我得佛,他方國土諸菩薩眾,聞我「名字」,不即得至「不退
轉」者。不取正覺。

唐·菩提流志譯《大寶積經·卷十七·無量壽如來會》_{(此為《無量壽經》}
_{的同本異譯本)}

何以故?他方佛國所有眾生,聞無量壽如來名號,乃至能發一念「淨信」,
歡喜愛樂,所有「善根迴向」,願生無量壽國_(極樂世界)者,隨願皆生,得「不
退轉」,乃至「無上正等菩提」,除「五無間」,誹毀「正法」,及謗「聖者」。

曹魏·康僧鎧譯《佛說無量壽經·卷下》

諸有眾生,聞其名號,信心歡喜,乃至「一念」,至心迴向,願生彼國_{(極}
_{樂世界)},即得往生,住「不退轉」。唯除「五逆」,誹謗「正法」。

趙宋·法賢譯《佛說大乘無量壽莊嚴經》

阿難!於意云何?欲令眾生,聞彼佛名,發「清淨心」,憶念受持,歸依

供養，求生彼土，是人命終，皆得往生極樂世界，不退轉於「阿耨多羅三藐三菩提」。

※關於「阿彌陀佛已成就不虛作住持的圓滿功德」的解說

「不虛作」指從阿彌陀佛的「法身智慧」所現出的種種功德，都能賜予眾生速成就「無上大菩提」，而絕無「空過」(值遇佛陀卻空耗錯過)。

「住持」指阿彌陀佛能以無上的「不可思議功德力」去「住持」眾生的心，阿彌陀佛有強大的「善法之力」，能「安住維持、久住護持」這片極樂淨土，能令眾生皆能「念念」住於「無上菩提大道」上，堅固不退，並由此圓滿一切的功德「大寶」海。

是故(法藏菩薩)願言(生起第八種)：使我成佛時，(若有)值遇我者，皆速疾滿足無上「大寶」(指成就「佛果」之無上大寶)。

是故言：「觀(阿彌陀)佛本願力，(任何眾生所)遇(皆能)無空過(空耗錯過)者，能令速滿足，功德大寶海」。

「住持」義如上。觀佛莊嚴八種功德，訖(訖今已解釋完畢)之于上(如上段諸文)。

次觀安樂國(極樂世界)諸大菩薩四種莊嚴功德成就。

問曰：(既然已)觀如來莊嚴功德，何所闕少？(仍)復須觀菩薩功德耶？

答曰：如有「明君」(賢明的君主)則有「賢臣」(賢能的臣子)，堯、舜之稱「無為」(無為而治)，是其比也。若便但有「如來法王」而無「大菩薩」法臣，於翼(輔佐匡翼)讚道(讚揚佛道)，豈足云滿(圓滿)？亦如薪藉ㆍ (木薪草積)小，則火(勢)不大。(此喻「菩薩法臣」若小或少，則彌陀「明君法王」則威勢就不大)

如經言：阿彌陀佛國有無量無邊諸「大菩薩」，如觀世音、大勢至等，皆當「一生」(eka-jāti-pratibaddha。最後之輪迴者。經過此生，來生定可在世間成佛，指菩薩之最高位「等覺菩薩」，或名「一生補處菩薩」)於他方「次補佛」處。若人「稱名憶念」者、「歸依」者、「觀察」者，如《法華經》〈普門品〉說「無願不滿」。

然(而)菩薩愛樂 功德，如(大)海吞(眾)流，(永)無止足(知止滿足)情。亦如釋迦牟尼如來聞一「目闇」(失明)比丘(指尸婆比丘)吁ㆍ (感嘆)言：誰愛「功德」？(能)為我維(繫；拴縛)鍼(穿針)？

爾時如來從「禪定」起來，到其所，語言：我愛「福德」，遂為其維(繫；拴縛)鍼ㆍㄅ (穿針)。

爾時「失明」比丘暗聞「佛語聲」，驚喜交集，白佛言：世尊！世尊功德，猶未滿(還未圓滿)耶？

佛報言：我功德(已)圓滿，無所復須(求)，但我此身(莊嚴法報化三身)，(皆)從「功德」生，(我)知功德「恩分」(恩惠情分)故，是故言：「愛如所問」(我愛如您所問的「誰愛功德、福德」)。

觀(阿彌陀)佛功德(總計有八種)，實(已)無願不充(沒有任何願望而不獲充滿)，所以復觀「菩薩」功德(總計有四種)者，有如上種種義故耳。

※關於「我愛福德，誰來為我紝ㆍ 針」的經論引證

《撰集百緣經》卷4〈出生菩薩品 4〉

(1)佛在舍衛國祇樹給孤獨園。時諸比丘「安居」(結夏安居三個月)欲竟,「自恣」(pravāraṇā 清眾面對其他比丘「恣任」舉發自己之罪而懺悔之,令得清淨而自 生喜悅)時到,春秋二時,常來集會,聽佛說法。其中或有「浣ㄏ 衣、薰缽、打染、縫治」,如是各各,皆有所營(營事勞作)。

(2)時彼眾中,有一比丘,名曰尸婆,年老目瞑,坐地(坐在地上)「縫衣」,不見紝ㄖ (古同「紝」→以線穿針)針,作是唱言:「誰貪福德?為我紝ㄖ 針」。

(3)爾時世尊,聞比丘語,尋即往至,捉比丘手,索針欲(穿)貫。時老比丘,(已)識佛「音聲」,白言:世尊!如來往昔(修行)「三阿僧祇劫」,修「大慈悲」,滿足「六波羅蜜」,具「菩薩」行,(已)斷除「結使」,(所有的)「功德」備足,自致「作佛」。今者何故猶於我所,(還再)求索「福德」?

(4)佛告比丘:由我昔來,宿習(指宿世積集善法的樂ㄈ 欲心)「不忘」,故於汝所,猶(想多)「修福德」。

《大智度論》卷26〈序品 1〉

(1)「欲」無減(積集善法的樂ㄈ 欲心沒有減少)者,佛知「善法恩」故,常欲「集諸善法」故,「欲」無減。修習「諸善法」,心無「厭足」故,「欲」無減。

(2)譬如一長老比丘目闇,自縫僧伽梨,針紝ㄖ (古同「紝」→以線穿針)脫;語諸人言:「誰樂ㄈ 欲福德者,為我紝ㄖ 針」?

(3)爾時,佛現其前語言:我是「樂欲福德,無厭足人」。持汝針來。

(4)是比丘「斐ㄈ 疊ㄈ 」(指眼睛仍有一點點些微的能見度),(所以仍能微)見佛光明,又識佛「音聲」,白佛言:佛無量功德海,(佛)皆盡其「邊底」,云何(仍云)「無厭足」?

(5)佛告比丘:「功德果報」甚深,無有如我知「恩分」(恩惠情分)者;我雖復盡其(功德的)「邊底」,我本以「欲心無厭足」故得(成就)佛,是故今猶不息。(我)雖(已)「更無功德」可得,(但)我「欲心」(積集善法的樂ㄈ 欲心沒有減少)亦不休!

(6)諸天世人驚悟,佛於「功德」,尚無「厭足」,何況餘人!佛為比丘說法,是時「肉眼」即「明」,「慧眼」成就。

《一切經音義》卷46
斐ㄟ亹ㄟ →孚尾，亡匪反，如「有」也……劉瓛(南朝之人)曰：亹ㄟ 猶「微微」
也。

《大智度論》卷13〈序品　1〉
「戒福」恒隨身，常與「天人俱」……「金色」映繡文，「斐ㄟ 亹ㄟ」(指文彩絢
麗之貌)如雲氣。如是上妙服，悉從「天樹」出……「持戒」為耕田，「天樹」
從中出……如是種種樂，皆由施與「戒」，若欲得此報，當勤自勉勵！

此義有三種：
(1)觀察極樂世界有「眷屬圓滿」的功德莊嚴，有「諸菩薩」的法臣「輔佐匡
　翼」阿彌陀佛法王，幫忙宣揚佛法，教化群生。
(2)由觀察觀世音、大勢至等諸大菩薩的功德莊嚴，亦能夠快速成就圓滿
　所願。
(3)以大乘菩薩仍「愛樂」功德與種種福慧，且永無厭足，例如普賢菩薩
　十大願王中的「稱讚、隨喜」大願，永無止盡的普賢大行。

安樂國(極樂世界)清淨，(阿彌陀佛)常轉「無垢輪」。化佛菩薩日(所
有的化佛菩薩眾皆如日當中)，(皆)如須彌住持(般的輔助阿彌陀佛大轉「無垢輪」)。

佛本何故(阿彌陀之所以要生)起此莊嚴？
見有佛土：
①但是小菩薩，(這些諸小菩薩並)不能於十方世界「廣作佛事」。
②或但「聲聞、人天」，(故其)所利(所能利益眾生的事業)狹小。

※關於「無垢輪」的經論引證

《大方等大集經菩薩念佛三昧分》卷2〈不空見本事品 2〉
世尊智慧無障礙，常轉三世「清淨輪」。如昔廣利諸眾生，令我見佛從火起。

塞建陀羅阿羅漢造。 玄奘譯《入阿毘達磨論》
敬禮一切智，佛日無垢輪，言：光破人天「惡趣」本心闇。

是故（法藏菩薩）興願（生起第一種）：願我國中，有無量「大菩薩眾」，（能於）「不動」本處，（而）遍至十方，種種「應化」（應身化有），如實修行，常作佛事。

譬如日（輪）在天上，而（能清楚的）影現（於）百川（之中），日豈來耶？豈不來耶？
（天空的日輪並沒有「降下來」到百川之上，但天空的日輪也沒有「不影現」在百川之上。所以極樂世界的「大菩薩眾」皆能「不動本處」而周遍法界的廣作佛事）

※關於「菩薩能不動本處而遍至十方度眾」的經論引證

《大方廣佛華嚴經》卷80〈入法界品 39〉
譬如大海寶充滿，清淨無濁無有量；四洲所有諸眾生，一切於中現其像。
佛身功德海亦爾，無垢無濁無邊際；乃至法界諸眾生，靡不於中現其影。
譬如淨日放千光，不動本處照十方；佛日光明亦如是，無去無來除世暗。

《佛說象腋經》卷1
(1)佛言：文殊師利！而是菩薩入於「三昧」，名曰「過於一切言說」。是菩薩住此「三昧」時，東西南北、四維上下、一切十方世界之中，示現其身，「不動本處」，亦無去來。住是三昧，得見諸佛，亦聞說法。
(2)文殊師利！菩薩如是善知往返一切佛剎，不動本處，亦無去來，現諸

佛刹，如水月影。

《信力入印法門經》卷4

<u>文殊師利</u>！譬如「月輪」，或如「日輪」，於「閻浮提」一切器水，「清淨」不濁，離於「障礙」，皆悉現見，而「日、月」輪，本處不動。

如《大集經》言：譬如有人(此四句來自《大集經》)，善治「堤<small>ㄊㄧ</small>塘」(堤岸堰<small>ㄧㄢ</small>塘，「善治堤塘」四字非來自《大集經》，而是來自《中本起經》與《佛垂般涅槃略説教誡經》))，(應考)量其所宜(所適宜建治的地方)，及放水時，不加(不必再增加)心力(人工心力)。

(發心修行的)菩薩亦如是，先治(首先應該要修治莊嚴)一切「諸佛」，及(有)眾生應「供養」(者)、應「教化」(等)種種(的)「堤塘」(堤岸堰<small>ㄧㄢ</small>塘)，及(修行而)入「三昧」，(甚至修至)身心不動(此喻第八地菩薩)，(能)如實修行，(並)常作佛事。

(所謂)如實修行者，(意思是説)雖「常修行」，(而)實「無所修行」(此意同於「無功用道」的修而不修，不修而修)也。

※關於「譬如有人，善治堤塘」的經論引證

《大方等大集經》卷11

(1)世尊！譬如有人，高原陸地，種「瞻波樹」，水常行處，復作「坻<small>ㄔ</small>塘」，地既高燥，又不得水，漸漸枯黃，不能增長。

(2)世尊！菩薩摩訶薩亦復如是，「憍慢」增故，不親「善友」，不聞「正法」，雖聞復失。

《中本起經》卷2〈瞿曇彌來作比丘尼品 9〉

佛告阿難：假使女人，欲作「沙門」者，有「八敬」之法，不得踰越。當

以盡壽，學而行之。譬如「防水」，善治「堤ㄊ塘」，勿「漏」而已。其能如是者，可入我律戒。

《大般涅槃經》卷6〈如來性品 4〉

善男子！如故「堤ㄊ塘」，穿穴有孔，水則淋漏。何以故？無人「治」故。若有人「治」，水則不出。

《佛垂般涅槃略說教誡經》

(1)汝等比丘，若「攝心」者，「心」則在「定」，「心」在「定」故，能知世間「生滅」法相。是故汝等，常當精勤修「集」諸定，若得定者，心則不亂。

(2)譬如「惜水」之家，善治「堤ㄊ塘」。行者亦爾，為「智慧水」故，善修「禪定」令不漏失，是名為「定」。

※關於「雖常修行，而實無修行的無功用道」的經論引證

《大方廣佛華嚴經》卷37〈十地品 26〉

菩薩從「初地」，乃至「第七地」，成就「智功」用分。以此力故，從「第八地」乃至「第十地」，「無功用行」，皆悉成就。

趙宋・法賢譯《佛說大乘無量壽莊嚴經》

世尊！我得菩提，成正覺已，所有十方一切佛刹「聲聞、菩薩」，聞我「名號」，證「無生忍」，成就一切平等善根，住「無功用」，離「加行」(加功用行)故，不久令得「阿耨多羅三藐三菩提」。

是故言：「安樂國 (極樂世界) 清淨，(阿彌陀佛) 常轉「無垢輪」。化佛

菩薩日(所有的化佛菩薩眾皆如日當中)，如須彌住持(般的輔助阿彌陀佛大轉「無垢輪」)。

無垢莊嚴光，一念及一時。普照諸佛會，利益諸群生。

佛本何故(阿彌陀之所以要生)起此莊嚴？
見有如來：

(其菩薩諸)眷屬欲「供養」他方無量諸佛，或欲「教化」無量眾生。(只能)此沒彼出，(或)先南後北，不能以「一念、一時」放光普照，遍至「十方世界」教化眾生，(此諸菩薩眾仍然)有「出、沒、前、後」相故。

是故(法藏菩薩)興願(生起第二種)：願我佛土，諸大菩薩，(皆能)於「一念」時頃，(即可)遍至十方，作種種佛事。

是故言：「(極樂世界中諸大菩薩具有)無垢莊嚴光，(能於)一念及一時，(而)普照諸佛會，利益諸群生」。

※關於「一念一時即能周遍法界作種種佛事」的經論引證

《大方廣佛華嚴經》卷40〈入不思議解脫境界普賢行願品〉
所有十方世界中，三世一切人師子，我以清淨身語意，一切遍禮盡無餘。
普賢行願威神力，普現一切如來前，一身復現剎塵身，一一遍禮剎塵佛。
於一塵中塵數佛，各處菩薩眾會中，無盡法界塵亦然，深信諸佛皆充滿。
各以一切音聲海，普出無盡妙言辭，盡於未來一切劫，讚佛甚深功德海……
於一毛端極微中，出現三世莊嚴剎，十方塵剎諸毛端，我皆深入而嚴淨。
所有未來照世燈，成道轉法悟群有，究竟佛事示涅槃，我皆往詣而親近。

趙宋・法賢譯《佛說大乘無量壽莊嚴經》

(第三願)世尊！我得菩提，成正覺已，十方世界所有眾生，令生我剎(極樂世界)，得「大神通」，經一念中，周遍巡歷百千俱胝「那由他」(nayuta)佛剎，供養諸佛，深植善本，悉皆令得「阿耨多羅三藐三菩提」。

曹魏・康僧鎧譯《佛說無量壽經・卷下》

佛語阿難：彼國(極樂世界)菩薩，(能)承佛威神，(能於)一食之頃，(便)往詣十方無量世界，恭敬供養(其餘)諸佛世尊。

曹魏・康僧鎧譯《佛說無量壽經・卷上》

(1)(第九願)設我得佛，國中(極樂世界)「天人」，不得「神足」，於一念頃，下至不能超過百千億「那由他」(nayuta)諸佛國者，不取正覺。

(2)(第二十三願)設我得佛，國中(極樂世界)菩薩，(能)承佛神力，(而去)供養諸佛，(若於)一食之頃，(而)不能遍至無量無數億「那由他」(nayuta)諸佛國(去供養諸佛)者，不取正覺。

唐・菩提流志譯《大寶積經・卷十七・無量壽如來會》(此為《無量壽經》的同本異譯本)

(1)(第九願)若我成佛，國中(極樂世界)有情，不獲「神通自在」波羅蜜多，(若)於一念頃不能超過億「那由他」(nayuta)百千佛剎者，不取正覺。

(2)(第二十三願)若我成佛，國中(極樂世界)菩薩，每於晨朝，供養他方，乃至無量億「那由他」(nayuta)百千諸佛，以佛威力，即以「食」前，還到本國。若不爾者，不取菩提。

問曰：上章云「身不動搖」而「遍至十方」(指「不動本處，遍至十方」之句)，不動而至，豈非是「一時」義耶？與此(與此「一念及一時，普照諸佛會」之句)若為差別(是否有差別呢)？

答曰：上但言「不動而至」（指「不動本處，遍至十方」之句），或容有「前、後」（或容許指「時間」仍有先有後的問題存在）。此（處又）言「無前無後」，（則這前後二句）是為（有所）差別？（此）亦是成（立）上（句的）「不動」義。

若不「一時」（如果不是在「一時」完成所有佛事的話），則是（有）「往來」（之相）；若有「往來」（之相），則非「不動」（那就不能說是「身不動搖」的意思），是故為成（立）上（句的）「不動」義，故須觀「一時」（須要觀察一切的佛事都應該在「一時」之間而全部完成）。

（極樂世界中諸大菩薩、聲聞、天人眾等皆能）雨㆝ 天樂華衣，妙香等供養，讚諸佛功德，無有分別心。

佛本何故（阿彌陀之所以要生）起此莊嚴？
見有佛土：
①菩薩（與）人天，（其）志趣（心志趣向）不廣（不夠寬廣），（於是）不能遍至十方無窮世界，（去）供養諸佛如來大眾。

②或以己土（自己國土）「穢濁」（污穢濁垢），（於是）不敢向詣「淨鄉」（清淨的鄉土）。

③或以（自己）所居（的國土）「清淨」，（而）鄙薄（鄙陋淺薄）「穢土」。

（以上兩者指執著淨土而輕賤穢土，或執著穢土而不求生淨土）

以如此等種種局分（局限分別），於（其餘的）諸佛如來所，（便）不能「周遍供養」，（亦不能）發起「廣大善根」。

是故（法藏菩薩）願言（生起第三種）：我成佛時，願我國土（中）一切「菩薩、聲聞、天人大眾」，（皆能）遍至十方一切「諸佛」大會處所，（能）雨㆝「天樂、天華、天衣、天香」，（能）以巧妙辯辭（辯說無礙的言辭），供養「讚歎」諸佛功德。

※關於「以巧妙辨辭，供養讚歎諸佛功德」的經論引證

吳・支謙譯《佛說阿彌陀三耶三佛薩樓佛檀過度人道經》

(極樂世界中)諸菩薩皆大歡喜，俱於虛空中，大共作眾音，自然伎樂，樂(以伎樂之樂而供養)諸佛及諸「菩薩、阿羅漢」。

後漢・支婁迦讖譯《佛說無量清淨平等覺經》

(極樂世界中)諸菩薩皆大歡喜，俱於虛空中，大共作眾音，自然伎樂，樂(以伎樂之樂而供養)佛及諸「菩薩、阿羅漢」。

唐・菩提流志譯《大寶積經・卷十七・無量壽如來會》(此為《無量壽經》的同本異譯本)

(極樂世界中)此諸菩薩生希有心，得大喜愛，於晨朝時，奉事供養(他方諸佛)，尊重讚歎，無量百千億「那由他」(nayuta)佛。及(至他方諸佛)種諸善根已，即於晨朝，還到本國(極樂世界)。

曹魏・康僧鎧譯《佛說無量壽經・卷下》

(極樂世界中)其諸菩薩僉_{ㄑㄧㄢ}然(和諧)欣悅(歡欣喜悅)，於虛空中，共奏天樂，以微妙音，歌歎(歌誦讚歎)佛德，聽受經法(經典法義)，歡喜無量。(能)供養(他方諸)佛已，(於諸佛)未食之前，忽然輕舉(輕揚高舉)，還其本國(極樂世界)。

趙宋・法賢譯《佛說大乘無量壽莊嚴經》

(第十九願)世尊！我得菩提，成正覺已，我居寶刹(極樂世界)所有菩薩，發勇猛(勇銳威猛)心，運大神通，往無量無邊無數世界諸佛刹中，以「真珠、瓔珞、寶蓋、幢幡、衣服、臥具、飲食、湯藥、香華、伎樂」，供養承事(諸佛)，迴求(迴向而願求)菩提，速得成就「阿耨多羅三藐三菩提」。

趙宋·法賢譯《佛說大乘無量壽莊嚴經》

(第二十願)世尊！我得菩提，成正覺已，我居寶剎(極樂世界)所有菩薩，發大道心，欲以「真珠、瓔珞、寶蓋、幢幡、衣服、臥具、飲食、湯藥、香華、伎樂」，承事供養他方世界無量無邊諸佛世尊，而不能往(若不能前往的話)。我於爾時，以「宿願力」，令彼他方諸佛世尊，各舒「手臂」至我剎中，受是供養，令彼速成「阿耨多羅三藐三菩提」。

趙宋·法賢譯《佛說大乘無量壽莊嚴經》

(第二十一願)世尊！我得菩提，成正覺已，我居寶剎(極樂世界)所有菩薩，隨自「意樂」(意念樂⊿欲)，不離此界，欲以「真珠、瓔珞、寶蓋、幢幡、衣服、臥具、飲食、湯藥、香華、伎樂」，供養他方無量諸佛。又復思惟，如佛「展臂」，至此受供，(欲樣會造成)劬⊿勞(劬心勞累)諸佛，令我無益。作是念時，我以神力，令此「供具」自至他方諸佛面前，一一供養。爾時菩薩，不久悉成「阿耨多羅三藐三菩提」。

趙宋·法賢譯《佛說大乘無量壽莊嚴經》

(第二十四願)世尊！我得菩提，成正覺已，我居寶剎(極樂世界)所有菩薩，以百千俱胝「那由他」(nayuta)種種珍寶，造作「香爐」，下從地際，上至空界，常以無價「栴檀之香」，普薰供養十方諸佛，令得速成「阿耨多羅三藐三菩提」。

雖(仍)歎「穢土」，(此乃)如來大慈(之)「謙忍」(內心謙恭及能慈忍教誨眾生)，(故)不見佛土有(真實之)「雜穢相」。

雖(必)歎「淨土」，(此乃)如來無量莊嚴(之功德「願力」所造之淨土)，(但亦)不見佛土有(真實之)「清淨相」，何以故？

以諸法「(平)等」故，諸如來「(平)等」，是故諸佛如來名為「等覺」(平等正覺)。

若於(一切淨穢)佛土(生)起「優、劣」心，假使(仍然)供養(此)「如來」，(亦成為一種)「非法」供養也。

(若於穢土生下劣心的執著，則供養此穢土的如來，將成為「非法、不如法」的一種供養)

(若於淨土生優勝心的執著，則供養此淨土的如來，將成為「非法、不如法」的一種供養)

※關於「謙忍。勞謙與忍苦」的經論引證

《菩薩善戒經》卷6〈供養三寶品 17〉

菩薩常以「四事」因緣，名為「大悲」。

①一者：諦觀眾生受「苦」因緣，甚深難解。

②二者：無量世中修「集」(samudayārya-satya，集聖諦；習諦；苦習聖諦；苦集諦。招聚諸苦)。

③者三(應作「三者」)：至心修「集」。

④四者：以「至心」故，為於眾生「不惜身命」。

以是四事因緣故，能為眾生「勞謙」(勤勞修行但卻謙恭)忍苦(慈忍諸苦)，受於「苦身」。

是故菩薩名「淨大悲」，「淨大悲」者，名「如來地」。

※關於「不於淨土生優勝心。不於穢土生下劣心」的經論引證

姚秦‧鳩摩羅什譯《維摩詰所說經》

(1)爾時舍利弗承佛威神作是念：若菩薩「心淨」，則佛土淨者。我世尊(釋迦佛)本為菩薩時，「意」豈「不淨」，而是佛土不淨若此？

(2)佛知其念，即告之言：於意云何？日月豈不淨耶？而盲者不見。

(3)(舍利弗)對曰：不也！世尊！是盲者過，非日月咎。

(4)(佛言：)舍利弗！眾生罪故，不見如來佛土嚴淨(莊嚴清淨)，非如來咎。

(5)舍利弗！我(釋迦佛)此土淨，而汝不見。

(6)爾時螺髻(śikhin)梵王語舍利弗：勿作是意；謂此(釋迦)佛土以為不淨。所以者何？

(7)我(螺髻梵王)見釋迦牟尼佛土清淨，譬如(他化)「自在天宮」。

(8)舍利弗言：我見此土(釋迦佛國)丘陵坑坎、荊棘⸝ 沙礫⸝ 、土石諸山，穢惡充滿。

(9)螺髻(śikhin)梵言：仁者(舍利弗)！心有高下，不依佛慧，故見此土(釋迦佛國)為不淨耳！

(10)舍利弗！菩薩於一切眾生，悉皆平等，深心清淨，依佛智慧，則能見此(釋迦)佛土清淨。

《大般若波羅蜜多經·卷第五百六十九》

如來所說，真實不虛，諸佛如來所居之處，皆無「雜穢」，即是「淨土」。

如佛所說，其義無二，有情「薄福」，見「淨」為「穢」。

《勝天王般若波羅蜜經·卷第三》

如世尊說，諸佛住處，實無「穢土」，眾生「薄福」，而見「不淨」。

《大般涅槃經·卷二十四》

(1)佛言：善男子……若使世界「不淨」充滿，諸佛世尊於中出者，無有是處。

(2)善男子！汝今莫謂諸佛出於「不淨」世界，當知是心「不善狹劣」。

《解深密經·卷五》

(1)曼殊室利菩薩復白佛言：世尊！諸「穢土」中何事易得？何事難得？
　　　　　　　　　　　　諸「淨土」中何事易得？何事難得？

(2)佛告曼殊室利菩薩曰：善男子！諸「穢土」中，八事「易得」，二事「難得」。

(3)何等名為八事「易得」？
　　一者、外道。
　　二者、有苦眾生。

三者、種姓家世，興衰差別。

四者、行諸惡行。

五者、毀犯「尸羅」(戒)。

六者、惡趣。

七者、下乘。

八者、「下劣意樂」(的)加行菩薩。

(4)何等名為二事「難得」？

一者、「增上意樂」(的)加行菩薩之所遊集。

二者、如來出現於世。

(5)曼殊室利！諸「淨土」中，與上相違，當知八事甚為難得，二事易得。

(6)爾時曼殊室利菩薩白佛言：世尊！於此解深密法門中，此名何教？我當云何奉持？

(7)佛告曼殊室利菩薩曰：善男子！此名「如來成所作事了義之教」，於此「如來成所作事了義之教」，汝當奉事。

《大般若波羅蜜多經・卷五七三》

爾時，佛告持髻梵言：梵天當知……於此「穢土」護持「正法」，須臾之間，勝「淨土」中，若經一劫，或一劫餘所獲功德，故應精勤，護持正法。(若懂得珍惜在「穢土」中修行，那所修的「功德」都是「加乘、加倍」的)

《勝天王般若波羅蜜經・卷七》

爾時，世尊告尸棄梵天言：……梵天！於此「穢土」護持「正法」，須臾之間，勝在「淨土」過一劫，若一劫，是故宜應勤加精進，擁護正法。

《勝思維梵天所問經・卷一》

(1)時「月光明如來」國土，餘諸菩薩白其佛言：世尊！我得大利，不生如是國土(指娑婆世界)，不生如是惡眾生中。

(2)其佛告言：諸善男子！勿作是語。何以故？若菩薩於此國(指月光明如來國土)中，滿百千劫淨修梵行，不如於彼「娑婆世界」，從旦至中「無瞋礙心」。其福為勝！何以故？

(3)以彼世界(指娑婆世界)多有垢染，多有諸難。彼諸眾生(指娑婆世界)多有「垢染」，多有「鬪諍」故……我等亦欲以此「十心」，一心遊行「娑婆世界」，見<u>釋迦牟尼</u>佛禮拜供養……

(4)爾時「勝思維梵天」與「萬二千」諸菩薩等，頭面禮拜「月光明佛」，於其國土「忽然不現」，譬如壯士屈申臂頃。一「剎那頃」，一「羅婆頃」，一「無侯多頃」，到「娑婆世界」<u>釋迦牟尼</u>佛所。

《大聖文殊師利菩薩佛剎功德莊嚴經・卷上》

(1)佛言：善男子！……東北方有世界名「千莊嚴」，彼現有佛，號「大自在王」如來、應、正等覺，其土有情皆悉具足，一向安樂。譬如苾芻入「滅盡定」，彼之安樂亦復如是。

(2)若諸有情於彼佛剎，百俱胝歲修諸梵行，不如於此「娑訶」世界，「一彈指頃」於諸有情起「慈悲心」，所獲功德尚多於彼，何況能於一日一夜「住清淨心」。

《文殊師利佛土嚴淨經・卷上》

(1)忍土(娑婆世界)「五逆剛強」弊惡(弊壞瑕惡)，貪嫉婬妬，罵詈呪咀，心多瞋毒，轉相傷害，麁獷ㄍㄨㄤ(粗魯蠻橫)慷ㄎㄤˇ 悷ㄌㄧˋ(剛強難屈伏)，侜ㄓㄡ 張(詐騙)難化，勿至「忍界」(娑婆世界)，自染勞穢……

(2)我「本土」佛乃見遣聽，重復勅曰：往，族姓子(善男子)！從意順時，牢自持心，慎勿懈疑，如我本土(指他方佛菩薩的淨土)「百千劫行」，不如「忍世」(娑婆世界)精進「一旦」。

《維摩詰所說經・卷下》

(1)誠如(眾香世界諸菩薩)所言，然其(娑婆世界)一世，「饒益」眾生，多於彼國(眾香國土)「百千劫」行。
所以者何？

(2)此「娑婆世界」有「十事善法」，諸餘「淨土」之所無有。何等為十？
❶以「佈施」攝「貧窮」。
❷以「淨戒」攝「毀禁」。

❸以「忍辱」攝「瞋恚」。

❹以「精進」攝「懈怠」。

❺以「禪定」攝「亂意」。

❻以「智慧」攝「愚癡」。

❼說「除難法」度「八難」者。

❽以「大乘法」度樂「小乘」者。

❾以諸「善根」濟「無德」者。

❿常以「四攝」(❶布施攝❷愛語攝❸利行攝❹同事攝)成就眾生。是為十。

是故言:「(極樂世界中諸大菩薩、聲聞、天人眾等皆能)雨ㄩ 天「樂、華、衣、妙香」等供養讚(其餘十方)諸佛功德,無有分別心」。

何等世界無,佛法功德寶?我願皆往生,示佛法如佛。

佛本何故(阿彌陀之所以要生)起此願?

見有「軟心」菩薩:

但樂(於)有「佛國土」(中)修行,無「慈悲(大慈大悲)、堅牢(堅固牢靠)」心。

是故(法藏菩薩)興願(生起第四種):願我成佛時,我土菩薩皆(能有)慈悲(大慈大悲心)、勇猛堅固(心),志願能捨「清淨土」,至他方「無佛法僧」處,(能)住持(安住維持、久住護持)莊嚴「佛法僧」寶,示如有佛(開示佛教法義如同「佛陀」說法般),使「佛種」(大乘成佛的種性)處處不斷。

是故言:「何等世界無佛法功德寶?我(我極樂世界的諸大菩薩)願皆往生(到無佛法之處),示佛法如佛(開示佛教法義如同「佛陀」說法般)」。

※關於「以慈悲勇猛堅固的心至十方無三寶處度眾生」的經論引證

趙宋·法賢譯《佛說大乘無量壽莊嚴經》

(第十九願)世尊！我得菩提，成正覺已，我居寶剎(極樂世界)所有菩薩，發勇猛(勇銳威猛)心，運大神通，往無量無邊無數世界諸佛剎中，以「真珠、瓔珞、寶蓋、幢幡、衣服、臥具、飲食、湯藥、香華、伎樂」，供養承事(諸佛)，迴求(迴向而願求)菩提，速得成就「阿耨多羅三藐三菩提」。

吳·支謙譯《佛說阿彌陀三耶三佛薩樓佛檀過度人道經》

第二十三願：使某作佛時，令我國中(極樂世界)，諸「菩薩、阿羅漢」，皆「智慧勇猛(勇銳威猛)」，頂中皆有光明。得是願，乃作佛；不得是願，終不作佛。

後漢·支婁迦讖譯《佛說無量清淨平等覺經》

時諸「菩薩、阿羅漢」，說經(演說經義)行道(修行佛道)，皆各如是，盡一劫竟，終無懈倦時也，皆悉智慧勇猛(勇銳威猛)，身體皆輕，便終無有痛痒㿃(痛苦疼痒)，極時行步坐起，皆悉才健勇猛(勇銳威猛)。

後漢·支婁迦讖譯《佛說無量清淨平等覺經》

無量清淨佛國，諸「菩薩、阿羅漢」，說經(演說經義)行道(修行佛道)皆勇猛(勇銳威猛)，無有疑難之意，則在心所作為，(而)不豫計(預先推計)，百千億萬倍，是猛師子中王也。

吳·支謙譯《佛說阿彌陀三耶三佛薩樓佛檀過度人道經》

(極樂世界中)諸菩薩中，有意欲供養八方上下、無央數諸佛……諸菩薩皆大歡喜，數千億萬人、無央數不可復計，皆當智慧勇猛(勇銳威猛)，各自幡輩(幡古同「旛」。旛翔群草)飛(飛翔)相追，俱共「散飛」，則(飛)到八方上下、無央數

諸佛所，皆前為諸佛作禮，即便供養。

後漢・支婁迦讖譯《佛說無量清淨平等覺經》

(極樂世界中)諸菩薩中……(欲)供養(他方)諸菩薩等，皆大歡喜，(有)數千億萬人，無央數不可復計，皆智慧勇猛(勇銳威猛)，各自翻飛(翻翔飛行)等輩相追，俱共「散飛」則行，即(飛)到八方上下、無央數諸佛所，皆前為佛作禮，便則供養諸佛。

唐・菩提流志譯《大寶積經・卷十七・無量壽如來會》(此為《無量壽經》的同本異譯本)

(生極樂世界之諸菩薩)善能調伏，如大龍象，(能)勇猛(勇銳威猛)無畏，如師子王。

曹魏・康僧鎧譯《佛說無量壽經・卷下》

佛告阿難：生彼佛國(極樂世界)諸菩薩等……於諸眾生：得大慈悲饒益(豐饒助益)之心。柔軟調伏，無忿恨(忿氣憤恨)心。離蓋(遠離五蓋)清淨，無厭怠(厭煩怠慢；厭倦怠惰)心。

曹魏・康僧鎧譯《佛說無量壽經・卷下》

(生極樂世界之諸菩薩)猶如蓮華，於諸世間，無染污故……曠若虛空，(能)「大慈等」(大慈平等)故。

觀菩薩「四種莊嚴功德」成就，訖(訖今已解釋完畢)之于上(如上段諸文)，次下四句是「迴向門」。

我作論說偈，願見彌陀佛，普共諸眾生，往生安樂國

(極樂世界)。

此四句是論主(天親菩薩)「迴向」門。「迴向」者，迴「己功德」(自己造論説偈所得的功德)，普施眾生，共見阿彌陀如來，生安樂國(極樂世界)。

無量壽修多羅章句，我以「偈誦」總説竟。

問曰：天親菩薩「迴向章」中言：普共諸眾生，往生安樂國(極樂世界)，此指「共」何等「眾生」耶？

答曰：案王舍城所説《無量壽經》。佛告阿難：十方恒河沙諸佛如來皆共稱嘆無量壽佛威神功德，不可思議。諸有眾生聞其「名號」，信心歡喜，乃至「一念」，至心「迴向」，願生彼國，即得往生，住「不退轉」，唯除五逆，誹謗正法。

案此而言，一切「外凡夫人」皆得往生，又如《觀無量壽經》有「九品往生」，「下下品生」者，或有眾生作不善業，五逆、十惡，具諸不善，如此「愚人」以「惡業」故，應墮「惡道」(此指阿鼻無間地獄)，經歷多劫，受苦無窮。

如此愚人，臨命終時，(得)遇善知識，(以)種種「安慰」，為(行者)説「妙法」，教令(行者)「念佛」，此人(因受)「苦逼」，不遑(因為太痛苦，所以沒有閒暇)念佛(此指「憶佛、觀佛」的一種修法)。

善友告言：汝若不能念者(此指「憶佛、觀佛」的一種修法)，應稱無量壽佛(此指「持名念佛」)。如是至心令聲不絕，具足「十念」(此指「持名念佛」)，稱南無無量壽佛，稱「佛名」故，於念念中，(定)除八十億劫生死之罪。

(此行者便於)命終之後，見「金蓮華」，猶如「日輪」，住其人前。(於是)

如「一念頃」，(行者)即得往生極樂世界。(行者)於蓮華中，滿「十二大劫」蓮華方開(當以此償五逆罪也→雖然花會開，但經文沒有說到能見到阿彌陀佛)。

觀世音、大勢至(二位菩薩)以「大悲音聲」，為其廣説「諸法實相」，(以及)除滅罪法。(行者)聞已歡喜，應時則發「菩提之心」(由經文可證，是聽聞妙法後才發「無上成佛的道心」，可見此人在「往生」之前是並未「發無上菩提心」的)，是名「下品下生」者。

以此經證，明知「下品凡夫」但令「不誹謗正法」，「信佛因緣」皆得往生。

※關於「外凡位與內凡位」的資料說明

小乘三賢位(外凡位)：

(1)為修行佛道中之「凡夫位」，與「內凡位」是相對的，「外凡位」是「見道」以前的階位之一。

(2)聲聞乘(小乘)以「五停心觀位、別相念住位、總相念住位」等三種修行階位(三賢位)為「外凡」。

(3)指修善根以制伏煩惱，使心調和之三種修行階位，即屬於修「有漏善根」(即順解脫分)

之階位。三種如下：

❶五停心觀位：以五停心觀，抑止「貪、瞋、癡、我見、散亂心」之五種階位。指修「不淨、慈悲、緣起、界分別(觀想十八界之諸法悉由地、水、火、風、空、識所和合，以對治我執之障)、數息(觀想十八界之諸法悉由地、水、火、風、空、識所和合，以對治我執之障)」等五觀，順次對治「貪、瞋、癡三毒」及「著我、散亂」等五障。

❷別相念住位：一面觀「身、受、心、法」之「不淨、苦、無常、無我」之「自相」，同時觀「無常、苦、空、無我」之「共相」。

❸總相念住位：即總觀「四念住」之「無常、苦、空、無我」之「共相」

之位。

(4)天台宗中的「藏教」以「五停心」等之賢位為「外凡」，「通教」以「大品
十地中」之「乾慧地」為「外凡」，「別教」以「五十二位」中之「十信位」
為「外凡」，圓教則以「六即」中之「觀行五品」位為「外凡」。

大乘三賢位(三十心、內凡位)

指「十地」以前之菩薩，其階位有「三階十心」之別。

(1)十住：會理之心，安住不動，稱為「住」。十住即「**發心住、治地
住、修行住、生貴住、具足方便住、正心住、不退住、童真住、法
王子住、灌頂住**」。

(2)十行：行此行，則能進趣於果，稱為「行」。十行即「**歡喜行、饒益
行、無違逆行、無屈撓行、無癡亂行、善現行、無著行、難得行、
善法行、真實行**」。

(3)十回向：回因向果，稱為「回向」。十回向即「**救諸眾生離眾生相回
向、不壞回向、等一切諸佛回向、至一切處回向、無盡功德藏回
向、入一切平等善根回向、等隨順一切眾生回向、真如相回向、無
縛無著解脫回向、入法界無量回向**」。

(4)「十住、十行、十迴向」之菩薩階位又稱「**大乘三賢位**」。其中，「十
住」偏重修「理觀」，「十行」偏重修「事觀」，「十迴向」多修「理事不
二觀」。

※關於「五逆與十惡者亦得往生西方淨土」的經論引證

《佛說觀無量壽佛經》

(1)佛告阿難及韋提希(Vaidehī)：或有眾生：

❶作「不善業」。

❷「五逆、十惡」，具諸不善。

(2)如此愚人，以(種種)「惡業」故，應墮「惡道」(此指阿鼻無間地獄)，經歷多劫，
受苦無窮。

(3)如此愚人，臨命終時，(得)遇「善知識」，(以)種種「安慰」，為(行者)說「妙法」，教令(行者)「念佛」。(注意：所有想去極樂世界的任何「三輩九品」階位，都一定要具備「至誠心、深心、迴向發願心」這三心的基本條件才能去)

(3)彼人(因受)「苦逼」，不遑(因為太痛苦，所以沒有閒暇)念佛(此指「憶佛、觀佛」的一種修法)。善友告言：汝若不能念彼佛者(此指「憶佛、觀佛」的一種修法)，應稱：歸命無量壽佛(此指「持名念佛」)。

(4)如是至心令聲不絕，具足十念(此指「持名念佛」)，稱：南無阿彌陀佛。(若能)稱佛名故(此指「持名念佛」)，於念念中，(定)除「八十億劫」生死之罪。

(5)(此行者便於)命終之時，見「金蓮花」，猶如「日輪」，住其人前。(於是)如「一念頃」，(行者)即得往生極樂世界。

(6)(行者)於蓮花中，滿「十二大劫」，蓮花方開(雖然花會開，但經文沒有說到能見到阿彌陀佛)。當花敷(開)時，觀世音、大勢至(二位菩薩)以「大悲音聲」，即為其人廣說「實相」，(以及)除滅罪法。

(7)(行者)聞已歡喜，應時即發「菩提之心」(由經文可證，是聽聞妙法後才發「無上成佛的道心」，可見此人在「往生」之前是並未「發無上菩提心」的)；是名「下品下生」者。是名「下輩生想」，名第十六觀。

明・蕅益大師《靈峰蕅益大師宗論・卷三》

《觀經》云：彼人苦逼，不遑念佛(此指觀想)。

善友教言，汝若不能念彼佛者，應稱無量壽佛(此指稱名)。

問曰：《無量壽經》言：願往生者，皆得往生，唯除五逆，誹謗正法。《觀無量壽經》言：作五逆十惡，具諸不善，亦得往生。此二經云何會？

答曰：一經(指《無量壽經》)以「具」(兼造同具)二種重罪，一者「五逆」，二者「誹謗正法」。以此(兼具)二種罪故，所以不得往生。

一經(指《觀無量壽佛經》)但言(只有造)作「十惡、五逆」等罪,不言「誹謗正法」(最重要最主要的指誹謗了「淨土法門」這個正法);以「不謗正法」故,是故得生(得以往生西方淨土)。

※關於「五逆重罪不同定義」的經論引證

小乘部派佛教的五逆（單五逆）

(1)殺掉母親。(棄恩田)

(2)殺掉父親。(棄恩田)

(3)殺掉阿羅漢。(壞德田)

(4)破和合僧:破壞修「六和敬」(❶身和敬。❷口和敬。❸意和敬。❹戒和敬。❺見和敬。❻利和敬)的「修行眾」(亦含「在家」的「修行團眾」),意思就是破壞「出家僧團」或「在家修行團眾」的「和諧」。(壞德田)

(5)出佛身血:如提婆達多欲以「大石」殺害釋迦牟尼佛,而取代佛所領導的「僧團」事件。出佛身血就是故意使「佛的身體」流血。(壞德田)

大乘佛教的五逆（複五逆）

(1)犯了「小乘」版的「五逆罪」其中之一。

(2)盜毀「常住」:自己或教唆他人去破壞盜取「塔寺、經像」等「三寶」之物。

(3)誹謗「大乘」:誹謗「大乘法」,或毀謗「聲聞、緣覺」之法也算「毀謗大乘」。

(4)殺害「僧人」或妨礙「僧人」修行:如歌利王凌遲忍辱仙人的本生故事。

(5)不信「因果」:主張所有的業行皆無果報,或不畏果報,自己或教唆他人行「十惡」之事。

《大薩遮尼乾子所說經》卷4〈王論品 5〉

大王!有五種罪,名為根本。何等為五?

(1)一者:破壞「塔寺」,焚燒「經像」,或(盜)取「佛物、法物、僧物」,若教

　　　　人作、見作助喜，是名「第一根本重罪」。

(2)若謗「聲聞、辟支佛」法及「大乘法」，毀呰ᵛ 留難(讓人「流連顛沛」或「故意刁難」的種種禍難)、隱蔽覆藏(種種罪惡)，是名「第二根本重罪」。

(3)若有「沙門」，(已具三寶)信心「出家」，(已)剃除鬚髮，(已)身著「染衣」。(此僧人)或有「持戒」、或「不持戒」，(如果你破壞這些有持戒或不持戒的僧人，造作)繫閉牢獄、枷鎖打縛，策役驅使、責諸發調(發遣徵調)，或「脫袈裟」逼令「還俗」，或「斷其命」，是名「第三根本重罪」。

(4)於(小乘版的)「五逆」中若作「一業」，是名「第四根本重罪」。

(5)謗無一切「善惡業報」，長夜常行「十不善業」，不畏「後世」，自作教人，堅住不捨，是名「第五根本重罪」。

大王當知！若犯如是根本重罪而不自悔，決定燒滅一切善根，趣大地獄，受無間苦。

《大般涅槃經》卷16〈梵行品 8〉

(1)(阿闍世)王即答言：我今「身、心」豈得不痛？我父(阿闍世之父頻婆娑羅王)無辜(無罪之人)，(被兒子我阿闍世)橫加「逆害」，我從「智者」曾聞是義，世有「五人」不脫「地獄」，謂「五逆罪」……

(2)世尊！自我招殃，造茲重惡，「父王」無辜(無罪之人)，橫加「逆害」……(阿闍世我)必定當墮「阿鼻地獄」。

(3)佛告(阿闍世)大王：一切諸法，性相「無常」、無有「決定」，(阿闍世)王云何言：「必定」當墮「阿鼻地獄」？………

(4)(阿闍世)大王！眾生「狂惑」，凡有四種。

(底下亦可喻凡夫若造了「五逆十惡」重罪，背後可能也有這「四狂」原因)

　　一者、「貪狂」(貪名貪利之狂、貪財貪色之狂)。

　　二者、「藥狂」(吃藥後所生的副作用之狂、或吃錯藥所感召的狂)。

　　三者、「呪狂」(因持邪呪而導致瘋狂、或被下邪呪、或被下詛咒，或因持佛呪但貪「境界」而引發之狂)。

　　四者、「本業緣狂」(天生下來即狂，例如先天即有智障者，當然就會造一點惡業，這是他先天帶來的)。

(5)(阿闍世)大王！我弟子中，有是「四狂」，雖多作惡，我終不記是人「犯

戒」。是人所作，(皆)不至「三惡」，若還「得心」(獲得原本的「清淨真心」)，亦不言「犯」(戒)。

(6)(阿闍世)王本「貪國」(指貪圖「王位名利」之狂)，(故)「逆害」父王，(此乃阿闍世你自己的)「貪狂心」作(發作；作怪)，云何「得罪」(如何能說百分之百一定會獲得重罪呢)？

(7)(阿闍世)大王！如人「酒醉」，(竟然)逆害其母，既「醒寤」已，心生「悔恨」，當知是(殺)「業」，亦不得報(並非是百分之百一定會得受業報)！(阿闍世)王今「貪醉」(指貪圖「王位名利」之醉狂)，非「本心」作，若非「本心」(此並非是你原本的「清淨真心」所會作出來的事)，云何得罪？

(8)(阿闍世)大王！譬如「幻師」，四衢道頭，「幻作」種種，男女、象馬、瓔珞、衣服。「愚癡」之人，謂為「真實」，「有智」之人，知「非真有」。「殺」亦如是，凡夫謂「實」，諸佛世尊知其「非真」。(如《永嘉證道歌》云：「夢裏明明有六趣，覺後空空無大千」)

問曰：假使一人具「五逆罪」，而不「誹謗正法」，經許「得生」(得以往生淨土)。復有一人，但(有造作)「誹謗正法」(最重要最主要的指誹謗了「淨土法門」這個正法)，而(卻)無「五逆」諸罪，(此人有發)願往生者，得生(得以往生淨土)以不？

答曰：但令「誹謗正法」，雖更「無餘罪」，必不得生，何以言之？
經言：五逆罪人，墮阿鼻大地獄中，具受「一劫」重罪。「誹謗正法」人，墮「阿鼻」大地獄中，此劫若盡，復轉至他方「阿鼻」大地獄中。如是展轉經百千「阿鼻」大地獄。佛不記(此罪人)「得出」時節，以「誹謗正法」，罪極重故。

又「正法」(最重要最主要的指誹謗了「淨土法門」這個正法)者，即是「佛法」。此愚癡人既生「誹謗」，安有「願生佛土」之理？假使但「貪」彼土「安樂」(指極樂世界之「安樂」生活)而願生者，亦如求「非水之冰、無煙之火」，豈有得理？

問曰：何等相是「誹謗正法」？

答曰：若(有人)言「無佛、無佛法、無菩薩、無菩薩法」，(有)如是等(邪)見。若心自解(由自己的心所作出的邪解)，若從「他受」(或是從別人他處領受來的邪知邪見)，其心決定(只要是你自己對這些「邪知邪見」生起「決定」的信仰與宣傳)，皆名「誹謗正法」。

問曰：如是等計(造作邪知邪見的計想)，但是己事(只是自己所造的事)，於(其餘)「眾生」有何苦惱？(造作邪知邪見)踰⌐(超越)於「五逆重罪」耶？

答曰：若無諸佛菩薩說「世間、出世間善道」教化眾生者，豈知有「仁(不殺)、義(盜)、禮(不邪婬)、智(不酒)、信(不妄語)」耶？如是世間，一切「善法」皆斷，「出世間」一切賢聖皆滅。汝但知「五逆罪」為重，而不知「五逆罪」(乃)從「無正法」(無「正知見」的正法)生，是故「謗正法」人，其罪最重。

問曰：「業道」經(此指佛在「經典」中所說有關「善、惡」業道類的經典，並非有一部經典名為《業道經》)言：業道如秤，重者先牽。如《觀無量壽經》言：有人造五逆十惡，具諸不善，應墮惡道，經歷多劫，受無量苦。臨命終時，遇善知識，教稱南無無量壽佛。如是至心，令聲不絕，具足十念，便得往生安樂淨土(極樂世界)，即入大乘「正定之聚」，畢竟不退，與「三塗」諸苦永隔。
「先牽」之義(指「業道如秤，重者先牽」之義)，於理如何？又曠劫已來，備造諸行，有漏之法，繫屬三界，但以「十念」念阿彌陀佛，便出三界，「繫業」(繫縛業力)之義，復欲云何？

※關於「業道如秤，重者先牽」的經論引證

署名為**唐・窺基法師**作(日本學者境野黃洋等考證此書應為淨土宗人依託所作)《**西方要決科**

註·卷二》

「業道如秤」(指曇鸞大師在《往生論論》所云的「業道如秤，重者先牽」之句)，鸞大師指云：《業道經》，考(在經過對《業道經》的「考證」後)未得此文焉。

《成實論》卷8〈四業品 107〉

(1)問曰：經中佛說四種業：①黑，黑報業。②白，白報業。③黑白，黑白報業。④不黑不白，無報業。為「滅盡諸業」故，何者是耶？……

(2)「白，白報業」者：若人純集「諸善」，無有「不善」，此「二業」(指善與惡)勢力最大，餘無能勝。若受「黑業」報時(若感召「黑惡業」的果報時)，不容「白報」(則不容許「白善業」的存在)；(若)受「白業」報時(若感召「白善業」的果報時)，不容「黑報」(則不容許「黑惡業」的存在)。所以者何？

(3)一切眾生皆集「善、不善」，「業力」相障(指善與惡的業力是互相「障礙」的)，故不得「並受」(所以善與惡的業力是不會在「同時」之間發生「果報」的)。如「負」二人物(就像你現在是處於「欠負二個人債物」的狀態)，「強者」先牽(那麼「欠比較強比較重」的「那方」，一定會先被「那方」給牽拉而去)。

宋·子璿錄《金剛經纂要刊定記》

然有兩意。

一：如人「負債」，「強者」先牽故(就像你現在如果是處於「欠他人錢財」的負債狀態，那麼「欠比較重比較強」的「那方」，一定會先被「那方」給牽拉而去)。

二：如人「種物」，「潤者」先生故(就像你現在如果在「種植某物」，那麼比較常受「滋潤」的那個某物，一定會先生長起來)。

新羅·元曉大師撰《兩卷無量壽經宗要》卷1

(1)如「佛經」說「善、惡」業道。「罪、福」無朽(不會朽滅消失)，重(比較重的那邊)者「先牽」(會先被牽拉而去)，理數無差。

(2)如何一生「無惡不造」，但以「十念」，(竟)能「滅諸罪」，便得(往)生彼？入「正定聚」(samyaktva-niyata-rāśi 正定聚➜指眾生必定獲得「證悟」而永不退，亦指決定會成就佛位而永不退轉的「必定菩薩」。《俱舍論·卷十》云：「見道」位以上之聖者，已斷盡「見」等惑，亦可獲「畢竟不退」。又菩薩階位在「十信」以上者，亦稱「正定」)，永離「三途」，畢竟「不

退」耶？

《惟日雜難經》
如「秤」，隨「重」者，得之。

《蘇婆呼童子請問經》卷1〈分別處所分品 2〉
喻如「秤」物，隨「重」頭下。其物若「輕少」，便即頭高。物若「均平」，其秤亦「平」。

《佛說孛經抄》卷1
何謂如「稱」(秤)？物「重」頭低，物「輕」則仰。

《道地經》卷1
即時，身精「識」滅，「中」便有「陰」(指中陰身)，譬如「稱」(秤)，一上、一下，如是「捨死」受生種。

《修行道地經》卷1〈五陰成敗品 5〉
(1)爾時其人命已盡者，身根識滅，便受「中止」(中陰身)；譬若如「稱」(秤)，隨其輕重，或上或下，「善、惡」如是。

(2)「神」(識)離人身，住於「中止」(中陰身)，「五陰」悉具，無所乏少。

《成實論》卷1〈三不護品 5〉
(1)又「佛心」堅固(此可喻爲阿彌陀佛四十八大願心乃「堅固」最重的)，猶如「大地」。去重不高，若(於此大地上)置「重物」(此可喻爲凡夫的五逆十惡)，(此大地)亦復不下(不會往下四陷)。

(2)餘凡夫人，其心如「秤」，少增(一點點增加)而(往)下，少減(一點點減少)而(往)高。又佛世尊名「大悲」者，是故天人皆應「敬禮」。

答曰：汝謂「五逆、十惡」繫業(繫縛業力)等為「重」，以「下下品人」(只有)「十念」(南無阿彌陀佛的十念法門)為「輕」，(此五逆十惡罪人)應為(重)罪所牽，(應)先墮「地獄」，(被)繫在「三界」者。

今當以(真實之)義，校量(業力的)「輕、重」之義。(業力的輕重取決於)在「心」、在「緣」、在「決定」，不在「時節」久近多少也。

A 云何(業力的輕重取決於)在「心」(自心的「顛倒虛妄」)？

彼(五逆十惡的)造罪人，(乃)自依止「虛妄顛倒見」生。

此「十念」(南無阿彌陀佛的十念法門)者，(乃)依「善知識」(的)方便安慰，(而得)聞「實相法」(而)生。

一實(阿彌陀佛四十八大願救度眾生為「堅定不移」的實)、

一虛(眾生受了「四狂」而「虛妄顛倒」造作惡業可能為虛)，豈得相比？

譬如「千歲」(的)闇室(此喻千年的生死輪迴及造五逆十惡重罪)，光若暫至(此喻阿彌陀佛的佛光)，即便「明朗」，豈得言「闇在室」(已達)千歲而「不去」(永遠不會離去)耶？是名(業力的輕重取決於)在「心」。

(五逆重罪可能是「虛」，阿彌陀佛救度我們則是「實」，所以只「十念佛號」怎麼可能「不往生」呢)

B 云何(業力的輕重取決於)在「緣」(眾多的「因緣」)？

彼(五逆十惡的)造罪人，(乃)自依止「妄想心」，依「煩惱、虛妄」果報(之)眾生(而)生。

此「十念」(南無阿彌陀佛的十念法門)者，(乃)依止「無上信心」，(此乃)依阿彌陀如來(所具)「方便、莊嚴、真實、清淨、無量」(眾多的因緣)功德(之)名號(而)生。

(亦即罪業人乃依自心的「妄想、煩惱、虛妄果報」的因緣生，而阿彌陀佛則具有更多的「方便、莊嚴、真實、清淨、無量」眾多無量的功德名號。兩個因緣相比，阿彌陀佛大太多了)

譬如有人，被「毒箭」所中(此喻累世的五逆十惡重罪)，(需要)截筋(斷截筋脈)破骨(戳破骨肉)，(但只需聽)聞「滅除藥鼓」(此喻「南無阿彌陀佛」佛號)，即箭出毒除(《首楞嚴經》言：譬如有藥名曰「滅除」，若鬥戰時用以「塗鼓」，聞「鼓聲」者，箭出除毒，「菩薩摩訶薩」亦復如是，住「首楞嚴三昧」聞其名者，「三毒之箭」自然拔出)。

豈可得言彼箭「深毒」，屬(屬疾迅速)聞「鼓音」聲(此喻「南無阿彌陀佛」佛號。有部經名《阿彌陀鼓音聲王陀羅尼經》)，不能「拔箭」去毒耶？是名在(業力的輕重取決於)「緣」(眾多的「因緣」)。

※關於「只要能聽到除毒藥的鼓聲，則箭出毒除」的經論引證

《佛說首楞嚴三昧經》卷1

(1)佛告堅意：菩薩(若)住「首楞嚴三昧」，(凡)眾生見者，皆(可)得「度脫」。有聞「名字」(指聽聞到「首楞嚴三昧」之名者)、有見「威儀」、有聞「說法」、有見「默然」，而皆(能)得度。

(2)堅意！譬如(有一顆)「大藥樹王」，名為「憙見」。(若)有人見者(指見「大藥樹王」)，「病」皆得愈。如是堅意！菩薩(若)住「首楞嚴三昧」，(凡)眾生「見」者，(其)「貪、恚、癡」病，皆得除愈。

(3)如大藥王，名曰「滅除」，若「鬥戰」時，用以「塗鼓」(將「滅除」的藥塗在鼓皮之上)，(若有)諸被「箭」射，(被)刀矛所傷，(只要)得聞「鼓聲」，(則)「箭」出「毒除」。

(4)如是堅意！菩薩(若)住「首楞嚴三昧」，(只要)有「聞名」(指聽聞到「首楞嚴三昧」之名者)者，(其)「貪、恚、癡」箭，自然拔出，(所有)諸「邪見」毒，皆悉除滅，一切煩惱，不復動發。

C 云何(業力的輕重取決於)在「決定」？

彼(五逆十惡的)造罪人，(是)依止「有後心(指「瞻前顧後」內心處於「不決定」的猶豫心態，心念「往後」或「往前」攀緣的妄想心)、有間心(指正在「造作時」又生出其它的念頭，導致「間間斷斷」的無法持續下去)」生。

此「十念」(南無阿彌陀佛的十念法門)者，(乃)依止「無後心(只有念佛的心，心念沒有「往後」或「往前」的攀緣妄想心)、無間心(念念相續，無有間斷的心)」生，是名(業力的輕重取決於)「決定」。

校量(上面所說的)三義(指「心、緣、決定」)，「十念」(十念南無阿彌陀佛的法門)者重，重者「先牽」，能出「三有」(三界)，兩經(指佛在「經典」中所說有關「善、惡」業道類的經典，與《觀無量壽佛經》)一義(同一個義理)耳。

問曰：幾時名為「一念」？

答曰：百一生滅，名「一剎那」，「六十剎那」名為「一念」，此中云念者不取此「時節」也。但言「憶念」阿彌陀佛，若「總相」(指念阿彌陀佛佛號)、若「別相」(指《十六觀經》中的觀修法)，隨所觀、(所)緣，心「無他想」。(只要)「十念相續」，(即)名為「十念」，但稱「名號」，亦復如是。

問曰：(念佛之)心若(生起)「他緣」，(應立刻)「攝」之令「還」，(如此便)可知念(佛)之(有)多少。但知(念佛數量有)「多少」，復非「無間」(已經不是屬於「無間斷的念佛」了)。

若「凝心」注想(指「凝神專心」且「注思」於念佛，沒有去「計算」念佛的次數)，復依何可得「記念」(記算念佛次數)之多少？(意思是說 如果達到了專心專念，而無別念，那就不會知道自己念了多少佛？ 如此又怎麼能決定是：因為念了「十念」而去往生西方呢？)

答曰：經言：「十念」者(只是喻很少的幾念佛號聲即可成辦往生之事)，明「業事」(念佛事業)成辦耳，不必須知「頭數」(念佛的頭尾數量)也。

如言「蟪ㄏㄨㄟ 蛄ㄍㄨ 」(蟬的一種)不識「春秋」(光陰歲月)，伊(是；此)蟲(蟪蛄蟲)豈知「朱陽」(夏季)之節乎？知者言之耳(這都是旁觀者說的話，但當事者「蟪蛄」並不會知道現在自己是處在何年何月的)。

(所以臨終有人念佛)「十念」業成(成就)者，是亦「通神者」言之耳(指臨終的「本人」自己處在念念相續中，根本不會知道是不是念了「十句佛號」，除非旁邊有位「他心通的神通者」能算出此人是否真的念了十句佛號)。

(念佛人)但「積念」(累積念佛)相續(不間斷)，不緣「他事」便罷，復何暇須知念之「頭數」(頭尾次數)也？若必須知(怎麼計算出「次數」來)，亦有方便，必須「口授」，不得題之筆點。

※關於「十念念佛方式」的介紹

印光大師《印光法師文鈔上卷・復高邵麟居士書四》
至於念佛，心難歸一，當攝心切念，自能歸一。
攝心之法，莫先于至誠懇切；心不至誠，欲攝莫由。

既至誠已，猶未純一，當「攝耳」諦聽。無論「出聲、默念」，皆須念從「心」起，聲從「口」出，音從「耳」入。
「默念」雖不動「口」，然「意地」之中，亦仍有「口念」之相。
「心、口」念得清清楚楚，「耳根」聽得清清楚楚，如是攝心，妄念自息矣。

如或猶湧妄波，即用十念記數，則全心力量，施於一聲佛號；雖欲起妄，力不暇及。此攝心念佛之究竟妙法，在昔宏淨土者，尚未談及，以人根尚利，不須如此，便能歸一故耳。

光以「心」難制伏，方識此法之妙。蓋「屢試屢驗」，非率爾臆說，願與天下後世鈍根者共之，令萬修萬人去耳。

所謂十念記數者：

(1)當念佛時，從一句至十句，須念得分明，仍須記得分明。至十句已，又須從一句至十句念，不可二十、三十。隨念隨記，不可掐珠，唯憑心記。

(2)若十句直記為難，或分為兩氣，則從一至五，從六至十。

(3)若又費力，當從一至三，從四至六，從七至十，作三氣念。

念得清楚，記得清楚，聽得清楚，妄念無處著腳，一心不亂，久當自得耳。

須知此之十念，與晨朝十念，攝妄則同，用功大異。
晨朝十念，盡一口氣為一念，不論佛數多少；此以一句佛為一念。
彼唯晨朝十念則可，若二十、三十，則傷氣成病。

此則念一句佛，心知一句；念十句佛，心知十句。
從一至十，從一至十，縱日念數萬，皆如是記。不但去妄，最能養神。
隨快隨慢，了無滯礙；從朝至暮，無不相宜。較彼掐珠記數者，利益天殊。
彼則身勞而神動，此則身逸而心安。

但作事時，或難記數，則懇切直念。
作事既了，仍復攝心記數；則憧憧往來者，朋從於專注一境之佛號中矣。

大勢至謂都攝六根，淨念相繼，得三摩地，斯為第一。
利根則不須論，若吾輩之鈍根，捨此十念記數之法，欲都攝六根，淨念相繼，大難大難。

又須知此攝心念佛之法，乃即淺即深，即小即大之不思議法。

但當仰信佛言，切勿以己見不及，遂生疑惑，

致多劫善根，由茲中喪，不能究竟親獲實益，為可哀也。

掐珠念佛，唯宜行住二時。若靜坐養神，由手動故，神不能安，久則受病。

此十念記數，行住坐臥，皆無不宜。

一、一口氣念十句、記下十句的方法：

提示：每一個字做到三個清楚。

心裡要清清楚楚、口念的要清清楚楚、耳要聽的要清清楚楚。

每字之間用 "－" 隔開即表示此意，不要隨口滑過，以下同理。

南-無-阿-彌-陀-佛（心裡記 1）

南-無-阿-彌-陀-佛（心裡記 2）

南-無-阿-彌-陀-佛（心裡記 3）

南-無-阿-彌-陀-佛（心裡記 4）

南-無-阿-彌-陀-佛（心裡記 5）

南-無-阿-彌-陀-佛（心裡記 6）

南-無-阿-彌-陀-佛（心裡記 7）

南-無-阿-彌-陀-佛（心裡記 8）

南-無-阿-彌-陀-佛（心裡記 9）

南-無-阿-彌-陀-佛（心裡記 10）

......如此 1－10 循環

二、兩口氣念十句、記下十句的方法：

(1-5)南-無-阿-彌-陀-佛（心裡記 1）

南-無-阿-彌-陀-佛（心裡記 2）

南-無-阿-彌-陀-佛（心裡記 3）

南-無-阿-彌-陀-佛（心裡記 4）

南-無-阿-彌-陀-佛（心裡記 5）

(6-10)南-無-阿-彌-陀-佛（心裡記 6）

南-無-阿-彌-陀-佛（心裡記 7）

南-無-阿-彌-陀-佛（心裡記 8）

南-無-阿-彌-陀-佛（心裡記 9）

南-無-阿-彌-陀-佛（心裡記 10）

……如此 1-10 循環

三、三口氣念十句、記下十句的方法：

(1-3)南-無-阿-彌-陀-佛（心裡記 1）

南-無-阿-彌-陀-佛（心裡記 2）

南-無-阿-彌-陀-佛（心裡記 3）

(4-6)南-無-阿-彌-陀-佛（心裡記 4）

南-無-阿-彌-陀-佛（心裡記 5）

南-無-阿-彌-陀-佛（心裡記 6）

(7-10)南-無-阿-彌-陀-佛（心裡記 7）

南-無-阿-彌-陀-佛（心裡記 8）

南-無-阿-彌-陀-佛（心裡記 9）

南-無-阿-彌-陀-佛（心裡記 10）

……如此 1-10 循環

八、《往生論註》與佛經論典之研究・卷下

曇鸞撰《無量壽經優婆提舍願生偈婆藪槃頭菩薩造（并）註》卷下

（《往生》）論曰：已下此是「解義分」（以下是解釋本論「頌義」的部分。前面講的是「偈頌」，現在是「解義」），**此分中「義」有十重**（共有十重的涵義）：

一者：願偈大意。（《往生論》裡面的「發願往生西方淨土偈頌」中所要闡述的大意）

二者：起觀生信。（對於「五念門」的修行內涵、目的、功用，逐一發起觀察之修，進而對「五念門」產生信心）

三者：觀行體相。（主要以第四「觀察門」為主，如何觀察「極樂國土、阿彌陀佛、諸菩薩」這三類莊嚴的之行法與體相方式）

四者：淨入願心。（將「極樂國土、阿彌陀佛、諸菩薩」這三類的清淨莊嚴，全部導歸攝入為阿彌陀佛「四十八大願」心的莊嚴）

五者：善巧攝化。（經由修習「止、觀」，如實了知極樂世界的「實相」，再以所修的善根全部迴向西方，並攝取度化一切眾生同登極樂，如此便能成就「善巧方便迴向」）

六者：離菩提障。（遠離三種會與「菩提門」相違障礙之法。①依智慧門：遠離我心貪著自身。②依慈悲門：遠離無安眾生心。③依方便門：遠離供養恭敬自身心）

七者：順菩提門。（遠離三種會與「菩提門」相違之法，即可獲得三種依隨順從「菩提門」之法。①無染清淨心。②安清淨心。③樂清淨心）

八者：名義攝對。（將種種名義再作「歸攝」與「對應」。「智慧、慈悲、方便」三門歸攝為「方便」。「般若」與「方便」乃為互相攝持。遠離「我心貪著、無安眾生心、供養恭敬自身心」，這三種歸攝為「無障心」。「無染清淨心、安清淨心、樂清淨心」，這三種則

攝爲「妙樂勝眞心」)

九者：願事成就。(修持「智慧心、方便心、無障心、妙樂勝眞心」這四心，便能達成往生淨土。若修「五念門」，則能使所願之事獲得自在成就)

十者：利行滿足。(透過修持「五念門」即可獲得「近門、大會眾門、宅門、屋門、園林遊戲地門」等五門。前四門是「自利」，第五門是「利他」。在「自利」和「利他」之行皆圓滿具足後，即可速得成就無上菩提)

「論」者，「議」也，言「議」(之)「偈」所以也。「曰」者，「詞」也，指(底)下諸句，(都)是(在)議釋「偈詞」也，故言「論曰」。

1 願偈大意者：（《往生論》裡面的「發願往生西方淨土偈頌」中所要闡述的大意）

此「願偈」（發願往生西方淨土之偈頌）明何義？示現（教示顯現）觀彼安樂世界（極樂世界），見阿彌陀如來，願生（發願往生）彼國（極樂世界）故。

2 起觀生信者：（對於「五念門」的修行內涵、目的、功用，逐一發起觀察之修，進而對「五念門」產生信心）

此分中又有二重。

一者：（明）示「五念力」（五念門的力用）。

二者：（顯）出「五念門」（的修行方法與功效），（因而教）示「五念力」者。

云何觀（「念與觀」淨土）？云何（對「念與觀」淨土發）生信心？若善男子、善女人，修「五念門」行成就，畢竟得生安樂國（極樂世界）土，見彼阿彌陀佛。

（所謂顯）出「五念門」（的修行方法與功效）者。

何等五念門？

一者：禮拜門。

二者：讚歎門。

三者：作願門。

四者：觀察門。

五者：迴向門。

「門」者，「入、出」義也，如人得「門」，則「入、出」無礙。前四念（指禮拜門、讚歎門、作願門、觀察門）是「入」安樂淨土（極樂世界）門（此指「入」淨土而成就「自利」之法

門），後一念(指迴向門)是「出」慈悲教化門(此指「出」淨土而成就慈悲教化眾生的「他利」法門)。

云何禮拜？身業禮拜阿彌陀如來・應・正遍知。

諸佛如來(之功)德有無量，(因功)德無量，故「德號」(依功德所立的名號)亦無量。若欲具談(完具的詳談)，「紙筆」(皆)不能(記)載也。是以諸經或舉「十名」(如來、應供、正遍知、明行足、善逝、世間解、無上士、調御丈夫、天人師、佛世尊)，或騰(騰說傳播)「三號」(三個名號)，蓋存「至宗」(至要宗旨)而已，豈此(即能說)盡(如來之功德名號)耶？

所言「三號」(三個名號)，即此「如來、應(供)、正遍知」也。

「如來」者，如「法相」解(如實的對「諸法體相」予以詳細的理解)，如「法相」說(如實的對「諸法體相」予以詳細的宣說)。如諸佛「安穩道」來(所謂的「如來」，即如同一切諸佛所證的「涅槃安隱道」而來)，此佛亦如是(而)「來」，更不去(「生死輪迴」之)「後有」中，故名「如來」。

「應」者「應供」也，佛「結使」(煩惱與習氣)除盡，得一切智慧，應受一切天地眾生供養，故曰「應」也。

「正遍知」者，(佛之智慧能)知一切諸法，(如)實「不壞」相，不增、不減。云何(是)「不壞」(相)？

心行處滅(一切眾生的「心識、思慮、妄心」所行之處，都是剎那的生滅幻境，皆無法描敘「諸法實相」)，言語道過(所有的「言語說道」都有過失錯誤，皆無法描敘「諸法實相」)，「諸法」如「涅槃相」(之)不動，故名「正遍知」。

※關於「心行處滅，言語道過」的經論引證

《大智度論》卷15〈序品 1〉

以諸法不可破故，佛法中一切「言語道過」(所有的「言語說道」都有過失錯誤，皆無法描敘「諸法實相」)，心行處滅(一切眾生的「心識、思慮、妄心」所行之處，都是剎那的生滅幻境，皆無法描敘「諸法實相」)，常「不生、不滅」，如「涅槃相」。

《方廣大莊嚴經》卷11〈轉法輪品 26〉

法界平等，超過「數量」，言語路斷(所有的「言語思路」都遭阻斷遮斷，皆無法描敘「諸法實相」)，心行處滅。

《大乘理趣六波羅蜜多經》卷10〈般若波羅蜜多品 10〉

「勝義諦」者，謂「心行處滅」(一切眾生的「心識、思慮、妄心」所行之處，都是剎那的生滅幻境，皆無法描敘「諸法實相」)，無復「文字」，離於一切「見、聞、覺、知」。

《文殊師利問 菩提經》

「菩提相」者，出(離)於「三界」，(起)過「世俗法」，語言道斷。

《大般若波羅蜜多經(第401卷-第600卷)》卷478〈實說品 84〉

「勝義諦」中，既無「分別」，亦無「戲論」，一切名字，言語道斷。

《仁王護國 般若波羅蜜多經》卷1〈觀如來品 2〉

心行處滅，言語道斷；同「真際」、等「法性」。

《大方廣佛華嚴經》卷5〈如來光明覺品 5〉

言語道斷，行處滅。等觀身心無「異相」，一切「內、外」悉解脫。

《佛說華手經》卷6〈求法品 20〉

「出世間法」則無「言說」，言語道斷，心行處滅。是故如來，雖復「言說」，而「無所著」。

《大乘寶雲經》卷4〈陀羅尼品 4〉

是法一切「言語道斷」，(所有的)「文字、章句」所不能詮(釋)，(越)過「音聲」界、離「諸口業」、絕諸「戲論」，不增、不減，不出、不入，不合、不散，非可「籌度」、不可「思量」，(超)過「算數」境，非心行處(非眾生的「心識、思慮、妄心」所行之處)。

《寶雲經》卷3

言語道斷，出過一切「心所行處」，離諸「戲論」，無造、無作，亦無「彼、此」，非「籌量、計挍」之所能及、亦非「相貌」，(超)過於一切「凡愚」(之)所見。

無礙光(之)義，(已)如前偈中(之)解(釋)。

為(願)生彼(極樂世界)國意故。

何故言此？菩薩(修學)之法，常以「晝三時、夜三時」，禮(拜)十方一切諸佛，(但其心)不必有(不一定具有)「願生意」(發願生西方之心念意志)，(故)今應常作「願生意」(發願生西方之心念意志)，故「禮阿彌陀如來」也。

晨朝、日中、日沒，為晝三時。
初夜、中夜、後夜，為夜三時。

晨朝，即上午8時頃。約6~10點。
日中，為正午12時頃。約10~14點。
日沒，為下午4時頃。約14~18點。

初夜，即午後 8 時頃。約 18~22 點。
中夜，為子夜 12 時頃。約 22~2 點。
後夜，為凌晨 4 時頃。約 2~6 點。

云何讚歎？_(此即是一種)口業讚歎。

「讚」者，「讚揚」也。

「歎」者，「歌歎」也，「讚歎」非「口」不宣_(無法宣揚)，故曰「口業」也。

稱_(揚)彼_(無礙光)如來名。如彼_(無礙光)如來，_(具)光明智相，如彼_(無礙光如來之)名義，欲如實修行_(才能與無礙光如來名號)相應故。

「稱」彼_(無礙光)如來_(之)名_(號)者，_(即是)謂「稱」<u>無礙光如來</u>名_(號)也。如彼_(無礙光)如來_(所具之)「光明智相」者，佛_(之)「光明」_(即)是「智慧相」也。

此「光明」_(能)照十方世界，無有障礙，_(與)能除十方眾生_(之)「無明」黑闇，非如_(一般的)「日、月、珠光」，但_(只能)破「空穴中闇」_(空間及巖穴中的黑暗)也。

如彼_(無礙光如來之)名義，欲如實修行_(以求得與無礙光如來)相應者。

※關於「阿彌陀佛之光明除眾生無明黑闇」的經論引證

吳・<u>支謙</u>譯《佛說阿彌陀三耶三佛薩樓佛檀過度人道經》

(阿彌陀佛)焰照(焰然照耀)諸無數天下，幽冥_(幽暗窈冥)之處，皆常大明。諸有人民，蜎^蜎_(小蟲)飛、蠕^蠕動_(古同「蠕」→微動；爬動；緩慢爬行)之類，莫不見<u>阿彌陀佛</u>光明也，見者莫不「慈心歡喜」者。世間諸有「婬泆、瞋怒、愚癡」者，_(只要能)見<u>阿彌陀佛</u>光明，_(皆)莫不「作善」也。

後漢·支婁迦讖譯《佛說無量清淨平等覺經》

<u>無量清淨佛光明</u>，焰照_(焰然照耀)諸無央數天下，幽冥_(幽暗窈冥)之處皆常明，諸有人民蜎_蠕 _(小蟲)飛、蠕_蠕 動_(古同「蠕」→微動；爬動；緩慢爬行)之類，莫不見<u>無量清淨佛光明</u>，見<u>無量清淨佛光明</u>，莫不「慈心歡喜」者。世間諸有「婬姝、瞋怒、愚癡」，_(只要能)見<u>無量清淨</u>佛光明，_(皆)莫不「作善」者。

唐·菩提流志譯《大寶積經·卷十七》

彼_(阿彌陀佛)之光明，清淨廣大，普令眾生身心悅樂_(喜悅歡樂)，復令一切餘佛剎中，「天、龍、夜叉、阿修羅」等皆得歡悅。<u>阿難</u>！我今開示_(開導示誨)彼佛光明，滿足一劫，說不能盡。

曹魏·康僧鎧譯《佛說無量壽經·卷上》

其有眾生遇斯_(阿彌陀佛)「光」者，三垢消滅，身意柔軟，歡喜踊躍，「善心」生焉。

趙宋·法賢譯《佛說大乘無量壽莊嚴經》

如是_(阿彌陀佛)光明，普照十方一切世界，天龍、藥叉、乾闥婆、阿修羅、迦樓羅、緊那羅、摩睺羅伽、人、非人等，見此光明，發菩提心，獲利樂_(利益安樂)故。

佛告<u>阿難</u>：我住一劫，說此光明功德利益，亦不能盡。

<u>彼無礙光如來名號</u>，能破眾生一切「無明」_(煩惱)，能_(圓)滿眾生一切「志願」_(心志願望)。然有_(眾生皆)「稱名、憶念」_(阿彌陀佛)，而「無明」_(煩惱)由在_(由然還在)，而不滿_(不能圓滿)所願_(所求之願)者，何者？

_(此乃)由_(眾生)「不如實修行」，_(因此)與_(阿彌陀佛號之)「名義不相應」故也。

云何為「不如實修行」？與(阿彌陀佛號之)「名義不相應」？謂不知如來是「實相身」(法身)、是為「物身」(為度化眾生而現的「報身」與「化身」)。(日本淨土真宗認為阿彌陀佛之「光明」為「實相身」，而阿彌陀佛的「名號」則為「物身」)

※關於「彌陀聖號與持名念佛」的經論引證

明・蕅益 智旭《阿彌陀經要解便蒙鈔》卷1

一聲阿彌陀佛，乃釋迦本師，於「五濁」惡世，所得之「阿耨多羅三藐三菩提法」。今(釋迦佛)以此「果覺」(果位正覺之)全體，(傳)授與(五)濁惡(世)眾生，(此)乃諸佛所行境界，唯佛與佛乃能究盡，非「九界」自力(眾生之)所能「信解」也。

明・蕅益 智旭《阿彌陀經要解便蒙鈔》卷2

(1)阿彌陀，正翻「無量」，本不可説。(釋迦)本師以「光、壽」二義(詮譯阿彌陀佛)，收盡一切無量(確妙)。(無量)「光」則「橫遍」十方，(無量)「壽」則「豎窮」三際。「橫、豎」交徹，即「法界」體。

(2)舉此「體」作彌陀身土，亦即舉此「體」作彌陀名號(速須信入)，是故彌陀名號，即眾生「本覺」(眾生本具覺性之體)理性。

(3)持名(念佛)，即「始覺」(後天修習始漸覺悟佛性)合「本」(覺)。始(覺)、本(覺)不二，「(眾)生、佛(陀)」不二，故一念「相應」一念「佛」，念念「相應」念念「佛」也。

※關於「實相的法身與報化身」的經論引證

《大智度論》卷33〈序品 1〉

佛有二種身：

一者、法性生身。

二者、隨世間身(隨眾生根器優劣，為度眾而現出的「報身、化身」佛)。

《大智度論》卷30〈序品　1〉

(1)而佛身有二種：一者、「真身」，二者、「化身」。眾生見佛「真身」，無願不滿。

(2)佛「真身」者，遍於虛空，光明遍炤十方，說法音聲，亦遍十方；無量恒河沙等世界，滿中大眾，皆共聽法，說法不息，一時之頃，各隨所聞而得解悟。

又有三種不相應。

一者：信心「不淳(厚)」，若存、若亡故。(好像有一點，又好像沒有，信心非常薄弱)

二者：信心「不(專)一」，無決定故。(內心對西方淨土仍沒有死心決定，還在搖擺不定中)

三者：信心「不相續」，餘念間故。(內心對西方淨土的信心無法「永恒持續」的信入，常會被其餘的世俗「雜念」，或不同的「修持法門」干擾，進而造成對西方的信心「間斷」)

此三句展轉相成，(順次序則)以「信心不淳(厚)」；故(心)「無決定」；(以心)「無決定」；故「念不相續」。

亦可(逆次序，則乃因)「念不相續」；故(心)不得「決定信」；(心)不得「決定信」；故心不淳(厚)。

(如果)與此(三種「不相應信心」)相違(的話，則可)名(為)「如實修行相應」，是故論主(天親菩薩)建言「我一心」(指《往生論》第一句話即說：世尊！我一心，歸命盡十方無礙光如來，願生安樂國)。

※關於「信心不淳與念不相續」的經論引證

元·普度編《盧山蓮宗寶鑑·卷八·臨終三疑》

(1)慈照宗主(南宋·子元大師)「淨土十門」告誡云：念佛人「臨終三疑」不生淨土。

一者疑：我生來「作業極重」，修行日淺，恐不得生。

二者疑：我欠人「債負」，或有「心願」未了，及貪瞋癡未息，恐不得生。

三者疑：我雖念彌陀，臨命終時，恐佛不來迎接。

(2)有此三疑，因疑成障，失其「正念」，不得「往生」，故念佛之人，切要諦信「佛經明旨」，勿生「疑心」。

(3)經云：念阿彌陀佛一聲，滅八十億劫生死重罪，上至「一心不亂」，下至「十念」成功，接向九蓮(九品蓮華)，令(你)辭(告辭)五濁(惡世)。

(4)苟能心心不昧(昏昧)，念念無差(無差別)，則「疑情」永斷，決定往生，可謂「十萬億」程，彈指到，(若有)絲毫「擬議」(揣度議論;研擬考慮)，(則)隔千山。

《大智度論》卷9〈序品 1〉

(1)復有一國，有一比丘誦《阿彌陀佛經》及《摩訶般若波羅蜜》，是人欲死時語弟子言：阿彌陀佛與彼大眾俱來。

(2)即時動身「自歸」，須臾「命終」。命終之後，弟子積薪燒之。明日，灰中見「舌」不燒。

(3)誦《阿彌陀佛經》故，見佛自來；誦《般若波羅蜜》故，舌不可燒。此皆今世現事。

(4)如經中説：諸佛菩薩來者甚多。如是處處，有人罪垢結薄、一心念佛、信淨不疑，必得見佛，終不虛也。以是諸因緣故知實有十方佛。

元·普度編《盧山蓮宗寶鑑·卷八·臨終四關》

「四關」者，慈照宗主(南宋·子元大師)「淨土十門」告誡云：凡夫雖有「信心念佛」，緣為「宿業」障重，合(本應)墮「地獄」，(因)乘佛力故，於床枕間，(可能發生)將輕換重(將「輕病」換成「重病」的情形)。

(1)若也因「病苦」故，(則可)悔悟身心，(未來)當生淨土也。

「無智」之人，不了此事，卻言：我今念佛，又有病苦(例如得癌症、腫瘤等

惡疾)，反謗彌陀，因此一念(的)「惡心」徑(直)入地獄，此是一關也。

(2)二者、雖則「持戒念佛」，緣為「口」談「淨土」，「意」(仍貪)戀「娑婆」，不(願)求出世善根，(仍)為「愛家」緣長旺(興旺)，以致臨終，遭「病」怕死貪生。(竟然)信受「童兒」(喻昏昧無知的江湖外道邪術)，(實行)呼神喚鬼(種種邪術)，(或)燒錢化馬，(或)殺戮眾生，緣此「心邪」，(將導致)無佛攝護，因茲(而)流浪墮落「三塗」，是二關也。

(3)三者、或因(病而)服「藥」，須用「酒腥ネ」(葷腥)，或被「親情」遞相逼勸，此人(因對淨土法門)無「決定信」，(遂)喪失「善根」，臨終(將)追赴(閻羅)王前，任(閻羅)王判斷，是為第三關也。

(4)四者、臨終之際，(仍)思惟「活業」(生活所需之資財產業)，繫綴ネ(繫結)資財，愛戀眷屬，心放不下，失卻「正念」。故(可能)於(自己的)家舍(附近)，墮(於)「鬼趣」中，已為「禍祟」(祟盛的罪禍)，或為慳「犬」(狗)，或作「蛇身」，(然後)守護(著自己的)家庭，宛如(生前活著)在日，是為四關也。

(5)是以楊提刑(北宋·楊傑)言：愛不重，不生娑婆。念不一，不生淨土，誠哉是言。

(6)凡脩淨土者，要當(斟)酌實躡ネ(棄)浮思(虛浮的妄思)，專想「寂念」(寂滅正念)，念彌陀，全身放下。但能堅此一念，便可碎彼「四關」，則淨土蓮臺的非遙矣，可謂一句彌陀無別念，不勞彈指到西方。

問曰：「名」(稱)為「法指」(指示法義的一種方式)，如「指」指「月」，若(僅僅)稱(呼)「佛名號」便得「滿願」(圓滿所求之願)者，(那)「指月之指」(亦)應能破「闇」！若「指月之指」不能破「闇」；(那麼)稱(呼)「佛名號」，亦何能「滿願」(圓滿所求之願)耶？

[翻譯]照你這麼說，好像「名稱、名號」是萬能的？當你的「手指」指著月亮時，「手指」會放光嗎？「手指」能破除黑暗嗎？當一個人嘴巴中說出「火」這個字時，如此便會燒到自己的嘴巴嗎？絕對不可能的啊！所以僅僅只是一個「名稱、名字」，這應該是不會發生什麼「大作用」的啊！

答曰：諸法萬差_(萬別千差)，不可一概_(而論)，有名「即」法_(名字與法義「相即相等」)；有名「異」法_(名字與法義「不相即亦不相等」)。

「名」即「法」_(名字與法義「相即相等」)者，_(如)諸佛菩薩_(之)「名號」，_(如)「般若波羅蜜」_(這五個字)，及「陀羅尼、章句、禁呪、音辭」等_(皆)是也_(以上所舉的都是名字與法義「相即相等」)。

如「禁腫辭」云：「日出東方，乍赤乍黃」_(太陽從東方升起，有時候現紅色，有時候現黃色)等句。假使_(在)「酉^乂、亥」_(酉指下午5～7點，亥指晚上9～11點)行禁_(執行念誦這8個字的禁腫辭)，不關日出_(雖然在酉時與亥時是無關於太陽日出的時間)，_(但因口誦這8個字的禁腫辭)而「腫」_(指水腫、浮腫的病)得差^彳_(病癒)。

亦如「行師」_(行軍兵師)對陳_(陳古通「陣」，兩軍對峙交陣)，但_(於)一切_(人的)齒_(口齒言語)中，_(皆)誦「臨、兵、鬥、者、皆、陳_(陳古通「陣」)、列、在、前」。行_(行軍兵師)誦此九字，_(則)「五兵」_(五種「矛、戟、弓、箭、戈」兵器)之所不中_(擊中要害)，_(如晉代葛洪所著的)《抱朴子》謂之「要道」_(用兵切要之道)者也。

又苦_(於)「轉筋」_(手或腳或腿抽痛，發生痙攣)者，以「木瓜」對火_(用木瓜對著火烤熱)，_(然後)熨^彐_(熱敷)之_(於發生抽痛痙攣處)，則_(病)愈。_(中醫上的一種外科療法叫「熱敷」，治法有「藥熨、湯熨、酒熨、鐵熨、蔥熨、土熨」等法，此乃藉助藥性及溫暖的作用，直接作用於患處或有關部位，使氣血通暢，以達到治病或緩解病痛的作用。所以這個熨字不讀彐 而讀成彐)

復有人_(沒有實體的木瓜)，但_(先將手弄熱，然後只用嘴巴)呼_(叫)「木瓜名」，亦_(病)愈，吾身_(指曇鸞大師自己)得其效_(用)也。

※關於「轉筋與木瓜」的經論引證

「轉筋」別名「抽筋」，多指小腿抽痛，或發生「痙攣」，肌肉抽搐，難以伸展自如。

《諸病源候論·霍亂轉筋候》

(1)霍亂而「轉筋」者，由冷氣入於「筋」故也，足之「三陰、三陽」之筋，起於人「足趾」；手之「三陽、三陰」之筋，起於「手指」，並循絡於身。

(2)夫霍亂大吐下之後，陰陽俱虛，其血氣虛極，則手足「逆冷」，而「榮衛」不理，冷搏於「筋」，則「筋」為之「轉」，冷入於足之「三陰、三陽」，則「腳筋轉」，入於手之「三陰、三陽」，則「手筋轉」。

唐·道綽《安樂集》卷1

(1)又如有人，被狗所嚙^蟇，灸^{ㄐㄧㄡ}「虎骨」殷^{ㄓㄣ}（「熨」之異體字）之，患者即愈；或時無(虎)骨，(只)好(將)攊^{ㄏㄨ}（以手披撥）掌，摩之，(然後)口中喚言：「虎來！虎來！」患者亦愈。

(2)或復有人患腳「轉筋」，(需以火燒)灸「木瓜」枝，(然後)殷^{ㄓㄣ}（「熨」之異體字，熱敷）之(於發生抽痛痙攣處)，患者即愈。或無「木瓜」，(僅以)灸手(而)磨之，(然後)口喚：「木瓜！木瓜！」患者亦愈。吾身得其效也。何以故？

(3)以「名」即「法」故。有「名」異「法」者，如以「指」指月，是也。

如斯(這類很)近(之)事，世間(人皆)共知，況(阿彌陀佛乃是)「不可思議境界」者乎？

「滅除藥塗鼓」之喻(此為「聲音即法」的一種現象。藥雖未塗在傷患身上，但傷患者只聽到「滅除藥鼓」的「聲音」便能有「滅毒」的作用)，復是一事，此喻已彰(顯)於前，故不(再)重(新)引(用)。

有「名」異(於)「法」者，如(以手)指「指月」等名也(當用手指頭在指著月亮的時候，手指頭並沒有發光破除黑暗的作用。手指頭與月亮之間並沒有「相即相等」的功能)。

※關於「滅除藥塗鼓」的經論引證

《佛說首楞嚴三昧經》卷1

(1)佛告堅意：菩薩(若)住「首楞嚴三昧」，(凡)眾生見者，皆(可)得「度脫」。有聞「名字」(指聽聞到「首楞嚴三昧」之名者)、有見「威儀」、有聞「說法」、有見「默然」，而皆(能)得度。

(2)堅意！譬如(有一顆)「大藥樹王」，名為「憙見」。(若)有人見者(指見「大藥樹王」)，「病」皆得愈。如是堅意！菩薩(若)住「首楞嚴三昧」，(凡)眾生「見」者，(其)「貪、恚、癡」病，皆得除愈。

(3)如大藥王，名曰「滅除」，若「鬥戰」時，用以「塗鼓」(將「滅除」的藥塗在鼓皮之上)，(若有)諸被「箭」射，(被)刀矛所傷，(只要)得聞「鼓聲」，(則)「箭」出「毒除」。

(4)如是堅意！菩薩(若)住「首楞嚴三昧」，(只要)有「聞名」(指聽聞到「首楞嚴三昧」之名者)者，(其)「貪、恚、癡」箭，自然拔出，(所有)諸「邪見」毒，皆悉除滅，一切煩惱，不復動發。

云何「作願」？(於)心(中)常作願，一心專念(阿彌陀佛聖號與西方淨土)，畢竟往生安樂國土(極樂世界)，欲如實修行「奢摩他」(śmatha 止；定)故。

譯「奢摩他」(śmatha 止；定)曰「止」。「止」者，「止心一處」(讓心止住於「一處」)，不作惡也。

此譯名(將「奢摩他」譯爲「止」之名)，乃「不乖」(沒有乖違)大意(大概的意思)，(但)於義(理)未滿(並未圓滿)。何以言之？

(例)如「止」心(於)「鼻端」，亦名為「止」，(修)「不淨觀」(來制)止「貪」、(修)「慈悲觀」(來制)止「瞋」、(修)「因緣觀」(制)止「癡」，如是等亦名為「止」。如人將行不行(要走不走，要做不做)，亦名為「止」。

是知「止語」(這個「止」字語辭)浮漫(太過於輕浮散令 漫)，(以這個「止」字的意思來解釋「奢摩他」)不正(無法正確精準獲)得「奢摩他」(śmatha 止;定)名也。如「椿ᵏᵘⁿ、柘ᵗᵘ、榆、柳」，雖皆名「木」(頭)，若但(全部命名)云「木」，(那)安(如何能)得「榆、柳」(眞正的涵義)耶？

「奢摩他」(śmatha 止;定)云「止」者。今有三義。

一者：一心專念阿彌陀如來，願生彼土，此(阿彌陀)如來名號，及彼(極樂)國土名號，能止(息)一切(罪)惡。(因一心的專念佛號，三毒之心便無從生起，便能止息一切罪惡)

二者：彼安樂土(極樂世界)過「三界」道，若人亦生彼(極樂)國，自然止「身、口、意」惡。

三者：(以)阿彌陀如來正覺(之)「住持力」(阿彌陀佛能以無上的「不可思議功德力」去「安住維持、久住護持」眾生的心)，自然(能令極樂國中所有眾生)止求「聲聞、辟支佛」心。

此三種「止」，(皆)從(阿彌陀)如來「如實功德」生。

是故言：「欲如實修行『奢摩他』(śmatha 止;定)故」。

(只要常修「作願門」，便能「攝持」住自心，而使心貫注於西方淨土，如此便能成就殊勝「奢摩他」的妙方便門)

※關於「極樂世界必得正定聚與不退轉菩薩」的經論引證

明・袾宏述《阿彌陀經疏鈔》卷1

念一佛名，換彼百千萬億之「雜念」也。

明・蕅益 智旭《阿彌陀經要解》卷1

故古人云：明珠投於濁水，濁水不得不清；佛號投於亂心，亂心不得不佛也。

曹魏・康僧鎧譯《佛說無量壽經・卷上》

設我得佛，國中(極樂世界)「天人」，不住「定聚」(samyaktva-niyata-rāśi 正定聚➔指眾生必定獲得「證悟」而永不退，亦指決定會成就佛位而永不退轉的「必定菩薩」。《俱舍論・卷十》云：「見道」位以上之聖者，已斷盡「見」等惑，亦可獲「畢竟不退」。又菩薩階位在「十信」以上者，亦稱「正定」)，必至「滅度」者，不取正覺。

曹魏・康僧鎧譯《佛說無量壽經・卷下》

佛告阿難：其有眾生，生彼國(極樂世界)者，皆悉住於「正定之聚」(samyaktva-niyata-rāśi 正定聚➔指眾生必定獲得「證悟」而永不退，亦指決定會成就佛位而永不退轉的「必定菩薩」。《俱舍論・卷十》云：「見道」位以上之聖者，已斷盡「見」等惑，亦可獲「畢竟不退」。又菩薩階位在「十信」以上者，亦稱「正定」)。所以者何？彼佛國中(極樂世界)，無諸「邪聚」，及「不定聚」。

唐・菩提流志譯《大寶積經・卷十七》

阿難！彼國(極樂世界)眾生，若當生者，皆悉究竟「無上菩提」到「涅槃」處，何以故？
若「邪定聚」及「不定聚」，不能了知建立彼因故。

(《大智度論・卷八十四》云：能「破顛倒」者，名「正定」。必不能「破顛倒」者，是「邪定」。得「因

緣」能破,不得(因緣者),則不能破,是名「不定」。皆以「世俗法」故說,非最第一義。)

《十住毘婆沙論》卷1〈入初地品 2〉

入於「必定聚」,則生「如來」家,無有諸過咎。即轉「世間道」,入「出世上道」,是以得「初地」,此地名「歡喜」(地)。

云何觀察?(以)智慧觀察,(以)正念「觀」彼(極樂世界),欲如實修行「毘婆舍那」(vipaśyanā 觀)故。

譯「毘婆舍那」(vipaśyanā 觀)曰「觀」,但汎(古通「泛」➔普遍;廣泛)言「觀」(之)義,(其義理)亦未(圓)滿,何以言之?如觀身(之)「無常、苦、空、無我」,(與身體之)「九相」(青瘀想、膿爛想、蟲噉想、膨脹想、血塗想、壞爛想、敗壞想、燒想、骨想)等,皆名為「觀」,亦如上(面所說的)「木」名(將「木」當作一種籠統的通名),(其實)不得(無法獲得)「椿芬、柘芝」(精準的稱呼)也。

「毘婆舍那」(vipaśyanā 觀)云「觀」者,亦有二義:

一者:在此作(觀)「想」,「觀」彼三種(極樂國土、阿彌陀佛、諸菩薩)莊嚴功德,(以)此(觀想的)功德「如實」故,修行者亦(獲)得「如實」功德,(只要獲得)「如實」功德者,(便)決定(可)得生彼土。

二者:亦得(往)生彼(極樂)淨土,即見阿彌陀佛。(若有)未證「淨心」菩薩(此指「初地」以上,「七地」以下菩薩),(與)畢竟得證「平等法身」(此指「八地」菩薩以上),與(已證)「淨心」菩薩(此指「八地」菩薩以上),與「上地」(十地)菩薩,畢竟(皆能)同得「寂滅平等」。

是故言:「欲如實修行『毘婆奢那』(vipaśyanā 觀)故」。

※關於「修行奢摩他（止）與毘婆奢那（觀）」的經論引證

唐・菩提流志譯《大寶積經・卷十七》

(1)復次阿難！彼極樂界諸菩薩眾，所說「語言」(皆)與「一切智」相應，於所(所有)受用，皆無攝取(攝收取用)……生無礙慧，(能)為他廣說。於三界中，「平等」勤修。

(2)既自(能)調伏，亦能調伏一切有情(眾生)，能令獲得(殊)勝「奢摩他」(śmatha 止)，於一切法，證「無所得」，善能說法，言辭巧妙。

唐・菩提流志譯《大寶積經・卷十七》

(1)(生極樂世界之諸菩薩)作世間燈，破眾生闇，堪受利養(諸利與供養)，(為)殊勝福田。為大導師，(能)周濟(周遍救濟)群物(群生眾物)……永離「三垢」(貪瞋癡)，遊戲神通。(能具有下面諸力)

(2)❶因力。❷緣力。❸願力。❹發起力。❺世俗力。❻出生力。❼善根力。❽三摩地力。❾聞力。❿捨力。⓫戒力。⓬忍力。⓭精進力。⓮定力。⓯慧力。⓰奢摩他力(śmatha 止)。⓱毘鉢舍那力(vipaśyanā 觀)。⓲神通力。⓳念力。⓴覺力。㉑摧伏一切大魔軍力。㉒并他論法力。㉓能破一切煩惱怨力。及㉔殊勝大力。

曹魏・康僧鎧譯《佛說無量壽經・卷下》

(1)(生極樂世界之諸菩薩)為世燈明，(為)最勝福田。常為「師導」(導師)……滅「三垢」障(貪瞋癡)，遊諸神通。(能具有下面諸力)

(2)❶因力。❷緣力。❸意力。❹願力。❺方便之力。❻常力。❼善力。❽定力。❾慧力。❿多聞之力。⓫施、⓬戒、⓭忍辱、⓮精進、⓯禪定、⓰智慧之力。⓱正念、⓲止觀(śmatha 止。vipaśyanā 觀)，⓳諸通明力。⓴如來調伏諸眾生力。如是等力，一切具足。

彼「觀察」有三種。何等三種？
一者：觀察「彼佛國土」莊嚴功德。
二者：觀察阿彌陀佛莊嚴功德。
三者：觀察彼「諸菩薩」莊嚴功德。

(以)「心」緣其「事」(指極樂國土、阿彌陀佛、諸菩薩)曰「觀」，觀「心」分明(觀想到心中了了分明)曰「察」。

云何迴向？不捨一切苦惱眾生，心常作願，「迴向」為首，得成就「大悲心」故。

※關於「心常作願，迴向為首」的經論引證

《大方廣佛華嚴經》卷40〈入不思議解脫境界普賢行願品〉
普賢菩薩摩訶薩稱歎如來勝功德已，告諸菩薩及善財言：
善男子！如來功德，假使十方一切諸佛，經不可說不可說佛剎極微塵數劫，相續演說，不可窮盡。若欲成就此功德門，應修十種廣大行願。何等為十？
一者、禮敬諸佛。
二者、稱讚如來。
三者、廣修供養。
四者、懺悔業障。
五者、隨喜功德。
六者、請轉法輪。
七者、請佛住世。
八者、常隨佛學。
九者、恒順眾生。

十者、普皆迴向。

迴向偈一
願以此功德，莊嚴佛淨土。
上報四重恩，下濟三途苦。
若有見聞者，悉發菩提心。
盡此一報身，同生極樂國。

迴向偈二
願生西方淨土中，九品蓮花為父母。
花開見佛悟無生，不退菩薩為伴侶。

迴向偈三
願消三障諸煩惱，願得智慧真明了，
普願罪障悉消除，往生圓成菩薩道。

迴向有二種相：
一者：「往」相。

（把自己所修的一切功德全部佈施給一切苦惱眾生，並迴向共同求往生西方極樂世界。可依「大慈菩薩發願偈」之所云：凡有諸福善，至心用迴向。願同念佛人，感應隨時現；臨終西方境，分明在目前。見聞皆精進，同生極樂國。見佛了生死，如佛度一切）

二者：「還」相

（願我往生西方淨土，在得到「奢摩他、毘婆奢那」成就後，即再發願歸還十方世界度眾生。可依「蓮池大師西方迴向發願文」之所云：回入娑婆，分身無數，遍十方刹，以不可思議自在神力，種種方便，度脫眾生，咸令離染，還得淨心，同生西方，入不退地。）

「往相」者，以己功德，（全部）「迴施」一切眾生，「作願」共（發願一同）往生彼

<u>阿彌陀</u>如來<u>安樂淨土</u>(極樂世界)。

「還相」者，(待往)生彼(極樂)土已，得「奢摩他(śmatha 止;定)、毘婆舍那(vipaśyanā 觀)」方便力成就，(即再發願歸還)迴入「生死稠林」(稠密樹林。生死就像把一個人抓去放在原始森林裡面，他被稠密的樹林困住而轉不出來，沒有出路。此喻眾生輾轉不斷的生死相續)，教化一切眾生，共向(阿彌陀佛的西方)佛道。

若「往」(生淨土成佛)、若(歸)「還」(十方世界度眾)，皆為「拔(濟)眾生、(越)渡生死海」。

是故言：「迴向為首，得成就大悲心故」。

3 **觀行體相者：** (主要以第四「觀察門」為主，如何觀察「極樂國土、阿彌陀佛、諸菩薩」這三類莊嚴的之行法與體相方式)

此分中有二體。

一者：「器」體(器世界之體性)。

二者：「眾生」體(眾生世界之體性)。

「器」(器世界)分中又有三重。

一者：(觀察極樂)國土(之)體相。

二者：示現「自利、利他」。

三者：(將一切國土莊嚴皆攝)入「第一義諦」。

(下)國土體相者：

云何觀察「彼佛(極樂)國土」莊嚴功德？「彼佛(極樂)國土」莊嚴功德者，(已)成就「不可思議力」故。如彼「摩尼如意寶性」，(極樂國土與「摩尼如意寶」是)「相似、相對」法(「相似」與「相應」指兩者有「相似、相對應」的地方，但又不是完全的「相似、相對應」)故。

「不可思議力」者，總指彼佛(極樂)國土「十七種」莊嚴功德力，不可得「思議」(心思不到、言語議論不到的境界)也，諸經統言，有「五種」不可思議。

一者：眾生多少，不可思議。

二者：業力，不可思議。

三者：龍力，不可思議。

四者：禪定力，不可思議。

五者：佛法力(佛功德法之力)，不可思議。

※關於「五種不可思議力」的經論引證

《增壹阿含經·卷第二十一》

(1)一時，佛在<u>舍衞國</u>祇樹給孤獨園。爾時，世尊告諸比丘：有四事終不可思惟。云何為四？

「眾生」不可思議、「世界」不可思議、「龍國」不可思議、「佛國」境界不可思議。

(2)所以然者？不由此處(四事之處)得至「滅盡」(之)「涅槃」。

(3)云何「眾生」不可思議？此眾生為從何來？為從何去？復從何起？從此終？當從何生？如是，「眾生」不可思議。

(4)云何「世界」不可思議？諸有「邪見」之人，世界「斷滅」？世界「不斷滅」？世界「有邊」？世界「無邊」？是命？是身？非命？非身？梵天之所造？諸大鬼神作此世界耶？

(5)爾時世尊便說此偈：「梵天」造人民，世間鬼所造，或能諸鬼作，此語誰當「定」？「欲恚」之所纏，三者俱共等，心不得「自在」，世俗有「災變」。

(6)如是，比丘！「世間」不可思議。

(7)云何「龍界」不可思議？云何此「雨」為從「龍口」出耶？所以然者？

(8)雨滴不從龍口出也，為從「眼、耳、鼻」出耶？此亦不可思議。所以然者？

(9)雨滴不從「眼、耳、鼻」出，但龍「意之所念」。若念「惡」亦雨，若念「善」亦雨。亦由本本而作此雨，所以然者？

(10)今「須彌山」(之)腹有天，名曰「大力」，知眾生心之所念，亦能作雨。然雨不從彼天「口」出，「眼、耳、鼻」出也，皆由彼天有「神力」故，而能「作雨」。

(11)如是，比丘！「龍境界」不可思議……

(12)云何「佛國」境界不可思議？如來身者，為是父母所造耶？此亦不可思議……如來身者，不可「造作」，非諸天所及……非世間人民之所能及，如是「佛境界」不可思議。

(13)如是，比丘！有此四處(眾生、世界、龍國、佛國)不可思議，非是「常人」之所思議。

《大智度論》卷30〈序品 1〉

經說:「五事」不可思議,所謂:

①「眾生」多少。②「業」果報。③「坐禪」人力。④諸「龍力」。⑤諸「佛力」。

於「五不可思議」中,「佛力」最不可思議!

《大方便佛報恩經》卷1〈孝養品 2〉

當知:

(1)「如來」不可思議。

(2)「世界」不可思議。

(3)「業報」不可思議。

(4)「眾生」不可思議。

(5)「禪定」不可思議。

(6)「龍王」不可思議。

此是佛不可思議,佛欲令一切眾生知「佛心」者,乃至「下流鈍根」眾生,皆令得知,欲令一切眾生能得見者,即便得見。

《大寶積經》卷8

時寂意菩薩告諸會者:如來所宣布「四不思議」,以是得成「無上正真之道」,逮最「正覺」。何謂為四?

(1)所造立「業」不可思議。

(2)志如「龍王」行,不可計。

(3)「禪思」一心不可限。

(4)「諸佛所行」無有邊際。是為四事。

仁者當知,是四不可思議,佛道所行「不可思議」,為最至尊,以成正覺,是故名曰「四不可思議」。

《集一切福德三昧經》卷3

又復菩薩應,當解知「四不思議」。何等四?

(1)「業」及「業報」,不可思議。

(2)一切「眾生」，種種諸行若干「差別」，不可思議。

(3)「佛如來」行，不可思議。

(4)菩薩生起諸「清淨行」，不可思議。

那羅延！是名為四不可思議，應當解知。

《不空胃索陀羅尼自在王咒經》卷2

若持咒人，欲成就此法，應發「信心」，修「清淨」業。精進堅固心、無疑惑、至誠決定。常懷「報恩」，起「慈悲心」，此諸菩薩方能成就，非諸下劣怯弱有情。何以故？

由佛教中，先為阿難說於「四種不思議法」，所謂：

(1)「末尼寶珠」威力，不思議。

(2)神咒威力，不思議。

(3)妙藥威力，不思議。

(4)佛境界威力，不思議。

若能誦咒一百八遍，一切諸鬼所著之病，皆得除差ㄔㄞˋ (病癒)。

此中(極樂)「佛土」不可思議，有二種力。

一者：(大願善)業(之)力。謂法藏菩薩(之)「出世善根」(指「無緣大慈心、同體大悲心」)大願業力所成。

二者：正覺阿彌陀法王「善住持力」(阿彌陀佛能以無上的「不可思議功德力」去「安住維持、久住護持」眾生的心)所攝。

此(極樂國土無量功德莊嚴之)「不可思議」如下十七種，一一相皆「不可思議」，至文(至後面文處)當釋。

(極樂國土具無量功德莊嚴就)如彼「摩尼如意寶性」(之)「相似、相對」者，借彼「摩

尼如意寶性」(來顯)示(出)**安樂佛土**(極樂世界之)**不可思議性也**。

(如)**諸佛**(在)入「**涅槃**」時，(皆)以「**方便力**」留「**碎身舍利**」以(賜)**福**(於)**眾生**。

(若)**眾生福盡**(福德滅盡)，(則諸佛皆以)此「**舍利**」變為「**摩尼如意寶珠**」。此(摩尼如意寶)**珠多**(處)在「**大海**」中，「**大龍王**」以為首飾(大龍王會將這些「摩尼如意寶珠」作為自己頭頂上的美飾)。

※關於「舍利將變為摩尼如意寶珠，繼續度化眾生」的經論引證

北涼・曇無讖 譯《悲華經》	秦・譯者佚名《大乘悲分陀利經》
《檀波羅蜜品・ 第五之三》	《現伏藏施品・ 第二十七》
壹(釋迦佛之前身盧空淨王)**我於爾時**，(即)**作大誓願：若我未來，於「五濁」中、**(於)**厚重煩惱**(中)，(於)**人壽「百歲」**(中)，**必定成「阿耨多羅三藐三菩提」。**(若)**所願成就，得己利**(獲得諸善法成就為己利)**者**，(我願)**作「大龍王」**，(並)**示現種種「珍寶」之藏。**	**壹**(釋迦佛之前身盧空淨王)**我即立願：若我於彼「五濁惡世」、**(於)**結使**(煩惱)**極重**(之)**「百歲」人中，得成「阿耨多羅三藐三菩提」。**(若)**是**(我的)**「意滿」**(意願圓滿)**者**，(則)**令我於此佛土，得為「龍王」，名現伏藏。**
貳(盧空淨王我)**於此選擇諸惡世界，**(於)**在在處處**(之)**「四天下」中，於一一天下，**(我與)**「七返」受身**(重受新身轉世)**，**(並於)**一一身中，示現無量百千萬億「那由他」等「珍寶」之藏。**	**貳**(盧空王我將)**於除穢佛土**(之)**一切方中，各「七返」受「龍身」，**(並)**於一一身，**(皆能)**示現億「那由他」百千「伏藏」，滿中眾寶，**(例如)**「金、銀」乃至「玉紺䃐、大紺䃐、明月、水精」，持用施與**(廣大眾生)。

⊕(所有)一一寶藏,縱廣正等,(有)一千「由旬」,各各充滿種種「珍寶」,如上所說,(供)給(布)施眾生。	⊕(所有)一一「伏藏」,縱廣(有)千「由旬」,如是眾寶,充滿其中,(我皆)開發(布)施與一切眾生。
⊕如(盧空淨王)我在此一(選擇諸惡)「世界」中,精勤用意,如是「次第」,(我亦能)遍十方如「恒河沙」等「五濁」惡世(及)「無佛」國土,(並)於一一佛土,(於)一一天下,「七返」受身(重受新身轉世),乃至如上所說。	⊕(盧空王我於)如此(除穢)佛土,立「勇健」事,(亦能於)如是十方「恒河沙」數(之)「五濁」(及)「空(無佛土)世界」中;於諸剎土,(於)一切方中,各「七返」受身(重受新身轉世),如前所說。

北涼・曇無讖 譯 《悲華經》	秦・譯者佚 名 《大乘悲分陀利經》
	《立願舍利神變品・第十七》
⊕乃至「法炬」滅、「法幢、」倒。(待)「正法」滅已,(釋迦佛之前身寶海)我之「舍利」,尋沒於「地」,至「金剛際」(kāñcana-maṇḍala 金性地輪;地輪;金剛輪;以金剛鋪成之地表。金輪之最下端稱爲金輪際)。	⊕乃至「正法」盡,「法燈」永滅,「法幡、」倒已。(再)令我(之)「舍利」,乃至入「地金輪」(kāñcana-maṇḍala 金性地輪;地輪;金剛輪;以金剛鋪成之地表。金輪之最下端稱爲金輪際)上住。
⊕爾時娑婆世界,(若)空無「珍寶」,(則寶海)我之「舍利」,(將)變為「意相琉璃寶珠」。	⊕隨其「幾時」(曾幾何時,此喻時機時間),(若)娑訶世界,窮乏「珍寶」,(則)令(我之舍利)成「琉璃珠」,現如「火色」,名曰「勝意」。

北涼・曇無讖 譯	秦・譯者佚 名

《悲華經》	《大乘悲分陀利經》
㊀(寶藏)世尊！(當)**娑婆世界**，(有)「兵劫」起時，(釋迦佛之前身寶海)我身「舍利」，復當化作「紺🔲 琉璃珠」，從「地」而出，上至「阿迦尼吒天」(Akaniṣṭha-deva色究竟天)。	㊀(寶藏)世尊！如是「刀兵劫」時，令彼「舍利」，復更變成「紺🔲 王摩尼」，上至「阿迦尼吒」(Akaniṣṭha-deva色究竟天)際住，降種種花雨，所謂：
雨種種華，曼陀羅華(māndārava 天妙花;悅意華;赤華)、摩訶曼陀羅華(mahā-māndārava 大赤華)、波利質多華(pārijātaka 圓生樹;香遍樹)。	曼陀羅華(māndārava 天妙花;悅意華;赤華)、摩訶曼陀羅花(mahā-māndārava 大赤華)、波利質多羅花(pārijātaka 圓生樹;香遍樹)，乃至無量光花。
㊁乃至(由舍利變出的「紺琉璃寶珠」)還沒於「地」，至本住處(之)「金剛際」，亦復如是。	㊁令彼諸花，出種種「妙聲」，所謂「佛聲」，乃至如前所說。令彼「舍利」，乃至「金輪」上住。
㊂(寶藏)世尊！如(遇)「刀兵劫、飢餓、疾疫」，亦復如是。	㊂如是(若遇)「飢饉劫」時，復令「舍利」，上昇「虛空」，乃至「阿迦尼吒」(Akaniṣṭha-deva色究竟天)際住，降「大花雨」，乃至如前所說。如是(若遇)「疾疫劫」時，亦如前所說。
㊃(寶藏)世尊！(釋迦佛前身之舍利能)如是(於)大「賢劫」中，(待)我「般涅槃」後，是(我之)諸「舍利」，作如是「佛事」，(能)調伏無量無邊眾生，(令眾生)於「三乘」中得「不退轉」。	㊃如「賢劫」中，(待)我「般涅槃」後，(我之)「舍利」當作「佛事」，(能)勸化(勸教度化)過數眾生，於「三乘」住「不退轉」。

(伍)(釋迦佛前身之舍利能)如是當於「五佛」世界,「微塵數」等「大劫」之中,調伏無量無邊眾生,令(眾生)於「三乘」得「不退轉」。	(伍)如是(於)「五佛土」微塵數(之)「大劫」中,我(之)「舍利」,(能度)化眾生於「三乘」住「不退」。

若(有)「轉輪聖王」出世(出興於世),(便能)以「慈悲」方便(力而獲)能得此「珠」,(因此能)於「閻浮提」(為眾生)作大「饒益」(豐饒助益)。

若(有眾生)須「衣服、飲食、燈明、樂具(所有可享樂之具)」,隨意所欲(之)種種物時,(轉輪聖)王便「潔齋」(潔淨身心,虔誠齋戒),置(摩尼如意寶)珠於「長竿」(之)頭,(並對如意寶珠)發願言:

若我實是「轉輪王」者,願「寶珠」雨ㄩ(降)如此之(寶)物,若(或者)遍(滿)一里、若(或者遍滿)十里、若(或者遍滿)百里,(請)隨我心願(之所求)。

爾時即便於虛空中雨ㄩ(降)種種(寶)物,皆稱ㄔ(合乎)所須,滿足天下一切人(之所求)願,以此(摩尼如意)「寶性」(之神)力故。彼安樂佛土(極樂世界)亦如是,(能)以(種種)「安樂」性,(給予眾生)種種成就故。

(極樂國土具無量功德莊嚴與「摩尼如意寶珠」是)「相似、相對」者,(以)彼「寶珠」(之神)力(去)求「衣、食」者,(便)能雨ㄩ「衣、食」等物,(此皆)稱ㄔ(合乎)「求者」(之)意(願),(並)非是「不求」。(亦即跟「摩尼如意寶珠」求願即滿願,是屬於「有求」的行為,並非是「無求」而自然就會感召出來。但極樂世界是屬於「無求」而自然就會「感召」出種種「勝境」。這是阿彌陀佛不可思議大願之行)

彼(極樂國)佛土則不然,(極樂國土早已成就種種的體)「性滿足成就」故,無所乏少(極樂淨土中的天人雖也有「思衣得衣、思食得食」等諸事,但此並非因「奢求與渴望」而求,僅是以前的「習氣」業力所變現的行為)。片(斷)取彼(摩尼如意寶珠之體)性為喻,故言(極樂國土具無量功德莊

_{嚴與「摩尼如意寶珠」是）}「相似、相對」。

又彼_{（摩尼如意）}「寶」但能_{（給）}與眾生「衣、食」等願，不能_{（給）}與眾生「無上道願」。

又彼_{（摩尼如意）}「寶」但能_{（給）}與眾生「一身」願_{（一身、一世獲得「五欲」的願望）}，不能_{（給）}與眾生「無量身願」_{（無量身、無量世獲得「解脫」與「涅槃安樂」的願望）}，有如是等無量差別，故言_{（極樂國土具無量功德莊嚴與「摩尼如意寶珠」僅是）}「相似」。

觀察「彼佛國土」莊嚴功德成就者，有十七種應知。何等十七？

一者：莊嚴「清淨」功德成就。

二者：莊嚴「量」功德成就。

三者：莊嚴「性」功德成就。

四者：莊嚴「形相」功德成就。

五者：莊嚴「種種事」功德成就。

六者：莊嚴「妙色」功德成就。

七者：莊嚴「觸」功德成就。

八者：莊嚴「三種功德」成就。

九者：莊嚴「雨」功德成就。

十者：莊嚴「光明」功德成就。

十一者：莊嚴「妙聲」功德成就。

十二者：莊嚴「主」功德成就。

十三者：莊嚴「眷屬」功德成就。

十四者：莊嚴「受用」功德成就。

十五者：莊嚴「無諸難」功德成就。

十六者：莊嚴「大義門」功德成就。
十七者：莊嚴「一切所求滿足」功德成就。

先舉「章門」(篇章諸法)，次續「提釋」。

❶(極樂世界具)莊嚴「清淨」功德成就者，偈言「觀彼(極樂)世界相，勝過三界道」故。

此云何不思議？
有凡夫人，(其)煩惱(雖)成就，亦得(往)生彼(極樂)淨土，(所有)三界繫業(繫縛的業力)，畢竟「不牽」(不能牽制此凡夫人)，(此)則是「不斷煩惱」(而)得「涅槃分」，焉可「思議」(思量揣測、言語議論)。

❷(極樂世界具)莊嚴「(數)量」功德成就者，偈言「究竟如虛空，廣大無邊際」故。

此云何不思議？
彼(極樂)國人天，若意欲(得)「宮殿、樓閣」，若廣(長)「一由旬」、若「百由旬」、若「千由旬」、(若欲得)千間(宮殿樓閣)、(若欲得)萬間(宮殿樓閣)，(皆)隨心所成，人各如此。

又十方世界眾生，(發)願往生者，若已生、若今生、若當生，(於)一時一日之頃，「算數」所不能知其多少(數量)。而彼(極樂)世界，常若「虛空」，無(任何)迫迮ㄗㄜˊ(迫窄迮狹)相。

彼(極樂世界)中眾生，住如此(無)量(如虛空)中，(故其)志願(亦)廣大，亦如「虛空」，無有「限量」。彼(極樂)國土(具)「量」(無邊數量之功德)，(故)能成(就)眾生心行(之)量，何可「思議」(思量揣測、言語議論)。

※關於「極樂世界菩薩其志願廣大如虛空」的經論引證

吳・支謙譯《佛說阿彌陀三耶三佛薩樓佛檀過度人道經》

(極樂世界諸菩薩、羅漢眾等)歡心喜樂，共觀經行道(修行佛道)，(亦共)和好(和睦友好)久習(久習經文佛義)，才猛(殊才勇猛)智慧。志若虛空，精進求願(追求發願)，心終不復「中徊」(於中而徊轉退心)，意終不「復轉」，終無有「懈極」(懈怠至極)時。

後漢・支婁迦讖譯《佛說無量清淨平等覺經》——

(極樂世界諸菩薩、羅漢眾等)歡心喜樂，樂共觀經行道(修行佛道)，(亦共)和好(和睦友好)文習(依經文而習佛義)，才猛(殊才勇猛)智慧。志若虛空，精進求願(追求發願)，心終不復「中迴」(於中而迴轉退心)，意終不「復轉」，終無有「懈極」(懈怠至極)時。

曹魏・康僧鎧譯《佛說無量壽經・卷下》

(生極樂世界之諸菩薩)❶猶如蓮華，於諸世間，無染污故……⑬如師子王，(能)「無所畏」故。⑭曠若虛空，(能)「大慈等」(大慈平等)故。

❸(極樂世界具)莊嚴「性」功德成就者，偈言：「正道大慈悲，出世善根生」故。

此云何不思議？
譬如「迦羅求羅蟲」(kṛkalāsa 迦羅咎羅蟲、加羅求羅蟲、黑木蟲)，其形微小(上述有關「迦羅求羅蟲」的比喻應取自《大智度論》之說)，若得「大風」，(其)身(便)如「大山」，(此蟲乃)隨風大小，(作)為(自)己「身相」(身體之相)。

(凡)生安樂(極樂世界)眾生，亦復如是，(只要往)生彼「正道」(極樂)世界，即(能)成就「出世善根」，入「正定聚」(samyaktva-niyata-rāśi 正定聚➜指眾生必定獲得「證悟」

而永不退,亦指決定會成就佛位而永不退轉的「必定菩薩」。《俱舍論‧卷十》云:「見道」位以上之聖者,已斷盡「見」等惑,亦可獲「畢竟不退」。又菩薩階位在「十信」以上者,亦稱「正定」)。

亦如彼風,非身而身(指「迦羅求羅蟲」,能現出種種的大、中、小身相,此並非是自己原本的身形,而是得到「風的助緣」便轉成大、中、小身相),焉可「思議」(思量揣測、言語議論)。

(在極樂世界將得到阿彌陀佛的「助緣」,就在阿彌陀佛的神力加持下,也會成為菩薩身形的「大身」)

※關於「迦羅求羅蟲若得大風,則其身便如大山」的經論引證

《翻梵語》卷7

「迦羅求羅蟲」,應云「迦羅咎那」。譯曰「迦羅」者,「黑谷」。「那」者,木蟲。

《大智度論》卷7〈序品 1〉

如「迦羅求羅虫」(kṛkalāsa 迦羅咎羅蟲、加羅求羅蟲、黑木蟲),其身「微細」,(若能)得「風」(的助緣,則其身形就會)轉大(轉而變大),乃至(大到)能「吞食」一切(東西);「光明」亦如是,(若能)得「可度」(之)眾生(後),(則此「光明」就會)轉增(成為)「無限」(之大)。

《雜譬喻經》卷1

(1)昔者外國,從來久遠,曾有一「石」,當人「路側」,時(此石頭)為車馬(所)踐蹈,(故此石已經有)小小「損減」。彼世有人,嫌(石頭)其「妨道」,務欲「除之」,時即「打壞」(此石頭)。

(2)見有「毒蛇」從「石」中出,(此毒蛇)得「風」(的助緣後,則其身形就開始)轉大(轉而變大),(就在)須臾之間,(此毒蛇之)身(竟大到能遍)滿(整個)「閻浮提」,(於是整個)「閻浮提」中(所有的)眾生人物,(在)一日之中,悉皆(被此大毒蛇給)「噉盡」,(此毒蛇最終)然後乃死。

(3)此是(毒蛇)「惡報」尚「速疾」如是,(便何)況之「菩薩」本為「凡人」(之時),

(便開始)積功累德，動經「塵數」之劫，(所以此菩薩)適(剛剛)從「發意」(發大菩提心意)，便成「佛道」，(然後馬上)說法度人，(指後該菩薩即刻)而取「泥洹」，此之「利疾」(猛利疾速)，豈足怪乎？

※關於「極樂世界菩薩，必能成就出世善根」的經論引證

趙宋・法賢譯《佛說大乘無量壽莊嚴經》

世尊！我得菩提，成正覺已，所有眾生，令生我剎(極樂世界)，所修「正行」，善根無量，遍圓寂界，而無間斷，悉皆令得「阿耨多羅三藐三菩提」。

唐・菩提流志譯《大寶積經・卷十七》

若我成佛，餘佛剎中所有菩薩，聞我「名」已，若不應時「修菩薩行」，清淨歡喜，得平等住，具諸善根。不取正覺。

❹ (極樂世界具)莊嚴「形相」功德成就者，偈言「淨光明滿足，如鏡日月輪」故。

此云何不思議？

夫「忍辱」(將獲)得「端正」(之果報)，(此亦為)我心(之)影嚮(嚮古通「響」，指自內心的忍辱善心將感召外在的端正之報)也。

一得(往)生彼(極樂世界)，(將獲)「無瞋、忍(辱)」之殊(勝)，(所有)「人天」色像，(皆獲)「平等」妙絕，(此)蓋(阿彌陀佛所現)「淨光」之力(用)也。

彼(淨)光(並)非(眾生)「心行」(心之所行)，而(卻能)為(眾生)「心行」之事(此指阿彌陀佛之「淨光」能讓眾生自心自動生起「忍辱、無瞋」之行)，焉可「思議」(思量揣測、言語議論)。

※關於「忍辱將獲得端正果報」的經論引證

隋·瞿曇法智譯《佛為首迦長者說業報差別經》

復有十業能令眾生得「醜陋」報(果報)：

一者，好行「忿怒」。

二者，好懷「嫌恨」(內心常對人懷著「嫌恨忌妒」的心)。

三者，誑惑於他(喜歡誑言邪語，擾亂於他人)。

四者，惱亂眾生。

五者，於父母所，無「愛敬心」。

六者，於「賢聖所」(長輩或聖賢有德的人)，不生恭敬。

七者，侵奪賢聖「資生」(賴以生活的物資)田業(田地事業等)。

八者，於佛塔廟(之處)斷滅「燈明」。

九者，見醜陋者，毀呰」(毀謗)輕賤(輕視低賤)。

十者，習諸「惡行」。

以是十業得「醜陋」報(果報)。

隋·瞿曇法智譯《佛為首迦長者說業報差別經》

復有十業能令眾生得「端正」報(果報)：

一者，不瞋(不亂發脾氣及暴戾言辭)。

二者，施衣(布施衣服給需要的人)。

三者，愛敬父母。

四者，尊重「賢聖」(長輩及有道理的聖賢諸人)。

五者，塗飾「佛塔」(佛寺或精舍)。

六者，掃灑「堂宇」(佛寺殿堂的頂棚)。

七者，掃灑「僧地」(有僧眾或有人在修道的地點)。

八者，掃灑「佛塔」(佛寺或精舍)。

九者，見醜陋者，不生「輕賤」，起恭敬心。

十者，見「端正」(相貌端正)者，曉悟「宿因」(了解這一切都是前世作種種功德而得)。

以是十業得「端正」報(果報)。

《佛說佛醫經》

人得病有十因緣……六者:「瞋恚」……從是十因緣生病。

《佛所行讚・卷五》

(1)「瞋恚」壞正法,亦壞「端正色」,喪失「美名稱」。

(2)「瞋火」自燒「心」,瞋為「功德怨」,愛「德」(珍愛美德者)勿懷恨。

(3)在家多諸「惱、瞋恚」,故非怪。出家而懷「瞋」,是則與理乖(違背),猶如「冷水」中,而有「盛火」燃。

《菩薩本緣經・卷二》

(1)「怨心」如「火」,汝當速滅。

(2)「瞋恚」在心,不見「法義」。

(3)修忍之人,除去「瞋恚」。

(4)「瞋恚」污心,(使)「形」不端正,猶如雲霧,障蔽淨月,出家之人所不應生。

(5)生瞋恚者,不得「端正」,猶如飲酒,嗌 氣臭穢。

馬鳴菩薩造《大莊嚴論經・卷十五》

(1)「瞋恚」是癡因,瞋恚而「黑濁(臉色黑濁)」,能令「顏色變(氣色變差)」。

(2)以是因緣故,瞋為「瘦、黑」因。

(3)飲酒「顏色(臉色)」濁(黑濁),此二(瞋恚與飲酒)俱能瘦(令人又瘦又黑)。

唐・菩提流志譯《大寶積經・卷十七》

(生極樂世界之諸菩薩皆為)最勝「丈夫」,其心正直,無有「懈怠」,能善修行。於諸見中,善巧決定,柔和忍辱,無「嫉妒心」。

趙宋・法賢譯《佛說大乘無量壽莊嚴經》

世尊!我得菩提,成正覺已,所有十方一切佛剎「聲聞、菩薩」,聞我「名

號」，證「無生忍」，成就一切平等善根，住「無功用」，離「加行」(加功用行)故，不久令得「阿耨多羅三藐三菩提」。

唐・菩提流志譯《大寶積經・卷十七》

彼(極樂世界)諸菩薩，於一切眾生：有❶大慈悲利益心故。有❷柔軟無障礙心。❸不濁心。❹無忿恨心。有❺平等、調伏、寂靜之心。❻忍心、忍調伏心。有❼等引(samāhita 三摩呬多，禪定七種異名之一)澄淨(清澄明淨)、無散亂心。❽無覆蔽(覆蓋掩蔽)心。❾淨心。❿極淨心。⓫照曜心。⓬無塵心。⓭大威德心。⓮善心。⓯廣大心。⓰無比心。⓱甚深心。⓲愛法心。⓳喜法心。⓴善意心。㉑捨離一切執著心。㉒斷一切眾生煩惱心。㉓閉一切惡趣心故。

❺(極樂世界具)莊嚴「種種事」功德成就者，偈言：「備諸珍寶性，具足妙莊嚴」故。

此云何不思議？

彼(極樂世界之)種種事，或一寶、十寶、百千種寶，(皆)隨心稱(合乎)意，無不具足。若欲令(珍寶)無(消失滅去)，儵ㄕㄨ(極速；儵然)為(忽焉)「化沒」(變化隱沒)，心得(隨意)「自在」，有踰ㄩ(超過娑婆世界一切的)「神通」，安可「思議」(思量揣測、言語議論)。

※關於「極樂世界，能隨心稱意，無不具足」的經論引證

曹魏・康僧鎧譯《佛說無量壽經・卷下》

佛語阿難：彼國(極樂世界)菩薩，(能)承佛威神，(能於)一食之頃，(便)往詣十方無量世界，恭敬供養(其餘)諸佛世尊。(能)隨心所念，(以種種)華香、伎樂、

衣蓋、幢幡，無數無量供養之具。(此等諸物皆)自然化生，應念即至。珍妙(奇珍精妙)殊特(殊絕獨特)，非世所有，輒以奉散諸佛，及諸菩薩、聲聞之眾。

曹魏・康僧鎧譯《佛說無量壽經・卷上》

佛告阿難：無量壽國(極樂世界)，其諸天人，衣服、飲食、華香、瓔珞、繒乙(彩色繒帛絲織品)蓋、幢幡、微妙音聲。所居(之)「舍宅、宮殿、樓閣」，稱(稱量)其形色，高下、大小，或一寶、二寶，乃至無量眾寶，(皆)隨「意」所欲，應「念」即至。

曹魏・康僧鎧譯《佛說無量壽經・卷上》

(1)阿難！彼佛國土(極樂世界)，諸「往生」者，(能)具足如是清淨色身……若欲食時，七寶鉢器，自然在前。金、銀、琉璃、硨磲、瑪瑙、珊瑚、琥珀、明月、真珠，如是諸鉢，隨意而至。百味飲食，自然盈滿(充盈滿溢)。

(2)雖有此食，實無「食者」(卻無真正的飲食動作)，但(只)「見色、聞香」，意(念)以為食，自然(即)飽足。身心柔軟，無所味著，事已(於食畢)「化去」，時至(若欲食時)復「現」。

(3)彼佛國土(極樂世界)，清淨安隱，微妙快樂，(遑)次於無為「泥洹」(涅槃)之道。

❻ (極樂世界具)莊嚴「妙色」功德成就者，偈言：「無垢光炎⒮熾⒮，明淨曜世間」故。

此云何不思議？

(極樂世界)其光(照)曜(諸)事，則映徹(照映明徹)「表裏」(外表內裏)。其光(能照)曜(眾生之)心，則(最)終(能滅)盡(眾生心內之)「無明」。

(極樂世界阿彌陀佛之)「光」(能作)為「佛事」，焉可「思議」(思量揣測、言語議論)。

※關於「阿彌陀佛之光明能作種種佛事」的經論引證

後漢 · 支婁迦讖譯《佛說無量清淨平等覺經》

(1)(極樂世界具)善好(妙善殊好)無有比，(如)巍巍(巍崇峨巍)之燿ㄧ 照(光燿明照)。(此燿)照亘ㄥˋ (亘久)開達(開通洞達)明徹(光明徹照)，(則於)自然中(有)自然相，(於)自然之(中)有根本，(皆)自然(形)成五光、至九色；(所有)五光至九色，(皆)參(參雜)迴轉(迴環翻轉變化無窮)，(有)數百千更ㄍㄥ 變(更動變化)。

(2)(具)最勝(Uttara-kuru 勝處;勝生;高上)之自然(五光九色相)，(亦)自然(形)成七寶，(能)橫攬(縱橫攬結)成萬物，(一切皆)光精(光明精白)參明(參雜明亮)，俱出(美)好，甚(特)姝(而)無有極。

吳 · 支謙譯《佛說阿彌陀三耶三佛薩樓佛檀過度人道經》

(阿彌陀佛之)恩德普覆(普遍覆蓋)，所施行(實施執行)福德，相祿(享有福祿的面相)巍巍(巍崇峨巍)，光明徹照，洞虛(洞達虛空)無極(無有極至)，(開示眾生令)貫入「泥洹」(涅槃)。

❼(極樂世界具)莊嚴「觸」功德成就者，偈言：「寶性功德草，柔軟左右旋，觸者生勝樂，過「迦旃隣陀(kācalindika。意譯作「細錦衣」)」故。

此云何不思議？

夫(妙)寶(之物)，例(以娑婆世界之慣例來說)「堅強」，而此(極樂世界的「妙寶」是)柔軟。

(眾生對於)觸樂(由「觸覺」而產生的樂受)應著(應都會生執著心)，而(觸)此(極樂世界的「妙寶」則卻能)增道(增長菩提道心)，事同(此事如同見到)愛作(菩薩)，何可「思議」(思量揣測、

言語議論）。

（《大寶積經‧卷106‧阿闍世王子會》中記載）有（男）菩薩字愛作，（因）形容（形色容貌）端正（端莊雅正），生人（常令女人對愛作菩薩生起）染著（心）。

（《大寶積經》）經言：（若對愛作菩薩生）染（著）之者，或（得轉）生「天上」，或發（大）「菩提心」。

※關於「極樂世界的觸樂反增長菩提道心」的經論引證

趙宋‧法賢譯《佛說大乘無量壽莊嚴經》

（極樂世界中有風）復吹樹「花」，（花）落於地上，（則）周遍（於）佛剎，高（有）七人量，平正莊嚴，柔軟光潔。行人往來，（若）足躡其地，（則足）深「四指」量，如迦隣那（應指「迦左隣那」衣。kācalindika 雜臨時特帛、迦遮鄰地衣、迦旃鄰提衣、迦眞鄰底迦、迦止栗那綿。意譯作「細錦衣」），（而）觸身（獲）安樂。

唐‧玄奘譯《稱讚淨土佛攝受經》

又，舍利子！極樂世界淨佛土中，周遍大地，真金合成，其觸柔軟，香潔光明，無量無邊妙寶間飾。

曹魏‧康僧鎧譯《佛說無量壽經‧卷上》

（極樂世界）微風徐動，吹諸寶樹，演出無量妙法音聲。其聲流布（流傳散布），偏諸佛國（極樂世界）。聞其音者，得深「法忍」，住「不退轉」，至成佛道。
耳根清徹，不遭苦患。
目睹其色。
鼻知其香。
口嘗其味。
身觸其光。
心以法緣。

皆得甚深「法忍」，住「不退轉」，至成佛道，六根清徹，無諸惱患。

《生經·卷五》

(1)佛告諸比丘……往昔過去久遠世時，有一仙人，名曰撥劫，得「五神通」。時為國王，所見奉事，愛敬無量，「神足」飛行，往返王宮……

(2)時彼仙人，從空中飛下，至王宮內，王女見來，以「手」擎之，坐著座上。適以「手」擎，觸體「柔軟」，即起「欲意」，適起欲心，愛欲興盛，尋失「神足」，故不能飛行。

《阿毘 曇毘 婆沙論·卷三十二》

(1)後日食時，仙人從空飛行而來，時王女，如父王法，躬身「迎抱」，坐「金床」上，王女身體「細軟」。仙人(雖)離欲，而復尠薄(同「鮮尠薄」➔仍有少許欲念)，相「觸」女時，退失「神足」。

(2)飯食訖，除器澡漱，說偈呪願，欲飛空去，而不能飛。

《大智度論·卷十七》

(1)如五百仙人飛行時，聞「甄陀羅」(Kiṃnara 歌神、緊捺羅、緊陀羅、眞陀羅、緊捺洛、疑神)女「歌聲」，心著狂醉，皆失「神足」，一時墮地。

(2)如「聲聞」聞「緊陀羅」王屯𪎊崙摩，彈琴歌聲，以「諸法實相」讚佛。是時，須彌山及諸樹木皆動；大迦葉等諸大弟子，皆於座上不能自安。

《大智度論·卷十七》

(1)云何「呵聲」？聲相不停，暫「聞」即滅。愚癡之人，不解「聲相」(乃)「無常變失」，故於「音聲」中妄生「好樂」；於已過之聲，(想)念而生(執)著。

(2)如五百仙人在山中住，「甄陀羅」(Kiṃnara 歌神、緊捺羅、緊陀羅、眞陀羅、緊捺洛、疑神)女於雪山池中浴。(五百仙人)聞其「歌聲」，即失「禪定」，心醉狂逸，不能自持。

(3)譬如大風吹諸林樹，聞此「細妙歌聲」，柔軟清淨，生「邪念想」，是故不覺「心狂」；今世失諸功德，後世當墮惡道！

※關於「若對<u>愛作</u>男菩薩生染著者，將得轉生天上，或發大菩提心」的經論引證

《大寶積經・卷106・阿闍世王子會第三十七》

(1)爾時有(男)菩薩名曰<u>愛作</u>，入<u>舍衛</u>城，次第「乞食」，漸漸遂至一長者家。長者有女，名曰<u>德增</u>，住高樓上。

(2)彼時(德增)女人聞(愛作)菩薩聲，尋持食出，向<u>愛作</u>菩薩。

(3)(德增)女見(愛作)菩薩，取其「形容」(形色容貌)，相好音聲；(德增)「欲心」即起，為「欲」所燒，(德增)即時命終，「骨節」解散……

(4)時<u>德增</u>女「命終」之後，生「三十三天」，轉于「女身」，得成「男子」，自然處於「七寶宮殿」，縱廣正等，十二「由旬」，有萬四千諸天「婇女」以為侍衛。

(5)是<u>德增</u>天子，得識「宿命」，(便)推先(前世)業行：以何業緣？而來生此？

(6)如是思惟已，(便)見(她前世在)<u>舍衛</u>城中，作長者女，因見(到)<u>愛作</u>菩薩(而)生「婬欲心」，(因己)欲心熾盛，即身「命終」，便轉女身得成「男子」。(德增天子)我以是事，(便)得無量神力。

(7)爾時<u>德增</u>天子如是思惟：因(生)起「婬欲」，(便)得如是(之果)「報」。今(德增天子)我於<u>愛作</u>菩薩，心(已)甚「清淨」，(我想去)禮敬供養(愛作菩薩)。我今若住(於天上)，(乃是)先(前世曾)受「五欲」(之擾)，此非我宜。

(8)(德增天子)如是思惟已，當詣如來，并欲見於<u>愛作</u>菩薩，禮敬供養。

(9)時<u>德增</u>天子與其眷屬，持「天花香、塗香、末香」，即於「初夜」，(從天下)來至佛所。自以「光明」普照<u>祇洹</u>，入覲世尊，及見<u>愛作</u>(菩薩)。

(10)(德增天子)即以「天花、末香、塗香」，供養於佛，頂禮佛足及<u>愛作</u>菩薩、一切大眾，右遶三匝，合掌向佛，(德增天子)即說偈言：……

(11)我昔<u>舍衛</u>，曾為童女，在長者家，名曰<u>德增</u>(女)。其年幼少(之時)，(因)顏貌端正，(便為)父母愛念，(常)為作遮護……

(12)<u>愛作</u>(菩薩)有大威德，入<u>舍衛</u>城，而行「乞食」，漸到我父所止之「舍」。(德增)我時聞其(愛作菩薩之)「好妙」音聲，心大歡喜，(便)即持「食」(而)出，尋時向於……<u>愛作</u>菩薩。

(13)(我)見(愛作)菩薩時，已在我心，(我便)觀其(色身)淨妙，(於是便對愛作菩薩)心生「染欲」。我若「不得」(無法獲得)內心(之)所(求)願，便當即時「身命」殞沒。

(14)(德增)我於爾時，(忽然)口不能言，手所持(之)食(物)，(竟)不能與之(愛作菩薩)。(德增我)內心懷「熱」，而發「婬欲」；是時(我)身(發)熱，尋便命終(可謂「慾火焚身」之例也)。

(15)(德增)我時「命終」，經「一念頃」，尋得上生(至)「三十三天」，(且)離於最下「女人」之身，(轉身)得成「男子」，為人所讚(歎)……

(16)(德增)我以此(因)緣，(便)尋觀(察我的)「宿命」，而自「思惟」，即知(前世過)往(之)因。因(我前世曾對愛作菩薩)發「欲心」，(故今)得如是(天人之)「報」。

(17)(德增)我以「染心」，視於愛作(菩薩)，由見(愛作)菩薩，(而)得(愛)喜(之)光明。(由)我身所(生)出(之)「光明」之(火)焰，因彼「業緣」(業力因緣)，(便)得如是(天人之果)「報」。

(18)我終不願求於「二乘」(聲聞、緣覺)，(我)所(求)願之「處」，唯「佛」(能)知之。

(19)(德增我曾世曾生起)「婬欲」之心，(仍能)得(天人之果)報尚爾，何況能作「善心」供養(佛陀如來)？……

(20)今(德增)我當以「真法」供養，若(其)餘(之)供養，非為(真正之)供養，唯發(大)「菩提」(的成佛心)，(才)是真供養。(唯有)行於(成佛之)「菩提」，(才是)最勝、最尊……

(21)佛……說如是言：若欲供養一切「諸佛」，專心堅固，(應)發(成佛之大)「菩提心」。德增(之)父母，及諸眷屬，其數具足，(有)滿五百人。聞(佛陀)「天人師」如是之言，(便)發(大)「菩提心」，而作「大願」。

(22)爾時佛告賢者阿難：汝今善聽，我之所說。菩薩(之)所行，(皆)不可思議，(菩薩具有)無上智慧，及以(種種度眾之)「方便」。(因為)愛作菩薩(曾)數數(屢次；總是)發願：(若有)女人「見」我，若發(起愛染)「欲心」，尋時(即)得離於「女人」身，得(轉)成「男子」，(並獲)為人所「尊」。

(23)阿難！汝觀「德力」(菩薩之功德力)如是(不可思議)，若(已)犯「非法」，應墮「惡道」，(若得遇)「健士」(勇健之士；善知識)行之，(則)得(破)壞「魔眾」，令彼(能轉)生(至)天，得為「天人」。

(24)今此(德增)天子，供養於(釋迦佛)我，(德增)其心恭敬，正向「菩提」。彼(德

增)當供無量「世尊」，(德增)來世(亦能)成佛，號曰善見。此五百人，(亦發
心)向「菩提」者，亦當作佛，為「天人師」。

(25)佛有是「德」，誰不供養？是處(應)深信，(能)得「無量樂」。「非一」(不只
是一位)女人、非二(也不只是二位女人)、非三(也不只是三位女人)，(有)無量百千「那
由他」億(之女人)，見於愛作(菩薩)，(亦)發「婬欲心」，尋即「命終」，(皆)得
(轉)為「男子」。

(26)(佛陀乃)大醫藥王，有「大名稱」，(所以有)如是(之大)「菩薩」，(有)誰「不尊
敬」？雖(眾生對這些菩薩亦)生(染)「欲心」，更得(轉世「天人」之)快樂，(何)況(若能
對)於菩薩，生(出)「恭敬心」。

《大智度論・卷十四》

(1)國王有女，名曰抅牟頭。有「捕魚師」名述婆伽，隨道而行，遙見王女
在高樓上。窓(同「窗」)中見面，想像「染著」，心不暫捨，彌歷日月，不
能飲食。

(2)母問其故，(捕魚師)以情答母：我見王女，心不能忘！

(3)母諭兒言：汝是「小人」，王女「尊貴」，不可得也！

(4)兒(捕魚師)言：我心願樂，不能暫忘，若不如意，不能活也！

(5)母為子故，入王宮中，常送「肥魚美肉」，以遺「王女」而不取價。
王女怪而問之：欲求何願？

(6)母白王女：願却左右，當以情告；我唯有一子，敬慕王女，「情結」成
「病」，命不云遠；願垂愍念，賜其生命！

(7)王女言：汝去！月十五日，於某甲「天祠」中，(請)住(於)「天像」後。

(8)母還語子：汝願已得！告之如上(之法)。(捕魚師)沐浴新衣，在「天像」後
住。

(9)王女至時，白其父王：我有「不吉」，須至「天祠」以求吉福。

(10)王言：大善！

(11)(王女)即「嚴(整)車」五百乘，出至「天祠」；既到，勑諸從者(至)「齊門」而
止，(王女一人)獨入「天祠」。

(12)(此時)天神思惟：此不應爾！王為世主，不可令此「小人(捕魚師)」毀辱「王
女」！

(13)即厭(符咒厭術)此人(補魚師)，令睡(而)不覺(醒)。

(14)王女既入，見其(補魚師)睡重，推之不悟，即以「瓔珞」直(值)十萬兩金，遺ㄨㄟˋ(給予;饋贈)之而去。

(15)去後，此人(補魚師)得覺(醒)，見有「瓔珞」，又問眾人，知王女來；(補魚師之)「情願」(情欲心願)不遂(不能達成)，憂恨懊惱，(後竟)「婬火」內發，「自燒」而死。

(16)以是證故，知女人之心(乃)不擇「貴賤」，唯「欲」是從。

❽(極樂世界具)莊嚴「三種功德」成就者，有三種事應知。何等三種？

一者：水。

二者：地。

三者：虛空。

此「三種」所以并言(合併起來一起說)者，以「同類」(水地空三種皆同於「六大」類)故也，何以言之？

一者：六大類，所謂「虛空、識、地、水、火、風」(這六類)。

二者：(水地空三種亦同屬於)「無分別」(的五)類，所謂「地、水、火、風、虛空」(這五類)。

但言(水地空)三類者：「識」一大，屬「眾生」(屬於有情眾生)世間故。「火」一大，彼(極樂世界)中無故。(極樂世界)雖有「風」，(但)風不可見故，(亦)無「住處」故。是以(在)「六大、五類」中，(只)取(極樂世界中具)有(的)而可「莊嚴」(的水地空三種來說)。三種并言(合併起來一起說)之。

❽-1 (極樂世界具)莊嚴「水」功德成就者。偈言：「寶華千萬種，彌覆池流泉，微風動華葉，交錯光亂轉」故。

此云何不思議？

彼(極樂)淨土(之)人天(皆是蓮華化生)，非「水、穀」(水和穀物之食物)身，何須水耶？

(天人皆)清淨成就，(故)不須洗濯ᵗ，復何用水耶？彼中無(春夏秋冬)四時，(身)常調適，不煩熱，復何須水耶？(極樂世界既然)不須(水)而(又自然常常)有(水的存在)，當「有」所以(一定有「有水」的一種特殊作用)。

(《佛說無量壽經》)經言：彼諸菩薩及聲聞，若入「寶地」(七寶浴池)。

意欲令水沒足，水即沒足。

欲令至膝，水即至膝。

欲令至腰，水即至腰。

欲令至頸，水即至頸。

欲令灌身，自然灌(按《無量壽經》原經文作「灌」)身。

欲令還復，水輒還復。

(這些浴池水能自動)調和「冷、煖」，自然隨(著個人的)「意」(念)，(能令人)開神(開啓心神)悦體(歡悦身軀)，蕩除(蕩滌清除)心垢(心中垢穢)，清明澂潔(澄瑩精潔)，淨若無形。寶沙(七寶妙沙)映徹(照映明徹)，無「深」不照。

(阿彌陀佛與諸菩薩羅漢之浴池水)微瀾ᵗ(微妙波瀾)迴流(迴旋倒流)，轉相(輾轉互相)灌注(澆灌流注)，安祥(安穩詳和)徐逝(徐緩消逝)，不遲、不疾(不快)，波揚(水波揚起)無量自然「妙聲」，隨其所應(所起的感應)，莫不聞者。

(阿彌陀佛與諸菩薩羅漢之浴池水所揚起的「妙聲」)①或聞佛聲、或聞法聲、或聞僧聲。②或聞「寂靜聲」。③「空、無我」聲、④大慈悲聲。⑤波羅蜜聲。⑥或聞「十力」(如來所具足之十種智力)、(四)無畏(等共十八)「不共法」聲，⑦諸「通慧」(神通智慧)聲。⑧無所作聲。⑨不「起、滅」(即不生不滅)聲。⑩無生忍聲(無生法忍)。

乃至⑪「甘露」灌頂，眾妙法聲。

如是等(浴池水所發出之)聲，(若)稱(揚讚嘆)其所聞(之聲)，(獲)歡喜無量。(若)隨順(依隨順從)清淨「離欲」(之聲)，(能獲)「寂滅」真實之義，(能)隨順(依隨順從)三寶、(十)力、(四)無所畏(等共十八)「不共」之法(一般皆將佛之「十力、四無所畏、三念住」及佛之「大悲」，合稱為「十八不共法」)，(皆能)隨順(依隨順從)通慧(神通智慧)菩薩、(及)「聲聞」所行之(種種妙)道，(極樂世界)無有「三塗」苦難之名，但有自然快樂之「音」，是故其國，名曰安樂(極樂世界)。

此(極樂世界之)「水」(能作)為佛事，安可「思議」(思量揣測、言語議論)。

※關於「極樂世界泉池浴水功德」的經論引證

曹魏·康僧鎧譯《佛說無量壽經·卷上》

(1)彼諸菩薩，及聲聞眾，若入「寶池」(七寶浴池)；
❶意欲令水沒足，水即沒足。
❷欲令至膝，即至於膝。
❸欲令至腰，水即至腰。
❹欲令至頸，水即至頸。
❺欲令灌身，自然灌身。
❻欲令還復，水輒還復。

(2)調和冷煖，自然隨意，開神(開啓心神)悅體(歡悅身軀)，蕩除(蕩滌清除)心垢(心中垢穢)，清明澄潔(澄瑩精潔)，淨若無形。寶沙(七寶妙沙)映徹(照映明徹)，無深不照。

(3)(阿彌陀佛與諸菩薩羅漢之浴池水)微瀾ㄌ(微妙波瀾)迴流(迴旋倒流)，轉相(輾轉互相)灌注(澆灌流注)，安詳(安穩詳和)徐逝(徐緩消逝)，不遲、不疾(不快)。波揚(水波揚起)無量自然「妙聲」，隨其所應(所起的感應)，莫不聞者。

(4)①或聞佛聲、或聞法聲、或聞僧聲。②寂靜聲。③或「空、無我」聲。④大慈悲聲。⑤波羅蜜聲。⑥或「十力」(如來所具足之十種智力)、(四)「無畏」(等

共十八)「不共法」(一般皆將佛之「十力、四無所畏、三念住」及佛之「大悲」,合稱爲「十八不共法」)聲。⑦諸「通慧」(神通智慧)聲。⑧無所作聲。⑨不「起、滅」(即不生不滅)聲。⑩「無生忍」(無生法忍)聲。⑪乃至「甘露」灌頂,眾妙法聲。

(5)如是等(浴池水所發出之)聲,(若)稱(揚讚歎)其所聞(之聲),(獲)歡喜無量。(若)隨順(依隨順從)清淨離欲(之聲),(能獲)「寂滅」真實之義,(能)隨順「三寶、(十)力、(四)無所謂(等共十八)「不共」之法,(皆能)隨順(依隨順從)「通慧」(神通智慧)菩薩、(及)「聲聞」所行之(種種妙)道。

(6)(極樂世界)無有「三塗」苦難之名,但有自然快樂之「音」,是故其國,名曰極樂。

吳・支謙譯《佛說阿彌陀三耶三佛薩樓佛檀過度人道經》

(1)阿彌陀佛及諸「菩薩、阿羅漢」欲「浴」時,便各自可入其七寶池中浴。諸「菩薩、阿羅漢」;
❶意欲令水沒足,水即沒足。
❷意欲令水至膝,水即至膝。
❸意欲令水至腰,水即至腰。
❹意欲令水至腋,水即至腋。
❺意欲令水至頸,水即至頸。
❻意欲令水自灌身上,水即自灌身上。
❼意欲令水還復如故,水即還復如故。
恣(恣心)若隨意,所欲好喜。

(2)其(浴)池中「水」流行,轉相(輾轉互相)灌注(澆灌流注),其「水流」行,亦不遲、不駛(古同「快」),皆復作「五音聲」。

(3)諸「菩薩、阿羅漢」(於浴池水),中有但欲聞「經」者,中有但欲聞「音樂」者,中有但欲聞「華香」者,有不欲聞「經」者,有不欲聞「音樂聲」者,有不欲聞「華香」者,其所欲聞者,輒即獨聞之。不欲聞者,則獨不聞。隨意所欲喜樂,不違其願也。「浴」訖,各自去。

(4)佛言:八方上下,無央數佛國,諸天人民,及蜎(蜎)(小蟲)飛、蠕(蠕)動(古同「蜎」,→微動;爬動;緩慢爬行)之類,諸生阿彌陀佛國者,皆於七寶水池「蓮華」中「化生」,便自然長大,亦無「乳養」之者,皆食「自然」之飲食。

唐·菩提流志譯《大寶積經·卷十七》

(1)(阿彌陀佛與諸菩薩羅漢之浴池水)，群生(眾生)遊樂，隨意(隨己心意)往來，或有涉河，(或)灌洗(灌洗)流嬉戲，(能)感諸天水，善順物宜(事物的道理)，(流水)深、淺、寒、溫，(皆)曲從(曲附順從)人好(人之所好)。

(2)(阿彌陀佛與諸菩薩羅漢之浴池水)濬流(濬池水流)恒激(恒常激揚)，出「微妙音」，譬若諸天百千伎樂，安樂世界，其聲普聞……所謂：

(3)❶佛法僧聲。❷止息之聲。❸無性聲。❹波羅蜜聲。❺「十力」(如來所具足之十種智力)、「四無所畏」聲。❻神通聲。❼無作聲。❽無生無滅聲。❾寂靜聲。❿邊寂靜(空邊寂靜)聲。⓫極寂靜聲。⓬大慈大悲聲。⓭無生法忍聲。⓮灌頂受位聲。

(4)復次阿難！彼國(極樂世界)人眾，或時遊覽(於浴池之水)，同萃(同時萃聚)河濱(浴河池濱)，(或)有不願聞「激流之響」，雖獲「天耳」，終竟不聞。或有「願聞」(浴池水流所發出之聲)，即時領悟百千萬種「喜愛之聲」……

(5)得聞如是種種聲已，(能)獲得廣大「愛樂歡悅」，而與；
①觀察相應。②厭離相應。③滅壞相應。④寂靜相應。⑤邊寂靜(空邊寂靜)相應。⑥極寂靜相應。⑦義味相應。⑧佛法僧相應。⑨力、無畏(十力、四無畏)相應。⑩神通相應。⑪止息(止息諸妄想)相應。⑫菩提相應。⑬聲聞相應。⑭涅槃相應。

(6)復次阿難！彼極樂世界，不聞諸惡趣名、邊無「障礙、煩惱、覆蔽(覆蓋掩蔽)」名(不聞「有邊際、無邊際、有障礙、無障礙」等種種煩惱覆蔽之名)，無有「地獄、琰摩、畜生」名。邊無「八難」名(無「有邊際、無邊際」等種種八難之名)，亦無「苦受、不苦不樂受」名，尚無「假設」？何況「實苦」？是故彼國名為極樂。

(7)阿難！我今略說極樂因緣，若廣說者，窮劫不盡。

趙宋·法賢譯《佛說大乘無量壽莊嚴經》

(1)若彼眾生過此水時，要至足者，要至膝者，乃至要至「項」者，或要冷者、溫者，急流者、慢流者，其水一一隨眾生「意」，令受快樂。

(2)(阿彌陀佛與諸菩薩羅漢之浴池水)出微妙聲，譬如百千萬種音樂之聲，遍諸佛剎(極樂世界)，一切眾生聞者「適悅」(安適喜悅)，得大快樂……又於水中出種

種聲:

(3)❶佛聲、法聲、僧聲。❷止息聲。❸無性聲。❹波羅蜜聲。❺力聲(如來所具足之十種智力)。❻無畏聲(四無所畏)。❼通達聲。❽無行聲。❾無生聲。❿無滅聲。⓫寂靜聲。⓬大慈聲。⓭大悲聲。⓮喜捨聲。⓯灌頂聲。出如是種種微妙音聲。

(4)眾生聞已,發清淨心,無諸分別,正直平等,成熟善根,永不退於「阿耨多羅三藐三菩提」心。

(5)又彼佛剎(極樂世界),其中生者,不聞「地獄聲、餓鬼聲、畜生聲、夜叉聲、鬥諍聲、惡口聲、兩舌聲、殺生聲、偷盜聲」,一切惡聲。

❽-2 (極樂世界具)莊嚴「地」功德成就者。偈言:「宮殿諸樓閣,觀十方無礙,雜樹異光色,寶欄遍圍遶」故。

此云何不思議?

彼(極樂世界之)種種事(包括地上的宮殿、樓閣、行樹、欄楯系 等),或(由)一寶(所成)、(或由)十寶(所成)、(或由)百寶(所成)、(或由)無量寶(所成),(皆)隨心稱竕 (合乎)意,莊嚴具足。

此(地上的宮殿、樓閣、行樹、欄楯等)莊嚴事,(皆)如淨「明鏡」,(所有)十方國土「淨、穢」,(及)諸相「善、惡」業緣,一切悉(皆能顯)現(出來)。

彼(極樂世界)中「人天」,見斯事(指親眼目睹善惡淨穢等之因果事相)故,(對於)「探湯、不及」之情(見到「惡行」如伸手探到熱湯般的迅速遠離;見到「善事」則又唯恐自己來不及馬上做到),自然(皆能)成就。

亦如諸大菩薩,以(能遍)照「法性」等(妙)寶為「(天)冠」,(於)此「寶冠」中皆見「諸佛」,又(能)「了達」一切「諸法」之(本)性。(上述曇鸞[476～542]的註解內容應該

是取自鳩摩羅什[344～413]譯的《大智度論》)

※關於「極樂世界菩薩能遍照法性」的經論引證

《大智度論》卷9〈序品 1〉

(1)問曰：世界名「多寶」。寶有二種：財寶、法寶，何等「寶」多？名為「多寶世界」？

(2)答曰：二種皆有。

又多菩薩「照法性」等諸寶(言此「寶」，大菩薩所有，以為「寶冠」；「寶冠」中皆見「諸佛」，又了達一切「諸法之性」)，「多」故名為「多寶」。

《大智度論》卷39〈往生品 4〉

(1)復次，「聲聞、辟支佛」慧眼，雖見諸法「實相」，「因緣」少故，「慧眼」亦少，不能「遍照法性」；譬如燈「油炷」雖淨，小故不能「廣照」。

(2)諸佛慧眼，照諸法「實性」，盡其「邊底」，以是故「無法不見、無法不聞、無法不知、無法不識」；譬如「劫盡」，火燒三千世界，明無「不照」。

唐・菩提流志譯《大寶積經・卷十七》

(極樂世界)復有無量上妙(上等微妙)衣服，「寶冠、環釧(手鐲)、耳璫、瓔珞、花鬘、帶鎖」諸寶莊嚴，無量光明，百千妙色，悉皆具足，自然在身。

※關於「探湯、不及」的經論引證

《論語・季氏》

孔子曰：「見善」如「不及」，見「不善」如「探湯」。吾見其人矣，吾聞其語矣。「隱居」以求其「志」，行「義」以達其「道」。吾聞其語矣，「未見」其人也。

[翻譯]

孔子說：看見「善的行為」，就像怕趕不上似的，要馬上去努力追求；如果看見不好的「惡事行為」，就像要把手伸到「沸水」裡去那樣，要迅速避開。所謂的「不及」與「探湯」的事，我「見過」這樣的人，也聽到過「這樣」的話。

另一種是刻意「隱居避世」以保全自己的「心志」，依著「行義」來達成他的「仁道」理想。我有聽到過「這樣」的話語，卻沒有「見過」有這樣的人啊！

又如佛說《法華經》時，(釋迦佛)放眉間光，照于東方「萬八千土」，皆如金色，從「阿鼻獄」，上至「有頂」(Akaniṣṭha 色界最頂之阿迦尼吒天)，(東方一萬八千)諸世界中六道眾生，(所有)生死所趣，(及所受之)善惡業緣，(種種)受(果)報(之)好(與)醜，於此(娑婆世界)悉(皆遙)見。

蓋斯類也(此指極樂世界地上的宮殿、樓閣、行樹、欄楯㭭 等，都如「明鏡」一般，能顯現出其餘十方國土所有的「淨穢諸相、善惡業緣」等境界)。

此「影」(能作)為佛事(此種由宮殿樓閣等，就能「影現」出其餘十方國土的「淨穢諸相、善惡業緣」等境界，進而能作為極樂世界天人生起「探湯」與「不及」的廣大佛事業)，安可「思議」(思量揣測、言語議論)。

※關於「佛說《法華經》時，釋迦佛放眉間光，照于東方萬八千土，皆如金色」的經論引證

世尊為眾說《無量義 教菩薩法 佛所護念》經。佛放光照東方一萬八千佛土，彼、此世界相互盡見

西晉・竺法護譯《正法華經》	後秦・鳩摩羅什譯《妙法蓮華經》	隋・闍那崛多、達磨笈多共譯《添品妙法蓮華》

《經》		
⑤爾時(釋迦佛)世尊，與四部眾眷屬圍繞而為說經，講演「菩薩方等大頌 一切諸佛嚴淨之業」。	⑤爾時(釋迦佛)世尊，四眾圍遶，供養、恭敬、尊重、讚歎。為諸菩薩說「大乘⚫經」，名「無量義 教菩薩法 佛所護念」。	⑤爾時(釋迦佛)世尊，四眾圍遶，供養、恭敬、尊重、讚歎，為諸菩薩說「大乘⚫經」，名「無量義 教菩薩法 佛所護念」。
⑥說斯經(指「菩薩方等大頌 一切諸佛嚴淨之業」之大乘經)已(以上指釋迦佛已宣講《無量義經》完畢)，昇于自然「師子之床」，「加趺」而坐，「三昧正受定意」，名曰「立無量頌」。尋(不久；隨即)應所宜，不見身貌，不得心意……	⑥佛說此經(指「無量義 教菩薩法 佛所護念」之大乘經)已(以上指釋迦佛已宣講《無量義經》完畢)，結「加趺坐」，入於「無量義處三昧」(anantanirdeśapratiṣṭhāna-samādhi)，身心不動……	⑥佛說此經(指「無量義 教菩薩法 佛所護念」之大乘經)已(以上指釋迦佛已宣講《無量義經》完畢)，結「加趺坐」，入於「無量義處三昧」(anantanirdeśapratiṣṭhāna-samādhi)，身心不動……
⑦於時(釋迦)佛放「面、口」結光明，普焰(照)「東方」萬八千佛土，其大光明照諸佛國，靡不周遍，至於「無擇大地獄」(無間地獄)中，上徹「三十三天」(Trāyastriṃśat-deva 欲界忉利天)。	⑦爾時(釋迦)佛放「眉間」白毫(兩眉間有柔軟細澤之白毫)相光，照「東方」萬八千世界，靡不周遍，下至「阿鼻地獄」，上至「阿迦尼吒天」(Akaniṣṭha 色界最頂之天)。	⑦爾時(釋迦)佛放「眉間」白毫(兩眉間有柔軟細澤之白毫)相光，照「東方」萬八千世界，靡不周遍，下至「阿鼻地獄」，上至「阿迦膩吒天」(Akaniṣṭha 色界最頂之天)。
⑧「彼、此」世界六	⑧於此(娑婆)世界，盡	⑧於此(娑婆)世界，

趣周旋，所有「蒸民」 (眾民；百姓)一切皆現， 其界諸佛現在所由， 此土(娑婆世界)眾會悉 遙見之。彼土(東方一萬 八千世界)覩斯(此)，亦復 如是，十方諸佛所說 經法，普遍聞焉。	見彼土(東方一萬八千世界) 六趣眾生。又見彼土(東 方一萬八千世界)現在諸佛， 及聞諸佛所說經法。	盡見彼土(東方一萬八千世 界)六趣眾生。又見彼 土(東方一萬八千世界)現在 諸佛，及聞諸佛所說 經法。

1997 年《俗語言研究》第四期和該刊 1998 年第五期發表了日人<u>辛嶋靜志</u>《漢譯佛
典的語言研究》一篇論文，文中<u>辛嶋靜志</u>認為「大乘、小乘」的「乘」應該讀作ㄕㄥˋ，
不能讀作ㄔㄥˊ，並用「梵語」和「古漢語」知識予以論證，很有力度。
--詳康振棟撰「竺法護翻譯佛經詞彙研究--以《正法華經》詞彙為中心」，浙江大學
博士論文。2011 年 1 月，頁 8。

※關於「<u>釋迦</u>眉間白毫，照于東方萬八千土，諸世界中，
六道眾生，善惡業緣，於此<u>娑婆</u>世界悉見」的經論引證

西晉・竺法護譯 《正法華經》	後秦・鳩摩羅什譯 《妙法蓮華經》	隋・闍那崛多、達磨笈多共 譯《添品妙法蓮華經》
ⓔ<u>慈氏</u>大士見眾會 心，便問溥ㄆㄨˇ 首(文殊) 曰：仁者惟說，今(世尊) 何因緣，有此「瑞應」 (祥瑞感應)？大聖(釋迦佛) 神足(神通具足)，放大光 明，照于「東方」萬八 千土，諸佛世界自然 為「現」，所說「經法」， 皆遙聞之？	ⓔ爾時<u>彌勒</u>菩薩， 欲自「決疑」(解決疑難問 題)，又觀四眾「比丘、 比丘尼、優婆塞、優婆 夷」，及諸「天、龍、鬼 神」等眾會之心，而問 <u>文殊師利</u>言：(釋迦佛)以 何因緣，而有此瑞神 通之相，放大光明，照 于「東方」萬八千土，	ⓔ爾時<u>彌勒</u>菩薩， 欲自「決疑」(解決疑難問 題)，又觀四眾「比丘、 比丘尼、優婆塞、優婆 夷」，及諸「天、龍、鬼 神」等眾會之心，而問 <u>文殊師利</u>言：(釋迦佛)以 何因緣，而有此瑞神 通之相，放大光明，照 于「東方」萬八千土，

	悉見彼(東方一萬八千世界)佛國界莊嚴？	悉見彼(東方一萬八千世界)佛國界莊嚴？
㉒於是慈氏以頌而問溥首(文殊)曰： 文殊師利！ 今何以故， 導利眾庶，放演光明？甚大威曜，出于面門…… 于彼光明，則照東方，萬八千土，其暉普徹，諸佛境土，紫磨金色，煌煌灼灼，燄無不接。 國邑群萌，莫不蒙賴，達盡(色界)上界，入無擇獄。 眾庶受生，用無明故，滅沒墮落，歸此諸趣。 斯等黎民，覩見因緣，若干之趣，今現嚴淨，賢明、不肖，中間品類，吾於此(娑婆世界)住，皆遙見之。	㉒於是彌勒菩薩，欲重宣此義，以偈問曰： 文殊師利！ (釋迦)導師何故？ 眉間白毫，大光普照？…… 眉間光明，照于東方，萬八千土，皆如金色，從阿鼻獄，上至(色界)有頂。諸世界中，六道眾生，生死所趣，善惡業緣，受報好醜，於此(娑婆世界)悉見。	㉒於是彌勒菩薩，欲重宣此義，以偈問曰： 文殊師利！ (釋迦)導師何故？ 眉間白毫，大光普照？…… 眉間光明，照于東方，萬八千土，皆如金色。從阿鼻獄，上至(色界)有頂，諸世界中，六道眾生，生死所趣，善惡業緣，受報好醜，於此(娑婆世界)悉見。

❽-3(極樂世界具)莊嚴「虛空」功德成就者。偈言：「無量寶交絡

(交織綿絡)，「羅網遍虛空，種種鈴發響，宣吐妙法音」故。

此云何不思議？

(《無量壽經》)經言：無量「寶網」(七寶羅網)，彌覆佛土，皆以「金縷、真珠」，百千雜寶，奇妙珍異，莊嚴校飾(寶校麗飾)，周匝四面，垂以「寶鈴」，光色晃耀(晃煜明曜)，盡極「嚴麗」(莊嚴華麗)。

(極樂世界有)自然「德風」，徐起微動。其風調和，不寒、不暑，溫涼(無論溫或涼)柔軟，不遲、不疾。

(極樂世界之自然「德風」)吹諸羅網，及眾寶樹，演發無量微妙「法音」，流布(宣流傳布)萬種「溫雅」(溫潤典雅)德香。

其有聞者，塵勞(煩惱)垢習(染垢穢習)，自然不(生)起。(若有)「風」觸其身，皆得快樂。

此(極樂世界之)「聲」(能作)為佛事，焉可「思議」(思量揣測、言語議論)。

※關於「寶網遍虛空，種種鈴發佛聲」的經論引證

曹魏・康僧鎧譯《佛說無量壽經・卷上》

(1)又以眾寶「妙衣」，遍布其地，一切天人踐(踐蹈)之(妙衣)而行。無量「寶網」(七寶羅網)，彌覆佛土，皆以「金縷、真珠」，百千雜寶，奇妙珍異，莊嚴校飾(寶校麗飾)，周匝四面，垂以「寶鈴」，光色晃曜(晃煜明曜)，盡極「嚴麗」(莊嚴華麗)。

(2)(極樂世界有)自然「德風」，徐起微動。其風調和，不寒、不暑，溫涼(無論溫或涼)柔軟，不遲、不疾。

(3)(極樂世界之自然「德風」)吹諸羅網，及眾寶樹，演發無量微妙「法音」，流布

(宣流傳布)萬種「溫雅」(溫潤典雅)德香。其有聞者,塵勞(煩惱)垢習(染垢穢習),自然不(生)起。

(4)(若有)「風」觸其身,皆得快樂,譬如比丘,得「滅盡三昧」(nirodha-samāpatti 已滅受想之定名)。

吳・支謙譯《佛說阿彌陀三耶三佛薩樓佛檀過度人道經》

(1)佛言:阿彌陀佛國諸「菩薩、阿羅漢」所居,(皆位於)七寶舍宅。

(2)中有在「虛空」中者,有在「地」者。中有欲令舍宅(位)「最高」者,舍宅即「高」。中有欲令舍宅(位)「最大」者,舍宅即「大」。中有欲令舍宅(位)在「虛空」中者,舍宅即在「虛空」中,皆自然隨「意」,在所作為……

(3)佛言:阿彌陀及諸「菩薩、阿羅漢」皆「浴」已,悉自於一「大蓮華」上坐,即四方自然「亂風」起,其亂風者,亦非「世間之風」,亦非「天上之風」。

(4)(此亂風)都(為)八方上下,眾風中精(華),(乃)自然合會「化生」耳,❶不寒❷不熱,❸常和調(和煦正 調心)、中適(中意宜適),❹甚清涼好無比也。

(5)(此亂風)❺徐起,❻不遲、❼不駛(古同「快」),❽適得中宜(中意宜人),吹七寶樹,皆作「五音聲」。

唐・菩提流志譯《大寶積經・卷十七》

復有「金、銀、真珠、妙寶」之網,懸諸「寶鈴」,周遍嚴飾(莊嚴盛飾)。若諸有情所須「宮殿、樓閣」等,隨所「樂欲」,高下、長短、廣狹、方圓,及諸床座、妙衣敷上,以種種寶而嚴飾(莊嚴盛飾)之,於眾生前「自然」出現,人皆自謂「各處其宮」。

趙宋・法賢譯《佛說大乘無量壽莊嚴經》

又復思念「摩尼寶」等,莊嚴「宮殿、樓閣、堂宇、房閣」,或大或小、或高或下,如是念時,隨「意」現前,無不具足。

❾_(極樂世界具)莊嚴「雨⌣」功德成就者，偈言：「雨⌣ 華衣莊嚴，無量香普薰」故。

此云何不思議？

(《無量壽經》)經言：(極樂世界中又有)風吹散「華」，_(此華飄散)遍滿_(整個)佛土，隨色_(隨著諸色)次第，而不雜亂，柔軟光澤，馨香_(芳馨幽香)芬烈_(芬馥鬱烈)。

(若有情眾生)足履其(華)上，_(當)蹈下_(則足將陷入)「四寸」，隨舉足已，還_(恢)復如故。_(當)華用已訖_(此喻華萎之時)，地輒「開裂」，「以次」_(按次序而逐漸)化沒_(塵化隱沒)，_(大地恢復)清淨無遺。隨其時節，風_(將再)吹_(其)散華，如是「六返」_(六次)。

(極樂世界中)又眾寶蓮華，周滿(周遍布滿)世界，一一寶華，百千億葉，其華光明，無量種色，青色、青光、白色、白光，玄、黃、朱、紫，光色赫_(施工 赫煥然)然，煒燁_(煜煒焜燁)煥爛_(絢纍 煥燦爛)，明曜_(明亮輝曜，喻如)日月。

(於)一一華中，(能)出「三十六百千億」光；_(於)一一光中，_(復)出「三十六百千億」佛。_(此諸佛)身色紫金，相好殊特_(殊絕獨特)。一一諸佛，又_(能)放百千光明，_(並能)普為十方說「微妙法」。如是諸佛，_(能)各各安立無量眾生於「佛正道」_(之中)。

(極樂世界之)華(能作)為佛事，安可「思議」_(思量揣測、言語議論)。

※關於「風吹散華，遍滿佛土」的經論引證

曹魏·康僧鎧譯《佛說無量壽經·卷上》

(1)_(極樂世界中)又_(有)風吹散「華」，_(此華飄散)遍滿_(整個)佛土，隨色_(隨著諸色)次第，而不雜亂，柔軟光澤，馨香_(芳馨幽香)芬烈_(芬馥鬱烈)。

(2)(若有情眾生)足履其(華)上，(當)蹈下(則足將陷入)四寸，隨舉足已，還(恢)復如故。(當)華用已訖(此喻華萎之時)，地輒「開裂」，以次(按次序而逐漸)化沒(塵化隱沒)，(大地恢復)清淨無遺。隨其時節，風(將再)吹(其)散華，如是「六反」(六次)。

(3)(極樂世界中)又眾寶蓮華，周滿(周遍布滿)世界，一一寶華，百千億葉，其華光明，無量種色，青色、青光、白色、白光，玄、黃、朱、紫，光色赫(艷工 赫煥然)然(艷工 赫煥然)，燁燁(煜煒焜燁)煥爛(絢煮 煥燦爛)，明曜(明亮輝曜，喻如)日月。

(4)(於)一一華中，(能)出「三十六百千億」光，(於)一一光中，(復)出「三十六百千億」佛。

(此諸佛)身色紫金，相好殊特(殊絕獨特)。一一諸佛，又(能)放百千光明，(並能)普為十方說「微妙法」。如是諸佛，(能)各各安立無量眾生於「佛正道」(之中)。

吳・支謙譯《佛說阿彌陀三耶三佛薩樓佛檀過度人道經》

(1)以(自然亂風吹起)七寶樹華，(皆)悉覆(蓋)其國中(極樂世界)，(華)皆(飄)散佛及諸「菩薩、阿羅漢」上，(當)華隨墮地(時)，皆厚「四寸」，極自軟好(軟美絕好)無比。即自然(又有)「亂風」吹「萎華」，悉(將萎華)自然(吹)去。

(2)即復(於)四方，(又有)自然「亂風」吹「七寶樹」，樹皆復作「五音聲」。「樹華」皆自然(飄)散(於)佛及諸「菩薩、阿羅漢」上，(當)華小萎墮地(時)，即(有)自然(亂風將萎華吹)去。即復四方「亂風」(又)起，(再)吹「七寶樹」，如是「四反」(四次)。

後漢・支婁迦讖譯《佛說無量清淨平等覺經》

(1)(當)亂風吹華(時)，(皆)悉覆蓋其國中(極樂世界)，華皆自(飄)散(於)無量清淨佛，及諸「菩薩、阿羅漢」上。華適(才)墮地，華皆厚「四寸」，極自軟好(軟美絕好)無比。(當)華小萎，則自然「亂風」吹「萎華」，悉(將萎華)自然(吹)去。

(2)則復(於)四方，復自然(有)「亂風」起，吹七寶樹，七寶樹，皆復自作「五音聲」，(當)「亂風」吹華(時)，悉復自然(飄)散(至)無量清淨佛，及諸「菩

薩、阿羅漢」上，(當)華墮地(時)，則(又有)自然「亂風」復吹「萎華」，悉自然(將萎華吹)去。則復四方自然「亂風」(又)起，(再)吹七寶樹華，如是者「四反」(四次)。

唐・菩提流志譯《大寶積經・卷十七》

(1)其風吹動七寶樹林，華飄成(積)聚(而)高，(高約有)七人量，(有)種種色光(色彩光芒)，照曜(整個)佛土。譬如有人，以花(散)布(於)地，(再以)手按(而)令平，隨雜色花，間錯(間雜錯彩)分布，彼諸花聚(散花之聚集)，亦復如是。其花微妙，廣大柔軟，如兜羅(tūla)綿(picu)。

(2)若諸有情，足蹈彼「花」，(則足)沒ᄆ 深「四指」，隨其舉足，(大地則)還復如初。(若)過晨朝已，其花自然(又)沒ᄆ 入於地。舊花既沒ᄆ ，大地(又復原至)清淨。

(3)(復再)更雨ᄂ (降)新花，還復(彌滿)周遍，如是中時、晡ᄍ 時(傍晚)，「初、中、後」夜，飄花成聚，亦復如是。

(4)阿難！一切廣大珍奇之寶，無有不生(於)極樂界者。

(5)阿難！彼佛國中(極樂世界)有「七寶蓮花」，一一蓮花，有無量百千億葉，其葉有無量百千珍奇異色，以百千「摩尼」妙寶莊嚴，覆以「寶網」(七寶羅網)，轉相映飾。

(6)阿難！彼蓮花量，或半「由旬」(yojana)，或一二三四，乃至百千「由旬」(yojana)者。

(7)是一一花(中)，(能)出「三十六億」那由他(nayuta)百千光明。(於)一一光中，(復)出「三十六億」那由他(nayuta)百千諸佛。

(8)(此諸佛)身如金色，具「三十二」大丈夫相，「八十」隨好，殊勝莊嚴，放百千光，普照世界。

(9)是諸佛等，(能)現往東方為眾說法，皆為安立無量有情於「佛法」中，(於)南西北方、四維上下，亦復如是。

趙宋・法賢譯《佛說大乘無量壽莊嚴經》

(極樂世界中有風)復吹樹「花」，(花)落於地上，(則)周遍(於)佛剎，高(有)七人量，平正莊嚴，柔軟光潔。行人往來，(若)足蹋ᄆ 其地，(則足)深「四指」量，

如迦隣那(應指「迦左隣那」衣。kācalindika 雜臨時特帛、迦遮鄰地衣、迦旃鄰提衣、迦真鄰底迦、迦止栗那綿。意譯作「細錦衣」)，(而)觸身(獲)安樂。(若於)過食時後，是諸寶花，(則)隱地不現。經須臾間，復(又)有「風」生，吹樹落花，(再遍)布(於)地面上，如前無異，「初、夜、後」夜，亦復如是。

❿ (極樂世界具)莊嚴「光明」功德成就者，偈言：「佛慧明淨日，除世癡闇冥」故。

此云何不思議？
彼(極樂世界之國)土「光明」，(此光明乃)從如來智慧「報起」(功德果報而生起)，(若有)觸之(光明)者，(眾生所有的)「無明、黑闇」，終必消除，(極樂世界之)光明「非慧」(並不是一種智慧)，(但卻)能(作)為「慧用」(智慧的一種力用)，焉可「思議」(思量揣測、言語議論)。

⓫ (極樂世界具)莊嚴「妙聲」(指極樂國土名號)功德成就者，偈言：「梵聲悟深遠，微妙聞十方」故。

此云何不思議？
(《無量壽經》)經言：若人但聞彼國土清淨安樂，剋念(克制己心於一念)願生，亦得往生則入「正定聚」(samyaktva-niyata-rāśi 正定聚➜指眾生必定獲得「證悟」而永不退，亦指決定會成就佛位而永不退轉的「必定菩薩」。《俱舍論 卷十》云：「見道」位以上之聖者，已斷盡「見」等惑，亦可獲「畢竟不退」。又菩薩階位在「十信」以上者，亦稱「正定」)。
此是(極樂世界)國土(以)「名字」(能作)為佛事，安可「思議」(思量揣測、言語議論)。

⓬ (極樂世界具)莊嚴「主」功德成就者，偈言：「正覺阿彌陀，法王善住持」故。

此云何不思議？

正覺阿彌陀不可思議，彼安樂淨土（極樂世界皆）為「正覺阿彌陀善力住持（安住維持、久住護持）」，云何可得「思議」（思量揣測、言語議論）耶？

「住」名「不（變）異、不滅（壞）」，「持」名「不（消）散、不（棄）失」。

如以「不朽藥」塗（抹在）「種子」（上），（此種子）在水不瀾（瀾漫→分散；雜亂。此字很多版本都已自動更改為「爛」字），在火不燋（燒焦乾枯），（只要獲）得「因緣」（具足）則（照樣能）生（果實）。何以故？（因此這個種子已具有）「不朽藥力」（在裡面「住持」著）故。

※關於「瀾漫、波瀾」的資料說明

瀾漫；瀾熳

(1)《淮南子・覽冥訓》：主闇晦而不明，道「瀾漫」（分散；雜亂）而不脩。

(2)晉・潘岳〈滄海賦〉：徒觀其狀也，則湯湯（動盪）蕩蕩，「瀾漫」（分散；雜亂）形沈，流沫千里，懸水萬丈。

(3)唐・韓愈〈遠游聯句〉：離思春冰泮，「瀾漫」（分散；雜亂）不可收。

(4)瞿秋白(1899~1935)《赤都心史》：渴澀的歌喉，早就「瀾漫」（分散；雜亂）沉吟，醉囈（喝醉後所說胡話）依稀。

波瀾

(1)大波浪。

(2)波紋。瀾文。

(3)興起的波瀾。

(4)古同「灡」。「淘米」的水。

【瀾汗】水勢浩大貌

【瀾汍】淚流貌。

【瀾波】波濤。

【瀾倒】狂瀾傾倒。比喻某種勢力、風氣發展凶猛。

【瀾清】清澄如水。

【瀾翻】水勢翻騰貌。

【瀾瀾】流貌。

【回瀾】回旋的波濤。

【微瀾】微小的波紋。

【安瀾】水波平靜,比喻太平。

【狂瀾】洶涌的波浪。

【波瀾】亦作「波瀾、波濤」。

【洪瀾】巨浪。

【漪瀾】水波。

【潰瀾】洶涌的波濤。

【濤瀾】波瀾,大浪。

【急瀾】迅猛的波瀾。

【恬瀾】謂波瀾平靜,喻平靜的世途。

【情瀾】情海波瀾。

【翻瀾】波瀾翻捲。

【迴瀾】回旋的波濤。

【餘瀾】未消逝的波浪。

【驚瀾】猶驚濤。

【橫瀾】大波,巨瀾。

【頹瀾】猶頹波,比喻頹墮的風尚。

若人(只要)一生(一旦往生)**安樂淨土**(極樂世界),後時(發)**意**(心)**願**(再轉)**生**(至)「**三界**」,(再)**教化眾生**,(此人便)**捨**「**淨土**」(壽)**命**,隨(其)**願**(力而)**得**(轉)**生**(至三界)。

※關於「待成佛後,再轉生至其餘三界度眾」的經論引證

清・濟能輯《角虎集》

(1)「久住」極樂者，(阿彌陀)佛又令他「回入」娑婆，以度眾生。然亦「不違」(不休止於；不久住於)安養(極樂世界)，棲神于此(極樂世界)。(故應發願)分身「回入」(娑婆世界等其餘十方世界)，隨(眾生之)類(而)化現(變化顯現)耳。

(2)是知：或勸人捨娑婆而「(轉)生淨土」；或勸人(暫)捨「淨土」而「(回)入娑婆」，無非(皆是)觀機逗教，隨根鍛鍊，「自、他」俱利。

雖(轉)生「三界」，(亦)雜生(指「胎、卵、濕、化、有色、無色、有想、無想、非有想非無想」等等，皆稱爲「雜生」)「水、火」中(此喻「愛欲水、瞋恚火」等三毒煩惱)，(但其原本所具的)無上「菩提種子」，畢竟「不朽」，何以故？(因極樂世界諸天人)以逕ㄓˊ (逕涉經過)「正覺阿彌陀善住持」故。

(只要經由阿彌陀佛之佛力「住持」加被後，則「無上菩提種子」便永不消壞，即使發願轉世到他方「五濁惡世」去度眾生，此「無上菩提種子」亦永不滅)

※關於「愛欲水、瞋恚火」的經論引證

《大方廣佛華嚴經》卷68〈入法界品 39〉

猶如大水，普能消滅一切眾生諸「煩惱火」。
猶如猛火，普能乾竭一切眾生諸「愛欲水」。

《大方廣佛華嚴經》卷77〈入法界品 39〉

當度諸見難，當截諸見網，當枯「愛欲水」。

《大乘理趣六波羅蜜多經》卷5〈淨戒波羅蜜多品 6〉

眾生亦爾，被「瞋恚火」熏習「五根」，儀相枯槁，人所惡ㄨˋ見。

《大般涅槃經》卷14〈聖行品 7〉
滅「瞋恚火」，受持「常、樂、我、淨」之法。

《大乘理趣六波羅蜜多經》卷3〈不退轉品 4〉
「瞋火」所燒，「善業」都盡。

⓭ (極樂世界具)莊嚴「眷屬」功德成就者，偈言：「如來淨華眾，正覺華化生」故。

此云何不思議？

凡是「雜生」世界，若「胎」、若「卵」、若「濕」、若「化」，眷屬若干，(具)「苦、樂」(之)萬品(千差萬別之品類)，(此乃)以(善惡)「雜業」(夾雜業力)故。

彼安樂國土(極樂世界諸天人)，「莫非」(無不)是(從)阿彌陀如來「正覺」(之)淨華(清淨蓮華)之所「化生」，(故極樂世界諸天人皆)同一「念佛」，無「別道」(別的修道方式)故，(所以能)遠通(遠遠的互通)夫「四海之內」皆為「兄弟」也(因為極樂世界諸天人皆蓮華化生，皆同為「兄弟」，皆以阿彌陀佛為父)，(故極樂世界中同為)眷屬(乃)無量(無邊)，焉可「思議」(思量揣測、言語議論)。

⓮ (極樂世界具)莊嚴「受用」功德成就者，偈言：「愛樂佛法味，禪三昧為食」故。

此云何不思議？

(極樂世界諸天人)不食而資命(資養性命)，蓋所「資」有以(一定有其用以「資養」的妙食)也，豈不是(阿彌陀)如來(早已圓)滿「本願」(本來所發的願力)乎？(極樂世界諸天人壽命無量皆)乘(阿彌陀)佛(之大)願(力)為「我命」(我的性命)，焉可「思議」(思量揣測、言語議論)。

※關於「極樂世界菩薩就算不食，亦能資養性命」的經論引證

曹魏・康僧鎧譯《佛說無量壽經・卷上》

設我得佛，國中(極樂世界)菩薩，不得「金剛那羅延身」(Nārāyaṇa 堅固力士；金剛力士)者，不取正覺。

唐・菩提流志譯《大寶積經・卷十七》

若我成佛，彼國(極樂世界)所生諸菩薩等，若無「那羅延堅固力」(Nārāyaṇa 堅固力士；金剛力士)者，不取正覺。

吳・支謙譯《佛說阿彌陀三耶三佛薩樓佛檀過度人道經》

第三願：使某作佛時，令我國土(極樂世界)……所居舍宅，被服、飲食，都皆自然，皆如「第六天王」(Para-nirmita-vaśa-vartin。欲界之「他化自在天」)所居處。得是願，乃作佛；不得是願，終不作佛。

第十三願：使某作佛時，令我國中(極樂世界)……欲得自然萬種之物，即皆在前……得是願，乃作佛；不得是願，終不作佛。

第十四願：使某作佛時，令我國中(極樂世界)，諸「菩薩、阿羅漢」，欲「飯」時，即皆自然七寶鉢中，有自然百味「飯食」在前，食已，自然去。得是願，乃作佛；不得是願，終不作佛。

曹魏・康僧鎧譯《佛說無量壽經・卷上》

(1)設我得佛，國中(極樂世界)菩薩，在(其餘)諸佛前，(能)現其德本(聖德妙用之本)，諸所求欲「供養之具」，若不如意(不能如自己心意)者，不取正覺。

(2)設我得佛，國中(極樂世界)「天人」，欲得「衣服」，隨念即至，如佛所讚，(若有)應法(披服)妙服，自然在身。若(尚)有「裁縫、擣(搗帛縫製)染(染料著色)、浣(洗)濯(洗滌)」者，不取正覺。

唐‧菩提流志譯《大寶積經‧卷十七》

(1)若我成佛，於彼剎中(極樂世界)諸菩薩眾，所須種種「供具」(供養資具)，於(其餘)諸佛所，(去廣)殖諸善根。如是色類(種類)不圓滿者，不取菩提。

(2)若我成佛，國中(極樂世界)眾生，所須「衣服」，隨念即至，如佛命「善來比丘」(svāgata其來正好，佛陀對比丘稱「善來比丘」時，該比丘即得具足戒，此謂「善來得」，為十種得戒因緣之一)，(所有)「法服」自然在(身)體。若不爾者，不取菩提。

(3)若我成佛，諸眾生類，纔生我國(極樂世界)中，若不皆獲「資具」(資糧具足)……不取菩提。

❶ (極樂世界具)莊嚴「無諸難」功德成就者，偈言：「永離身心惱，受樂常無間」故。

此云何不思議？

經言：「身」為苦器，「心」為惱端(苦惱的肇端)，而彼(極樂世界諸天人)有「身」、有「心」，(但其「身」與「心」)而(永恒)受樂「無間」(無有間斷)，安可「思議」(思量揣測、言語議論)。

※關於「身為苦器，心為惱端」的經論引證

《佛般泥洹經》卷2
身為「苦器」，安足可(依)恃乎！

《增壹阿含經》卷32〈力品 38〉
身為「苦器」，(身)為「磨滅」之法，(身)恒盛臭處，(為)諸蟲所擾；(身)亦如「畫瓶」，內盛「不淨」。

《佛母般泥洹經》卷1

三界是幻，都為「非常」(無常)，身為「苦器」，癡(「惱」的異體字)痛所聚，唯「泥洹」安。

《中本起經》卷1〈現變品 2〉

佛告眾人：且自觀身，觀他何為？色欲無常，合會有離，如泡如沫，愚者戀著，殃禍由生。身為「苦器」，眾生皆然。

大眾心解，願為「沙門」，佛皆(為)「授戒」，導現「正諦」。

《法句譬喻經》卷3〈安寧品 23〉

天下之苦，無過「有身」，身為「苦器」，「憂畏」無量，吾以是故，捨俗「學道」，滅「意」斷「想」，不貪「四大」，欲斷「苦原」，志存「泥洹」。「泥洹」道者，「寂滅」無形，「憂患」永畢，爾乃「大安」。

《出曜經》卷29〈沙門品 33〉

身為「苦器」，內外無主，分別此身，何可貪樂？「一病」已發，「四百四病」同時俱作，此名身之「內患」。

《大智度論》卷10〈序品 1〉

(1)又復欲(明)示佛(之)世界、身色、光明，種種雖(殊)勝，(其)「智慧、神力」，俱等無異，是故「問訊」。

(2)問曰：何以問(訊只問)「少病、少惱」(這四個字)不？

(3)答曰：有二種病：一者「外因緣」病，二者「內因緣」病。

(4)「外」(由外力因緣造成的病)者：寒熱、飢渴、兵刃、刀杖、墜落、堆(古同「堆」)壓。如是等種種「外患」，名為「惱」。

「內」(由內在因緣造成的病)者：飲食「不節」(不照時節)，「臥、起」無常(時間不正常)，(所以發生)「四百四病」，如是等種種，名為「內病」。

(5)如此二病，有身皆苦，是故問：「少惱、少患」不？

(6)問曰：何以不問「無惱、無病」，而(卻只)問「少惱、少患」？

(7)答曰：聖人實知「身為苦本，無不病時」。何以故？是四大合而為「身」，

「地、水、火、風」，(只要一)性不「相宜」(只四大其中一個性不正常)，(身體)各各
(部位將會遭受到)「相害」。譬如「疽瘡」(毒瘡)，無不痛時，若以藥塗(之)，
可得少差(病癒)，而不可(得而全)愈。

(8)人身亦如是，(經)常(會有)病、(經)常(需要)治，(有)治故得「活」，「不治」則
(得)死。以是故，不得(改成)問「無惱、無病」(這四個字)。

(9)(人身之)「外患」(亦)常有「風、雨、寒、熱」為惱故。復有身「四威儀」(之)
「坐、臥、行、住」，(只要)「久坐」則極(苦)「惱」，(或者是)「久臥、久住、
久行」皆(會造成身體的苦)惱。以是故(只需)問(訊)「少惱、少患」(這四個字)。

《大智度論》卷33〈序品 1〉

(1)小乘及諸凡夫，尚不應生「瞋恚心」，何況「菩薩」發「阿耨多羅三藐三
菩提」意！

(2)身為「苦器」，(於)法(上)自(遭)受(苦)惱(之果報)；譬如「犯罪」之人，(將)自
(遭)致(法律上的)刑戮(果報)，(此乃)自作自受，(故此犯罪者)不應「怨人」。(是故吾
人)但當自護(念)其心(自己的心)，不令(生)起惡(念)！

(3)譬如人(若)遭惡「風、雨、寒、熱」，亦(當)無所「瞋」(恨)。復(當)作是念：
菩薩求佛(追求成佛之道)，(當)以「大悲」為本，若(修行的菩薩)懷(著)「瞋恚」，
則(將)喪「志願」(心志大願)。

(4)「瞋恚」之人，尚不得世間(之快)樂，何況(獲得)「道樂」(修道之法樂與法喜)！

(5)「瞋恚」之人，自不得(快)樂，何能以樂(快樂與法樂)與人(施與他人、影響他人呢)！

《根本說一切有部苾芻尼毘奈耶》卷2

諸有過患，「貪欲」為本，「心」為「惱害」。

吳·支謙譯《佛說阿彌陀三耶三佛薩樓佛檀過度人道經》

如是苦生，當復(再)求索(尋求探索)，思想「無益」(無益於解脫的事)，(對於五欲)不
能時得(時時獲得)，(於是)身心俱勞，坐起不安，(因此)憂意(憂愁苦意)相隨，(一
生)勤苦(勤勞哀苦)如此。焦心(焦慮憂心)不離，恚恨(恚怒怨恨)獨(憤)怒，亦(如同)結
(附在)眾(多)寒熱(寒冰熱火地獄般)，與痛(劇痛悔痛愁痛)同居。

曹魏‧康僧鎧譯《佛說無量壽經‧卷下》

(無論是)尊貴、豪富，亦有斯患(如此共患)，憂懼(憂愁恐懼)萬端(千萬端緒)，(一生)勤苦(勤勞哀苦)若此，(如同)結(附在)眾(多)寒熱(寒冰熱火地獄般)，與痛(劇痛悔痛愁痛)共居。

吳‧支謙譯《佛說阿彌陀三耶三佛薩樓佛檀過度人道經》

生時甚痛，甚苦甚極，至年長大，亦苦亦極，死時亦痛，亦苦亦極。(吾等)甚惡臭，處不淨潔(純淨清潔)，了無有可(可樂可欣)者，佛故悉語𠯤「若曹」(你們)。

趙宋‧法賢譯《佛說大乘無量壽莊嚴經》

又彼佛國土(極樂世界)大富無量，唯受快樂，無有眾苦，無「地獄、餓鬼、畜生、焰魔羅界」及「八難」之報，唯有清淨「菩薩」摩訶薩及「聲聞」之眾。

曹魏‧康僧鎧譯《佛說無量壽經‧卷上》

(極樂世界)國如「泥洹」(涅槃)，而無等雙。我當愍哀(哀愍慈哀)，度脫(度化解脫)一切。

十方來生(來往生之諸大士)，心悅(內心歡悅)清淨，已至我國(極樂世界)，快樂安隱。

唐‧菩提流志譯《大寶積經‧卷十七》

若我成佛……(極樂世界國中眾生)心淨安樂，如得「漏盡」(āsrava-kṣaya聖智斷盡煩惱，稱為漏盡)諸比丘者，(若不如是)不取菩提。

❶⑥(極樂世界具)莊嚴「大義門」功德成就者，偈言：「大乘善根界，等無譏嫌名，女人及根缺，二乘種不生」故。

淨土果報，離二種「譏嫌」過，應知。
一者：體。(「本體」譏嫌)
二者：名。(「名字」譏嫌)

體有三種：
一者：二乘人。
二者：女人。
三者：諸根不具人。
無此三過故，名「離體譏嫌」。

「名」亦有三種，非但無(此)三體(三種體性)，乃至不聞「二乘、女人、諸根不具」三種名故，名「離名譏嫌」。
「等」者(指極樂國土諸天人民皆平等一相之大乘善根)，平等一相故。

此云何不思議？
夫(他方世界之)諸天(人)共器飯(共用一個食器進餐)，有「隨福」(隨著各自的福德力)之色(其飯色將顯現出不同的色、香、味等)。如佛陀在《維摩詰經》中曾以)足指按「地」，乃詳(詳盡觀覽)「金(黃金寶地)、礫(荊棘沙礫)」之旨。(上述比喻應取自《維摩詰經》之說)

而(發)願往生(極樂世界)者，本則(有)「三三」之品(共九品)，(而)今(竟)無「一、二」之殊(此指極樂國土諸天人民皆平等一相之大乘善根)，亦如淄ル、澠ㄇ(食陵反)一味(山東省境內的淄河、澠河原本是兩條不同的河，但一入「大海」後就會成為「一味」了)，焉可「思議」(思量揣測、言語議論)。

※關於「諸天人共器飯，與佛陀足指按地」的經論引證

三國吳・支謙譯《維摩詰經》	姚秦・鳩摩羅什譯《維摩詰所說經》	姚秦・鳩摩羅什譯《維摩詰所說大乘經》	唐・玄奘譯《說無垢稱經》
壹於是佛即以「足指」案地，此三千大千世界皆為震動，若干百千珍寶積嚴（堆積莊嚴），處處校飾。	壹於是佛以「足指」按地，即時三千大千世界，（出現）若干百千珍寶嚴飾（莊嚴淨飾）。	壹於是佛以「足指」按地，即時三千大千世界，（出現）若干百千珍寶嚴飾（莊嚴淨飾）。	壹爾時世尊知諸大眾心懷猶豫，便以「足指」按此大地，即時三千大千世界（出現）無量百千妙寶莊嚴。
貳譬如眾寶羅列淨好如來境界，無量嚴淨於是悉現，一切「魔眾」歎未曾有，而皆自見坐（於）寶蓮華。	貳譬如寶莊嚴佛，無量功德寶莊嚴土，一切「大眾」歎未曾有，而皆自見坐（於）寶蓮華。	貳譬如寶莊嚴佛，無量功德寶莊嚴土，一切「大眾」歎未曾有，而皆自見坐（於）寶蓮華。	貳譬如功德寶莊嚴佛無量功德寶莊嚴土，一切「大眾」歎未曾有，而皆自見坐（於）寶蓮華。
參佛告舍利弗：汝且觀是佛國嚴淨？	參佛告舍利弗：汝且觀是佛土嚴淨？	參佛告舍利弗：汝且觀是佛土嚴淨？	參爾時世尊告舍利子：汝見如是眾德莊嚴淨佛土不？
肆對曰：唯然！（原）本所「不見」，本所「不聞」，今（已知見此）佛國土「好淨」悉現。	肆舍利弗言：唯然，世尊！（原）本所「不見」，本所「不聞」，今（已知見此）佛國土「嚴淨」悉現。	肆舍利弗言：唯然，世尊！（原）本所「不見」，本所「不聞」，今（已知見此）佛國土「嚴淨」悉現。	肆舍利子言：唯然，世尊！（原）本所「不見」，本所「不聞」，今（已知見）此佛土「嚴淨」悉現。

㈤然舍利弗！我佛國如是，為當度「不肖人」故，如來隨此「多怒害者」(而顯)現佛國異(差異)。	㈤佛告舍利弗：我佛國土常淨若此，為欲度斯「下劣人」故，「示」是眾惡不淨土耳！	㈤佛告舍利弗：我佛國土常淨若此，為欲度斯「下劣人」故，「示」是眾惡不淨土耳！	㈤告舍利子：我佛國土常淨若此，為欲成熟「下劣有情」，是故「示現」無量過失雜穢土耳。
㈥譬如諸天，同「金鉢」食，其福多者，舉手自淨。	㈥譬如諸天，共「寶器」食，隨其福德，飯色有異。	㈥譬如諸天，共「寶器」食，隨其福德，飯色有異。	㈥舍利子！譬如「三十三天」(忉利天)共「寶器」食，隨業所招，其食有異。
㈦如是舍利弗！若人意清淨者，便自見諸佛佛國清淨。	㈦如是舍利弗！若人心淨，便見此土功德莊嚴。	㈦如是舍利弗！隨眾生所修清淨心量 見佛國功德莊嚴各異。	㈦如是舍利子！無量有情，生一佛土，隨心淨穢，所見有異。若人心淨，便見此土無量功德妙寶莊嚴。

《佛說未曾有正法經·卷第五》

(1)爾時妙吉祥菩薩哀愍城中一切人民，為利樂故，以「足指」按地，即時大地皆作「吠瑠璃色」，清淨光潔內外映徹。

(2)是時城中若男若女一切人民，皆悉得見妙吉祥菩薩及諸大眾，無所障礙。譬如清淨圓鏡，照其面像，一切人民瞻菩薩相，亦復如是。

《大般若波羅蜜多經・卷第五百六十九》

(1)爾時眾中，有一天子名曰光德，即從座起，偏覆左肩，右膝著地，合掌向佛白言：世尊！諸佛菩薩應居「淨土」，云何世尊(釋迦佛)出現於此「穢惡」充滿「堪忍世界」？

(2)佛告光德：天子當知！諸佛如來所居之處，皆無「雜穢」即是淨土。

(3)於是(釋迦)如來以神通力，令此三千大千世界，地平如掌，琉璃所成，無諸「山陵、堆阜、荊棘」，處處皆有「寶聚、香花、軟草、泉池、八功德水、七寶階陛ㄅ、花果草木」……

(4)爾時，光德見斯事已踊躍歡喜，讚歎佛言：甚奇！世尊！希有！善逝！如來所說，真實不虛，諸佛如來所居之處，皆無「雜穢」，即是「淨土」。如佛所說，其義無二，有情「薄福」，見「淨」為「穢」。

《大般涅槃經・卷二十四》

(1)佛言：善男子……若使世界「不淨」充滿，諸佛世尊於中出者，無有是處。

(2)善男子！汝今莫謂諸佛出於「不淨」世界，當知是(己)心「不善狹劣」。

(3)汝今當知！我(釋迦佛)實不出「閻浮提界」。

❿ (極樂世界具)莊嚴「一切所求滿足」功德成就者，偈言：「眾生所願樂，一切能滿足」故。

此云何不思議？

彼(極樂世界)國人天，若欲願(前)往他方世界(之)無量佛剎，(去)供養諸佛菩薩，及所須「供養之具」，無不稱ㄔ (合乎)願。又(若)欲捨彼(在極樂淨土中的)壽命，(而轉)向「餘國生」(其餘國土世界去轉生)，(則自己的)修短(壽命長短)自在(皆可隨心自在)，隨(自己心)願皆得。(雖然修行境界仍)未(進)階(至)「自在之位」(此指「登地」或八地菩薩以上)，而(已獲得能等)同「自在」之(力)用，焉可「思議」(思量揣測、言語議論)，

示現「自利、利他」者。

※關於「壽命修短，隨心自在」的經論引證

《大方廣佛華嚴經》卷34〈寶王如來性起品 32〉

如來「法身」，亦復如是，有「四奇特」未曾有法。何等為四？

(1)映蔽一切「聲聞、緣覺、學、無學法、功德星宿」，隨其所應，示現「壽命」，修短不同。

(2)法身常住，未曾增減，(亦能)「影現」一切世界。

(3)淨心眾生，(於)菩提器中，隨所聞法，隨「解脫」地，應受(度)「化」者，一切皆謂「如來現前」。

(4)其實「法身」，無有「彼、此」，究竟佛事。

佛子！是為菩薩摩訶薩「第六勝行」，知、見如來。

曹魏·康僧鎧譯《佛說無量壽經·卷上》

(1)設我得佛，(我的)「壽命」有限量，下至知百千億「那由他」(nayuta)劫者，不取正覺……

(2)設我得佛，國中(極樂世界)天人，「壽命」無能限量，(唯)除其本願(本人願力)，(而有)修短(壽命長短)自在。若不爾者，不取正覺。

唐·菩提流志譯《大寶積經·卷十七》

若我成佛，國中(極樂世界)有情，「壽量」有限齊者，不取菩提；唯除願力(本人願力)而受生者。

趙宋·法賢譯《佛說大乘無量壽莊嚴經》

世尊！我得菩提，成正覺已，所有眾生，令生我剎(極樂世界)，命不「中夭」，壽(命皆具)百千俱胝「那由他」(nayuta)劫，悉皆令得「阿耨多羅三藐三菩提」。

略説彼阿彌陀佛國土「十七種」莊嚴功德成就，示現(阿彌陀)**如來**(已成就)**「自身利益」**(之)**大功德力，**(及阿彌陀如來已能)**成就「利益他」**(人之)**功德成就故。**

言(簡)「略」者，彰彼(極樂世界)淨土功德無量，非唯「十七種」也。夫「須彌」之入(微細之)「芥子」，「毛孔」之(收)納(巨浪之)「大海」，豈「山海」(高山大海)之神(奇)乎？「毛芥」(羽毛和芥子，喻極輕細之物)之(神)力乎？能(有如此不可思議之大)神(力)者，(只有如來才能有如此)神之耳。

是故「十七種」雖曰(是如來)「利他」(之功德)，(實乃阿彌陀佛)「自利」(所現)之義，炳然(炳明了然)可知。

※關於「須彌之入芥子，毛孔之納大海」的經論引證

《維摩詰所説經》卷2〈不思議品 6〉

(1)**維摩詰言**：唯，**舍利弗**！諸佛菩薩有「解脫」名「不可思議」。若菩薩住是「解脫」者，以「須彌」之高廣，內ㆍ(「納」的古字)「芥子」中，無所增減，須彌山王，本相如故。而「四天王、忉利諸天」不覺不知；己之所入？

(2)唯應ㆍ(順應；符合；適應)度者，乃見「須彌」入「芥子」中，是名住「不思議解脫法門」。

(3)(菩薩)又以「四大海水」入「一毛孔」，不嬈ㆍ魚、鼈、黿ㆍ、鼉ㆍ「水性之屬」，而彼大海，本相如故。

《文殊師利所説不思議佛境界經・卷上》

(1)又以如「恒河沙等諸佛國土」，所有須彌山王，以彼「眾山」，內於「一山」。復以此山，內於「芥子」。而令「住彼山上」一切諸天，「不覺不知」，

亦無所嬈。

(2)又以如「恒河沙等諸佛國土」，其中所有「五道」眾生，置「右掌」中。復取是諸國土「一切樂具」，一一眾生，盡以與之，等無差別……

(3)天子！我於一劫，若一劫餘，說文殊師利童子三昧「神通變化」之力，不可窮盡。

(下)入「第一義諦」者：

彼無量壽佛國土莊嚴，「第一義諦」妙境界相(如「莊嚴」等共有)十六句，及一句次第説，應知。

「第一義諦」者，(乃)佛(地之)「因緣法」也，此(第一義)「諦」是「境」(界)義，是故「莊嚴」等十六句，稱為「妙境界相」。

此義至「入一法句」文(後面有出現「入一法句」之文，所謂入的「一法句」，即指「清淨真實智慧，無為法身」這一句)，當更(再來)解釋。「及一句次第」者，謂「觀器淨」等，「總、別」十七句(觀察極樂國土「器世間」總共有十七種佛國土的清淨功德莊嚴成就，此「清淨」是「總相」，其餘十六種是「別相」)，(這十七句都是對極樂國土清淨莊嚴相的一種)「觀行次第」也。

云何「起次」(那要如何依次第而生起觀察呢)？

(下)建章(起建本論之首即)言：歸命無礙光如來，願生安樂國(極樂世界)，此中有疑？

疑言：「生」為(三)有(之根)本，(「生」為)「眾累」(眾多繫累)之元(由)，(若)棄(娑婆之)「生」(而)願(求極樂之)「生」，「生」何可盡？

(指捨娑婆一生換求極樂一生，若再捨極樂，則又到何處「生」？如此便將「生生」永無止盡的下去，又如何能證得「無生」涅槃法呢)

為釋此疑，是故觀彼(極樂)淨土莊嚴功德成就，明彼(極樂)淨土是阿彌陀如來清淨本願(之)「無生」之生，非如「三有」(三界之)「虛妄生」也。何以言之？

夫「法性」(本)清淨，畢竟(皆)「無生」。
(所)言(往)生(到極樂世界)者，(這)是(針對眾生已獲)得「(往)生者」之情(形)耳。

(亦即對眾生是有「往生」這二個字的之假言虛名，但真正的實相仍然是「無生」的。如宋・宗曉《樂邦文類》云： 生則決定生，去則實不去)

「生」苟「無生」，「生」何所盡？

(所謂「往生」的「生」，如果不是屬於實相上的「無生」境界，那「生」就永遠不會「滅盡」了，會不斷的「生生」下去。所以「往生」到西方後，就會永遠「滅盡」生死輪迴的現象，只要處在極樂佛國，當然就是屬於「無生」的境界)

(若一定要滅)盡夫「生」者(才能獲證「無生」)，
(則向)上(將)失(去)「無為」(無為無作之無功用道，但又)「能為」(有所造作)之(法)身。

(若一定要完全「滅盡」所謂的「生」才能證得「無生」的話，那就是一種「斷滅」的修法，如此將失去向上證得「無為法身」的境界。「無為法身」雖然是「無為、無作、無生」，但卻能生起「能為、能作」的妙用。

(向)下(則將)醺᠎(醉，亡善反→古同「湎」，沉溺迷醉於)三空(「空、無相、無願」的)「不空」之痼᠎(廢也病也，工路反→積久難治的病)。

(此指二乘人在修習「空、無相、無願」的「三解脫門」時，卻又將之執著為「不空」的一種「法執」，沒有達到「空亦復空」的境界)

※關於「無為無作之無功用道」的經論引證

《大乘理趣六波羅蜜多經》卷1〈歸依三寶品 1〉
即「佛身」中具足「十力、四無所畏、十八不共法、大慈大悲大喜大捨、

三解脫門、三示導、六神通、隨心三摩地、四智、二智」，離於「知境」，斷「煩惱障」及「所知障」，離諸「習氣」，「無功用道」，起如「如化」，若遠若近，遊止自在，無有障礙，於「一芥子」能納無量「諸妙高山」。

《大方廣佛華嚴經》卷18〈明法品 18〉

如理思惟；入真三昧，離諸「僻見」；善觀諸法，得「實相印」，了知如來「無功用道」；乘「普門慧」，入於「一切智智」(指佛陀之智慧是一切智中之最殊勝者)之門，永得休息，是則能「淨」般若波羅蜜。

《大乘密嚴經》卷1〈密嚴道場品 1〉

入「如來定」，遊「涅槃境」。一切如來，令從定起，漸次加行，超「第八地」，善巧決擇，乃至「法雲」(地)，受用如來，廣大威德，入於諸佛「內證」之地，與「無功用道」三摩地相應，遍遊十方，不動本處，而恒依止「密嚴」佛剎。

《大般若波羅蜜多經・卷四百九》

「無為法」者，謂「無生、無住、無滅法」。

《大方等大集經・卷十三》

(1)若法「不出、不滅、不住」，即是「無為」。
(2)是故說言「無為」之法有三種相，所謂「無出、無滅、無住」，以是義故名為「無為」。

《放光般若經・卷三》

(1)何等為「有為法」？
　「欲界、形界、無形界、三十七品」，乃至佛「十八法」，是為「有為法」。
(2)何等為「無為法」？
　「無為法」者，不生亦不滅，不終亦不始，常住而不改。
(3)「婬、怒、癡」盡，如無有異，「法性」及「真際」，是謂「無為法」。

宋・宗曉《樂邦文類・卷四・姑蘇禪師守訥〈唯心淨土文〉》

(1)天衣 (義) 懷禪師，一生「迴向淨土」，問學者曰：若言捨「穢」取「淨」，「厭」此「忻」彼，則「取、捨」之情，乃是眾生妄想。若言(完全)「無淨土」，則「違佛語」。

(2)夫修淨土者，當如何修？復自答曰：

> 「生」則決定「生」，「去」則實「不去」。若明此旨，則「唯心淨土」，昭然無疑。

※關於「三空亦空。空亦復空」的經論引證

《大般若波羅蜜多經・卷第五百六十七》

(1)天王當知！諸菩薩摩訶薩行深般若波羅蜜多，能如實知「(十)力、(四)無所畏、不共法」空。

(2)亦如實知諸「戒、定、慧、解脫、解脫智見蘊」空。

(3)亦如實知「內空、外空」及「內外空、空空、大空、勝義等空」。

(4)雖知諸法無不皆「空」，而知「空相」亦不可得。不取「空相」，不起「空見」，不執「空相」，不依止「空」。

(5)菩薩如是，不取著故，於「空」不墮。

《摩訶般若波羅蜜經・卷第五》

何等為「空空」？一切法空，是「空」亦「空」，非常、非滅故。

《佛說廣博嚴淨不退轉輪經・卷第三》

捨「有所得」，住「無所得」，知一切空。此「空」亦「空」，通達無相，以離諸「相」，離一切「想」。

《金剛三昧經》

大力菩薩言：云何「三空」？佛言：三空者，「空相」亦空，「空空」亦空，「所空」亦空。如是等空，不住「三相」。

《十住斷結經·卷第七》

菩薩入虛空際定意正受，觀他方世界，藥果樹木、山河石壁，悉空如「空」，「空」亦「空無」。

《大寶積經·卷第六十九》

彼「空」亦「空」無自性，究竟求之不可得。

《大乘瑜伽金剛性海曼殊室利千臂千鉢大教王經·卷第三》

入心，心空，證「空復空」，心如虛空，同於法界。

《大智度論·釋初品中見一切佛世界義第五十一之餘(卷三十四)》

菩薩行般若波羅蜜時，普觀「諸法皆空」，「空亦復空」。

《大智度論·釋習相應品 第三之餘(卷三十六)》

破諸法皆「空」，唯有「空」在，而取相著之。大空者，破一切法；空亦復「空」。

《大智度論·釋轉不轉品 第五十六之餘(卷七十四)》

「空亦復空」，若著是「空」，則有過失。

《大智度論·釋集散品 第九下(卷第四十三)》

或謂說「空」是般若波羅蜜，或說「空亦空」是般若波羅蜜。

(二乘行者不悟「生即無生」之理，墮於「偏空」，則同於)「**根敗**」**永亡**(此指五根已敗壞之士，則其對於「五欲」已不能再次享色聲香味觸五欲之利樂。此喻不能發「無上成佛道心」之二乘聲聞，即如同「焦芽敗種」者，將永遠亡去成佛道的機會)，

(二乘行者若能聞能悟「生即無生」之「大乘不可思議境界」之義，則應)**號振三千**。

(二乘行者無法「發大心」追求往生淨土成佛)**無反、無復**(故將永遠無法「反哺、回復」報恩於如來)，**於斯招恥**(二乘於此「不悟生即無生」與「不能發心成佛報佛恩」之事，應生懺悔與自招羞恥心)。

※關於「根敗永亡，號振三千」的經論引證

聲聞眾聞此「不可思議解脫法門」，應號泣聲震三千界。諸菩薩應頂受此大法

三國吳・支謙譯《維摩詰經》	姚秦・鳩摩羅什譯《維摩詰所說經》	姚秦・鳩摩羅什譯《維摩詰所說大乘經》	唐・玄奘譯《說無垢稱經》
❶於是耆年大迦葉聞說「菩薩不思議門」。	❶是時，大迦葉聞說菩薩「不可思議解脫」法門，歎未曾有！	❶是時，大迦葉聞說菩薩「不可思議解脫」法門，歎未曾有！	❶爾時，尊者大迦葉波聞說安住「不可思議解脫」菩薩，「不可思議解脫」神力，歎未曾有！
❷(大迦葉尊者)謂舍利弗言：譬如賢者，於「凡人」前，現「眾名香」。非彼所見，則「不能知」，為若此也。今諸「弟子」(聲聞)聞是語者，可一時見「不思議作」？	❷(大迦葉尊者)謂舍利弗：譬如有人，於「盲者」前，現眾色像，非彼所見。一切「聲聞」聞是「不可思議解脫」法門，不能解了，為若此也！	❷(大迦葉尊者)謂舍利弗：譬如有人，於「盲者」前，現眾色像，非彼所見。一切「聲聞、辟支」聞是「不可思議解脫」法門，不能解了，為若此也！	❷(大迦葉尊者)便語心尊者舍利子言：譬如有人，對「生盲」者，雖現種種差別色像，而彼盲者，都不能見。如是，一切「聲聞、獨覺」皆若「生盲」，無殊勝

			眼。聞說安住「不可思議解脫」菩薩所現「難思解脫神力」，乃至「一事」，亦不能了。
㊂其誰聞此「不思議門」，不發「無上正真道者」？	㊂「智者」聞是，其誰不發「阿耨多羅三藐三菩提心」？	㊂「智者」聞是，其誰不發「阿耨多羅三藐三菩提心」？	㊂誰有「智者」男子、女人聞說如是「不可思議解脫神力」；不發「無上正等覺心」？
㊃於此賢者，吾等(聲聞二乘)何為「永絕」其根；於此大乘，已如「敗種」？	㊃我等(聲聞二乘)何為「永絕」其根，於此大乘，已如「敗種」？	㊃一切「聲聞、辟支」聞是不可思議解脫法門，皆言：我等(聲聞二乘)何為「永斷」其根，於此大乘，已如「敗種」？	㊃我等(聲聞二乘)今者：於此大乘如燋芽敗種(「焦芽敗種」指不能發無上道心之二乘聲聞者，此乃與草芽之枯焦、種子之腐敗者無異)，「永絕」其根，復何所作？
㊄一切「弟子」(聲聞)聞是說者，當以「悲泣」，曉喻一切三千世界。	㊄一切「聲聞」聞是「不可思議解脫」法門，皆應「號泣」，聲震三千大千世界。	㊄於是眾皆「號泣」，聲震三千大千世界。	㊄我等一切「聲聞、獨覺」聞說如是「不可思議解脫」神力，皆應「號泣」，聲

			震三千大千世界。
㊋其諸菩薩「可悅預喜」，如是說當「頂受」。	㊋一切菩薩應「大欣慶」，「頂受」此法。	㊋一切菩薩應「大欣慶」，「頂受」此法。	㊋一切菩薩聞說如是「不可思議解脫」神力，皆應「欣慶」，「頂戴」受持。如「王太子」受「灌頂位」，生長「堅固」信解勢力。
㊍若曉了「不思議門」者，一切「魔眾」；無如之何！	㊍若有菩薩信解「不可思議解脫」法門者，一切「魔眾」；無如之何！	㊍若有菩薩信解「不可思議解脫」法門者，一切「魔眾」；無如之何！	㊍若有菩薩聞說如是「不可思議解脫」神力，堅固信解。一切「魔王」及「諸魔眾」，於此菩薩「無所能為」！
㊑大迦葉說是語時，「三萬二千」天人，皆發「無上正真道意」。	㊑大迦葉說是語時，「三萬二千」天子，皆發「阿耨多羅三藐三菩提心」。	㊑大迦葉說是語時，「三萬二千」天子，皆發「阿耨多羅三藐三菩提心」。	㊑當於尊者大迦葉波說是語時，眾中「三萬二千」天子，皆發「無上正等覺心」。

※關於「無反無復,於斯招恥」的經論引證

凡夫聞佛法,若生起無上成佛道心,則不斷三寶,能知報佛恩。
聲聞者,若不發無上「成佛」道心,則永不能「真實」的報佛恩

三國吳・支謙譯《維摩詰經》	姚秦・鳩摩羅什譯《維摩詰所説經》	姚秦・鳩摩羅什譯《維摩詰所説大乘經》	唐・玄奘譯《説無垢稱經》
⑤賢者大迦葉言:善哉!善哉!文殊師利!快說此言。誠如之意,「塵勞」之疇多(種性;類)為「如來種」。	⑤爾時大迦葉歎言:善哉!善哉!文殊師利!快說此語。誠如所言,「塵勞」之疇(種性;類)為「如來種」。	⑤爾時大迦葉歎言:善哉!善哉!文殊師利!快說此語。誠如所言,「塵勞」之儔(種性;類)為「如來種」。	⑤爾時尊者大迦葉波歎妙吉祥:善哉!善哉!極為善說「實語、如語、誠無異言」。一切「生死煩惱」種性,是「如來種性」。所以者何?
⑥奚但「身見」能發「無上正真道」乎?	⑥我等(大迦葉等)今者,不復堪任(不夠資格;不堪適任)發「阿耨多羅三藐三菩提心」。	⑥我等(大迦葉等)今者,不復堪任(不夠資格;不堪適任)發「阿耨多羅三藐三菩提心」。	⑥我等(大迦葉等)今者,(於)心相續中,生死「種子」悉已「燋敗(燒焦乾枯敗裂)」,終不能發「正等覺心」。
⑦雖以「五無間」具,猶能發斯「大道意」而具(大乘成佛之)佛法	⑦乃至(若凡夫若造作)「五無間罪」,猶能「發意」(發無上成佛道意),	⑦乃至(若凡夫若造作)「五無間罪」,猶能「發意」(發無上成佛道意),	⑦寧可成就(像凡夫一樣造作)「五無間業」,(我終)不作我等諸「阿

矣。	生於（大乘成佛之）佛法。	生於（大乘成佛之）佛法。	羅漢」（為）究竟解脫。 （肆）所以者何？（若凡夫）成就「五種無間業」者，猶能有力，（滅）盡「無間業」，（進而）發於「無上正等覺心」，（而終）漸能成辦一切（大乘成佛之）佛法。
（伍）（我大迦葉等）已得「羅漢」為「應真」者，終不能復起「道意」而具（大乘成佛之）佛法也。如「根（五根）敗」之士，其於「五樂」不能復利（再次享色聲香味觸五欲之利樂）。	（伍）而今我等（大迦葉等），（則）永不能發（成佛道心）。譬如根（五根）敗之士，（則）其於「五欲」不能復利（再次享色聲香味觸五欲之利樂）。	（伍）而今我等（大迦葉等），（則）永不能發（成佛道心）。譬如根（五根）敗之士，其於「五欲」不能復利（再次享色聲香味觸五欲之利樂）。	（伍）我等（大迦葉等）「漏盡」諸「阿羅漢」永無此能（成佛道心）。如缺根（五根）士，於妙「五欲」（色聲香味觸五欲）無所能為。
（陸）如是「弟子」（聲聞），「雜行」已斷，其於（大乘成佛之）佛法「不樂、	（陸）如是「聲聞」，（已於）諸結（煩惱）斷者，（則）於（大乘成佛之）佛	（陸）如是「聲聞」，（已於）諸結（煩惱）斷者，（則）於（大乘成佛之）佛	（陸）如是「漏盡」諸阿羅漢，（已於）諸結（煩惱）永斷，即於（大乘成佛之）

不利」，無復「志願」(成佛)。	法中「無所復益」，永不「志願」(成佛)。	法中「無所復益」，永不「志願」(成佛)。	佛法「無所能為」，不復志求「諸佛妙法」。
㈦是以「凡夫」於佛法為有「反復」(反哺報恩於如來)，如「弟子」(聲聞)無有。	㈦是故，<u>文殊師利</u>！「凡夫」於佛法有「返復」(反哺報恩於如來)，而「聲聞」無也。	㈦是故，<u>文殊師利</u>！**「凡夫」知報佛恩**，而「聲聞」無也。	㈦是故「異生」(凡夫)能報佛恩，「聲聞、獨覺」終不能報。
㈧所以者何？「凡夫」聞(大乘成佛之)佛法，能起「大道」，不斷「三寶」。	㈧所以者何？「凡夫」聞(大乘成佛之)佛法，能起無上道心，不斷「三寶」。	㈧所以者何？「凡夫」聞(大乘成佛之)佛法，能起無上道心，不斷「三寶」。	㈧所以者何？「異生」(凡夫)聞「佛法僧」功德，為三寶種，終無斷絕，能發「無上正等覺心」，(終)漸能成辦一切(大乘成佛之)佛法。
㈨使夫(即使)「弟子」(聲聞)，終身聞佛法「(十)力、(四)無所畏」，非復有意起(大乘成佛之)「大道」也。	㈨正使(假使)「聲聞」，終身聞佛法「(十)力、(四)無畏」等，(彼等)永不能發(大乘成佛之)「無上道意」。	㈨正使(假使)「聲聞」，終身聞佛法「(十)力、(四)無畏」等，(彼等)永不能發(大乘成佛之)「無上道意」。	㈨「聲聞、獨覺」，假使終身聞說「如來(十)力、(四)無畏」等，乃至所有「(十八)不共佛法」一切功德，(彼等聲聞獨覺)終不能發(大乘成佛之)「正等覺

			心」。

《大般若波羅蜜多經・卷第七十七》

(1)<u>憍尸迦</u>！汝諸天等「未發」阿耨多羅三藐三菩提心者，今皆應發。

(2)<u>憍尸迦</u>！若入(若已證入)「聲聞、獨覺」(之)「正性離生」(證入涅槃後能脫離煩惱之生，為「見道位」之別名)者，(便)不能(再)復發「阿耨多羅三藐三菩提心」(除非彼等發心而迴小向大)。何以故？彼於「生死流」，已作「限隔」故。

《摩訶般若波羅蜜經・卷第七》

(1)諸天子！若入(若已證入)「聲聞正位」，是人(便)不能發「阿耨多羅三藐三菩提心」(除非彼等發心而迴小向大)。何以故？(彼等已)與「生死」作「障隔」故。

(2)是人若發「阿耨多羅三藐三菩提心」者，我亦隨喜。所以者何？「上人」應更求「上法」，我終不斷其功德。

《大樹緊那羅王所問經・卷第四》

(1)爾時<u>罿或</u>天子語<u>釋提桓因</u>：父王！天主！如是！如是！一切諸行、一切諸法，無有覆障，從「妄想」起，不能發生「無上正真大道之心」(除非彼等發心而迴小向大)，不能悲念一切眾生，不能修於「大慈」之心。

(2)父王！天主！今復何言？(若有人)「已入正位」，(則將成就)燒敗「種子」(大乘佛性種子)，於此「大乘」，永非其器。

《佛說阿闍世王經・卷上》

(1)如佛百千，以「法」為吾等說，(汝等羅漢)不能復發作「菩薩心」，皆而有「悔為羅漢」(應該後悔只發心作二乘之羅漢)故；不如(像一位凡夫)「本作五逆惡」，其罪猶有解脫，(尚)可「發心」為「阿耨多羅三耶三菩心」。

(2)今者(汝等聲聞眾，皆)以「無所益」。所以者何？(汝等)惟燒「佛種」(大乘佛性種子)故。其(根)器者，以「不堪」(不堪發作)菩薩心。

《佛說觀佛三昧海經・卷第六》

(1)佛告父王：正使有人成熟「邪見眾生」，數如上說。皆令彼人得「羅漢道」，三明六通，具八解脫。不如發心趣向「佛慧」，念佛須臾。

(2)佛說是語時，釋子眾中「一億」釋子，發「阿耨多羅三藐三菩提心」，自誓不求「聲聞、辟支佛道」。白佛言：世尊！諸「佛身分」，乃至一毛，無量化佛。諸「聲聞身」，如「燋敗」種（「焦芽敗種」指不能發無上道心之二乘聲聞者，此乃與草芽之枯焦、種子之腐敗者無異），為何所益？

《大般涅槃經・卷第八》

(1)若有善男子、善女人，有能習學是「大涅槃」微妙經典，當知是人能「報佛恩」真佛弟子。

(2)迦葉菩薩復白佛言：甚奇！世尊！所言「佛性」甚深甚深，難見難入，「聲聞、緣覺」所不能報。

《思益梵天所問 經・卷第一》

(1)世尊！誰知報佛恩？

(2)佛言：不斷佛種（大乘成佛之種性）者。

(3)世尊！誰能供養佛？

(4)佛言：能通達「無生際」者。

《佛說諸法勇 王經》

(1)舍利弗！以是故，善男子、善女人，欲得無上「畢報」（畢竟報答）施恩（如來法語之施恩），應發阿耨多羅三藐三菩提心。

(2)舍利弗！若善男子、善女人，欲報過去「諸佛恩」者，亦當如是發阿耨多羅三藐三菩提心。

(3)舍利弗！若善男子、善女人，欲報未來「諸如來恩」者，亦當如是發阿耨多羅三藐三菩提心。

(4)舍利弗！若善男子、善女人，欲報今現在十方「諸佛恩」者，亦當如是發阿耨多羅三藐三菩提心。

(5)舍利弗！唯有二人，能「報佛恩」，何等為二？

(6)一者「盡漏」（若是證四果羅漢者，但又能發心迴小向大，亦屬此者）。

二者「發阿耨多羅三藐三菩提心」。

(7)<u>舍利弗</u>！是二種人，善能「供養」諸佛如來，善「報諸佛所有恩惠」。

(若真能)體(悟)夫「生」理(如宋‧宗曉《樂邦文類》云：生則決定生，去則實不去)，謂之「淨土」(之實相也)。

「淨土」之宅(此指觀察極樂世界「家宅」之莊嚴相)，所謂「十七句」是也。

十七句中，「總、別」為二(觀察極樂國土「器世間」總共有十七種佛國土的清淨功德莊嚴成就，此「清淨」是「總相」，其餘十六種是「別相」)。

「初句」是「總相」。

❶所謂是「清淨佛土」過「三界」道(原文作「觀彼世界相，勝過三界道」)。彼過「三界」有何相？下「十六種」莊嚴功德成就相是也。

❷一者：(觀極樂世界之數)「量」(的無邊無際)，(原文作)「究竟如虛空，廣大無邊際」故。

❸既知(極樂世界乃如虛空之無)量，此「量」以何為本？(極樂世界具有如此廣大無邊的「量」，究竟是以何為根本？或以何者為「根源」而出生的呢？)是故觀(極樂世界之)「性」(本性；本體)，「性」是「本」義。彼(極樂)淨土(乃)從(阿彌陀佛如來的)「正道大慈悲，出世善根生」。

❹既言(極樂世界阿彌陀佛的)「出世善根」(所生)，此「善根」(能)生(出)何等(莊嚴的國土)相？是故次觀(極樂世界之)莊嚴「形相」。

(原文作「淨光明滿足，如鏡日月輪」)

❺既知(其莊嚴的「淨光明滿足」)形相，宜知(極樂世界莊嚴的)形相(究竟以)何等(爲其)體(性)？是故次觀(極樂世界之「備諸珍寶」)種種事。

(原文作「備諸珍寶性，具足妙莊嚴」)

❻既知「種種事」，宜知「種種事」(所顯示出的)妙色，是故次觀(極樂世界所顯示出的)「妙色」。

(原文作「無垢光焰熾，明淨曜世間」)

❼既知(極樂世界具「無垢光焰熾」的)「妙色」，此「色」有何「觸」(此處有「七寶柔軟的妙色」，當與眾生「身根」和合時所生的「觸樂」又如何呢)？是故次觀(極樂世界之)「觸」。

(原文作「寶性功德草，柔軟左右旋，觸者生勝樂，過迦旃隣陀」)

❽既知「身觸」(極樂世界之「七寶柔軟」，與眾生「身根」和合時將產生殊勝的「觸樂」)，(還須)應知「眼觸」(眼根所觸的狀況如何)。是故次觀(極樂世界之)「水、地、虛空」莊嚴三事。

(原文作「寶華千萬種，彌覆池流泉，微風動華葉，交錯光亂轉。宮殿諸樓閣，觀十方無礙，雜樹異光色，寶欄遍圍繞。無量寶交絡，羅網遍虛空，種種鈴發響，宣吐妙法音」)

❾既知「眼觸」(眼根所觸的「水地空」都將生起妙樂)，應知「鼻觸」(鼻根所觸的狀況如何)。是故次觀(極樂世界之)「衣華、香薰」。

(原文作「雨華衣莊嚴，無量香普熏」)

❿既知「眼、鼻」等觸(指六根在接觸六塵時，都能如水乳般的交融，且生法喜之樂)，須知「離染」(遠離一切的不淨與染著)。是故次觀(極樂世界之)「佛慧」明照(此指阿彌陀佛乃由智慧所現，故如日般的清淨光明照耀)。

(原文作「佛慧明淨日，除世癡闇冥」)

⓫既知「慧光」(智慧光明)淨力(清淨神力)，宜知(極樂世界與阿彌陀佛之)「聲名」遠近。是故次觀(極樂世界之)「梵聲」遠聞(佛國土的名聲遠播至深遠遍聞之處)。

(原文作「梵聲語深遠，微妙聞十方」)

❷ 既知(極樂世界之)名，宜知(以)「誰」為增上(緣)？是故次觀(極樂世界之)「主」。

(原文作「正覺阿彌陀，法王善住持」)

❸ 既知有(阿彌陀佛之)「主」，(又以)誰為「主」(之)眷屬？是故次觀(極樂世界之)「眷屬」。

(原文作「如來淨華眾，正覺華化生」)

❹ 既知(一切眾生皆於阿彌陀佛之「清淨蓮華」中生，故皆同一)「眷屬」，宜知此「眷屬」若為受用。是故次觀(極樂世界之)「受用」。

(原文作「愛樂佛法味，禪三昧為食」)

❺ 既知(極樂世界一切眾生皆以「佛法、禪定、三昧」為食為)「受用」，宜知此「受用」有(障)難？無(障)難？(極樂世界乃永遠斷絕「他食之勞」，故絕無任何的障難、亦不會間斷)是故次觀(極樂世界之)「無諸難」。

(原文作「永離身心惱，受樂常無間」)

❻ 既知(極樂世界乃永遠安樂相續而)「無諸難」，以何義故「無諸難」？是故次觀(極樂世界之)「大義門」。

(原文作「大乘善根界，等無譏嫌名，女人及根缺，二乘種不生」)

❼ 既知「大義門」，宜知「大義門」滿、不滿(極樂國土是只成就了「部分」的大義，還是能成就一切所有的「大義」)。是故次觀(極樂世界之)「所求滿足」。

(原文作「眾生所願樂，一切能滿足」)

復次此「十七句」，非但釋疑，觀此「十七種」莊嚴成就，能生「真實淨信」，必定得生彼安樂佛土(極樂世界)。

問曰：(如)上(所)言知「生無生」(所謂「往生」即是證入「無生」)，當(知應)是「上品生」者。

若(是)「下下品」人，(彼人)乘「十念」(得佛力加被而)往生，豈非取「實生」(眞實取著了一個「往生」)耶？

但取(著)「實生」，(此應)即墮二執：

一、恐不得「往生」。(既執取了一個「實有」的「往生」，則此人恐不能「往生」。因爲有能「往生」，相對的就會有「不能往生」。有「生」，就有「不生」的「對立」產生)

二、恐更生「生」惑。(即執取了一個「實有」的「往生」，則此人在到達西方後，將更再生起「往生」的迷惑，如此將會造成「生生不息」的輪迴相)

※關於「生而無生」的經論引證

《中論·觀三相品七》

觀三相品七		
中論 鳩摩羅什	**般若燈論** 波羅頗密多羅	**大乘中觀釋論** 惟淨
二十、破已有之生時生		
◆若謂(指「生相」)更有生	若起更有起	若生已復生
◆生生則無窮	此起無窮過	是生即無窮
◆離生(離能生者)，生(生相)有生	若起無起起	若無生而生
◆法皆自能生(皆能自生也)①	法皆如是起	法皆如是生
①依《藏要》，番、梵本，此二句作「若無生而生，一切應自生。」		

答：譬如淨「摩尼珠」，置之濁水，水即清淨。若人雖有無量「生死」之罪濁，聞彼阿彌陀如來，至極「無生」清淨寶珠名號，(若將「佛號」)投之濁心，(於)念念之中，罪滅心淨，即得往生。

※關於「清淨的摩尼珠置之濁水，則濁水不得不清」的經論引證

趙宋・法賢譯《佛說大乘無量壽莊嚴經》

爾時作法(Dharmākara 法藏)苾芻白世尊言：我得菩提，成正覺已，所有一切眾生，聞我「名號」，永離熱惱，心得清涼，行正信行，得生我剎(極樂世界)，坐寶樹下，證「無生忍」，成就「阿耨多羅三藐三菩提」。

《大般若波羅蜜多經(第401卷-第600卷)》卷572〈顯德品 11〉

(1)譬如金剛自體堅密，刀不能斫，火不能燒，水不能爛，毒不能損，如是菩薩方便智慧，獨覺、聲聞及諸外道一切煩惱所不能壞。

(2)如水清珠能清濁水，如是菩薩甚深般若波羅蜜多，能使有情一切煩惱悉得清淨。

《大乘理趣六波羅蜜多經》卷5〈淨戒波羅蜜多品 6〉

如水清珠能清濁水，聞法信受亦復如是。

《佛說菩薩行方便境界神通變化經》卷2

如摩尼寶能清濁水，寶性淨故，能令一切濁水清淨。大王！沙門瞿曇亦復如是，內清淨故，能淨一切眾生結使濁污淤泥，是故無過。

《大方廣佛華嚴經》卷78〈入法界品 39〉

(1)善男子！如水清珠，能清濁水。菩薩摩訶薩菩提心珠亦復如是，能清一切煩惱垢濁。

(2)善男子！譬如有人，得住水寶，繫其身上，入大海中，不為水害。

(3)菩薩摩訶薩亦復如是，得菩提心，住水妙寶，入於一切生死海中，終不沈沒。

唐·飛錫《念佛三昧寶王論》卷1

(1)浴大海者，已用於百川；念佛名者，必成於三昧。一言以蔽，其在茲焉。亦猶清珠下於濁水，濁水不得不清；佛想投於亂心，亂心不得不佛。

(2)既契之後，心、佛雙亡，雙亡「定」也，雙照「慧」也，即「定、慧」齊均，亦何心而不佛？何佛而不心？

(3)心、佛既然，則「萬境、萬緣」無非三昧者也。

明·蕅益 智旭《阿彌陀經要解》卷1

故古人云：明珠投於濁水，濁水不得不清；佛號投於亂心，亂心不得不佛也。

清·古崑編《淨土隨學》卷1

一句阿彌陀，祖祖相傳說，佛號投亂心，亂心即成佛。

又(如)是(將)「摩尼珠」，以「玄黃」(的)幣(幣帛，古代用於祭祀、進貢、饋贈的繒帛禮物)裹(包)，(再全部)投之於水，水即(變成)「玄黃」，一如「物色」(玄黃色之物)。

彼清淨佛土，有阿彌陀如來無上「寶珠」(阿彌陀佛喻無上如意寶珠)，(阿彌陀佛)以無量莊嚴「功德」成就「帛裹」(布帛包裹，此喻極樂世界的種種莊嚴)，投之於「所往生者」(之)心水(中)，豈不能轉「生」(有生有滅的一種虛妄的「生」)見為「無生」(無生無滅的大)智乎？

又如冰上燃火，火猛則冰解，冰解則火滅。彼「下品人」雖(尚)不知「法性無生」，但以「稱佛名力」，作「往生意」(我一定往生極樂世界的堅強意志力)，願生彼土，彼土是「無生」(無生無滅)界，(所有的)「見生」(見到有一

個「實有」的「往生」知見，或「生」與「不生」的對立知見)之火，自然而滅。

※關於「長夜修習念佛者，不必擔心無常命終而不能往生」的經論引證

《雜阿含經・卷三十三》

(1)爾時，釋氏摩訶男(Mahānāma)來詣佛所，稽首禮足，退坐一面，白佛言：

(2)世尊！此迦毘羅衛國(Kapila-vastu)安隱豐樂，人民熾盛，我每出入時，眾多「羽從」(羽翼隨從)，「狂象、狂人、狂乘(馬乘、車乘)」常與是俱。我自恐與此諸狂「俱生俱死」，忘於「念佛、念法、念比丘僧」。我自思惟，命終之時，當生何處？

(3)佛告摩訶男(Mahānāma)：莫恐！莫怖！命終之後，不生「惡趣」，終亦「無惡」。譬如大樹，「順下(順著而垂下)、順注(順著被灌注)、順輸(順著往下傾頹；順著而被灌輸；順著而流瀉)」，若截「根本」，當墮何處？

(4)摩訶男(Mahānāma)白佛：隨彼「順下(順著而垂下)、順注(順著被灌注)、順輸(順著往下傾頹；順著而被灌輸；順著而流瀉)」。

(5)佛告摩訶男(Mahānāma)：汝亦如是！若命終時，不生「惡趣」，終亦「無惡」。所以者何？汝已長夜修習「念佛、念法、念僧」，若命終時，此身若火燒，若棄塚間，風飄日曝，久成塵末，而「心、意、識」久遠長夜「正信」所熏(熏習)，「戒、施、聞、慧」所熏(熏習)，「神識」上昇，向「安樂處」，未來生「天」。

(6)時，摩訶男(Mahānāma)聞佛所說，歡喜隨喜，作禮而去。

眾生體，者此分中有二重。
一者：觀佛。
二者：觀菩薩。

(下)觀佛者：

云何「觀佛」莊嚴功德成就？「觀佛」莊嚴功德成就者，有八種相，應知。

此「觀」義(觀察極樂淨土總共有八種佛功德莊嚴成就，與四種菩薩功德莊嚴成就)，已彰(顯如)前偈(前面的偈頌)。

何等八種？

一者：莊嚴「座」功德成就。

二者：莊嚴「身業」功德成就。

三者：莊嚴「口業」功德成就。

四者：莊嚴「心業」功德成就。

五者：莊嚴「大眾」功德成就。

六者：莊嚴「上首」功德成就。

七者：莊嚴「主」功德成就。

八者：莊嚴「不虛作住持」功德成就。

❶何者莊嚴「座」功德成就？

偈言：「(阿彌陀佛能成就)無量大寶王，微妙淨華臺」故。

若欲觀「座」當，依《觀無量壽經》。

❷何者莊嚴「身業」功德成就？

偈言：「(阿彌陀佛)相好光一尋，色像超群生」故。

若欲觀「佛身」，當依《觀無量壽經》。

❸何者莊嚴「口業」功德成就？

偈言：「(阿彌陀)如來微妙聲(此妙聲指阿彌陀佛的名號)，梵響聞十方」

故。

❹何者莊嚴「心業」功德成就？

偈言：「(阿彌陀佛說法教化如)同地水火風，虛空無分別」故。無分別者，無分別心故。

凡夫眾生，以「身、口、意」三業造罪，輪轉「三界」，無有窮已，是故諸佛菩薩，莊嚴「身、口、意」三業，用(以對)治眾生「虛誑」(之)三業也。云何用治眾生？

(眾生皆)以「身見(我見)」故，受「三塗身、卑賤身、醜陋身、八難身(不得遇佛、不聞正法之八種障難。八難又名「八無暇、八不閒」。❶在地獄難。❷在餓鬼難。❸在畜生難。❹在長壽天難。❺在邊地難。❻盲聾瘖瘂難。❼世智辯聰難。❽生在佛前佛後難)、(生死)流轉身」。

如是等眾生，見阿彌陀如來「相好光明身」者，如上種種「身業」繫縛，皆得解脫，入「如來家」，畢竟得「平等身業」。

※關於「極樂世界絕無八難」的經論引證

趙宋・法賢譯《佛說大乘無量壽莊嚴經》
又彼佛國土(極樂世界)大富無量，唯受快樂，無有眾苦，無「地獄、餓鬼、畜生、焰魔羅界」及「八難」之報(不得遇佛、不聞正法之八種障難。八難又名「八無暇、八不閒」。❶在地獄難。❷在餓鬼難。❸在畜生難。❹在長壽天難。❺在邊地難。❻盲聾瘖瘂難。❼世智辯聰難。❽生在佛前佛後難)，唯有清淨「菩薩」摩訶薩及「聲聞」之眾。

唐・菩提流志譯《大寶積經・卷十七》
復次阿難！彼極樂世界，不聞諸惡趣名、邊無「障礙、煩惱、覆蔽(覆蓋掩蔽)」名(不聞「有邊際、無邊際、有障礙、無障礙」等種種煩惱覆蔽之名)，無有「地獄、琰摩、畜生」名。邊無「八難」名(無「有邊際、無邊際」等種種八難之名)，亦無「苦受、不苦

不樂受」名,尚無「假設」?何況「實苦」?是故彼國名為極樂。

阿難!我今略說極樂因緣,若廣說者,窮劫不盡。

眾生以「憍慢」故,誹謗「正法」,毀訾ㄗ「賢聖」,捐(棄)、庳ㄅ (低庳矮化)尊長(尊者,君、父、師也。長者,有德之人,及兄黨也)。

如是之人,應受「(地獄)拔舌苦、瘖瘂苦、言教不行苦(言教指「佛法」,不行指「不興」。亦即會出生到無佛法之贏)、無名聞苦(指聽不到阿彌陀佛之名,以及觀世音菩薩等諸大菩薩之名)」如是等種種諸苦。

眾生聞阿彌陀如來「至德名號」說法音聲,如上種種「口業」繫縛,皆得解脫,入如來家,畢竟得「平等口業」。

※關於「在極樂世界能獲得清淨的平等口業」的經論引證

曹 魏‧康僧鎧譯《佛說無量壽經‧卷上》

佛語阿難:「行業」(身口意諸善行業力)果報,不可思議。諸佛世界亦不可思議,其諸眾生功德善力,住「行業」(身口意諸善行業力)之地,故能爾耳。

唐‧菩提流志譯《大寶積經‧卷十七》

佛語阿難:不思議業,汝可知耶?

答言:不也。

佛告阿難:諸佛及眾生「善根業力」,汝可知耶?

答言:不也。

眾生以「邪見」故，心生分別。若有若無、若非若是、若好若醜、若善若惡、若彼若此，有如是等種種「分別」。

以「分別」故，長淪「三有」，受種種「分別苦、取捨苦」。長寢(於三界輪迴之)大夜，(而)無有出期。

是眾生若遇阿彌陀如來「平等光照」，若聞阿彌陀如來「平等意業」，是等眾生如上種種「意業」繫縛，皆得解脫，入「如來家」，畢竟得「平等意業」。

※關於「在極樂世界能遠離有無相對」的經論引證

曇鸞大師《讚阿彌陀佛偈》

「解脫」(能解脫「有、無」兩邊對立之解脫)光輪無限齊，故佛又號無邊光。蒙光觸者，離「有、無」，是故稽首(阿彌陀佛)平等覺(samyak[正等]-sambuddha[正覺])。

問曰：心是(具有)「覺知」(感覺了知的體)相，云何可得同「地、水、火、風」(一樣的)無分別耶？(聖人是有心識而「無分別」，並非與「地水火風」的「無情心識、無分別心」相同)

答曰：心雖(有種種虛妄分別的)知相(感覺了知體相)，(但只要證)入(諸法)「實相」，則「無知」(無虛妄分別之知)也。譬如蛇性雖(彎)曲，(但只要此蛇能)入「竹筒」則(成為筆)直。

又如「人身」，若(被)鍼{音針}刺、若蜂螫{音拭}(式亦反)，則有「覺知」(感覺了知)。(但)若(若被)石蛭{音至}(之一反→螞蟥，又稱水蛭，是環節動物門環帶綱的一類動物，雌雄同體。體外無毛，體腔結締組織密集，身體結實)噉(食)，(或)若(被)甘刀(甘滑

銳利的手術刀)割，則無(任何的)「覺知」。

如是等(可了解所謂的)「有知、無知」，(皆)在于「因緣」(具足與否)，若(一切皆)在(於)「因緣」(具足與否)，則「非知、非無知」也。

(只要因緣具足，就可獲「非知、無知」→無有虛妄分別之知，此即諸法實相。只要因緣不具足，則將感召「非無知」→有虛妄分別之知，此即對立生滅法。)

問曰：(只要)心入「實相」，可令(達至)「無知」(無虛妄分別之知)，(既然已成爲「無知」了，那又)云何(去)得有「一切種智」耶？

答曰：凡(夫之)心「有知」(有虛妄分別之知)，則(對諸法實相仍)有所「不知」。聖(人之)心(乃)「無知」(無虛妄分別之知)，故「無所不知」(能通達諸法實相)。

(所以聖人是)「無知」而(能正遍)「知」，(凡夫則是有分別之)「知」即「無知」也。

問曰：既言「無知」(無虛妄分別之知)，故(可達到)「無所不知」；若(已達到)「無所不知」者，豈不是(又回到)「知種種法」(的凡人情形)耶？既(然說聖人已達)「知種種之法」，復(又)云何言「無所分別」耶？

答曰：諸法種種相，皆如「幻化」，然幻化(之)「象、馬」，非無(並非完全沒有)「長頸、鼻、手足」(之差)異；而(一位)智者觀之(諸法幻化時)，豈言(決)定(存)有(真實的)「象、馬」分別之耶？

※關於「諸佛國土與眾生皆空，仍常修淨土」的經論引證

《維摩詰所説經》卷2〈佛道品 8〉

雖知諸佛國，及與眾生「空」，而「常修淨土」，教化於群生。

唐・菩提流志譯《大寶積經・卷十七・無量壽如來會》(此爲《無量壽經》的同本異譯本)

(雖)了諸法如幻，佛國猶夢、響。

(仍)恒發誓莊嚴，當成(就)微妙土(極樂世界)。

菩薩以願力，修勝菩提行。

(雖)知土如影、像，(仍)發諸弘誓心。

若求遍清淨，殊勝無邊刹。

聞佛聖德名，願生安樂國(極樂世界國)。

若有諸菩薩，志求清淨土。

(雖)了知法無我，(仍)願生安樂國。

曹魏・康僧鎧譯《佛說無量壽經・卷下》

(雖)覺了一切法，猶如夢、幻、響。

(必)滿足諸妙願，必成(就)如是刹(極樂世界)。

(雖)知法如電、影，(仍需)究竟(完成)菩薩道，

其諸功德本，受決當作佛。

(雖)通達諸法性，一切空、無我，

(仍)惠求(大慈而願求生)淨佛土，必成如是刹。

諸佛告菩薩，今覲ᵈ (拜見)安養佛(無量壽佛)。

聞法樂受行，疾得清淨處。

至彼嚴淨(莊嚴清淨)國，便速得神通。

必於無量(無量壽佛)尊，(將獲)受記成等覺。

其(無量壽)佛本願力，聞名欲往生，

皆悉到彼國(極樂世界國)，自致「不退轉」。

❺**何者莊嚴「大眾」功德成就？**

偈言：「(極樂世界的)**天人不動眾**(已成就堅固不動的大乘不退轉根器)，(此皆由阿彌陀佛的)**清淨智海**(所)**生**」故。

❻何者莊嚴「上首」功德成就？
偈言：「(阿彌陀佛)如須彌山王，勝妙無過者」故。

❼何者莊嚴「主」功德成就？
偈言：「(阿彌陀佛於)天人丈夫眾，(皆受)恭敬繞瞻仰」故。

❽何者莊嚴「不虛作住持」功德成就？
偈言：「觀(阿彌陀)佛本願力，(任何眾生所)遇(皆能)無空過(空耗錯過)者，能令速滿足，功德大寶海」故。

「不虛作住持功德成就」者，蓋是阿彌陀如來「本願力」也。今當略示(若真是具)「虛作」(虛無白作)之相，(則便)不能「住持」(安住維持、久住護持)，(此乃)用(來)顯彼(阿彌陀佛乃是)「不虛作住持」之義。

人有輟芻(止也，貞劣反)餐「養士」(此指在春秋時代的慶忌，他在獲得要離這位忠士後，便把要離當「養士」，把自己吃的用的都減少下來，供應給要離去吃用)，

或(不是每個養士都會去謀殺自己的主人，但也有可能發生這種無常的事)釁子(此字很多版本都已自動更改為「疊」字。筆者認為此字本應作「釁」字，而「釁」古又同於「舋」➔釁禍；罪釁)起舟中(結果「養人」的慶忌卻遭「被養者」的要離給謀害了)。

要離刺慶忌

(1)在春秋時代，闔閭(吳國的國君吳光)在刺殺了吳國的王僚後，吳王怕王僚的太子慶忌會採取報復吳國，所以便派遣要離，準備去刺殺王僚的兒子慶忌。

(2)慶忌是一位非常精明的大勇士，要離就以「斷右手臂」與「讓吳王殺掉妻子並焚燒於市」的方式(苦肉計)，去取得慶忌的信任，果然慶忌就完全相信這個「苦肉計」，在慶忌獲得要離這位「忠士」後，他便把自己吃的、用的都減少下來，都讓給要離吃用，並收留要離作為他的「養士」。這就叫「輟餐養士」。

(3)後來要離就趁著慶忌與自己準備要「渡江復仇吳國」之時，當船走到「江中」時，要離就「拔劍」刺殺慶忌，最終慶忌就死了。這就叫「虋

(有版本另作「疊」字，此字應作「虋」古同「蠥」→蠥禍;罪蠥)起舟中」。

《吳越春秋・王僚使公子光傳・第三五年》

(1)闔閭(吳國的國君吳光)二年二年，吳王(吳光)前既(派專諸去)殺王僚(闔閭的叔伯兄弟)，又憂(王僚的太子)慶忌之在鄰國(指衛國)，恐(結)合「諸侯」來(討)伐(吳國)。

(2)(闔閭)問(臣子伍)子胥曰：昔專諸(這位勇士)之事，於寡人(有深)厚(之恩)矣。今聞「公子」(王僚的太子)慶忌有(心)計於諸侯(指慶忌有心計謀想要伐吳報仇)，(闔閭)吾食不「甘味」，臥不「安席」，(伍子胥)以付於子(您請幫我想個辦法吧)。

(3)(伍)子胥曰：(微)臣(我)不忠(又)無行，而與大王(您)圖(謀刺殺)王僚於私室之中，今復欲討(殺)其(兄)子，恐非「皇天」(天理)之意。

(4)闔閭曰：昔(周)武王討紂(王)，而(又)後殺(紂王的兒子)武庚，周(國之)人無(有)怨色。今若斯議(指殺掉王僚的太子慶忌)，何乃天乎(此與「天理」又有何關)？……

(5)(伍)子胥(於是跟吳王介紹一位勇士)曰：姓要名離。臣昔嘗見(要離)曾折辱「壯士」椒 丘訢 也……

(6)吳王曰：願「承宴」(承接酒宴)而待(要離)焉。

(7)子胥乃見要離曰：吳王聞子(要離)高義，惟一(請您蒞)臨之。(要離)乃與子胥(一同來)見吳王。

(8)(吳)王曰：子何為者？

(9)要離曰：臣國東「千里」之人，臣「細小」無力，迎風則僵，負風則伏。大王有命，臣敢「不盡力」！……

(10)要離即進曰：大王患(憂慮)慶忌乎？臣能殺之。

(11)(吳)王曰：慶忌之勇，世所聞也。筋骨果勁，萬人莫當。(奔)走(能)追奔獸，(雙)手接「飛鳥」，骨騰、肉飛，拊(撫摩)膝(則能從至)數百里。吾嘗

追之於江，駟馬(四匹馬)馳不及，(箭)射之闇ㄢ (熟悉精通)接，(箭)矢ㄕ 不可中。今子(要離)之力，不如也。

(12)要離曰：王有意焉，臣能殺之。……

(13)要離曰：臣聞(若)安其「妻子」之樂，(則表示他)不盡「事君」之義，非「忠」也；(若)懷「家室」之愛，而不除(除)「君之患」(國君之憂患)者，非「義」也。臣(打算欺)詐以「負罪」(背負罪名，然後從吳國假裝)「出奔」，願(吳)王(您就)戮(殺)臣(之)「妻子」，(並)斷臣(之)「右手」，慶忌必信(必定相信)臣(之行為)矣。

(14)(吳)王曰：諾！

(15)要離乃(欺)詐「得罪」(自己獲罪而從吳國)出奔，吳王乃取其「妻子」(殺掉)，(並)焚棄於(闇)市。要離乃(投)奔「諸侯」而(到處)行「怨言」(說)：以(自己乃)「無罪」，(並將此事傳)聞(遍)於天下，遂如(前往)衞(國)，求見慶忌。

(16)(要離)見(慶忌)曰：闔閭(是)無道(的昏君)，王子(您應該)所知。今(吳王竟然)戮吾(的)妻子，(並)焚之於(闇)市，(我本)無罪(卻反)見(被)誅(殺)。(有關)吳國之事，(要離)吾(深)知其情，願因(慶忌)王子之勇(力)，闔閭可得(擒獲)也。(慶忌你)何不與我(一起往)東之(去討伐)於吳？

(17)慶忌(竟然相)信其(這個計)謀。後(過了)三月(之後)，(慶忌)揀練「士卒」，遂之(前往)吳(國)。將渡江於「中流」(江河的中間時)，要離力微(身力比較微弱短小，而且已無右手手臂)，(於是就)坐與「上風」(之處)，因風勢(風的勢力)以矛鉤(住)其(慶忌的)頭冠，(然後)「順風」而刺(殺)慶忌，(但)慶忌顧(回頭)而揮之(把矛揮掉)，(然後)三捽ㄗㄨㄛ(抓取頭髮)其(要離的)頭於水中(要讓要離死亡)，乃(將要離)加於(自己的)膝上，(並對要離說：)嘻嘻哉！(你也算是)天下之勇士也！(你)乃敢加「兵刃」於我。

(18)(此時慶忌)左右(的人)欲殺之(要離)，慶忌(制)止之，曰：此(要離)是天下勇士。豈可一日而殺(掉)天下「勇士二人」哉？

(19)(慶忌)乃誡「左右」曰：可令(要離)還(歸)吳(國)，以旌ㄐㄧㄥ (表彰)其忠(心)。於是慶忌(就)死(了)。

(20)要離渡至江陵，愍然「不行」(不願意逃走)。

(21)(慶忌的)從者曰：(要離)君何不行？

(22)要離曰：殺(掉了)吾(的)妻子，(只為)以事(奉)吾君，非「仁」也。
為「新君」(新的國君)而殺「故君」(舊的國君)之子，非「義」也。
重(視)其死(自己的死亡事情)，不(尊)貴(且)無義。

今吾(若)「貪生」(貪圖自己生命)棄行(放棄而逃走)，非「義」也。

夫(一個)人(若)有(此)「三惡」以立於世，吾何「面目」以視天下之士？

(23)(要離)言訖，遂投身(自殺)於江，未絕(還沒死去)，「從者」出之(又把要離他拉上岸而復活)。

(24)要離曰：吾寧能「不死」乎？

(25)從者曰：(要離)君且勿死，(若回吳國)以俟(等待)「爵祿」。

(26)(後)要離乃自斷「手足」(因他之前早已無右手臂，所以一定是用左手砍自己的腳)，「伏劍」而死。

《呂氏春秋・卷十一・忠廉篇》

(1)吳王欲殺王子慶忌，而莫之能殺，吳王患之(非常憂慮此事)。

(2)要離曰：臣能之。

(3)吳王曰：汝惡能乎？吾嘗以「六馬」逐之(慶忌)江上矣，而不能及；射之矢，左右滿把，而不能中。今汝拔劍，則不能「舉臂」，上車則不能「登軾」，汝惡能？

(4)要離曰：士患「不勇」耳，奚患於「不能」？王誠能助，臣請必能。

(5)吳王曰：諾！

(6)明旦(先)加要離罪焉，摯(執)執(其)妻子，焚之而揚其灰。

(7)要離走(後)，往見王子慶忌於衛。

(8)王子慶忌喜曰：吳王之「無道」也，子(要離)之所見也，諸侯之所知也，今子(要離)得免而去之，亦善矣。

(9)要離與王子慶忌，居有間，謂王子慶忌曰：吳之「無道」也，愈甚！請與王子(慶忌)往奪之國。

(10)王子慶忌曰：善。乃與要離俱涉於江。

(11)(船行至)中江，(要離便)拔劍以刺王子慶忌，王子慶忌捽(抓取頭髮)之，投(要離)之於江，(要離)浮，則又取而投之，如此者三。(慶忌)其卒(要死之前)曰：(要離)汝(是)天下之「國士」也，幸(要離)汝以成而「名」。

(12)要離(若終)得「不死」，(則請)歸於吳。吳王(一定會)大說(悅)，請與「分國」。

(13)要離曰：不可，臣請「必死」。吳王(阻)止之。

(14)<u>要離</u>曰：夫殺「妻子」焚之，而揚其灰，以便「事」也，臣以為「不仁」。

夫為「故主」殺「新主」，臣以為「不義」。

夫(我被慶忌)捽夾(抓取頭髮)而浮乎江，三入(又)三出，特王子慶

忌為之，賜(我)而「不殺」耳，臣已為「辱」矣。

夫「不仁、不義」，又且已「辱」，不可以「生」。

(15)<u>吳王</u>不能(阻)止，(要離)果「伏劍」而死。<u>要離</u>可謂不為(爵)賞(而心)動矣。

故臨「大利」而「不易」(不改變)其(道)義，可謂「廉」矣。「廉」故不以「貴

富」而「忘其辱」。

(漢朝的<u>鄧通</u>)積金(堆積黃金)盈庫(充盈倉庫)，而(最終)不免「餓死」。

※關於「<u>鄧通</u>的積金盈庫，不免餓死」」的經論引證

漢朝差不多每個皇帝都有養「男寵、男色、男風」，例如<u>趙同</u>、<u>北宮伯子</u>

等「男寵」。當中最出名的莫過於<u>漢哀帝</u>和<u>董賢</u>的「斷袖之戀」(指男性之間的

同性戀)。另一位就是創下著名「文景之治」的<u>漢文帝</u>，和因寵幸而「富甲天

下」的<u>鄧通</u>的故事。

《史記·佞ぇ幸列傳》

(1)<u>孝文</u>時中寵臣，士人則<u>鄧通</u>，宦者則<u>趙同</u>、<u>北宮伯子</u>。<u>北宮伯子</u>以愛

人長者；而<u>趙同</u>以「星氣」幸，常為<u>文帝</u>「參乘」。

(2)<u>鄧通</u>無伎能。<u>鄧通</u>，蜀郡，<u>南安</u>人也，以「濯夾 (船槳)船」為「黃頭郎」

(漢代掌管船舶行駛的吏員，後泛指船夫)。

(3)(漢)<u>孝文帝</u>(作)「夢」欲上天(登天有長生、福壽安康之意)，不能，有一「黃頭郎」

從後推之，(令孝文帝能)上天，顧(回頭)見其衣，裻夾 (衣被接縫之處)帶「後穿」

(指在腰間的「背後」繫著一件衣衫)。

(4)(睡醒)覺而之(前往)漸臺(未央宮西面蒼池中的漸臺)，以夢中陰(暗中)目求推者郎(推他一把的那個郎)，(忽)見鄧通，其衣(果然是)「後穿」，(相同於)夢中所見也。

(5)(皇帝便)召問其名姓，姓鄧(此鄧與「登」天的「登」是諧音)氏，名(鄧)通，文帝說焉(認定此人就是可為帶來幸福的人)，尊幸(尊寵愛幸)之日異(每日都不同方式)……

(6)(鄧)通亦「愿謹」(質樸恭謹)，不好「外交」(人際外交)，雖(賞)賜(很多天的)「洗沐」(指休假)，不欲出(亦即是位「宅男」)。

(7)於是文帝賞賜(鄧)通「巨萬」以十數，官至「上大夫」。

(8)文帝時時如(與)鄧通家「遊戲」。然鄧通無他(才)能，(亦)不能有所「薦士」，獨自謹其「身」以「媚上」(即指「以身相許」的諛媚漢文帝)而已。上(漢文帝)使「善相者」(會看命算命)相(鄧)通，(竟)曰(鄧通)「當貧餓死」。

(9)文帝曰：能富(鄧)通者，在我也。何謂「貧」乎？

(10)於是(漢文帝賞)賜鄧通 蜀(四川) 嚴道(的)「銅山」，得自「鑄錢」，(於是)「鄧氏錢」(流)布(於)天下，其「富」如此。……

(11)文帝嘗病癰(毒瘡)，鄧通常為(漢文)帝唶(吮吸)吮之。

(某一日)文帝「不樂」(指身體不住)，從容(不慌不忙的)問(鄧)通曰：天下誰「最愛我」者乎？

(12)(鄧)通曰：宜(當然)莫如「太子」(你自己的兒子啊)。

(13)(於是漢文帝的)「太子」(即後來的漢景帝)入問病，文帝(令令)使唶(吮吸)癰(毒瘡)，(太子面對要父親的毒瘡)唶(吮吸)癰(毒瘡)而「色難」(臉色非常的為難)之。

(14)已而(太子)聞鄧通常為(漢文)帝唶(吮吸)吮之，心慚(內心感到慚愧)，由此怨(鄧)通矣(因為太子理當應該是「最愛」父親文帝的人，但卻不敵鄧通對父親的「無私」奉獻！因此太子非常討厭怨恨鄧通)。

(15)及文帝崩，(太子)景帝立(為皇帝)，鄧通免(就被罷免了)，(令其)家居，居無何。

(16)人有告(有人通告景帝說)鄧通盜出(盜國庫錢至)徼外(邊外去)「鑄錢」。(於)下吏驗問(審查考問)，頗有之，遂「竟案」(徹底勘查)，盡沒(收)入鄧通家，尚「負責」(負債有)「數巨萬」……(於是鄧通便)寄死人家。

《大智度論》卷10〈序品 1〉

譬如「疽瘡」(毒瘡)，無不痛時，若以藥塗(之)，可得少差(病癒)，而不可(得而全)愈。

如斯之事，觸目(目光所及之處)皆是。

得非「作得」(原本慶忌以自己「減食」來養人，想獲得要離來為自己盡忠，結果非但沒有作成，卻被要離謀害了，並沒有獲得想要的果報)，

在非「守在」(原本鄧通以為自己的「黃金財富」是堆積充盈在倉庫內，結果黃金非但沒有守在倉庫內，在發生無常後，最終破產饑餓而死)，(此)皆由「虛妄業」(所)作，不能「住持」(安住維持、久住護持)也。

(世間種種的「得」都只是暫時的「得」，種種的「守在、存在」也只是暫時的「在」，並沒有獲得不生不滅永恒的「住持」)

所言(阿彌陀佛)「不虛作住持」者，(乃)依本法藏菩薩(之)四十八願。今日阿彌陀如來(之)「自在神力」，(皆以四十八大)願以成(就自 在神)力；(此自 在神)力(又)以(成)就(四十八大)願。

(所以阿彌陀佛的四十八大)願不「徒然」(徒虛枉然)，(則阿彌陀佛的自 在神)力(便)不「虛設」，

「(自 在神)力、(四十八大)願」相符，畢竟不差，故曰「成就」。

(往生到極樂世界之諸菩薩，雖然)即見彼(阿彌陀)佛，(雖然仍)未證「淨心」菩薩(此指「初地」以上，「七地」以下菩薩)，(但終究)畢竟得證「平等法身」(此指「八地」菩薩以上)；與(已證)「淨心」菩薩(此指「八地」菩薩以上)；與「上地」(十地)諸菩薩，(終究)畢竟(皆能)同得「寂滅平等」故。

「平等法身」者，「八地」已上，「法性生身」菩薩也。

「寂滅平等」者，即此「法身」菩薩所證「寂滅平等」之法也。

以得此「寂滅平等法」，故名為「平等法身」；以「平等法身」菩薩所得，故名為「寂滅平等法」也。

(這些八地菩薩以上的「法性生身」菩薩，皆已證「平等法身」，能於無邊世界及無三寶處作無量佛事，雖示現有往來想、供養想、度脫想，但仍然)初無「往來想、供養想、度脫想」，是故此身名為「平等法身」，此法名為「寂滅平等法」也。

※關於「平等法身」的經論引證

《大方廣佛華嚴經》卷46〈佛不思議法品 33〉

(1)一切諸佛有「無邊際身」，應眾生心，咸令得見。

(2)一切諸佛有「無邊際意」，住於無礙「平等法身」。

(3)一切諸佛有「無邊際、無礙解脫」，示現無盡「大神通力」。

(4)一切諸佛有「無邊際清淨世界」，隨眾生樂現眾佛土，具足無量種種莊嚴，而於其中不生「染著」。

(5)一切諸佛有「無邊際菩薩行願」，得圓滿智，遊戲自在，悉能通達一切佛法。

《大方廣佛華嚴經》卷25〈入不思議解脫境界普賢行願品 〉

「菩薩摩訶薩」亦復如是，以如幻智「平等法身」，現「眾色相」，於諸有趣，住無量劫，教化眾生，於「生死」中一切境界，亦無「十事」，所謂：「無欣、無厭、無愛、無恚、無苦、無樂、無取、無捨、無安、無怖」。

《金光明最勝王經》卷1〈如來壽量品 2〉

善男子！菩薩摩訶薩如是應知，有其十法能解如來、應、正等覺真實理趣，說有究竟大般涅槃。云何為十？

一者、諸佛如來，究竟斷盡諸「煩惱障、所知障」故，名為涅槃。

二者、諸佛如來，善能解了有情「無性」及「法無性」故，名為涅槃。

三者、能轉「身依」及「法依」故，名為涅槃。

四者、於諸有情，任運休息(度)化因緣故，名為涅槃。

五者、證得真實無差別相「平等法身」故，名為涅槃。

六者、了知「生死」及以「涅槃」無二性故，名為涅槃。

七者、於一切法，了其「根本」，證清淨故，名為涅槃。

八者、於一切法，「無生無滅」，善修行故，名為涅槃。

九者、真如法界，實際平等，得「正智」故，名為涅槃。

十者、於諸法性，及涅槃性，得「無差別」故，名為涅槃。

是謂十法，説有涅槃。

《大方廣佛華嚴經》卷11〈功德華聚菩薩十行品 17〉

菩薩摩訶薩「寂滅平等」，觀諸法故。諸法「無垢、無淨、無暗、無明、無分別、無不分別、無虛妄、無真實、無安隱、無危險、無正道、無邪道」。

未證「淨心」菩薩者，(此指)「初地」已上(以上)，「七地」已還(以下)，(之)諸菩薩也。

此(初地至七地以下的「未證淨心」)菩薩亦能「現身」，若百、若千、若萬、若億、若百千萬億，(能於)無佛國土，施作「佛事」，(但)要須「作心」(始)入「三昧」乃能(自在的廣作佛事)，非不「非心」(並非與「八地菩薩」一樣可以「非心;無心;無功用心」的方式去施作佛事)，以(有)「作心」(有所作為;有功用心)故，名為「未得淨心」(此指「初地」以上，「七地」以下菩薩)。

(初地菩薩以上，七地以下，名「未證淨心」之菩薩 ➔ 有心;有功用道;有功用行;有功用心

　八地菩薩以上，名「已證淨心」之菩薩　　➔ 無心;非心;無功用道;無功用行;無功用心)

※關於「八地菩薩以上的無功用心修行」的經論引證

《大方廣佛華嚴經・卷第十一》

(1)佛子！何等為菩薩摩訶薩「第六」善現行？此菩薩(指八地菩薩以上)成就寂滅，「身、口、意」業無所有、無所示現，「身、口、意」業，無縛、無脫。

(2)「身、口、意」業，無縛、無脫，諸所示現「無所依、無所住」……是名菩薩摩訶薩第六善現行。

《大方廣佛華嚴經》卷37〈十地品 26〉

(1)始從「初地」至於「七地」，乘波羅蜜乘遊行世間，知諸世間「煩惱」過患，以乘「正道」故，不為「煩惱過失」所染，然(仍然)未名為「超煩惱行」。

(2)若捨一切「有功用行」(此指初地到七地菩薩)，從「第七地」入「第八地」，乘菩薩清淨乘，遊行世間，知煩惱過失，不為所染，爾乃名為「超煩惱行」，以得一切盡超過故。

《大般若波羅蜜多經(第401卷-第600卷)》卷570〈現相品 8〉

(1)是諸菩薩行深「般若」波羅蜜多方便善巧，「無功用心」(此指八地菩薩以上)，達一切法，無「心、意、識」，常在「寂定」，不起「寂定」，教化有情，施作佛事，常不「休息」，於諸佛法，得「無礙智」，心無染著。

(2)譬如化佛，化作「如來」，所化如來無「心、意、識」，「無身、無身業、無語、無語業、無意、無意業」，而能施作一切佛事，饒益有情。何以故？佛「神力」故。

(3)如是菩薩，行深「般若」波羅蜜多，方便善巧之所化作「無身、無身業、無語、無語業、無意、無意業」，「無功用心」，常作「佛事」，饒益有情。

(4)何以故？舍利子！諸菩薩摩訶薩行深「般若」波羅蜜多方便善巧，通達諸法，皆「如幻」等，心無分別，而諸有情，恒聞說法。

《勝天王般若波羅蜜經》卷4〈現相品 7〉

菩薩摩訶薩，行「般若」波羅蜜，以「無功用心」(此指八地菩薩以上)，通達一切法，無「心、意、識」，常在「寂靜三昧」之中，不捨「三昧」，教化眾生，施作「佛事」，無有休息，於諸佛法，得「無礙智」，心無「染著」。

此菩薩(指初地到七地菩薩若亦發)願，生安樂淨土(極樂世界)，即見阿彌陀佛，見阿彌陀佛時，(則)與「上地」(十地)諸菩薩；畢竟(終究將會同獲)身等(平等法身)、法等(寂滅平等法)。

(例如)龍樹菩薩、婆藪ㄙㄨˋ 槃頭(Vasubandhu；天親；世親)菩薩輩(類)，(皆發)願生彼(極樂世界)者，當為此耳(應當也是為了這個理由)。

問曰：案《十地經》，菩薩進(升)趣(向)「階級」，(需漸)漸(修行才會)有無量(之)功勳(功德勳階)，逕ㄐ一ㄥˋ (逕涉經過)多「劫數」，然後乃得此。
云何(只需)見阿彌陀佛時，畢竟(能得)與「上地」(十地)諸菩薩(同獲)身等(平等法身)、法等(寂滅平等法)耶？

※關於「初地與十地菩薩境界階級差別」的經論引證

《佛說十地經》卷2〈菩薩極喜地 1〉

(1)唯諸佛子！是名略說菩提薩埵「極喜初地」趣入之門。住於此者，生處多作「贍部洲王」，得「大自在」，常護「正法」，能以「大施」攝取有情，善巧能令諸餘有情遠離慳垢，常行「大施」，無有窮盡。

(2)諸所作業，或以布施、或以愛語、或以利行、或以同事，此等一切悉皆不離「佛作意、法作意、僧伽作意、菩薩作意、菩薩行作意、到彼岸作意、諸地作意、無所畏作意、不共佛法作意」，乃至不離一切行相勝妙相應一切智智作意。

(3)復作願言：我當一切諸有情中為首、為勝、為殊勝、為妙、為微妙、

為上、為無上、為導、為將、為帥，乃至願得「一切智智」，所依止處。

(4)若樂發起如是精進，棄捨一切家屬財位，歸佛聖教淨信出家。

(5)既「出家」已，一剎那頃，瞬息須臾，能證菩薩「百三摩地」，見「百如來」。彼佛「加持」皆能解了，能動「百世界」，能往「百剎土」，能照「百世界」，成就「百有情」，能住「壽百劫」，於前後際，各能入「百劫」。於「百法門」，能正思擇，示現「百身」，身身皆能現「百菩薩」眷屬圍遶。

(6)從此以去，是諸菩薩有願力者，由勝願故，所有遊戲，或身、或光明、或神通、或眼、或境界、或音聲、或行、或莊嚴、或勝解、或加持、或所作，此等乃至爾所百千俱胝「那庾多」劫，不易可數。

《佛說十地經》卷9〈菩薩法雲地 10〉

(1)佛子！是名略說菩薩「第十法雲地」。若廣說者，假使無量阿僧祇劫不可窮盡。菩薩住此受生，多作「大自在天王」，於法自在，能授有情「聲聞、獨覺、一切菩薩」到彼岸行，法界差別問答之中，無能屈者。

(2)諸所作業，或以「布施」、或以「愛語」、或以「利行」、或以「同事」，此等一切悉皆不離「佛作意、法作意、僧伽作意、菩薩作意、菩薩行作意、到彼岸作意、諸地作意、佛力作意、無所畏作意、佛不共法作意」，乃至不離以一切種勝妙相應一切智智作意。

(3)常作願言：我當一切諸有情中為首、為勝、為殊勝、為妙、為微妙、為上、為無上、為導、為將、為帥，乃至願得「一切智智」所依止處。

(4)若樂發起如是精進，由是精進於一剎那瞬息須臾，得入「百萬俱胝那庾多」不可說佛剎微塵等諸「三摩地」，能見「百萬俱胝那庾多」不可說佛剎微塵等諸佛，彼佛「加持」皆能解了，能動「百萬俱胝那庾多」不可說佛剎微塵等世界，能往「百萬俱胝那庾多」不可說佛剎微塵等諸佛國土，能照「百萬俱胝那庾多」佛剎微塵等世界，成熟「百萬俱胝那庾多」不可說佛剎微塵等有情，住壽「百萬俱胝那庾多」不可說佛剎微塵等劫，於前、後際，各入「百萬俱胝那庾多」不可說佛剎微塵等劫，思擇「百萬俱胝那庾多」不可說佛剎微塵等法門，示現「百萬俱胝那庾多」不可說佛剎微塵等身，身身皆能示現「百萬俱胝那庾多」不可說佛剎微塵等菩薩眷屬圍遶。

(5)從此已上,是諸菩薩有願力者,由「勝願」故,所有遊戲,或身、或光明、或神通、或眼、或境界、或音聲、或行、或莊嚴、或勝解、或所作,此等乃至爾所「百千俱胝那庾多劫」不易可數。

答曰:言「畢竟」(終究畢竟會到達)者,未言「即等」(立即獲得「同等」)也,畢竟不失此「等」(不會失去與十地菩薩獲得同等的「平等法身」與「寂滅平等法」),故言「等」耳。

問曰:若不「即等」(立即獲得「同等」),復何待言「菩薩」,但(只需)登「初地」,以漸「增進」(增上促進),自然當與「佛」(齊)等,(故)何(必)假言(往生到極樂世界就能)與「上地」(十地)菩薩「等」?

答曰:菩薩於「七地」中,(已)得「大寂滅」,(但此時是)上不見「諸佛可求」,下不見「眾生可度」(已證「離一切相」),(故)欲捨「佛道」,(而直接)證於「實際」(指究竟之涅槃)。

爾時(七地菩薩)若不得「十方諸佛」(之)「神力」加勸(加持與勸進),即便「滅度」,(此則又)與「二乘」(直取涅槃)無異。

菩薩若(得以)往生安樂(極樂世界),(而)見阿彌陀佛,即無此(障)「難」,是故須言「畢竟平等」。

復次《無量壽經》中,阿彌陀如來本願言:

設我得佛,他方佛土諸菩薩眾,來生我國,究竟必至「一生補處」,(唯)除其本願(本人願力),自在所(度)化。為眾生故,被弘誓(弘大誓願)鎧(甲),積累德本(道德根本),(而)度脫(度化解脫)一切。(能)遊諸佛國,(廣)修菩薩行,(能)供養十方諸佛如來。開化(開導教化)恒沙無量眾生,使立「無上正真之道」,(令這些眾生能)超出「常倫」(常序倫次)諸地(諸菩薩

(階地)之行，(並勸)現前修習<u>普賢</u>之德；若不爾者，不取正覺。

※關於「能令菩薩階位超出常序倫次的進級」的經論引證

曹魏・康僧鎧譯《佛說無量壽經・卷上》

(1)設我得佛，他方佛土諸菩薩眾，來生我國(極樂世界)，究竟必至「一生補處」(eka-jāti-pratibaddha，菩薩之最高「等覺」菩薩位。彌勒即屬為「一生補處」之菩薩)。

(2)(唯)除其「本願」(本人願力)，自在所(度)化。為眾生故，被ㄆ 弘誓(弘大誓願)鎧(甲)，積累德本(道德根本)，(而)度脫(度化解脫)一切。(能)遊諸佛國，(廣)修菩薩行，(能)供養十方諸佛如來。

(3)開化(開導教化)恆沙無量眾生，使立「無上正真之道」，(令這些眾生能)超出「常倫」(常序倫次)諸地(諸菩薩階地)之行，(並勸)現前修習<u>普賢</u>之德。若不爾者，不取正覺。

唐・菩提流志譯《大寶積經・卷十七》

(1)若我成佛，於彼國中(極樂世界)，所有菩薩於大菩提，咸悉位階「一生補處」(eka-jāti-pratibaddha，菩薩之最高「等覺」菩薩位。彌勒即屬為「一生補處」之菩薩)。

(2)唯除(另有)「大願」諸菩薩等，(乃)為諸眾生，(而)被ㄆ 精進(鎧)甲，勤行利益，修大涅槃。(能遊)遍諸佛國，(廣)行菩薩行，(能)供養一切諸佛如來。

(3)(能)安立洹(河)沙眾生，(令)住(於)「無上覺」，(令這些眾生其)所修諸行，(能)復勝於前，(並勸修)行<u>普賢</u>(之)道，而得出離。若不爾者，不取菩提。

趙宋・法賢譯《佛說大乘無量壽莊嚴經》

世尊！我得菩提，成正覺已，所有眾生令生我剎(極樂世界)，若有「大願」，未欲成佛(沒有願望要立刻去成佛)；(只發心願作)為菩薩者，我(阿彌陀佛)以威力，令彼(這類只願作菩薩者能)教化一切眾生，皆發信心，(並勸修)修「菩提行、普賢行、寂滅行、淨梵行、最勝行」，及一切善行，悉皆令得「阿耨多羅三藐三菩提」。

案此(《無量壽佛》)經推彼國(極樂世界)菩薩，或可不(必)從「一地」(漸修上升)至「一地」，(佛於另外佛經所宣)言(的)「十地階次」者，(此)是釋迦如來於「閻浮提」一(種)應公 化道(相應眾生根機所設立之道階)耳；「他方淨土」何必(一定)如此？(例如諸經皆説)「五種不思議」(眾生、業力、禪定力、龍力、佛力)中，(其中)「佛法」(就是)最不可思議(力量)。

若言菩薩必(定只能)從「一地」(漸修上升)至「一地」，(完全)無(頓升的)「超越」之理，(這樣的道理是我)未敢詳(述)也。

譬如有樹，名曰好堅，是樹(早先於)地(下)生，(長滿)「百歲」乃具(乃完整具足枝葉)。「一日」(從地下出生，立刻)長高「百丈」，日日(皆)如此。(若)計「百歲」之長，(此好堅樹)豈類(相似於)修松(修長的松樹)耶？(吾人)見松(樹)生長，日不過「寸」(高)，聞彼好堅(樹)，(一天能長一百丈)何能不疑？

※關於「好堅樹木」的經論引證

《大智度論》卷10〈序品 1〉

(1)譬如有樹，名為好堅，是樹(早先)在地(下)中(生長)百歲，枝葉(已)具足，一日(從地下)出生(則立刻)高百丈。是樹出已，欲求「大樹」以蔭其身。

(2)是時林中有神，語好堅樹言：世中無(有人能)大(於)汝者，諸樹皆當在「汝蔭」(你的庇蔭)中。

(3)佛(陀)亦如是，(於)無量阿僧祇劫，在「菩薩」(之)地中生，一日於「菩提樹」(之)下(的)「金剛座」處坐，實知一切「諸法相」，得成佛道。是時(佛陀)自念：誰可「尊事」以為「師」者？我當「承事」，恭敬供養。

(4)時，梵天王等諸天白佛(陀)言：佛為無上，無過佛者。

即曰：有人(聽)聞釋迦如來(講過某人要出家但被舍利弗以「無善根」而拒絕)，(後來竟然立刻)證「羅漢」於「一聽」(最初一次聽聞佛法的機會中)，(能馬上安)制「無生」於「終朝」(整天)。

(此應該)謂是「接誘」(接引誘導)之言，(並)非「稱 實」(稱合眞實)之説(的一種說法)。

※關於「證羅漢於一聽，制無生於終朝」的經論引證

《無量義經》序

(《無量義經》由曇摩伽陀耶舍於高帝 建元三年[481年]譯出)

一蕭齊・荊州隱士劉虬ㄑ (438～495)作(於永明三年，即公元485年作，此時曇鸞大師才10歲)

(1)立「漸」者，以萬事之成，莫不有漸。堅氷基於「履霜」，九仞成於「累土」。學人之入「空」也，雖未「圓符」；譬如「斬木」，去寸「無寸」，去尺「無尺」，三空稍登，寧非「漸」耶？

(2)立「頓」者，以希善之功，莫過觀「法性」。法性從「緣」，非有非無。忘慮於「非有、非無」，理照斯一者，乃曰「解空」；存心於「非有、非無」，「境、智」猶二者，未免於「有」。

(3)「有」中伏結，非無「日損」之驗；空上論「心」(空談理論、空研究心性)，未有入「理」之効。而言納「羅漢」於「一聽」，判「無生」於「終朝」，是接誘之言，非「稱 實」(稱合眞實)之説。

(4)妙得「非漸」，理固必然。既二談分路，兩意爭途；一去一取，莫之或正。

《詩經・小雅・采綠》

終朝采綠(古通「菉」➙草名，即藎草，又名王芻，染黃用的草)，

不盈一匊ㄐㄩ (古通「掬」➙兩手合捧)。

予發ㄈㄚ 曲局，薄言歸沐。

整天在外採蓋草，還是不滿兩手抱。頭髮都彎曲成了捲毛，我要先回家去洗沐好。

《大智度論》卷88〈四攝品 78〉

(1)如有一人，「即日」應得「阿羅漢」，舍利弗(於)日中時(觀察此人在「八萬劫」以來的修道因緣後，便)語言：汝無「得道因緣」，(故)捨而不度(化此人出家)。

(2)(到了當天)晡(傍晚)時，佛以「宿命神通」，見(此人於)過去「八萬劫」(之)「前」(已種下)得道(的)因緣，今(日)應(可)「成就」，(佛陀就在)晡又時(對此人)説法，(此人)即(於當日當下便)得「阿羅漢道」。

《大智度論》卷11〈序品 1〉

如說《阿婆檀那經》中：

(1)佛在祇洹住，晡又時經行，舍利弗從佛經行。是時有鷹逐鴿，鴿飛來佛邊住，佛經行過之，影覆鴿上，鴿身安隱，怖畏即除，不復作聲。後舍利弗影到，鴿便作聲，顫怖如初。

(2)舍利弗白佛言：佛及我身，俱無「三毒」，以何因緣，佛影覆鴿，鴿便無聲，不復恐怖？我影覆上，鴿便作聲，顫慄ஜ如故？

(3)佛言：汝「三毒」習氣未盡，以是故，汝影覆時恐怖不除。汝觀此鴿宿世因緣，幾世作鴿？

(4)舍利弗即時入「宿命智」三昧，觀見此鴿從鴿中來，如是一、二、三世，乃至「八萬大劫」，常作「鴿身」；過是「已往」，不能復見。

(5)舍利弗從三昧起，白佛言：是鴿「八萬大劫」中，常作「鴿身」；過是已前，不能復知。

(6)佛言：汝若不能「盡知」過去世，試觀「未來世」，此鴿何時當脱？

(7)舍利弗即入「願智三昧」，觀見此鴿，一、二、三世，乃至「八萬大劫」，未脱鴿身；過是已往，亦「不能知」。

(8)從「三昧」起，白佛言：我見此鴿從一世、二世、乃至「八萬大劫」，未免(除)鴿身；過此已往，不復能知！我不知「過去」、「未來」齊限，不審此鴿何時當(解)脱？

(9)佛告舍利弗：此鴿(已排)除諸「聲聞、辟支佛」所知(之)「齊限」，復於恒

河沙等大劫中，常作「鴿身」，罪訖得出。輪轉五道中，後得為人，經五百世中，乃得「利根」。

(10)是時有佛，度無量阿僧祇眾生，然後入「無餘涅槃」。遺法在世，是人作「五戒優婆塞」，從比丘聞讚佛功德，於是初發心，願欲作佛。然後於「三阿僧祇劫」，行六波羅蜜，十地具足，得作佛，度無量眾生已，而入「無餘涅槃」。

(11)是時，舍利弗向佛懺悔，白佛言：我於「一鳥」，尚不能知其「本末」，何況「諸法」！我若知「佛智慧」如是者，為佛智慧故，寧入「阿鼻」地獄，受無量劫苦，不以為難。如是等，於諸法中不了了，故問。

《大莊嚴論經》卷10・五七

(1)復次，雖「少種善」，必當求佛，「少善」求佛，猶如「甘露」，是以應當「盡心」求佛。

(2)我昔曾聞，有一人「因緣」力故，發心「出家」，欲求解脫，即詣僧坊，值佛教化，(但佛已外出講法，故)不在僧坊。

(3)彼人念言：世尊雖無，我當往詣「法之大將」舍利弗所。

(4)時舍利弗觀彼「因緣」，過去世時，少有厭惡「修善根」不？既「觀察」已，乃不見有「少許善根」，一身既「無」，乃至「百千身」中都無「善根」。復觀「一劫」，又無「善根」，乃至「百千劫」，亦無「善根」。

(5)尊者舍利弗語彼人言：我不度汝！彼人復至餘比丘所，比丘問言：汝為向誰求索出家？彼人答言：我詣尊者舍利弗所，不肯度我！

(6)諸比丘言：舍利弗不肯「度」汝，必有「過患」，我等云何而當度汝？

(7)如是展轉，詣諸「比丘」，都不肯度，猶如「病者」，大醫不治，其餘「小醫」，無能治者。

(8)既不稱願(稱符滿願)，於坊門前，泣淚而言：我何「薄福」，無度我者？四種姓中，皆得出家，我造何「惡」，獨不見「度」？若不見「度」，我必當死。即說偈言……

(9)作是偈已，爾時世尊，以「慈悲心」，欲教化之，如母愛子，如行金山光映蔽日，到僧坊門，即說偈言……

(10)爾時世尊清淨無垢，如花開敷，手光熾盛，掌有相輪，網縵覆指，

以是妙手摩彼人頭,而告之言:汝何故哭?

(11)彼人悲哀,白世尊言:我求「出家」,諸比丘等盡皆「不聽」,由是涕泣。

(12)世尊問言:諸比丘「不聽」?誰遮於汝?不聽出家?即說偈言……

(13)時彼人者,聞斯偈已,白世尊言:「佛法大將」舍利弗比丘,「智慧第一」者,不聽我出家。

(14)爾時世尊以「深遠雷音」,慰彼人言:非舍利弗「智力」所及。我於無量劫,作難行苦行,修習智慧,我今為汝。即說偈言……

(15)佛以柔軟妙相輪手,牽彼人臂,入「僧坊」中,佛於「僧」前,告舍利弗:以何緣故?不聽此子令出家耶?

(16)舍利弗白佛言:世尊!我不見彼(只)有(些)「微善根」。

(17)佛即告舍利弗:勿作是語!說是偈言……

(18)佛告舍利弗:汝今諦聽!當為汝說。彼因(是)「極微」,非「辟支佛」所見(之)「境界」。乃往過去,有一「貧人」,入「阿練若」山,採取「薪柴」,為「虎」所逼,以怖畏故,稱「南無佛」,以是「種子」,得解脫因。即說偈言……

(19)爾時「婆伽婆」即度彼人,令得「出家」,佛自教化,比丘「心悟」,得「羅漢果」。以是因緣故,於世尊所,種「少善根」,獲報「無量」,況復造立「形像」塔廟?

明·蕅益 智旭《阿彌陀經要解》卷1(裡面的故事與上面原始經典內容已經略有不同)

(1)一稱「佛名」,便為「成佛」種子,猶如金剛終不可壞。故佛世有一老人欲求出家,「五百聖眾」以「道眼」觀,皆謂從無「善根」,不肯剃度。

(2)後至佛所,佛即度之。

(3)弟子問佛因緣,佛言:此人於無量劫前,入山採薪,為虎所逼,上樹避之,虎復繞樹跑哮,以怖急故失聲「稱南無佛」。今此善根成熟,值我得道,非諸「二乘道眼」所能知也。

※關於「一聽法即證無生法忍」的經論引證

《維摩詰所説經》卷1〈菩薩品 4〉
時維摩詰來謂我言：彌勒！世尊授仁者記，一生當得阿耨多羅三藐三菩提。為用何生……無比是菩提，無可喻故；微妙是菩提，諸法難知故。世尊！維摩詰説是法時，「二百天子」得「無生法忍」。故我不任詣彼問疾。

《妙法蓮華經》卷5〈分別功德品 17〉
世尊告彌勒菩薩摩訶薩：阿逸多！我説是「如來壽命長遠」時，六百八十萬億那由他恒河沙眾生，得「無生法忍」。

《大方便佛報恩經》卷1〈孝養品 2〉
説此孝養父母品時，眾中有二十億菩薩，皆得樂説辯才，利益一切；復有十二萬億菩薩，皆得「無生法忍」。

《方廣大莊嚴經》卷1〈法門品 4〉
菩薩説是諸法明門之時，於彼會中，八萬四千天子發「阿耨多羅三藐三菩提心」；三萬二千天子得「無生法忍」。

《大般若波羅蜜多經(第201卷-第400卷)》卷296〈説般若相品 37〉
此中無量百千天子聞説「般若」波羅蜜多，俱時證得「無生法忍」。

《大方廣佛華嚴經》卷32〈佛小相光明功德品 30〉
説是法時，百千萬億那由他佛刹微塵數諸世界中，兜率天子皆得「無生法忍」，無量無邊不可思議「阿僧祇」欲界諸天子，皆發「阿耨多羅三藐三菩提心」。

《十住經》卷3〈不動地 8〉

一切「心意識、憶想分別」，無所貪著，入一切法，如虛空性，是名菩薩得「無生法忍」入「第八地」，即時得是「第八不動地」，名為「深行」菩薩。

(只要一)聞「此論事」(此論事是指只需見阿彌陀佛時，就畢竟能得與「上地」諸菩薩同獲「平等法身」與「寂滅平等法」)，亦當「不信」(不會相信)。

夫(像這種)「非常之言」(此指佛陀與聖人的言論)，(當然)不入「常人」(一般常人)之耳(朵)，(一般常人)謂之「不然」(不以為然)，亦其宜也(這也是應該會這樣子的)。

(底下)**略說八句，示現**(阿彌陀)**如來「自利、利他」功德莊嚴，次第成就，應知。**

此云何「次第」，前「十七句」是(極樂世界)莊嚴國土功德成就(觀察極樂國土「器世間」總共有十七種佛國土的清淨功德莊嚴成就)。既知(極樂)國土相，應知(極樂世界)國土之「主」。

是故次觀(阿彌陀)「佛莊嚴」功德。

❶彼(阿彌陀)佛若為「莊嚴」，於何處「坐」？是故先觀「座」。

❷既知「座」已，宜知「座主」，是故次觀(阿彌陀)佛莊嚴「身業」。

❸既知「身業」，應知有何「聲名」？是故次觀(阿彌陀)佛莊嚴「口業」。

❹既知「名聞」(此妙聲指阿彌陀佛的名號)，宜知得「名」所以？是故次觀(阿彌陀佛)莊嚴「心業」。

❺既知「三業」具足，應為人天大師，「堪受化者」是誰？是故次觀「大眾功德」。

❻既知「大眾」有無量「功德」，宜知「上首者」誰？是故次觀「上首」，上首

是(阿彌陀)「佛」。

❼既知「上首」(是阿彌陀佛如來)，恐同「長幼」(恐怕有人誤解這是以「長幼」而排列的位置)，是故次觀「主」(觀察阿彌陀佛乃是無量天人所恭敬圍繞、所瞻仰的主尊)。

❽既知是「主」，「主」有何「增上」(此阿彌陀佛主尊具有何種增上緣的力用)？是故次觀(阿彌陀佛)莊嚴「不虛作住持」。

八句次第成已。

(下)觀「菩薩」者：

云何「觀察菩薩」莊嚴功德成就？「觀察菩薩」莊嚴功德成就者，觀彼菩薩(具)有「四種」正修行功德成就，應知。

「真如」是諸法「正體」(真實正知之體性)，體「如」(諸法本體之性即是「真如」)而行，則是「不行」(無功用行)；「不行」(無功用行)而「行」，名「如實修行」。

「體」唯一「如」(諸法本體之性唯一即是「真如」)，而「義」(諸法本體之「義」)分為四(種行相)，是故「四行」(四種行相)，(皆)以一「正」(正知)統(攝)之。

何者為四？

一者：(極樂世界諸菩薩能)於一佛土，身不動搖，而(能)遍十方(做)種種應化(順應變化而度眾)，如實修行，常作佛事，偈言：

「安樂國(極樂世界)清淨，(諸佛及菩薩皆)常轉無垢輪，化(現種種)佛菩薩日(佛之法身如日)，如須彌住持」故，開諸眾生淤泥華故。

「八地」已上菩薩，(皆)常在「三昧」，(能)以「三昧力」，身不動(於)「本處」，而能遍至十方供養諸佛，(並)教化眾生。

「無垢輪」者，(乃指)「佛地」功德也。「佛地」功德，無「習氣煩惱垢」。佛為諸菩薩，常轉此「法輪」，諸「大菩薩」亦能以此「法輪」開導一切，無暫時休息，故言「常轉」。

(佛之)「法身」如「日」(一樣)，而(佛之)「應、化」身(則如)「光」(一樣)，(皆能)遍諸世界也。

言「日」未足以明「不動」，復言「如須彌住持」(佛之應化身如須彌般「安住維持、久住護持」著眾生，但其法身仍無動搖)也。

「淤泥華」者，(《維摩詰》)經言：高原陸地，不生蓮華，卑濕淤泥，乃生蓮華。

此喻「凡夫」在「煩惱泥」中，(需)為菩薩(來)開導(開啓勸導)，(始)能生佛(之)「正覺華」，諒(相信)夫「紹隆」(紹襲昌隆)三寶，常使不絕(凡夫被菩薩啓勸導後，即能生「正覺之華」，相信就能開始「紹隆三寶」的菩薩事業了)。

※關於「高原陸地，不生蓮華，卑濕淤泥，乃生蓮華」的經論引證

三國吳・支謙譯《維摩詰經》	姚秦・鳩摩羅什譯《維摩詰所說經》	姚秦・鳩摩羅什譯《維摩詰所說大乘經》	唐・玄奘譯《說無垢稱經》
壹(維摩詰)曰：何謂也。	壹(維摩詰)曰：何謂也？	壹(維摩詰)曰：何謂也？	壹無垢稱言：依何「密意」作如是說？
貳文殊師利言：夫(已證入)「虛	貳(文殊菩薩)答曰：若見「無為」	貳(文殊菩薩)答曰：若見「無為」	貳妙吉祥言：非見「無為」、已

無、無數(無爲)」，(則)不能出現住發「無上正真道意」。(若)在「塵勞事」，(尚)未「見諦」(指獲得「見道位」)者，乃能發斯「大道意」耳。

入「正位」(聲聞所見證之無爲涅槃)者，(則)不能復發「阿耨多羅三藐三菩提心」。

入「正位」(聲聞所見證之無爲涅槃)者，(則)不能復發「阿耨多羅三藐三菩提心」。(若)住「有爲法」(之)凡夫，(則)可以發「阿耨多羅三藐三菩提心」。

入「正性離生位」(證入涅槃後能脫離煩惱之生，爲「見道位」之別名)者，能發「無上正等覺心」。要住「有爲煩惱」諸行，(尚)未「見諦」者，(則)能發「無上正等覺心」。

參譬如，族姓子！高原陸土，不生「青蓮、芙蓉、蘅華」。「卑濕污田」乃生此華。

參譬如高原陸地，不生蓮華，「卑濕淤泥」乃生此華。

參譬如高原陸地，不生淨妙「馨香蓮華」，「卑濕淤泥」乃生此華。

參譬如高原陸地。不生「殟鉢羅花(utpala 青色)、鉢特摩花(padma 赤色)、拘母陀花(kumuda 紅色)、奔荼利花(puṇḍarīka 白色)」，要於「卑濕穢淤泥」中，乃得生此四種花。

肆如是不從「虛無、無數(無爲)」出生(大乘成佛之)佛法。(要於)「塵勞」之中，乃得衆生而起「道

肆如是見「無爲法」入「正位」(聲聞所見證之無爲涅槃)者，終不復能生於(大乘成佛之)佛法。(要於)「煩

肆如是見「無爲法」入「正位」(聲聞所見證之無爲涅槃)者，終不復能生於(大乘圓滿之)佛法。(要於)「煩

肆如是「聲聞、獨覺」種性，已見「無爲」(聲聞所見證之無爲涅槃)，已入「正性離生位」(證入涅槃後能脫

意」。以有「道意」，則生(大乘成佛之)佛法。	惱泥」中，乃有眾生起(大乘成佛之)佛法耳！	惱泥」中，乃有眾生起(大乘成佛之)佛法耳！	離煩惱之生，爲「見道位」之別名)者，終不能發一切(大乘成佛之)「智心」。要於「煩惱」諸行「卑濕穢淤泥」中，方能發起一切「智心」，於中生長諸(大乘成佛之)佛法故。
	⑤又如殖種於「空」，終不得生！「糞壤」之地，乃能滋茂。	⑤又如植種於「空」，終不得生！「糞壤」之地，乃能滋茂。	⑤又，善男子！譬如植種，置於「空中」，終不生長。要植「卑濕糞壤」之地，乃得生長。

《大乘修行菩薩行門諸經要集・卷上》

(1)善男子！譬如不入「四大海水」，無由取得「無價寶珠」。

(2)善男子！亦復如是，若不入「煩惱大海」，無由取得「佛性寶珠」。

(3)當知「菩提種性」本從「煩惱」中來。

《思益梵天所問經・卷第一》

(1)世尊！是法，一切世間之所難信。所以者何？

(2)世間貪著「實」，而是法「無實、無虛妄」。

(3)世間貪著「法」，而是法無「法」、無「非法」。

(4)世間貪著「涅槃」，而是法無「生死」、無「涅槃」。

(5)世間貪著「善法」，而是法無「善」、無「非善」。

(6)世間貪著「樂」，而是法無「苦」、無「樂」。

(7)世間貪著「佛出世」，而是法「無佛出世」，亦「無涅槃」。

(8)雖「有說法」，而是法「非可說相」。

(9)雖「讚說僧」，而僧即是「無為」。

(10)是故此法一切世間之所難信，譬如「水」中出「火」，「火」中出「水」，難可得信。如是「煩惱」中有「菩提」，「菩提」中有「煩惱」，是亦難信。所以者何？

(11)如來得是「虛妄煩惱」之性，亦「無法不得」。

(12)「有所說法」，亦「無有形」。

(13)雖「有所知」，亦「無分別」。

(14)雖「證涅槃」，亦「無滅」者。

(15)世尊！若有善男子、善女人，能信解如是法義者，當知是人「得脫諸見」，當知是人「已親近無量諸佛」，當知是人「已供養無量諸佛」，當知是人「為善知識所護」。

※關於「正覺華」的經論引證

《大方廣佛華嚴經》卷45〈入法界品 34〉
諸佛「功德樹」，常雨↙「正覺華」，願示我菩提。
世間明淨日，三世諸如來，如法而來去，願令我悉見。

二者：彼(極樂世界諸菩薩)應化身，(於)一切時(皆)不前、不後(此指大菩薩度眾皆是「一念」間完成)，一心、一念，放大光明，悉能遍至十方世界(去)教化眾生，(以)種種方便修行所作，滅除一切眾生苦故。偈言：

※關於「極樂世界菩薩能於一心一念周遍十方」的經論 引證

《大方廣佛華嚴經》卷39〈入不思議解脫境界普賢 行願品 〉
譬如淨日放千光,「不動本處」遍十方,「佛日光明」亦如是,無去無來除世闇。

《大乘密嚴經》卷1〈密嚴道場品 1〉
受用如來廣大威德,入於諸佛「內證」之地,與「無功用道」三摩地相應,遍遊十方,不動本處。

「(極樂世界中諸大菩薩具有)**無垢莊嚴光**,(能於)**一念及一時**,(而)**普照諸佛會,利益諸群生**」故。

上言「不動」(本處)而(又能)至(於十方世界),容(或許)或至有「前、後」(或許有人會認為「到達」仍有前與後的分別)?是故(我必須再重)復言:「(就是)一念一時,(絕)無前後也」。

※關於「一念一時即能作種種佛事」的經論引證

趙宋·法賢譯《佛說大乘無量壽莊嚴經》
世尊!我得菩提,成正覺已,所有十方一切佛剎諸菩薩眾,聞我「名號」,應時(便能)證得「寂靜三摩地」。(此諸菩薩若)住是(寂靜三摩地)定已,(則能)於一念中,得見無量無邊不可思議諸佛世尊,(並)承事「供養」,成就「阿耨多羅三藐三菩提」。

《大方廣佛華嚴經》卷27〈十地品 22〉

佛子！菩薩摩訶薩住「法雲地」(第十地)，自從「願力」，生「大慈悲」，福德智慧，以為「密雲」；現種種身，以為「雜色雲」；通明無畏，以為「電光」；震大雷音，説法降魔，(於)「一念、一時」，能於上所説微塵世界，皆悉「周普」；以雨「善法」甘露法雨，滅諸眾生隨心所樂(之)「無明」所起「煩惱焰」故，是故名為「法雲地」。

《十住經》卷4〈法雲地 10〉

(1)諸佛子！我今當為汝説，是菩薩住此「法雲地」(第十地)，(能)於「一念、一時」，(能)於「一佛所」，能堪受「三世法性藏」，名日「大法明雨」，上一切眾生多聞之力，比此百分不及一、千分、萬分、千萬億那由他，乃至算數譬喻所不能及。

(2)如「一佛」所聞，十方若干世界所有微塵諸佛，皆能堪受「大法明雨」，復能過此，無量無邊，於「一念、一時」，悉能堪受「大法明雨」，是故名為「法雲地」。

《菩薩瓔珞經》卷14〈十智品 40〉

云何為無量智門？彌勒！善聽！如來、至真、等正覺，有「十明智」，(能於)「一意、一念、一時」之頃，悉知無量「眾生境界」，分別思惟，不失「法界」，便成「無上至真等正覺」。

《菩薩瓔珞經》卷14〈十不思議品 42〉

若復菩薩摩訶薩，入「五道」中，教化眾生，(能於)「一意、一念、一時」之頃，以一「法身」，遍滿三千大千世界，皆使眾生，普令聞知，盡令眾生，具足「法界」。然彼眾生「不知所從聞」，皆發「無上正真道意」，是謂菩薩摩訶薩，修於「正法」，應不思議。

《大乘寶雲經》卷5〈安樂行品 5〉

善男子！諸佛如來問答具足。設有一切預眾生類，以種種「問」，俱問如

來。如來隨其種種「類音」、種種「名字」，(皆能)於「一刹那、一念、一時」，皆悉能答，無滯無礙。

三者：彼(極樂世界諸菩薩)於一切世界，(皆能周遍)「無餘」(的)照諸佛會大眾，(亦能周遍)「無餘」(的作)廣大無量供養，恭敬讚歎諸佛如來功德。

偈言：「(極樂世界中諸大菩薩、聲聞、天人眾等皆能)雨↳天「樂、華、衣、妙香」等供養，讚諸佛功德，無有分別心」故。

「無餘」者，明(能)「遍至」一切世界，(遍至)一切諸佛大會，無有「一世界、一佛會」(而)不(能)至也。

肇公(僧肇，東晉僧人。384～414)言：

法身(雖然是)「無像」，而「殊形」(應化身的殊勝形貌)並應(並能普應眾生根機而度化)。

至韻(最高極至的聲韻，雖然是)「無言」，而「玄籍」(玄教典籍，此喻佛教典籍)彌布(能彌滿而流布於天下)。

冥權(最高冥奧幽深之權謀，雖然是)「無謀」(無有心機的權謀)，而動與「事」會(但一切權謀舉動又皆能與諸事相合相會)，蓋斯意也。

※關於「法身無像而殊形並應」的經論引證

東晉・僧肇《注維摩詰經》卷1

法身「無象」，而「殊形」(殊勝形貌)並應。

至韻「無言」，而「玄籍」彌布。

冥權「無謀」，而動與「事」會……

(疑惑者)觀(有)「應形」(應變形貌)，則謂之(一定有)「身」。

(疑惑者)覿ㄉ一(有)「玄籍」(玄教典籍)，便謂之(一定有)「言」。

(疑惑者)見(有)「變動」(變易更動)，而謂之(一定有)「權」。

夫道之「極」者，豈可以「形、言、權、智」而語ㄩ其「神域」(神妙境域)哉？

然「群生」(眾生)長寢(長沉寢於無智中)，非言莫曉(若沒有「言語說義」，則無法曉了法義)。

「道」不「孤運」(孤獨而運作)，弘之(乃)由「人」。

四者：彼(極樂世界諸菩薩能)於十方一切世界無「三寶」處，住持(安住維持、久住護持)莊嚴佛法僧寶功德大海，遍示(開遍開示)令解，如實修行。偈言：

「何等世界無，佛法功德寶，我願皆往生，示佛法如佛」故。

上三句雖(皆)言「遍至」(二字)，皆(皆)是「有佛國土」。若無此句，便是：

「法身」有所「不法」(法身的妙力能遍於一切處起作用，若法身不能在「無佛世界」中住持佛法，則法身將有所「不能生起妙用法」之處)。

「上善」有所「不善」(最上等的善是法身平等的大悲心，無生不度、無苦不拔，若不能至「無佛世界」中去行善，則此悲心將有所「不能行善」之處)。

觀行體相(觀察「極樂世界國土莊嚴、阿彌陀佛莊嚴、菩薩莊嚴」之行法與體相)竟。

已下是「解義」中「第四重」，名為「淨入願心」。(此「淨」是指「極樂國土、阿彌陀佛、諸菩薩」皆由無量清淨所顯現。「入願心」是說這無量的清淨顯現，皆導歸攝入阿彌陀佛的四十八大願心當中)

4(下)**淨入願心者：**(將「極樂國土、阿彌陀佛、諸菩薩」這三類的清淨莊嚴，全部導歸攝入

為阿彌陀佛「四十八大願」心的莊嚴)

又向説觀察莊嚴「佛土」功德成就、莊嚴「佛」功德成就、莊嚴「菩薩」功德成就，此三種成就(皆是由阿彌陀佛的大)**「願心」**(所)**莊嚴，應知。**

應知者，應知此「三種莊嚴成就」，由本(阿彌陀佛之)**「四十八願」等「清淨願心」之所莊嚴，「因」淨故「果」淨，非「無因」**(或)**「他因」**(而)**有也。**

(極樂世界乃阿彌陀佛四十八大願之「眾緣」相應感召，故非「無因生」，亦非由「自生、他生、共生」而來)

(上面説的「極樂國土、阿彌陀佛、諸菩薩」三種莊嚴，只要)**略説**(的話)，(則可)**入「一法句」故。**

上(極樂世界)**「國土莊嚴」十七句、**(阿彌陀佛)**「如來莊嚴」八句、「菩薩莊嚴」四句**(以上三種莊嚴事共29句)**為「廣」。**

入「一法句」為「略」。(將廣説的「極樂國土、阿彌陀佛、諸菩薩」三種莊嚴，再略攝於「清淨真實智慧,無為法身」一法句中，以顯示平等一相)

何故示現「廣、略」相入？(由「廣」能攝入於「略」中，而在「略」中亦能含攝「廣」，兩者即是「相即相入;相攝而入」)

諸佛菩薩有二種法身。
一者：「法性」法身(指法身之本體，可喻如鏡體、鏡面)。
二者：「方便」法身(指法身之妙用，能現出「報身、化身」，可喻由鏡子所影現出的萬物)。

由「法性法身」(而能出)**生「方便法身」，**(喻如鏡體、鏡面可以影現出萬物)
由「方便法身」(亦能現)**出「法性法身」。**(喻如所影現出的萬物，則必然離不開鏡體的存在)

此二「法身」(名稱雖)「異」而「不可分」，(兩者雖是)「一」而(又不可(完全等)「同」。是故「廣、略」相入(相攝相入;相即相入)，(便)**統以「法」名**(統一以一個「法」身的「法」字去稱呼它)。

菩薩若不知「廣、略」相入(相攝而入;相即相入)，則不能「自利、利他」。

「一法句」者，謂「清淨句」。
「清淨句」者，謂「真實智慧，無為法身」故。

此三句(指「法、清淨、真實智慧無為法身」這三句)「展轉」相入(相即相入)。
①依何義名之為「法」？以「清淨」故(指「極樂國土、阿彌陀佛、諸菩薩」三種莊嚴悉皆「清淨」)。

②依何義名為「清淨」？③以「真實智慧、無為法身」故。

「真實智慧」者，「實相智慧」也；「實相無相」故，「真智無知」(真實智慧乃無「生、滅、來、去、一、異、常、斷」等種種分別妄知)也。

「無為法身」者，「法性身」也。「法性寂滅」故，「法身無相」也。

(以)「無相」故能「無不相」，是故「相好莊嚴」(指「極樂國土、阿彌陀佛、諸菩薩」三種莊嚴)即「法身」也。

(以諸法乃「性空」，既是「性空」，必能「緣起」。同理，諸法以「無相」為體性，既是「無相」，必能隨眾緣而生起作用，進而達到「無不相」的妙用。所以「極樂國土、阿彌陀佛、諸菩薩」三種莊嚴即是阿彌陀佛「法身」的妙用)

(以)「無知」(無虛妄分別之知)故能「無不知」，是故「一切種智」即「真實智慧」也。以「真實」而目(名)「智慧」，明「智慧」(乃)「非作、非非作」也。

以「無為」而標「法身」，明「法身」(乃)「非色、非非色」也。

※關於「智慧乃非作非非作。法身乃非色非非色」的經論引證

《大乘入楞伽經》卷5〈無常品 3〉

佛言：大慧！如來、應、正等覺，非「作」、非「非作」，非果、非因，非「相」、非「所相」，非「說」、非「所說」，非「覺」、非「所覺」。何以故？俱有過(失)故。

《佛說一向出生菩薩經》卷1

明見一切諸法，非「作」、非「非作」。非「合」、非「非合」。非生、非滅。亦非過去、未來、現在。

《大方廣佛華嚴經》卷80〈入法界品 39〉

如來「非色、非非色」，隨應(隨時顯應)而現，(卻又)「無所住」。虛空真如及實際，「涅槃法性」寂滅等。

《度一切諸佛境界智嚴經》卷1

(1)佛身「無為」，不生不起、不盡不滅，非「色」、非「非色」，不可見、非不可見，非世間、非非世間，非心、非非心。

(2)以眾生「心淨」見「如來身」，散華燒香，種種供養：願我當得如是色身。

(3)布施、持戒，作諸功德，為得如來「微妙身」故。

(4)如是文殊師利！如來「神力」，出現世間，令諸眾生得「大利益」，如影如像，隨眾生(心而)見。

豈「非非」之能「是」乎？

(一般人會認為：在「否定」的前面再加一個「否定」，豈不就是「負負得正」，變成了另一個「肯定」的「是」
出來了嗎)

蓋「無非」之日「是」也。

(其實完全沒有「非」、沒有「否定」，才能叫做「是」。並不是「負負得正，非非得是」的一種「相對待」法)

自是「無待」(諸法本來一切皆是「無有對待、無有相待、遠離能所」)，

復「非是」也(諸法的自性也不是屬於「非是、非不是」那種「相待」的邪見)。

非「是」、非「非」(非「不是」)，「百非」之所不(能譬)喻，是故言「清淨句」。

(非「A」、　非「B」、　非「亦A亦B」、　非「非A非B」

非「自生」、非「他生」、非「共生」、　非「無因生」

非「是」、　非「不是」、非「亦是亦不是」、非「非是非不是」

非「是」、　非「非」、　非「亦是亦非」、　非「非是非非」

以上四句是完全相同的意思，皆是「離四句，絕百非」)。

此清淨有二種應知。

(以)上「轉入」(輾轉攝入的文)句中，通「一法」入「清淨」(將廣說的「極樂國土、阿彌陀佛、諸菩薩」莊嚴，再略攝於「清淨真實智慧，無為法身」一法中，以顯示平等一相)，通「清淨」入「法身」(再將「清淨」攝入「法身」中)。今將(區)別「清淨」(分)出二種(差別)故，故言「應知」。

何等二種(的清淨差別相)？
一者：(極樂國土)「器世間」清淨。
二者：(極樂國土)「眾生世間」清淨。
(極樂國土)「器世間」清淨者，如向(所)說(的)十七種莊嚴「佛土」功德成就，是名「器世間清淨」。

「眾生世間清淨」者，如向(所)說八種莊嚴「佛」功德成就、(及)四種莊嚴「菩薩」功德成就，是名「眾生世間清淨」。如是(於「清淨眞實智慧,無爲法身」的)「一法句」(中)，(能含)攝二種「清淨」(之)義，應知。

夫「眾生」為「別報」(個別業力下的果報)之「體」。

「國土」(則)為「共報」(共同業報)之「用」。

「體、用」不一(眾生是「正報」之體，國土器世界是「依報」之用)，所以應知。

然諸法(由)「心成」(由心而成，法由心生)，「無餘」境界(法由心生、相由心生，故沒有離心的其餘「心外」之境界了)。

「眾生」(正報的有情眾生)及「器」(國土依報的器世界)，

復不得「異」(完全不同；完全不相關)、不得「一」(完全相同)。

(眾生與器世界)「不一」則「義」分(分成二種義理)；(眾生歸眾生，是有情。國土器世界歸物質，是無情)

(眾生與器世界)「不異」(則兩者又)同(屬)「清淨」。(兩者皆同由「一心」所成，心淨，則國土器世界亦淨也)

「器」者「用」(爲受用之處所)也，謂彼(極樂)淨土是彼「清淨眾生」之所「受用」，故名(極樂國土爲)為「器」(世界)。

如「淨食」(卻使)用「不淨器」(來盛裝)，以(盤)器「不淨」，故食(物)亦「不淨」。

(若)「不淨食」(卻)用「淨器」(來盛裝)，食(物已經)「不淨」故，(導致盤)器亦「不淨」。

(所以一定)要(食物與盤器)「二」俱潔，乃得稱「淨」，是以一(個)「清淨」(之)名(稱)，

必攝(必定含攝極樂世界「器世界」與「有情眾生」這)**二種**(都清淨)。

若「國土器世間」的「色、聲」等，皆為「不淨」，則眾生將在此「不淨國土」下產生「不淨的心」，導致將來「不淨」的果報。

若「有情眾生」有「煩惱、惡業、不淨」等雜染，則也會導致「國土器世間」轉為「不淨」。

所以說「國土器世間」與「有情眾生」兩者都要「清淨」，才可稱為真正的「清淨世界」。

問曰：(若)**言「眾生清淨」，則**(此話指的應)**是**(極樂世界之)**「佛」與「菩薩」。彼**(極樂世界)**諸「人天」得入此「清淨」**(之)**數不？**

(意指在極樂世界中的天人們，仍未斷煩惱與所知障，應屬「不淨」眾生，所以不能算在「清淨」之數中的)

答曰：(在極樂世界中的天人們雖)**得名「清淨」，非實**(已完全)**「清淨」**(極樂世界分九品，所以不可能人人皆等同「上品上生」者一樣的完全清淨)。

譬如「出家」(之有修有證的)**聖人，以**(「出家」又名為)**「殺煩惱賊」故，名為「比丘」。**(但若是)**「凡夫」**(之)**出家者，**(無論他)**持戒、**(或)**破戒，皆**(亦)**名「比丘」。**

又如「灌頂王子」(已受職灌頂的轉輪聖王之子)**，**(於)**初生之時，**(已)**具「三十二相」，即為「七寶」所屬，雖未能**(作)**為「轉輪王」**(之諸多)**事**(業)**，**(但)**亦**(已)**名**(為)**「轉輪王」；以其**(將來)**必**(成)**為「轉輪王」故。**

彼(於極樂世界中之)**諸「人天」，亦復如是，皆**(能)**入大乘「正定」之聚**

(samyaktva-niyata-rāśi 正定聚➜指眾生必定獲得「證悟」而永不退，亦指決定會成就佛位而

永不退轉的「必定菩薩」。《俱舍論‧卷十》云：「見道」位以上之聖者，已斷盡「見」等惑，亦可獲「畢竟不退」。又菩薩階位在「十信」以上者，亦稱「正定」)，(將來終究)**畢竟當得「清淨法身」，以**(將來)**「當得」故，**(所以目前雖未完全「清淨」，但亦能)**得名**(為)**「清淨」。**

※關於「凡夫之出家，無論持戒、破戒，皆亦名為比丘」的經論引證

《佛說大般泥洹經》卷4〈四依品 9〉

(1)復次，善男子！譬如有人，「出家」學道，雖「不持戒」，(亦)得與「如來大眾」共俱，(雖此出家人於)在在處處，假被「袈裟」，(且)受人供養，(但他的出家)名字，(仍然算)得入「如來」僧數。

(2)如是善男子，若有菩薩摩訶薩(修至)「十地」成滿，及(與)諸「外道」，(若)能信受此「摩訶衍經」，一言歷「耳」，斯等(指修到十地圓滿者及諸外道)皆(能)入「如來、菩薩」大眾之數。

5 善巧攝化者：(經由修習「止、觀」，如實了知極樂世界的「實相」，再以所修的善根全部迴向西方，並攝取度化一切眾生同登極樂，如此便能成就「善巧方便迴向」)

如是菩薩「奢摩他(śmatha 止;定)」、毘婆舍那(vipaśyanā 觀)」廣略修行，成就柔軟心。

「柔軟心」者，謂**「廣、略」**(之)**「止、觀」**(修持「略」的「奢摩他」門，及詳觀極樂國土莊嚴17句、觀阿彌陀佛莊嚴8句、觀諸菩薩莊嚴4句等，共29句，修持「廣」的「毘婆舍那」門)，**相順修行**(以「略」的「奢摩他」與「廣」的「毘婆舍那」這二門，互相依順著來修行)，(如此便能)**成**(就「止」與「觀」的)**「不二」**(之)**心也。**

譬如以水取「影」(像)，(以)**「清靜」**(清徹恬靜。此字很多版本都已自動更改為「淨」字)**相資**(互相資助)，**而成就也。**

以「一心專念」而獲得「奢摩他」的「寂止心」，如此便能在「寂止心」中，以「毘婆舍那」的「觀察」去觀察「極樂國土、阿彌陀佛、諸菩薩」莊嚴等29句莊嚴，亦即能在「寂止心」中顯現出29句莊嚴的「極樂世界、阿彌陀佛、菩薩」的「影像」。

相對的，如果一位修行的菩薩能夠經常以「毘婆舍那」的「觀察」去觀察「極樂國土、阿彌陀佛、諸菩薩」莊嚴等29句莊嚴，則將生出猛利的「信願」及「起觀生信」心，那麼原本的「散亂心」將可專注於「求生淨土」的「寂止心」。

如此將「簡略」的「寂止心」與「寬廣」的「觀察意」，互相依順、互為資助，最終將成就「止觀不二、止觀雙運」之心，即是成就了「柔軟心」。

※關於「修奢摩他得寂止心，修毘婆舍那得觀察意」的

經論引證

《佛說如來不思議祕密大乘經》卷4〈菩薩心密品 3〉

若修「奢摩他」，即得「寂止心」。

若修「毘鉢舍那」，即得「無所觀心」。

(「無所觀心」是指「非所觀、非不所觀」的一種「如實觀」)

《佛說大乘菩薩藏正法經》卷34〈勝慧波羅蜜多品 11〉

(1)舍利子！若菩薩「相應意」如是學者，云何觀察？謂此菩薩：

(2)觀一切法「自性本滅」，觀一切法「自體本寂」，觀一切法「自性平等」，
觀一切法「畢竟不生」，觀一切法「畢竟不起」，觀一切法「畢竟不集」，
觀一切法「畢竟無滅」。

(3)於此時分說「如實觀」，亦非「所觀」。如是非「所觀」、非「不所觀」，說
此是名為「觀察意」，當如是學。

《楞伽阿跋多羅寶經》卷1〈一切佛語心品〉

(於)「如實知」(後)，(而)心(獲)得「寂止」。(於)「心寂止」已，(則得)「禪定解脫、
三昧、道、果、正受(samāpatti 等至)解脫」。

如實知「廣、略」諸法。

「如實知」者，「如實相」而知也。

「廣」中二十九句(修持「廣」的「毘婆舍那」門，詳觀極樂國土莊嚴 17 句、阿彌陀佛莊嚴 8 句、諸
菩薩莊嚴 4 句等，共 29 句)，

「略」中一句(修持「略」的「奢摩他」門，即指「清淨眞實智慧,無爲法身」這一句)，莫非(皆是)「實

「相」也。

如是成就「(善)巧方便迴向」。

「如是」者，如前後「廣、略」，皆「實相」也。

以知「實相」故，則知三界眾生「虛妄相」也。

知(三界)眾生「虛妄」，則生「真實慈悲」也。

知「真實法身」，則起「真實歸依」也。

「慈悲」之與「歸依」，「巧方便」(即指「真實之慈悲」與「真實之歸依」)在下(在下面的內容會加以解釋)。

以心具「真實的慈悲」，故能將所修所集的「諸善根」全部迴施於一切的有情眾生，拔苦與樂。

以心具「真實的歸命」西方淨土，所以又發誓將攝受一切的眾生，同生彌陀淨土，同證佛道。

何者「菩薩(善)巧方便迴向」？

「菩薩巧方便迴向」者，謂說「禮拜」等五種，修行所集「一切功德善根」，不求自身(獲得阿彌陀佛的)「住持」之樂(將自身修集的善根迴施眾生與西方，發願生西，可獲阿彌陀佛所住持的西方淨土之樂，但卻不獨自我享樂於「西方淨土」法門，仍要度眾，應勸眾生皆「同生」西方)，(應發大悲心)欲拔一切眾生苦故。

作願「攝取」一切眾生，共同生彼安樂佛國(極樂世界)，是名「菩薩(善)巧方便迴向成就」。

※關於「不求自身獲得阿彌陀佛的住持之樂，但願眾生皆同生西方」的經論引證

《大方廣佛華嚴經》卷23〈25 十迴向品〉
不為自己求安樂，但願眾生得離苦。
此人迴向得究竟，心常清淨離眾毒，
三世如來所付囑，住於無上大法城。

《大方廣佛華嚴經》卷24〈25 十迴向品〉
不為自身求利益，欲令一切悉安樂。

案(釋迦佛於)<u>王舍城</u>(Rāja 王-grha 城；舍宅；屋宅；宮殿；室；宇)所説《無量壽經》，「三輩」(往)生中，雖「行」(行持法門)有優劣，莫不皆發「無上菩提之心」。

※關於「《無量壽經》三輩往生必發菩提心」的經論引證

四本《無量壽經》的「三輩往生品」經文比對

第一「上輩」往生

吳・支謙譯《佛説阿彌陀三耶三佛薩樓佛檀過度人道經》（222～253譯經）	後漢・支婁迦讖譯《佛説無量清淨平等覺經》（147～？）	曹魏・康僧鎧譯《佛説無量壽經・卷下》（Samghavarman 252 年譯經）	唐・菩提流志譯《大寶積經・卷十七》（Bodhiruci 562～727）
⑴佛告阿逸（彌勒）菩薩：其世間人民，若善男子、善女人，願欲往生阿彌陀佛國者，有三輩，作德有大小（有大有小），轉不相及（相等同）。 佛言：何等為三輩？ ⑵最上第一輩者： ❶當去家，捨妻子，斷愛欲，行作「沙門」，就「無為」之道。 ❷當作菩薩道，奉行「六波羅蜜」經者。 ❸作「沙門」，不	⑴佛告阿逸（彌勒）菩薩：其世間人民，若善男子、善女人，欲願往生無量清淨佛國者，有三輩，作功德有大小（有大有小），轉不能相及（相等同）。 佛言：何等為三輩？ ⑵其最上第一輩者： ❶當去家，捨妻子，斷愛欲，行作「沙門」，就「無為」之道。 ❷當作菩薩道，奉行「六波羅蜜」經者。 ❸作「沙門」，不	⑴佛告阿難：十方世界諸天人民，其有「至心」，願生彼國，凡有三輩。 ⑵其上輩者： ❶捨家棄欲，而作「沙門」。 ❷發「菩提心」。 ❸一向（一心專向）專念無量壽佛。	⑴阿難！若有眾生，於他佛刹： ⑵ ❶發「菩提心」。 ❷專念無量壽佛。 ❸及恒種殖眾多「善根」。

虧(虧缺)「經、戒」。	當虧失(虧損違失)「經、戒」。		
❹慈心精進。	❹慈心精進。	❹修諸功德。	❹「發心」迴向，願生彼國。
❺不當「瞋怒」。	❺不當「瞋怒」。	❺願生彼國。	
❻不當與女人「交通」(指持「梵行」)。	❻不當與女人「交通」(指持「梵行」)。		
❼齋戒清淨。	❼齋戒清淨。		
❽心無所貪慕(貪心愛慕)。	❽心無所貪慕(貪心愛慕)。		
❾至誠「願欲」往生阿彌陀佛國。	❾至精「願欲」生無量清淨佛國。		
❿常念(阿彌陀佛聖號)至心不斷絕者。	❿當念(阿彌陀佛聖號)至心不斷絕者。		
㊂其人便於今世求道時，即自然於其「臥止」，(或)「夢中」見阿彌陀佛及諸「菩薩、阿羅漢」。	㊂其人便今世求道時，則自於其「臥睡」中，(或)「夢見」無量清淨佛，及諸「菩薩、阿羅漢」。		
㊃其人壽命欲終時，阿彌陀佛即自與諸「菩薩、阿羅漢」，共	㊃其人壽命欲終時，無量清淨佛，則自與諸「菩薩、阿羅	㊃此等眾生，臨壽終時，無量壽佛，與諸大眾，現其人前，	㊃是人臨命終時，無量壽佛與「比丘」眾，前後圍繞，現其人

翻(翻翔)「飛行」迎之，則往生阿彌陀佛國。	漢」，共翻(翻翔)「飛行」迎之，則往生無量清淨佛國。	即隨彼佛，往生其國(極樂世界)。	前，即隨如來「往生」彼國(極樂世界)。
㈤便於七寶水池「蓮華」中「化生」，即自然受身長大，則作「阿惟越致」(avinivartanīya 不退轉)菩薩。	㈤便於七寶水池「蓮華」中「化生」，則自然受身長大，則作「阿惟越致」(avinivartanīya 不退轉)菩薩。	㈤便於七寶「華」中，自然「化生」，住「不退轉」，智慧勇猛(勇銳威猛)，神通自在。	㈤得「不退轉」，當證「無上正等菩提」。
㈥便即與諸菩薩，共翻輩(翻翔群輩)「飛行」，供養八方上下諸無央數佛，即逮[及;至]智慧勇猛(勇銳威猛)，樂聽經道(佛經聖道)，其心歡樂。	㈥便則與諸菩薩，共翻輩(翻翔群輩)「飛行」，供養八方上下，諸無央數佛，則智慧勇猛(勇銳威猛)，樂聽經道(佛經聖道)，其心歡樂。		
㈦所居七寶舍宅，在虛空中，恣隨其意，在所欲作為，去阿彌陀佛近。	㈦所居七寶舍宅，在虛空中，恣隨其意在所欲作為，去無量清淨佛近。		

| ⑻佛言：諸欲往生阿彌陀佛國者，當精進持經戒(佛經戒律)，奉行如是上法者，則得往生阿彌陀佛國，可得為眾所尊敬。

是為(最)上第一輩(往生極樂世界的境界與條件)。 | ⑻佛言：諸欲往生無量清淨佛國者，精進持經戒(佛經戒律)，奉行如是上法者，往生無量清淨佛國者，可得為眾所尊敬。

是為(最)上第一輩(往生極樂世界的境界與條件)。 | ⑻是故阿難！其有眾生，欲於今世見無量壽佛：
❶應發無上「菩提之心」。
❷修行功德。

❸願生彼國(極樂世界)！ | ⑻是故阿難！若有善男子、善女人，願生極樂世界，欲見無量壽佛者：
❶應發無上「菩提心」。
❷復當專念極樂國土。
❸積集「善根」。
❹應持迴向。
由此見佛，生彼國中(極樂世界)，得「不退轉」，乃至「無上菩提」。 |

第二「中輩」往生

吳・支謙譯《佛說阿彌陀三耶三佛薩樓佛檀過度人道經》(222～253 譯經)	後漢・支婁迦讖譯《佛說無量清淨平等覺經》(147～?)	曹魏・康僧鎧譯《佛說無量壽經・卷下》(Samghavarman 252 年譯經)	唐・菩提流志譯《大寶積經・卷十七》(Bodhiruci 562～727)
⑴佛言：其中輩者，其人願欲往生阿彌陀佛國，雖不能「去家、捨妻子、斷愛欲」，(亦不能)行作「沙門」者。 (只做一位白衣居士)	⑴佛言：其中輩者，其人願欲往生無量清淨佛國，雖不能「去家、捨妻子、斷愛欲」，(亦不能)行作「沙門」者。 (只做一位白衣居士)	⑴佛語阿難：其中輩者，十方世界諸天人民，其有「至心」，願生彼國(極樂世界)，雖不能行作「沙門」，大修功德。 (只做一位白衣居士)	⑴阿難！若他國眾生：

❶當持「經、戒」，無得虧失（虧損違失）。	❶當持「經、戒」，無得虧失（虧損違失）。	❶**當發無上「菩提」之心。**	❶**發「菩提心」。**
❷益作分檀「布施」。	❷益作分檀「布施」。	❷一向（一心專向）專念無量壽佛。	❷雖不專念無量壽佛。
❸常信受「佛經語」深，當作至誠（至心誠懇）中信（中古同「忠」→忠誠信實）。	❸常信受「佛語」深，當作至誠（至心誠懇）忠信（忠誠信實）。	❸多少修善（修諸善德）。	❸亦非恒種「眾多」善根。
❹飯食凢（打齋供養）諸沙門。	❹飯食凢（打齋供養）沙門。	❹奉持（奉行執持）齋戒。	❹隨己修行「諸善功德」。
❺作佛寺起塔。	❺而作佛寺起塔。	❺起立塔像。	❺迴向彼佛，願欲往生。
❻散華、燒香、然燈、懸雜繒疋綵（彩色繒帛絲織品）。	❻燒香、散華、然燈、懸雜繒疋綵（彩色繒帛絲織品）。	❻飯食凢（打齋供養）沙門。	
如是（修行「中輩」往生之）法者：	如是（修行「中輩」往生之）法者：	❼懸繒疋（彩色繒帛絲織品）、然燈、散華、燒香。	
❼無所「適ㄉ莫」（適→過多強求；心所好、所厚。莫→缺少疏忽；心所厭、所薄。「無所適莫」指維持「中道」，無有好惡、親疏、厚薄）。	❼無所「適貪」（沒有過多強求貪戀）。	❽**以此迴向，願生彼國**（極樂世界）。	
❽不當瞋怒。	❽不當瞋怒。		
❾齋戒清淨。	❾齋戒清淨。		

❿慈心精進。 ⓫斷愛欲念。(意指在家居士,但須修「梵行」)	❿慈心精進。 ⓫斷欲念。(意指在家居士,但須修「梵行」)		
⓬欲往生阿彌陀佛國,一日一夜,不斷絕者(指在「不當瞋怒、齋戒清淨、慈心精進、斷愛欲念」等條件下,還要專心持阿彌陀佛聖號)。	⓬欲往生無量清淨佛國,一日一夜不斷絕者(指在「不當瞋怒、齋戒清淨、慈心精進、斷愛欲念」等條件下,還要專心持阿彌陀佛聖號),。		
㊢其人便於今世,亦復於「臥止」,(或)「夢中」見阿彌陀佛。	㊢其人於今世,亦復於臥睡、夢中,見無量清淨佛。		
㊤其人壽命欲終時,阿彌陀佛,即「化」(化現其分身)令其人「目」自見阿彌陀佛(與真佛乃無異)及其國土。	㊤其人壽欲盡時,無量清淨佛,則「化」(化現其分身)令其人自「見」無量清淨佛(與真佛乃無異)及國土。	㊤其人臨終,無量壽佛「化現」其身,光明相好,具如「真佛」,與諸大眾,現其人前。	㊤此人臨命終時,無量壽佛即遣「化身」,與「比丘眾」,前後圍繞,其所「化佛」,光明相好,與「真」無異,現其人前,攝受導引。

㊗往至阿彌陀佛國者，可得智慧勇猛(勇銳威猛)。	㊗往生無量清淨佛國者，可得智慧勇猛(勇銳威猛)。	㊗即隨「化佛」(阿彌陀佛之分身)往生其國(極樂世界)，住「不退轉」，功德智慧，次如「上輩」者也。	㊗即隨「化佛」(阿彌陀佛之分身)往生其國(極樂世界)，得「不退轉」無上菩提。

第三「下輩」往生			
吳・支謙譯《佛說阿彌陀三耶三佛薩樓佛檀過度人道經》(222～253 譯經)	後漢・支婁迦讖譯《佛說無量清淨平等覺經》(147～？)	曹魏・康僧鎧譯《佛說無量壽經・卷下》(Saṃghavarman 252年譯經)	唐・菩提流志譯《大寶積經・卷十七》(Bodhiruci 562～727)
佛言：其三輩者，其人(此指做白衣居士)願欲往生阿彌陀佛國： ①若無所用分檀「布施」。 ②亦不能「燒香」。 ③(不能)散華、然燈、懸雜繒𢃇綵(彩色繒帛絲織品)。 ④(不能)作佛寺起塔。 ⑤(不能)飯食ᨆ	佛言：其三輩者，其人(此指做白衣居士)願欲生無量清淨佛國： ①若無所用分檀「布施」。 ②亦不能「燒香」。 ③(不能)散華、然燈、懸繒𢃇綵(彩色繒帛絲織品)。 ④(不能)作佛寺起塔。 ⑤(不能)飯食ᨆ	佛語阿難：其下輩者，十方世界，諸天人民，其有「至心」，欲生彼國(極樂世界)，假使不能作諸「功德」。	

(打齋供養)諸沙門者。	(打齋供養)沙門者。		阿難！若有眾生：
❶當斷愛欲(意指在家居士，但須修「梵行」)，無所貪慕(貪心愛慕)。	❶當斷愛欲(意指在家居士，但須修「梵行」)，無所貪慕(貪心愛慕)。	❶當發無上「菩提之心」。	❶住「大乘」者(意即「住於大乘菩提之心也」)。
❷得經疾(指能迅速去得聞經法。可參考「中輩」往生經文有云「常信受佛經語深」之句)。		❷一向(一心專向)專意，乃至「十念」，念無量壽佛，願生其國(極樂世界)。	❷以「清淨心」，向無量壽如來，乃至十念，念無量壽佛，願生其國(極樂世界)。
❸慈心精進。	❸慈心精進。	❸若聞「深法」，歡喜信樂，不生「疑惑」(狐疑迷惑)。	❸聞甚深法，即生「信解」，心無「疑惑」(狐疑迷惑)。
❹不當瞋怒。	❹不當瞋怒。	❹乃至「一念」，念於彼佛。	❹乃至獲得「一念淨心」，發「一念心」，念無量壽佛。
❺齋戒清淨。	❺齋戒清淨。	❺以「至誠心」，願生其國(極樂世界)。	
❻如是(修行「下輩」往生之)法者：當「一心念」(阿彌陀佛聖號)，欲往生阿彌陀佛國，晝夜「十日」不斷絕者(指在「斷愛欲、無所貪慕、得經疾、慈心精進、不當瞋怒、齋戒清淨」等條件下，還要專心持阿彌陀佛聖號)。	❻如是清淨者：當「一心念」(阿彌陀佛聖號)，欲生無量清淨佛國，晝夜「十日」不斷絕者(指在「斷愛欲、無所貪慕、慈心精進、不當瞋怒、齋戒清淨」等條件下，還要專心持阿彌陀佛聖號)。		

壽命終,即往生阿彌陀佛國,可得尊敬,智慧勇猛(勇銳威猛)。	壽終,則往生無量清淨佛國,可復尊極,智慧勇猛(勇銳威猛)。	此人臨終,「夢見」彼(阿彌陀)佛,亦得往生,(其)功德智慧,次(於)如「中輩」者也。	此人臨命終時,如在「夢中」見無量壽佛,定生彼國(極樂世界),得「不退轉」,無上菩提。

此「無上菩提心」,即是「願作佛心」;「願作佛心」即是「度眾生心」;「度眾生心」即「攝取眾生」生「有佛國土心」。

是故「願生」彼安樂淨土(極樂世界)者,要發「無上菩提心」也。

若人不發「無上菩提心」(此說法與《佛說觀無量壽佛經》內容不同),但聞彼國土「受樂」無間,「為樂」故「願生」(只為自己可以生西,可獲阿彌陀佛所住持的西方淨土之樂,但卻不願度眾,不勸眾生皆「同生」西方),亦當「不得往生」也。

※關於「《觀無量壽佛經》之[中品上生]以下皆仍未發菩提心」的經論引證

《佛說觀無量壽佛經》的「九品」往生綜合圖表

九品名稱	花開時間	所需的時數	見佛與否	發大乘成佛心與根器問題	所證的果位	證果需花的時間	適合的對像
上品上生[第一品]大乘「上善」之凡	一生即開(不存在蓮華「開合」)	0小時	「蓮花」立刻即開,馬上即可以見到阿	已發菩提心,為大乘成佛根	即悟「無生法忍」(最少是初地菩薩所得,此處應	很短時間證「無生法忍」。	具「至誠心、深心、迴向發願心」。通曉

夫	的經文)		彌陀佛。	基。	指第七或第八地菩薩)。 有「授記」成佛。		大乘佛法、持戒無犯、已發「大乘成佛菩提心」、深信因果、通達法義者。
上品中生 **(第二品)** 大乘「中善」之凡夫	經宿即開	12 小時(一夜)	經過一個晚上「蓮花」就可開,也可即刻見到阿彌陀佛。 但還需要經歷 7 日後才能「開悟」,獲得「不退轉」。	已發菩提心,為大乘成佛根基。	經「一小劫」,得「無生忍」(最少是初地菩薩所得,此處應指第七或第八地菩薩)。 有「授記」成佛。	約 1 千679 萬 8千年證「無生法忍」。	適合「未必」有在受持大乘經典,但已能深信因果、通達法義、已發「大乘成佛菩提心」、不謗大乘者。
上品下生 **(第三品)** 大乘「下善」之凡夫	一日一夜	24 小時(一日一夜)	要經一日一夜「蓮花」才能開,而且要等到七天後,才能見到阿彌陀佛。 還需要經歷 21 天後才能「開悟」,獲得「不退轉」。	已發菩提心,為大乘成佛根基。	經「三小劫」,住「歡喜地」(初地菩薩)。 (雖缺授記成佛的經文,但經文有說「已發菩提心」,加上能得「百法明門」,住「歡喜地」,故亦應獲「授記」成佛)。	約 5 千39 萬 4千年證「初地」 (歡喜地) 菩薩	適合已發「大乘成佛菩提心」,已能深信因果、不謗大乘者。
中品上生 **(第四品)**	蓮華尋開	0 小時	到了西方極樂世界,「蓮	未發菩提心,仍屬小	應時即得「四果」阿羅漢。	很短時間即證「四果」	適合仍未發「大乘成佛菩提

小乘「上善」之凡夫			花」才會開，才能見到阿彌陀佛。 只能先證小果。	乘根基。		阿羅漢果位。	心」，但已「持戒無犯」有功德者。如終身持「五戒、八戒」，不造「五逆」罪者。
中品中生 (第五品) 小乘「下善」之凡夫	經於七日	7日	等到第七天「蓮花」才會開，才能見到阿彌陀佛。 也是先證小果。	未發菩提心，仍屬小乘根基。	經半劫已，成「四果」阿羅漢。	即半小劫，約83萬9千9百年。	適合仍未發「大乘成佛菩提心」，但曾經「一日一夜」持戒功德者。如持「八戒、沙彌戒、具足戒」。
中品下生 (第六品) 世間人雖無信佛，但有做「上善」之凡夫	經七日已 (此處缺「蓮華合」的經文。但後面的「下三品」都有華，故此處不可能沒有蓮華的)	7日	等到第七天「蓮花」才會開，但沒有得見阿彌陀佛的事。 可遇觀音、勢至菩薩說法，後始證「初果」羅漢。	未發菩提心，仍屬小乘根基，且此人生平仍未信佛。	需過一小劫後，始能證「四果」阿羅漢。	約167萬9千8百年。	適合世間無信佛的俗人，專度「無作惡業」，但欲想再重新「投生為人、昇天」者。此人孝養父母，所行仁慈。臨終需獲「善知識」教勸其念佛法門，始得往生西方。
下品上生	經七七日	49天	必須經過四十九	未發菩提心，	需經「十小劫」	約1億6千798	專度做「十惡業」，將

(第七品) 世間人專做「十惡輕罪＆罪不及墮地獄」之凡夫			天，「蓮花」才能開，但沒有得見阿彌陀佛的事。 要先聽觀音、勢至菩薩說法，才能發起「大乘成佛菩提心」。	故仍屬小乘根基，且此人生平仍未信佛。 但保證不會再掉下來三界輪迴的。	後，才能得入「初地」(歡喜地菩薩)。 (此處只證「初地歡喜地」的階位，沒有進一步說明「到十方世界去供奉諸佛」及獲得「成佛授記」的內容)	萬年。	墮「畜生、餓鬼」，但未犯墮「地獄」之罪。 臨終需獲「善知識」教勸其念佛法門，始得往生西方。
下品中生 (第八品) 世間人專做「破戒大罪＆罪重會墮地獄」之凡夫	經於六劫	應指六大劫，約80億6千304萬。	經過六劫後「蓮花」才會開，但沒有得見阿彌陀佛的事。 要先聽觀音、勢至菩薩說法，才能發起「大乘成佛菩提心」。	需要等待「花開」後，才會成為大乘的根器。 但保證不會再掉下來三界輪迴的。	花開後聞法，即發「菩提心」。	無	專度「破戒」、做「十惡業」，將墮「地獄」者。 臨終需獲「善知識」教勸其念佛法門，始得往生西方。
下品下生 (第九品) 世間人專做「五逆重罪＆罪重會墮無間地獄」之凡夫	十二大劫	約161億2千608萬年。	就要等到十二大劫後「蓮花」才會開，但沒有得見阿彌陀佛的事。 要先聽觀	需要等待「花開」後，才會成為大乘的根器。 但保證不會再	花開後聞法，即發「菩提心」。	無	專度犯「五逆重罪」，欲墮「無間地獄」者。 臨終需獲「善知識」教勸其念佛法門，始得往生西

			音、勢至菩薩說法，才能發起「大乘成佛菩提心」。	掉下來三界輪迴的。			方。

是故言：「不求自身(獲得阿彌陀佛的)住持」之樂，「欲拔一切眾生苦」故。

(將自身修集的善根迴施眾生與西方，發願生西，可獲阿彌陀佛所住持的西方淨土之樂，但卻不獨自我享樂於「西方淨土」法門，仍要度眾，應勸眾生皆「同生」西方)

「住持樂」者，謂彼安樂淨土(極樂世界)，為阿彌陀如來「本願力」之所住持(安住維持、久住護持)，(故只要往生到極樂世界皆能)受樂(而永恒)「無間」也。

凡釋「迴向名」義，謂以己「所集一切功德」，施與一切眾生，「共向」(共同發願迴向西方)佛道。

「(善)巧方便」者，謂菩薩(皆發)願以己「智慧火」，燒一切眾生「煩惱草木」。

(很多菩薩皆發願)若有一眾生「不成佛」，我不作佛。

而眾生(仍然)未盡(全部)成佛，菩薩(自己則)「已自成佛」。譬如「火㯹ㄗㄨㄛˊ」(聽念反→火杖，燒火的木棍子)，欲摘(聽歷反→摘除)一切草木，燒令使(滅)盡。(結果)草木未盡(尚未燒盡)，火㯹ㄗㄨㄛˊ(燒火的木棍子)已(先自己燒)盡，以「後其身」而「身先」(原本是發願最後才成佛，結果是自身先去作了佛)，故名「(善)巧方便」。

※關於「眾生未盡成佛，菩薩自己則已先成佛」的經論引證

龍樹菩薩造《大智度論·卷三十八》

(1)問曰：菩薩法「應度眾生」，何以但至清淨無量壽佛世界(極樂世界)中？

(2)答曰：菩薩有二種。

　　　　一者(第一種菩薩)：有慈悲心，多為眾生。

　　　　二者(第二種菩薩)：多(積)集諸佛功德(欲儘速而成佛)。

(3)(第二種菩薩)樂「多集諸佛功德」者，(則必往生)至「一乘」清淨無量壽世界(極樂世界)。

(4)(第一種菩薩)好「多為眾生」者，(則改)至「無佛法」眾處，(於此「無佛法處」去)讚歎三寶之音，如後章說(即詳見《摩訶般若波羅蜜經·卷二》中所說)。

阿難於《楞嚴經》中作偈云

如一眾生未成佛，終不於此取「泥洹」。

《入楞伽經》卷2〈集一切佛法品 3〉

憐愍眾生，作盡眾生界願者，是為菩薩。大慧！菩薩「方便」作願，若諸眾生「不入涅槃」者，我亦「不入涅槃」，是故菩薩摩訶薩「不入涅槃」。

《大乘入楞伽經》卷2〈集一切法品 2〉

謂諸菩薩以「本願方便」，願一切眾生「悉入涅槃」，若一眾生「未涅槃」者，我終不入(涅槃)。

唐·澄觀大師《大方廣佛華嚴經隨疏演義鈔》卷38〈十住品 15〉

(1)本擬度生(菩薩本來擬發願要度盡一切眾生才成佛)，未期成佛(並未期望立刻成佛)，(但這些菩薩因為)積行淳著(累積的六度萬行已經達到淳熟顯著的境界)，行催自成(這些六度萬行功德便催著自己快速成佛)，如撥「火杖」(這是在引導燒草的一個木棍杖子)，本欲燒草(這個木棍杖子本來只是在「引導」燒草的「火源」使用)，不欲燒「杖」(並沒有「打算」也把木棍杖子也一起燒掉)，撥草既多(但這木棍杖子不斷的在撥翻著草堆)，(結果就在不經意之下)任運燒盡(木棍杖子也一起被燒掉了)……(這就是本來菩薩)不欲(快速)成佛，而(直接就)自成(自動而成佛)故。

(2)有云：成佛若不「化生」(度化眾生)，可違「本誓」(當然算是違反了自己本來要「度

盡眾生才成佛」的誓願），成竟亦「化眾生」(但如果自己已成佛究竟了，還是會繼續的度化眾生

啊），豈違本誓(雖然「已成佛」但仍繼續度眾生，這樣那有違背自己「先前的誓願」呢，反而還因

成佛了，而能「快速度化更多的眾生」啊)？……

(3)(菩薩若)以「大智」故，(則需)念念速成(佛道)，又欲(快速)「化盡」(度化滅盡)諸「眾生界」，自須「速成」(佛道)，方能廣化(眾生)，(所以菩薩們)不懼(並不懼怕)「違誓」(違背了自己先前的誓願)。

《大方廣佛華嚴經》卷52〈如來出現品 37〉

(1)佛子！如來「成正覺」時，於其身中普見一切眾生(皆)「成正覺」，乃至普見一切眾生(皆)「入涅槃」(問題是眾生仍然未全部入涅槃，而釋迦佛已經成佛)，皆同一性。所謂：無性。

(2)無何等性？所謂：無相性、無盡性、無生性、無滅性、無我性、無非我性、無眾生性、無非眾生性、無菩提性、無法界性、無虛空性，亦復無有成正覺性。知一切法皆無性故。

《妙法蓮華經》卷1〈方便品 2〉

舍利弗當知！(釋迦)我本立誓願，欲令一切眾，(皆能)如「我」等(而)無異。如我(昔)昔所(發的大)願，今者(我的大願皆)已「滿足」，(我能)化(度)一切眾生，皆令入「佛道」。(問題是眾生仍然未度盡，而釋迦佛已經成佛)

《大智度論》卷29〈序品 1〉

問曰：菩薩若能作「佛身」說法，度眾生者，與佛有何差別？

答曰：菩薩有大神力，住「十住地」，具足佛法而住世間，廣度眾生故，不取涅槃；亦如幻師自變化身，為人說法，非「真佛身」；雖爾「度脫」眾生，有量、有限。佛所度者，無量、無限。

菩薩雖作「佛身」，不能「遍滿」十方世界；佛身者，普能「遍滿」無量世界，所可度者，皆現佛身。亦如十四日月，雖有光明，猶不如十五日。有如是差別。

《千手千眼觀世音菩薩廣大圓滿無礙大悲心陀羅尼經》

善男子！此觀世音菩薩，不可思議威神之力，已於過去無量劫中，已作佛竟，號正法明如來。大悲願力，為欲發起一切菩薩，安樂成熟諸眾生故，現作菩薩。

文殊菩薩在往昔時，曾為「七佛」之師，亦是三世古佛，因為文殊菩薩於無量阿僧祇劫「前」早已「成佛」，文殊菩薩曾是空寂世界的大身如來、平等世界的龍種上尊王如來，現在世則為歡喜藏摩尼寶積如來，未來文殊師利還要在無垢世界成佛，號普現如來……等。

《地藏菩薩本願經》

(1)光目(女)聞已，啼淚號泣，而白空界……願我自今日後，對清淨蓮華目如來像前，却後百千萬億劫中，應有世界，所有地獄，及三惡道，諸罪苦眾生，誓願救拔，令離地獄惡趣、畜生、餓鬼等。

(2)如是罪報等人，盡成佛竟，我然後方成正覺(從經文上來看，應該是「三惡道」眾生皆成佛竟，地藏菩薩方成正覺，並不是「地獄不空，誓不成佛」的獨指地獄眾生而已)。

《占察善惡業報經》

(1)佛告堅淨信(菩薩)：汝莫生「高、下」想。此善男子(地藏菩薩)，發心已來，過無量無邊不可思議阿僧祇劫，「久」已能度「薩婆若」(sarvajña 一切智)海，功德滿足(此指地藏菩薩早已成佛)。但依「本願」自在力故，權巧「現化」(為菩薩)，影應十方。

(2)雖復普遊一切「剎土」，常起功業，而於「五濁惡世」，化益偏厚，亦依「本願力」所熏習故，及因眾生應受化「業」故也。彼(地藏菩薩)從「十一劫」來，莊嚴此世界，成熟眾生……

(3)以是(地藏)菩薩「本誓願力」，速滿眾生一切所求，能滅眾生一切重罪，除諸障礙，現得安隱。又是(地藏)菩薩，名為善安慰說者。

《度諸佛境界智光嚴經》

(1)伏一切諸蓋菩薩言：有五法，是「菩薩」信樂處，得無量勝功德。云何五法？一者、信一切諸法……

(2)三者、信常「成熟」眾生，於恒沙劫，久已成佛；四者、信從然
燈佛來，乃至得佛，中間所作是「佛境界」，無邊劫來，久已得佛，
現行此事。

※關於「自不能度，安能度人。菩薩常不離佛」的經論引證

《大智度論》卷29〈序品 1〉

復次，菩薩「初發意」(nava-yāna-saṃprasthita。初發心；新發意；新發心；初發心求菩提道而
仍未有深行者)，一心作願：從今日，不復隨諸「惡心」，但欲度脫一切「眾生」，
當(先)得「阿耨多羅三藐三菩提」。

《大智度論》卷29〈序品 1〉：「問曰：

(1)菩薩當(度)「化眾生」，何故常欲「值佛」？

答曰：有菩薩未入「菩薩位」、未得「阿鞞跋致」受「記別」故，若「遠離」
諸佛，便壞諸「善根」，沒在煩惱，自不能度，安能度人！

如人乘船，中流壞敗，欲度他人，反自「沒水」；

又如少湯，投大「冰池」，雖消少處，反更成冰。

(2)菩薩未入「法位」，若「遠離諸佛」，以「少功德」、無「方便力」，欲化眾
生，雖少「利益」，反更「墜落」！以是故，「新學」菩薩不應「遠離諸佛」。

《大智度論》卷39〈往生品 4〉

(1)<u>舍利弗</u>！有菩薩摩訶薩從「初發心」(初發心求菩提道而仍未有深行者)住「檀」波
羅蜜、「尸羅」波羅蜜，乃至「阿鞞跋致」(avinivartanīya 阿惟越致；不退轉；無退；
必定)地，終不墮「惡道」。

(2)【論】

釋曰：是菩薩從「初」已來，怖畏「惡道」，所作功德，願不「墜墮」。
乃至「阿鞞跋致地」(avinivartanīya 阿惟越致；不退轉；無退；必定)者，以未到中間，
畏墮「惡道」，故作願。

(3)菩薩作是念：若我墮「三惡道」者，自不能度，何能度人？又受「三惡道」苦惱時，以「瞋惱」故，「結使」增長，還起「惡業」，復受「苦報」；如是「無窮」，何時當得「修行佛道」？

《大智度論》卷29〈序品 1〉

(1)「新學菩薩」(nava-yāna-saṃprasthita。初發意;初發心;新發意;新發心求菩提道而仍未有深行者)不應遠離「諸佛」。

(2)問日：若爾者，何以不說「不離聲聞、辟支佛」？「聲聞、辟支佛」亦能利益「菩薩」。

(3)答日：

菩薩大心，「聲聞、辟支佛」雖有「涅槃」利益，無「一切智」故，不能教導「菩薩」。

(4)(唯有)諸佛(所具的)「一切種智」故，能教導「菩薩」。如象沒「泥」，非象不能出；菩薩亦如是，若入「非道」中，唯「佛」能救，同「大道」故。以是故說「菩薩」常欲「不離諸佛」。

(5)復次，菩薩作是念：我未得「佛眼」故，如「盲」無異，若不為「佛」所引導，則無所趣，錯入「餘道」……

(6)譬如嬰兒，不應離母，又如「行道」不離「糧食」，如「大熱」時，不離「涼風、冷水」，如「大寒」時，不欲「離火」，如「度深水」不應「離船」。

(7)譬如「病人」不離「良醫」；「菩薩」不離「諸佛」，過於上事。何以故？父母、親屬、知識、人、天王等，皆不能如「佛」利益；佛「利益」諸「菩薩」，離諸苦處，住世尊之地。以是因緣故，菩薩常不離佛。

《大智度論》卷61〈隨喜迴向品 39〉

「新發意」菩薩(初發心求菩提道而仍未有深行者)，先教「取相」隨喜，漸得「方便力」，爾乃能行「無相」隨喜。譬如鳥子，「羽翼」未成，不可逼令「高翔」；(需待)「六翮ㆍ 」(鳥的兩翼，此喻成「佛道」)成就，則能遠飛(此喻能廣度眾生)。

※關於「若無眾生，則無六度萬行可修，菩薩亦不成佛，

「故菩薩皆發度盡眾生之願」的經論引證

《楞嚴經・卷六》

自未得度，先度人者，(此是一種)菩薩「發心」(的行為)。

(自己雖還未完全「得度成佛」時，但要先廣結眾生緣，應先儘量用種種方便法門去引度他人進入佛門，這種「捨己利他」的修持法門是菩薩修行過程中很重要的一種發心)

《大方廣佛華嚴經・卷第四十》

若諸菩薩，以「大悲水」饒益眾生，則能成就阿耨多羅三藐三菩提故。是故「菩提」屬於「眾生」。若無「眾生」，一切菩薩終不能成「無上正覺」。

《大乘修行菩薩行門諸經要集・卷二》

(1)聲聞厭與眾生「結緣」，菩薩成熟眾生心故，無厭「結緣」。

(2)聲聞厭離「聚落」，菩薩無厭，入於國邑、聚落、王宮。

(3)聲聞厭自「煩惱」，菩薩能攝眾生，不厭「煩惱」。

(4)舍利弗當知：聲聞「所嫌、厭離」諸行，菩薩皆能攝受「無厭」。

清・夢東 徹悟《徹悟禪師語錄》

未成佛果，先結人緣。

此中言「(善巧)方便」者，謂「(自心)作願」(而)「攝取」一切眾生，「共同」(共同發願迴向西方)生彼安樂佛國(極樂世界)。彼佛國即是「畢竟成佛道路」無上方便也。

也就是吾人若發「西方作佛」的「菩提心」，此即是誓欲「證取佛果」的心；誓欲「證取佛果」，即能獲得最大的「利他」能力，才能獲得最有效的「度化眾生」；而「度化眾生」的唯一方式即是攝取所有眾生皆能「同生極樂佛國」。

6(下)**障菩提門者**：(底下所說即是「離菩提障」的內容。遠離三種會與「菩提門」相違障礙之法。①依智慧門：遠離我心貪著自身。②依慈悲門：遠離無安眾生心。③依方便門：遠離供養恭敬自身心)

菩薩如是善知「迴向」成就，即能遠離「三種菩提門相違法」。

何等三種？

一者：依「智慧門」，不求自樂，遠離「我心貪著自身」故。

「知進守退」曰「智」。

人生在「得意」與「向上而進」的「順境」時，應該知道繼續保住自己的「道心」，不貪求更多的五欲享樂。

人生在「失意」與「向下而退」的「逆境」時候，更應該更要好好守住自己的「道心」。不執求此生的「五欲」能否「靈驗」或「滿足」，唯求到「西方作佛」。

※關於「知進守退」的類似引文

張載〈西銘〉

富貴福澤，將厚吾之生也；

若我們此生能安享著「富裕榮貴」與「福祿恩澤」，這是天地(上天)用這種方式來「厚愛」我們，要我們多作點好事。

貧賤憂戚，庸(用)**玉**(磨練)**女**ㄖㄨˇ(汝)**於成**(就)**也** 。

若我們此生是飽嘗著「貧苦卑賤」與「憂愁悲戚」，這是天地(上天)用這種方式來「磨鍊」我們，要我們有所成就。

存，吾順事；沒，吾寧也

如果我們存活著的一天，我們就應該「依順」著「天理」來做事；
如果到死了的那一天，我們也能「無愧於心」而「光明安寧」。

《論語・衛靈公第十五》

在陳絕糧，從者病，莫能興。

子路慍(ㄩㄣˋ) 見曰：「君子亦有窮乎？」

子曰：「君子固窮，小人窮斯濫矣。」

孔子在陳國斷糧時，跟隨的學生都餓得走不動路。

子路埋怨地說：「君子也有窮困潦倒的時候嗎？」

孔子說：「君子雖窮，但窮不失志；小人一旦窮了，就自暴自棄、一蹶不振了。」

「知空無我」(知道諸法皆性空、空無有我) 曰「慧」。

依「智」故，(應)不求「自樂」(不求自身的五欲享樂)。

依「慧」故，(應)遠離「我心貪著自身」(以我心去貪著自身的六塵之樂)。

二者：依「慈悲門」，拔一切眾生苦，遠離「無安眾生心」故。

「拔苦」曰「慈」，「與樂」曰「悲」。

依「慈」故，(能)拔一切眾生苦。

依「悲」故，(能)遠離「無安眾生心」(能遠離無法讓眾生獲得「安樂、安立」之心)。

※關於「三界無安樂」的經論引證

《佛說如幻三昧經》卷1
三界無安樂，勿志生死淵。

《思惟略要法》卷1
既生在世，老、病、死、苦、憂、悲，萬端不得自在；若生天上，當復墮落。三界無安，汝何以樂著？

《佛母般泥洹經》卷1
生死為苦，三界無安。

《中本起經》卷2〈自愛品 11〉
「合、會」有離，無「親」可恃。世皆有「死」，三界無安，諸天雖樂，福盡亦喪。

《百喻經》卷3
諸佛說言：三界無安，皆是大苦，凡夫倒惑，橫生樂想。

《法句譬喻經》卷1〈雙要品 9〉
三界無安，諸天雖樂，福盡亦喪。觀諸世間，無生不終，欲離生死，當行道真。

《妙法蓮華經》卷2〈譬喻品 3〉
三界無安，猶如火宅，眾苦充滿，甚可怖畏。常有「生、老、病、死」憂患，如是等火，熾然不息。如來已離，三界火宅。

《雜阿含經》卷44
「安樂」眾生故，演說於「正法」。

《摩訶般若波羅蜜經》卷6〈發趣品 20〉

菩薩如是思惟：我應「安樂」眾生，他今助我「安樂」，云何(我對他人而)生「慳」？是名「遠離慳惜他家」。

《小品般若波羅蜜經》卷6〈阿惟越致相品 16〉

(1)復次，<u>須菩提</u>！「阿惟越致」(avinivartanīya 阿惟越致；不退轉；無退；必定)菩薩心，不貪好「名聞稱讚」，於諸眾生，心無恚礙，常生「安隱利益」之心。進止來去，心不散亂，常一其心，不失威儀。

(2)<u>須菩提</u>！是菩薩若「在居家」(指在家人)，不染著「諸欲」。所受諸(五)欲，心生「厭離」，常懷「怖畏」。譬如險道，多諸賊難。雖有所食，厭離怖畏，心不「自安」，但念何時過此險道？

(3)「阿惟越致」(不退轉)菩薩，雖「在家居」(指在家人)，所受諸(五)欲，皆見(其)「過惡」(過失罪惡)，(故)心不「貪惜」，不以「邪命、非法」自活。寧失身命，不侵於人。何以故？

(4)菩薩「在家」，應「安樂」眾生，雖復「在家」，而能成就如是功德。何以故？得「般若」波羅蜜力故。

(5)<u>須菩提</u>！以是相貌，當知是「阿惟越致」(不退轉)菩薩。

《大方廣佛華嚴經》卷8〈菩薩十住品 11〉

「第二治地」(二地菩薩)真佛子，先應發心作是念：願令一切「群生」類，隨順(依隨順從)修行諸佛教。饒益「安樂」眾生心，歡喜「不捨」眾生心，大悲救護我所心，起大師心如來心。發如是等勝妙心，精勤學問求多聞。

《大方廣佛華嚴經》卷19〈十行品 21〉

(1)復更思惟：此身「空寂」，無我、我所，無有真實，性空無二；若苦、若樂，皆無所有，諸法空故。我當解了，廣為人說，令諸眾生滅除此見。

(2)是故，我今雖遭「苦毒」，應當忍受；為「慈念」眾生故，饒益眾生故，「安樂」眾生故，「憐愍」眾生故，「攝受」眾生故，「不捨」眾生故，「自得覺悟」故，「令他覺悟」故，心「不退轉」故，趣向「佛道」故。

(3)是名菩薩摩訶薩第三「無違逆行」。

《大智度論》卷33〈序品 1〉

(一位修行大乘)菩薩法者，(應)安樂(一切)眾生。

若(有)破戒者，(則將)惱亂一切。

三者：依「方便門」，憐愍一切眾生心，遠離「供養恭敬自身心」故。

(其心)「正直」(公正剛直無私)曰「方」，「外己」(外於己身；將自身置之於外)曰「便」。

依「正直」(公正剛直無私)故，(能)生「憐愍一切眾生心」。

依「外己」(自身置之於外)故，(能)遠離「供養恭敬自身心」。

是名「遠離三種菩提門相違法」。

7 「順菩提門」者：(遠離三種會與「菩提門」相違之法，即可獲得三種依隨順從「菩提門」之法。①無染清淨心。②安清淨心。③樂清淨心)

菩薩遠離如是三種(與)「菩提門」相違法，(即)得三種「隨順菩提門法」滿足故。何等三種？

一者：「無染清淨心」，以(從此以後皆)不為自身求諸樂故。

「菩提」是「無染」(對)清淨處，若為(自)身「求樂」，即「違菩提」，是故「無染清淨心」，(即)是「(隨)順菩提門」。

二者：「安清淨心」，以拔一切眾生苦故。

「菩提」是「安穩一切眾生清淨處」，若不「作心」(作慈悲心)，(去)拔「一切眾生」，(令)離生死苦，即便「違菩提」，是故「拔一切眾生苦」，(即)是「(隨)順菩提門」。

三者：「樂清淨心」，以令一切眾生得大菩提故，以攝取眾生，生彼國土故。

「菩提」是「畢竟常樂」處，若不令一切眾生，得「畢竟常樂」，則「違菩提」。此「畢竟常樂」依何而得？依「大乘門」。「大乘門」者，謂彼安樂佛國土(極樂世界)是也。

是故又言：「以攝取眾生，生彼國土」故。

※關於「獲得畢竟常樂」的經論引證

《十住經》卷2〈明地 3〉

(1)金剛藏菩薩摩訶薩語解脫月菩薩言：佛子！諸菩薩摩訶薩深淨心行

「第二地」已、欲得「第三地」，當以「十心」得入「第三地」。何等為十？

(2)一、淨心。二、猛利心。三、厭心。四、離心。五、不退心。

六、堅心。七、明盛心。八、無足心。九、快心。十、大心。

(3)諸佛子！是菩薩摩訶薩以是「十心」得入「第三地」，能觀一切「有為法」如實相，所謂：無常苦空、無我不淨、不久敗壞、不可信相、念念生滅又不生不滅，不從前際來、不去至後際、現在不住。

(4)菩薩如是觀一切「有為法」真實相，知此諸法「無作、無起，無來、無去」。而諸眾生「憂、悲、苦惱、憎愛」所繫，無有停積、無定生處，但為「貪、恚、癡火」所然，增長後世「苦惱」火聚，無有「實性」、猶如「幻化」。見如是已，於一切「有為法」轉復「厭離」，趣佛「智慧」……

(5)見知「佛智」無量、見「有為法」無量苦惱，於一切眾生轉生「殊勝十心」。何等為十？

❶眾生「可愍」。❷孤獨無救。❸貧窮無所依止。❹三毒之火，熾然不息。❺閉在「三有」(三界)牢固之獄。❻常住「煩惱」諸惡刺林。❼無「正觀力」。❽於「善法」中，(其)「欲樂之心」(非常的)薄(弱)。❾失(去)諸佛(之)「妙法」，而常隨順(依隨順從)「生死水」行。❿驚畏「涅槃」(之法)。

(6)是菩薩見眾生如是多諸「衰惱」，發大精進：是諸眾生我應救、我應解、應令清淨、應令得脫、應著善處、應令安住、應令歡喜、應知所宜、應令得度、應使滅苦。

(7)菩薩如是善遠離一切「有為法」，深念一切眾生，見諸佛「一切智」有無量「利益」，即時欲具「佛智慧」，「救度」眾生故，勤行「菩薩道」。

(8)作是思惟：以何「因緣」？以何「方便」？是諸眾生墮在「大苦諸煩惱」中，當拔出之，使得永住「畢竟常樂」？

(9)即時知住「無礙解脫智慧」中者，乃可得此。是「無礙智慧解脫」，不離通達諸法(之)「如實智」、無行(之)行慧。如是「智慧之明」從何而得？當知不離「多聞」決定智慧。

(10)復作是念：「無礙解脫」等諸佛法，以何為本？不離「聞法」為本。

(11)菩薩如是念已，一切求法時，轉加精進，日夜常樂「聽法」，無有厭足，心無休息。「喜」法、「愛」法、「依」法、「隨」法、「重」法、「究竟」法、「歸」法、「救」法、「隨順行」法，菩薩如是方便求法。

是名「三種隨順菩提門法」滿足,應知。

⑧ 名義攝對者：(將種種名義再作「歸攝」與「對應」。「智慧、慈悲、方便」三門歸攝為「方便」。「般若」與「方便」乃為互相攝持。遠離「我心貪著、無安眾生心、供養恭敬自身心」，這三種歸攝為「無障心」。「無染清淨心、安清淨心、樂清淨心」，這三種則攝為「妙樂勝真心」)

向說「智慧、慈悲、方便」三種門，攝取「般若」，「般若」攝取「方便」，應知。

以上所說，皆依於「智慧、慈悲、方便」三種法門所產生的「不為自身求樂、拔一切眾生苦、攝取眾生生極樂佛國」，此皆歸攝在「方便」門中。如果能以「方便」攝取「般若」，以「般若」攝取「方便」，即能達到不住「空、有」二邊的中道妙行。

「般若」者，「達如」(通達「人法二空」之真如)之慧名。

「方便」者，「通權」(通達「權巧」能應機化導眾生)之「智」稱(呼)。

(若能)「達如」(通達真如)則「心行寂滅」(原本妄執「人法」的心行將獲得寂滅)。

(若能)「通權」(通達權巧)則「備省眾機」(具備省察眾生根機而度眾)。

(若能)「省機」(具備省察眾生的根機)之智，備應(隨時完備應機度眾)而「無知」(無虛妄分別之知)。

(若能證悟)「寂滅」之慧，亦「無知」(無虛妄分別之知)而「備省」(具備省察眾生根機而度眾)。

然則「智慧、方便」，相緣(互相為緣)而(作)「動」，相緣(互相為緣)而(寂)「靜」。

「動」不失「靜」(雖然有外相「方便」度眾的動作，但卻不失內在「智慧」的寂靜)，(此乃)「智慧」(所顯)之「功」(用)也。

「靜」不廢「動」（雖然內在具「智慧」之寂靜，但又不偏廢於外相「方便」度眾的作動），（此乃）「方便」（所顯）之（妙）力也。

是故（此）「智慧、慈悲、方便」（三門皆能）攝取「般若」，「般若」（亦能）攝取「方便」。

以「方便」去行作動時，則不離「般若智慧」，避免執著於事相。
以「般若」去行寂靜時，亦不離「方便度眾」，避免又墮於偏空。

《大方等大集經》卷58〈陀羅尼品 4〉
爾時，文殊師利童子菩薩摩訶薩……我今說此「能懼尸利子利奴大陀羅尼」，有大威力，增長一切種子、芽莖、枝葉、華果、藥味，潤澤甘美悉皆豐饒，令一切眾生能作「信戒、多聞、布施、智慧、慈悲、方便」，長養一切「助菩提分法」。

「應知」者，謂應知「智慧、方便」是菩薩父母，若不依「智慧、方便」，「菩薩法」則不成就，何以故？

若無「智慧」，為眾生時，則「墮顛倒」；
若無「方便」（去度化眾生），（則在）觀法性時，則（易）證「實際」（此指證入「偏空、頑空」的實際），
是故「應知」。

※關於「智慧為母，方便為父」的經論引證

三國吳·支謙譯《維摩詰經》	姚秦·鳩摩羅什譯《維摩詰所說經》	姚秦·鳩摩羅什譯《維摩詰所說大乘經》	唐·玄奘譯《說無垢稱經》
壹於是眾中有坐菩薩字眾像見，問維摩詰言：	壹爾時會中有菩薩，名普現色身，問維摩詰言：	壹爾時會中有菩薩，名普現色身，問維摩詰言：	壹爾時眾中有一菩薩，名曰普現一切色身，問無垢稱言：
貳居士！父母、妻子、奴客，執事安在？朋友、親戚、徒隸，為誰群從？所有象馬、車乘，皆何所在？	貳居士！父母、妻子、親戚、眷屬、吏民、知識，悉為是誰？奴婢、僮僕、象馬、車乘，皆何所在？	貳居士！父母、妻子、親戚、眷屬、吏民、知識，悉為是誰？奴婢、僮僕、象馬、車乘，皆何所在？	貳居士！父母、妻子、奴婢、僕使、親友、眷屬、一切侍衛、象馬、車乘、御人(駕御車馬者)等類，悉為是誰？皆何所在？
參爾時長者維摩詰答眾像見，而說「頌」曰： (1)母「智度」無極，父為「權方便」，菩薩由是生，得佛一切現。 (2)「樂法」以為妻，「悲慈」為男女，「奉諦」以降調， （據梵文原意作「真諦與正法」） 居則思「空義」。	參於是維摩詰以「偈」答曰： (1)「智度」菩薩母，「方便」以為父，一切眾導師，無不由是生。 (2)「法喜」以為妻，「慈悲心」為女，「善心誠實」男， （據梵文原意作「真諦與正法」） 「畢竟空寂」舍	參於是維摩詰以「偈」答曰： (1)「智度」菩薩母，「方便」以為父，一切眾導師，無不由是生。 (2)「法喜」以為妻，「慈悲心」為女，「善心誠實」男， （據梵文原意作「真諦與正法」） 「畢竟空寂」舍	參時無垢稱以「妙伽他」而答之曰： (1)「慧度」菩薩母，「善方便」為父，世間真導師，無不由此生。 (2)「妙法樂」為妻，「大慈悲」為女，「真實諦法」男， 「思空勝義」舍。

(3)學知「一切塵」，	(房舍)。	(房舍)。	(3)「煩惱」為賤隸，
	(3)弟子「眾塵勞」，	(3)弟子「眾塵勞」，	（據梵文原意作「學生、弟子」）
其生「隨所欲」，「上道」為親友，覺意而不著。	「隨意」之所「轉」，道品「善知識」，由是成正覺。	「隨意」之所「轉」，道品「善知識」，由是成正覺。	僕使「隨意轉」，「覺分」成親友，由此證菩提。

《佛說最上根本大樂金剛不空三昧大教王經・卷第七》

謂「智度」為母，「方便」解為父，從「金剛手」法，出生諸部法。

《大方廣佛華嚴經・卷第六十》

(1)善男子！菩薩摩訶薩以「般若」波羅蜜為「母」。「大方便」為「父」。

(2)「檀(布施)」波羅蜜為「乳」。「尸(持戒)」波羅蜜為「乳母」。

(3)「羼提(忍辱)」波羅蜜為「莊嚴具」。「毘梨耶(精進)」波羅蜜為「養育者」。「禪(禪定)」波羅蜜為「潔淨」。

(4)「善知識」為「師」。「菩提分」為「朋友」。

(5)「一切善根」為「親族」。「一切菩薩」為「兄弟」。「菩提心」為「家」。「如說修行」為「家地」。「菩薩所住」為「家處」。

(6)「菩薩忍法」為「豪尊」。「出生大願」為「巨富」。「具菩薩行」為「順家法」。「讚摩訶衍」為「紹家法」。「甘露灌頂」一生菩薩為「王太子」。能淨修治「三世佛家」。

※關於「若無智慧與方便法去度眾，則將造成種種弊端」的經論引證

無方便攝受妙慧，貪著禪味，是名菩薩「繫縛」。
有方便攝受妙慧，亦無貪著，是名菩薩「解脫」。

三國吳·支謙譯《維摩詰經》	姚秦·鳩摩羅什譯《維摩詰所說經》	姚秦·鳩摩羅什譯《維摩詰所說大乘經》	唐·玄奘譯《說無垢稱經》
壹 何謂「縛」(繫)？ 何謂「解」(脫)？	壹 何謂「縛」(繫)？ 何謂「解」(脫)？	壹 何謂「縛」(繫)？ 何謂「解」(脫)？	壹妙吉祥！ 何等名為「菩薩繫縛」？ 何等名為「菩薩解脫」？
貳菩薩「禪定」以縛諸我，以「道」縛(繫)我。	貳貪著「禪味」，是菩薩「縛」(繫)。	貳貪著「禪味」,是菩薩「縛」(繫)。	貳又若諸菩薩「味著」所修「靜慮解脫」等持(samādhi 三昧)等至(samāpatti 三摩鉢地)。是則名為「菩薩繫縛」。
參縛者菩薩以「善權」(方便)生，五道解(解脫)彼受。	參以「方便」生，是菩薩「解」(脫)。	參以「方便」生，是菩薩「解」(脫)。	參若諸菩薩以「巧方便」攝諸有生(攝受諸眾生)；無所「貪著」，是則名為菩薩「解脫」。
肆菩薩，「無權執」(無方便)智縛(繫)。	肆又，「無方便」慧縛(繫)。	肆無方便，貪著禪味，是菩薩「縛」(繫)。	肆若「無方便」善攝「妙慧」，是名「繫縛」。
伍「行權執」(有方便)智解(脫)。	伍「有方便」慧解(脫)。	伍有方便，深入禪定，是菩薩「解」(脫)。	伍若「有方便」善攝妙慧，是名「解脫」。
陸「智」不執「權」(方		陸無方便生，是菩	

便)縛(繫)。 ㊼ 「智」而執「權」(方便)解(脫)。		薩「縛」(繫)。 ㊼ 有方便生，是菩薩「解」(脫)。 ㊽又， 「無方便」慧縛(繫)。 ㊾ 「有方便」慧解(脫)。	
	㊿ 「無慧」方便縛(繫)。 「有慧」方便解(脫)。	㊿ 「無慧」方便縛(繫)。 「有慧」方便解(脫)。	

向說遠離「我心不貪著自身」、遠離「無安眾生心」、遠離「供養恭敬自身心」，此三種法「遠離障菩提心」，應知。

諸法各有「障礙相」，
如「風」能障「靜」、「土」能障「水」、「濕」能障「火」。

「五黑(殺盜婬妄酒)、十惡(殺、盜、婬身三。妄語、兩舌、惡口、綺語口四。貪、瞋、邪見意三)」障「人天」。

「四顛倒」障「聲聞」果(二乘人對於「涅槃四德」所生起的四種顛倒妄見，即於涅槃之「常、樂、

我、淨」妄執爲「無常、無樂、無我、不淨」，此名「四顛倒境」)。

此中三種「不遠離」，障「菩提心」。

「應知」者，若欲得「無障」，當遠離此「三種障礙」也。

※關於「四顛倒障聲聞果」的經論引證

如來「涅槃四德」的「常樂我淨」介紹。凡夫及二乘所證皆不同

A、指「佛法身」所具的「四德」，亦指「涅槃四德」，亦名「四不顛倒見」。

此為《涅槃經‧卷二十三》所說的內容。「常樂我淨」又稱為「涅槃四德」，為大乘如來「涅槃」與「如來法身」所具有的「四德」，亦名為「四不顛倒見」。

(1)「**常**」➜如來所達到的「涅槃」為「不生不滅」的「恒常」不變境界。或指「如來法身」的體性是「不生不滅」的永恒「常住」，甚至已超越「常、無常」的相待「法執」關係，所謂「常尚應捨，何況非常？」如來說「常」，即非「常」，是名「常」。

(2)「**樂**」➜如來所證的「涅槃」乃「無苦」而絕對的「安樂、安穩」境界。或指「如來法身」已永離眾苦，已住於「涅槃寂滅」之「大樂」中，甚至已超越「樂、苦」的相待「法執」關係，所謂「樂尚應捨，何況非樂？」如來說「樂」，即非「樂」，是名「樂」。

(3)「**我**」➜如來所證的「涅槃」乃「自由自在」，無能無所，毫無拘束。或指「如來法身」已自在無礙，已遠離「我、人、眾生、壽者」妄執下的一種「大我」。如來已超越「我、非我」的相待「法執」關係，所謂「我尚應捨，何況非我？」如來說「我」，即非「我」，是名「我」。

(4)「**淨**」➜如來所證的「涅槃」乃無任何的「煩惱染污」境界。或指「如來法身」已離垢無染，達到湛然的「白淨」寂滅。如來已超越

「淨、非淨」的相待「法執」關係，所謂「淨尚應捨，何況非淨？」如來說「淨」，即非「淨」，是名「淨」。

B、二乘之「四顛倒見」

二乘不知如來所證「涅槃四德」的「究竟圓滿」之義，故另取執其「非常、非樂、非我、非淨」義而棄如來究竟之「常樂我淨」義，形成了一種「顛倒」的知見，此亦名為「四顛倒見」。

(1)「非常」→二乘認為世間不是永恆的「常法」，於是便抓緊了世間是「非常」的法義來修，有了「非常」的「法執」存在。二乘有著「常、非常」的相待「法執」觀念，例如：如來曾說「涅槃四德」有究竟圓滿的「不生不滅」的「恒常」義，但二乘則另執其「非常」義而棄「恒常」義，形成一種「顛倒」的知見。

(2)「非樂」→二乘認為世間不是永恆的「快樂」，於是便緊抓了世間是「非樂」的法義來修，有了「非樂」的「法執」存在。二乘有著「樂、非樂」的相待「法執」觀念，例如：如來曾說「涅槃四德」有究竟圓滿的「大樂」，二乘則另執其「非樂」（苦）義而棄「大樂」義，形成一種「顛倒」的知見。

(3)「非我」→二乘認為「我」在世間並不是永恆的存在，於是便緊抓了世間是「非我」的法義來修，有了「非我」的「法執」存在。二乘有著「我、非我」的相待「法執」觀念，例如：如來曾說「涅槃四德」有究竟圓滿的「大我」，二乘則另執其「非我」義而棄「大我」義，形成一種「顛倒」的知見。

(4)「非淨」→二乘認為世間不是永遠充滿了「淨」，於是便緊抓了世間是「非淨」的法義來修，有了「非淨」的「法執」存在。二乘有「淨、非淨」的相待「法執」觀念，例如：如來曾說「涅槃四德」有究竟圓滿的「白淨」，二乘則另執其「非淨」義而棄「白淨」義，形成一種「顛倒」的知見。

C、凡夫的「四顛倒」邪見（《中論・二十三品・顛倒品》以此義為主）

凡夫不知「一己」與「世界」之真相本為「無常、苦、無我、不淨」，進而

生出四種「恒常、純樂、我執、永淨」的謬誤邪見。

(1)「常」➡凡夫誤認人生與世間是「永恆與真實」的存在，誤將世間的「無常法」執著為「恒常不滅」之法，進而墮落在「不知無常」的一種「邪見謬誤」中。故佛教導以修「觀心無常」之法。套用《金剛經》之語，云：如來說「常」，即是真實之「常」，是名「常」--此為凡夫「邪見」

(2)「樂」➡凡夫誤認人生與世間是「永恆快樂」的存在，誤將世間的「非樂法」執著為「永遠快樂」之法，進而墮落在「不知諸苦」的一種「邪見謬誤」中。故佛教導以修「觀受是苦」之法。套用《金剛經》之語，云：如來說「樂」，即是真實之「樂」，是名「樂」--此為凡夫「邪見」。

(3)「我」➡凡夫誤認人生與世間都是一種「真實的我」的存在，誤將世間的「無我」之理執著為「我是真實存有」之法，進而墮落在「不知無我」的一種「邪見謬誤」中。故佛教導以修「觀法無我」之法。套用《金剛經》之語，云：如來說「我」，即是真實之「我」，是名「我」--此為凡夫「邪見」。

(4)「淨」➡凡夫誤認人生與世間都是一種「永恒清淨」的存在，誤將世間的「不淨」執著為「永遠清淨」之法，進而墮落在「不知非淨」的一種「邪見謬誤」中。故佛教導以修「觀身不淨」之法。套用《金剛經》之語，云：如來說「淨」，即是真實之「淨」，是名「淨」--此為凡夫「邪見」。

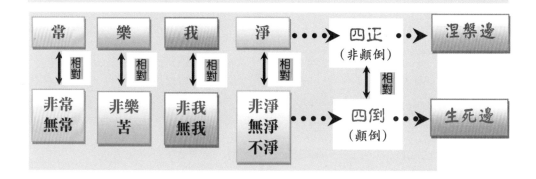

向說「無染清淨心、安清淨心、樂清淨心」，此三種心，(簡)略(成)一處(就是能)成就「妙樂勝真心」，應知。

「樂」有三種。

一者：**外樂**(向外五欲六塵之樂)，謂「五識」(色聲香味觸法向外攀緣執取)**所生**(之)**樂**。

二者：**內樂**(向內禪定心靜之樂)，謂「初禪、二禪、三禪」意識**所生**(之)**樂**(以上皆屬「色界天喜樂」)。

三者：**法樂**(五角反)**樂**(魯各反)，謂(由)「智慧」**所生**(之)**樂**。(在聽受佛典法義後而生出的「喜樂」，亦即「法樂」)

※關於「何謂法樂」的經論引證

《維摩詰所說經》 姚秦・鳩摩羅什譯	《佛說超日明三昧經・卷上》 西晉・聶承遠譯
天女即問(維摩詰)：何謂「法樂」？ (維摩詰)答言： ❶ 樂常「信佛」。 ❷ 樂欲「聽法」。 ❸ 樂「供養眾」。 ❺ 樂「離五欲」。 ❻ 樂觀「五陰」，如「怨賊」。 ❼ 樂觀「四大」，如「毒蛇」。 ❽ 樂觀「內入」(六入)，如「空聚」。	何謂法樂？ (1)樂於佛法，不好俗法。 (2)樂聞經典，不思世談。 (3)樂供養眾，不為俗黨。 (4)但樂三寶，不志三垢。 (5)樂度三處，不為霑污。 (6)樂觀四大，為地水火風，不計我許。
❾ 樂隨護「道意」。 ❿ 樂「饒益」眾生。	(7)樂安人物，不為危害。

⓫ 樂「敬養」師。	
⓬ 樂廣「行施」。	(8)樂施所有，不為慳悋。
⓭ 樂「堅持戒」。	(9)樂奉禁戒，不毀所遵。
⓮ 樂「忍辱柔和」。	(10)樂忍於辱，不失德本。
⓯ 樂勤集「善根」。	(11)樂精進力，不為罪根。
⓰ 樂禪定「不亂」。	(12)樂禪一心，不為亂意。
⓱ 樂「離垢」明慧。	(13)樂深智慧，不為愚惑。
⓲ 樂「廣菩提心」。	
⓳ 樂「降伏」眾魔。	
⓴ 樂斷諸「煩惱」。	(14)樂化塵勞，不為垢濁。
㉑ 樂「淨佛國土」。	(15)樂佛國淨，不厭開化。
㉒ ㉓ 樂成就「相好」故，修諸「功德」。	(16)樂嚴道法，不為非法。
㉔ 樂「莊嚴」道場。	
㉕ 樂聞「深法」不畏。	
㉖ 樂「三脫門」(三解脫門➜空、無相、無願)。	(17)樂三脫門，離空相願。
㉘ 不樂「非時」(指聲聞者乃採「非時取證」而住小果，即未成佛果，僅於「中路」便取證)。	(18)樂無為法，不樂俗為。
	(19)樂入深法，不為失節。
㉙ 樂「近同學」(親近同修學佛法者)。	(20)志樂欣喜，離怒不諦。
㉚ 樂於「非同學」(非同修學佛法者)中，心無「恚礙」。	(21)樂自然法，亦不捨人。
	(22)樂習善友，遠世親厚。
㉜ 樂將護(衛護)「惡知識」。	(23)樂常志道，不造迷惑。
㉛ 樂親近「善知識」。	(24)樂講正議，不為俗典。
㉞ 樂「心喜清淨」。	(25)樂慕菩薩，不為聲聞。
㉟ 樂修「無量道品」之法。	(26)樂求正覺，不為緣覺。
	(27)樂向大道，不為細術。
	(28)樂存八等，不為八邪。
是為菩薩「法樂」。	(29)樂六十二慧，不為身墮六十二見(dvāṣaṣṭi dṛṣṭayaḥ 古印度外道所

	執著之 62 種錯誤見解）。
	(30)樂無上法，不為下劣。
	(31)樂大乘業，棄羅漢法。
	是為法樂。

此「智慧」所生樂，從「愛佛功德」(智慧功德)起，是遠離「我心」、遠離「無安眾生心」、遠離「自供養心」。

是三種心，清淨增進(增上促進)，略為「妙樂勝真心」。

「妙」言其「好」，以此「樂」緣佛生(所有的「法樂法喜」皆緣自於「佛典法義」的智慧而生)故。

「勝」言勝出「三界」中(之)樂。

「真」言「不虛偽、不顛倒」。

※關於「三門、三心、獲得［妙樂勝真心］的圖解」說明

依智慧門 ➡ 不求自樂，遠離我心貪著自身 ➡ 得「無染」清淨心 ⎫

依慈悲門 ➡ 拔一切眾生苦，遠離無安眾生心 ➡ 得「安」清淨心 ⎬ 得〈妙樂勝真心〉

依方便門 ➡ 憐愍一切眾生心，遠離供養恭敬自身心 ➡ 得「樂」清淨心 ⎭

9 **願事成就者：**(修持「智慧心、方便心、無障心、妙樂勝眞心」這四心，便能達成往生淨土。若修「五念門」，則能使所願之事獲得自在成就)

如是菩薩「智慧心、方便心、無障心(遠離三種會與「菩提門」相違相障之法。①我心貪著自身。②無安眾生心。③供養恭敬自身心)**、勝真心**(妙樂勝眞心)**」，能生「清淨佛國土」，應知。**

「應知」者，謂「應知」(發心修行的菩薩應修)此「四種清淨功德」，(即)能得生彼(極樂世界)「清淨佛國土」，(能往生西方淨土並)非是「他緣」(其它因緣)而生也。

是名菩薩摩訶薩隨順(依隨順從)**「五種法門」，所作隨意自在成就。如向**(之前)**所説「身業、口業、意業、智業、方便智業」，隨順**(依隨順從)**法門故。**

「隨意自在」者，言此「五種功德力」，能生(極樂世界)「清淨佛土」，「出(離)、沒(入)」自在也(指「出、入」自在，入極樂世界修行成佛、出極樂世界度化眾生)。

「身業」者，「禮拜」也。
「口業」者，「讚歎」也。
「意業」者，「作願」也。
「智業」者，「觀察」也。

(詳觀極樂國土莊嚴17句、阿彌陀佛莊嚴8句、諸菩薩莊嚴4句等，共29句。及觀察「清淨眞實智慧，無爲法身」的一法句中)

「方便智業」者，「迴向」也。

(指將所修的一切「身、口、意、智」四業功德，全部迴向一切眾生，共同發願同生淨土)

※關於「出沒自在」的經論引證

《大方廣佛華嚴經》卷55〈離世間品 38〉

佛子！菩薩摩訶薩有十種「自在」。何等為十？所謂：

❶「命」自在，於不可說劫「住壽命」故。

❷「心」自在，「智慧」能入「阿僧祇」諸三昧故。

❸「資具」自在，能以無量「莊嚴」(去)「莊嚴」一切世界故。

❹「業」自在，隨時「受報」(接受果報)故。

❺「受生」自在，(能)於一切世界示現「受生」故(出離佛剎而去他方世界「度眾」與「轉世受生」)。

❻「解」自在，(能)於一切世界「見佛充滿」故。

❼「願」自在，(能)隨欲隨時，於「諸剎」中「成正覺」故(進入佛剎而去成等「正覺」)。

❽「神力」自在，(能)示現一切「大神變」故。

❾「法」自在，(能)示現無邊「諸法門」故。

❿「智」自在，(能)於念念中，示現如來「十力、(四)無畏、成正覺」故。

是為十。

若諸菩薩(能)安住此法，則得圓滿一切諸佛諸「波羅蜜」智慧神力菩提自在。

言此五種業(身業、口業、意業、智業、方便智業)和合，則是隨順(依隨順從)「往生淨土法門」自在業成就。

10 利行滿足者：(透過修持「五念門」即可獲得「近門、大會眾門、宅門、屋門、園林遊戲
地門」等五門。前四門是「自利」，第五門是「利他」。在「自利」和「利他」
之行皆圓滿具足後，即可速得成就無上菩提)

復有五種門，「漸次」成就五種功德，應知。何者五門？
一者：近門。
二者：大會眾門。
三者：宅門。
四者：屋門。
五者：園林遊戲地門。

此五種，示現「入、出」(極樂淨土的)次第相。

「入相」中，
❶初至「淨土」是「近相」(近門)。
謂入大乘「正定聚」(samyaktva-niyata-rāśi 正定聚➔指眾生必定獲得「證悟」而永不退，亦
指決定會成就佛位而永不退轉的「必定菩薩」。《俱舍論 卷十》云:「見道」位以上之聖者，已斷盡「見」
等惑，亦可獲「畢竟不退」。又菩薩階位在「十信」以上者，亦稱「正定」)，近「阿耨多羅三藐
三菩提」。

入「淨土」已，
❷便入「如來大會眾數」(在極樂世界未來將成就「如來」果位的大眾一員)。(大眾會門)

入(如來大會)「眾數」已，
❸當至「修行安心之(舍)宅」(因修「寂止心」之「止」，喻入極樂世界之七寶舍宅)。(宅門)

入「宅」已，
❹當至「修行所居(之)屋寓﹂」(因修「觀察意」之「觀」，喻入極樂世界之宮殿堂宇)。(屋門)

（從第一「近門」到第四「屋門」的）「**修行**」成就已，當（出離極樂世界到十方世界）至「**教化地**」（教化眾生之地），（此）「**教化地**」即是菩薩（之）「**自娛樂地**」（「娛樂」二字，其它佛典常譯為「遊戲神通」。自我娛樂遊戲神通之地）。

是故

❺「**出門**」（出離極樂世界之門）稱「**園林遊戲地門**」（能到十方的「生死園林」世界中去度化眾生，菩薩已經能「乘願」再來，其度化眾生如入「生死園林」的一種「遊戲」之地。遊戲娛樂於人間，或遊戲神通於人間）。（園林遊戲地門）

※關於「入如來大會眾數」的經論引證

《大寶積經》卷6

若有菩薩，以「勝意樂」，能於「我所」（我佛如來之處所生）起於「父」想（如「己父」想的尊貴一般），彼人當得入「如來數」，如我無異。

《大寶積經》卷20〈涅槃功德品 5〉

(1)舍利弗！若菩薩摩訶薩，從「此」世界或「餘」世界，於「命終」後，生彼（不動如來）佛剎，若現生彼（不動如來佛剎），皆得（獲）授「阿耨多羅三藐三菩提」記，非可以「百數」而數，彼以「千數」及「百千數」。

(2)舍利弗！是「百千」菩薩摩訶薩數者，應知入「如來數」，皆入「佛數」，皆入「佛數」，入「一切智性數」。

(3)若有菩薩摩訶薩，當生彼（不動如來佛）剎者，亦皆得入「如來」等數，舍利弗！除彼「不退」菩薩摩訶薩。（其）所餘（之）菩薩，於此世界，若（有）「不聞」（聽不到）「稱讚不動如來功德法門」者，（此類之人）皆（已）為「惡魔」之所「攝受」。

※關於「至修行安心之舍宅」的經論引證

後漢・支婁迦讖譯《佛說無量清淨平等覺經》

無量清淨佛講堂精舍，及諸「菩薩、阿羅漢」所居，七寶舍宅中，外內處處，皆復自然「流泉水浴池」。

吳・支謙譯《佛說阿彌陀三耶三佛薩樓佛檀過度人道經》

其人壽命欲終時，阿彌陀佛即自與諸「菩薩、阿羅漢」，共翻(翻翔)「飛行」迎之，則往生阿彌陀佛國……所居七寶舍宅，在虛空中，恣隨其意，在所欲作為，去阿彌陀佛近。

曹魏・康僧鎧譯《佛說無量壽經・卷上》

(極樂世界)其講堂、精舍、宮殿、樓觀(樓閣臺觀)，皆七寶莊嚴，自然化成。復以「真珠、明月、摩尼」眾寶，以為交絡(交織綿絡)，覆蓋其上。

曹魏・康僧鎧譯《佛說無量壽經・卷上》

阿難！彼佛國土(極樂世界)，諸「往生」者，(能)具足如是清淨色身，諸妙音聲，神通功德。所處宮殿，衣服飲食，眾妙華香，莊嚴之具，猶「第六天」(Para-nirmita-vaśa-vartin。欲界之「他化自在天」)自然之物。

※關於「至修行所居之屋寓」的經論引證

趙宋・法賢譯《佛說大乘無量壽莊嚴經》

又復思念「摩尼寶」等，莊嚴「宮殿、樓閣、堂宇(屋宇)、房閣」，或大或小、或高或下，如是念時，隨「意」現前，無不具足。

《放光般若經》卷7〈守行品 33〉

如來所有身者，是「薩云若慧」(sarvajña 一切智)之「屋室」。「如來」因是室，逮得「薩云若」(sarvajña 一切智)，是故名為「薩云若慧」之「室」。

《楞嚴經・卷四》

我今猶如「旅泊」之人，忽蒙天王賜與「華屋」(如來藏真如法義)；雖獲大宅，要因「門」入。

唯願如來不捨大悲，示我在會諸「蒙暗」(蒙昧昏暗)者，捐捨(捐除棄捨)「小乘」，畢獲(畢竟獲得)如來「無餘涅槃」本發心路(根本發心之門路)。

[翻譯]

我現在就像是一個在旅行途中飄泊的人(此喻六道漂泊，不知終於何所)，忽然蒙受到「天王」(此如來)賜與一間華麗的屋宅(此喻如來藏真如法義)，雖然已獲得這間富麗堂皇的大屋宅，但仍然找不到屋宅的「大門」(此喻修行方法)可進去居住(此喻雖知寶藏處所，若無方法及工具，亦不能開採)。

懇請如來不捨眾生，大慈大悲，能為我等在此法會中仍然「蒙昧昏暗」的修行者們開示，令我們「捐除棄捨」小乘「有餘涅槃」的教法，能畢竟獲得如來究竟「不生不滅」的「無餘涅槃」，讓我們了解從最初的「根本發心」及趣向「菩提涅槃」的正覺道路。

《最勝問 菩薩十住除垢斷結經》卷5〈恭敬品 13〉

(1)深入「法藏」，不見(有)所「入」。

(2)滅盡「無生」，以(之)為「屋室」。

(3)「如如」如爾，無形、無相。

(4)本無「有際」，「際」亦「無際」。

(5)常不有「(恒)常」，思惟「無常」。

(6)雖見(有)「生死」，亦不見(有真實之)「生」。

(7)入於「五道」，解「無」(真實之)五道。

《大般涅槃經》卷27〈師子吼菩薩品 11〉

(1)「解脫」即是無上「大般涅槃」，「涅槃」者，即是「煩惱諸結火」滅。

(2)又「涅槃」者，名為「室宅」。何以故？能遮「煩惱、惡風雨」故。

(3)又「涅槃」者，名為「歸依」，何以故？能(越)過一切諸「怖畏」故。

(4)又「涅槃」者，名為「洲渚」。何以故？「四大暴河」不能漂故。

《大方廣佛華嚴經》卷78〈入法界品 39〉

(1)菩提心者，猶如「舍宅」，(能)「安隱」一切諸眾生故。

(2)菩提心者，則為「所歸」，(能)「利益」一切諸世間故。

(3)菩提心者，則為「所依」，(為)諸菩薩行所依(之)處故。

(4)菩提心者，猶如「慈父」，(能)訓導一切諸菩薩故。

※關於「出極樂世界而至園林遊戲地門」的經論引證

西晉·竺法護譯 《度世品經》	東晉·佛馱跋陀羅譯 六十《華嚴經·離世間品》	唐·實叉難陀譯 八十《華嚴經·離世間品》
㊀菩薩(於)「苑囿」(中修菩薩道的方式)有十事。	㊀佛子！菩薩摩訶薩有十種(於)園林(中修菩薩道的方式)。	㊀佛子！菩薩摩訶薩有十種(於)園林(中修菩薩道的方式)。
㊁何謂為十？ ❶樂於生死，未曾惡厭。	㊁何等為十？所謂： ❶(菩薩能於眾生之)生死園林(中)，行「菩薩行」，不起「憂惱」故。	㊁何等為十？所謂： ❶「生死」是菩薩園林，「無厭捨」故。
❷好化眾生，性無所著。	❷(菩薩)教化眾生(於生死)園林(中)，「不厭」眾生故。	❷「教化眾生」是菩薩園林，「不疲倦」故。
❸處於一切眾想之地，啟受大行。	❸(菩薩能於)一切(大)劫(之)園林(中)，攝取菩薩一切「大行」故。	❸「住一切劫」是菩薩園林，攝諸「大行」故。
❹常喜嚴淨諸佛世界，住己處所。	❹(菩薩能於)清淨世界(之)園林(中)，性「無著」故。	❹「清淨世界」是菩薩園林，自所止住故。

❺志在諸魔、婇女、宮殿悉能降化，宮臺閣故。

❻敬所說法，如所聞法，思惟知義，觀察歸趣。

❼六通無極、四恩攝行、三十七品道慧之法為菩薩園，是己嚴父、所可遊居。

❽如來十力、四無所畏、十八不共，取要言之，一切佛法為菩薩園，未曾復思他奇異法。

❾一切菩薩所現變化、建立娛樂為菩薩園。轉於法輪，無自大律，而謹慎行，無所違失。

❿切發心不離正覺，普現群黎為菩薩園。然其法身皆遍十方諸佛世界，菩薩所行猶如虛空。

　參是為菩薩十苑囿也。

---

❺(菩薩能於)一切「魔宮殿」(之)園林(中)，降魔境界故。

❻(菩薩能)聽受「正法」園林，(以)正念觀察故。

❼(菩薩能於)「六波羅蜜、四攝法、三十七道品」(中之)園林，修習「慈父」境界故。

❽(菩薩能於)「十力、四無所畏」(中)，乃至(於)「一切佛法」(之)園林(中)，不念「異法」故。

❾菩薩(能)示現一切無量無邊「功德神力」(之)園林，(能)轉淨法輪，調伏眾生故。

❿(菩薩能)於念念中，為一切眾生現成「正覺」(之)園林，法身如虛空，充滿一切世界平等覺故。

　參佛子！是為菩薩摩訶薩十種(於)園林(中修菩薩道的方式)。若菩

---

❺「一切魔宮殿」是菩薩園林，降伏彼眾故。

❻「思惟所聞法」是菩薩園林，如理觀察故。

❼「六波羅蜜、四攝事、三十七菩提分」法，是菩薩園林，紹繼「慈父」境界故。

❽「十力、四無所畏、十八不共」，乃至一切佛法」是菩薩園林，不念餘法故。

❾示現一切菩薩「威力、自在、神通」是菩薩園林，以「大神力」轉「正法輪」，調伏眾生，無休息故。

❿一念於一切處，為一切眾生，示「成正覺」，是菩薩園林，法身周遍。盡虛空一切世界故。

　參是為十。若諸菩薩安住此法，則得如來無上離憂惱、大安

	薩摩訶薩(能)住此(十種)「園林」,則得「如來」無上「離憂」(之)快樂園林。	樂行。

※關於「遊戲與娛樂於園林」的經論引證

東晉・佛馱跋陀羅譯 六十《華嚴經・金剛幢菩薩十迴向品》	唐・實叉難陀譯 八十《華嚴經・十迴向品》
壹菩薩摩訶薩(修)「布施」莊嚴(之)遊戲園林時,作如是念: 我當為一切眾生作「愛樂法林」。 我當為一切眾生示現「悅樂之處」。 我當與一切眾生「無量歡喜」。 …… 貳菩薩摩訶薩以「施」莊嚴(之)遊戲園林,所攝善根,迴向眾生: 令一切眾生得轉勝善根,究竟成就「無上菩提」園林之心。 令一切眾生得不動法,普見諸佛,皆悉歡喜。 參令一切眾生常樂「法林」,遂得	壹佛子!菩薩摩訶薩(修)「布施」種種園林、臺榭、遊戲快樂莊嚴之處,作是念言: 我當為一切眾生作「好園林」。 我當為一切眾生示現「法樂」。 我當施一切眾生「歡喜」之意。 我當示一切眾生「無邊喜樂」。 我當為一切眾生「開淨法門」。 我當令一切眾生「發歡喜心」。 …… 貳佛子!菩薩摩訶薩如是觀察已,攝諸善根,悉以迴向,所謂: 願一切眾生念念滋生無量善法,成就「無上園林」之心。 願一切眾生得不動法,見一切佛皆令歡喜。 參願一切眾生樂法園苑,得諸

| 「佛刹」，娛樂園林。 | 佛刹園苑妙樂。 |

※關於「菩薩娛樂與遊戲神通」的經論引證

西晉・竺法護譯《度世品經》	東晉・佛馱跋陀羅譯六十《華嚴經・離世間品》	唐・實叉難陀譯八十《華嚴經・離世間品》
壹菩薩「娛樂」（「娛樂」二字亦常譯爲「遊戲神通」），有十事法。	壹佛子！菩薩摩訶薩有十種「遊戲神通」（「遊戲」二字亦常譯爲「娛樂」）。	壹佛子！菩薩摩訶薩有十種「遊戲」。
貳何謂為十？	貳何等為十？所謂：	貳何等為十？所謂：
❶於斯，菩薩以眾生身建立國體，分別黎庶形之所趣，是第一樂。	❶菩薩摩訶薩（能）於「眾生身」作 佛刹身」，而（仍）不壞「眾生身」，是為第一遊戲神通。	❶以「眾生身」作「刹身」，而亦不壞「眾生身」，是菩薩遊戲。
❷又復菩薩以土身像建立眾生，不令國身而有損耗，是第二樂。	❷菩薩摩訶薩（能）於「佛刹身」作 眾生身」，而（仍）不離「佛刹身」，是為第二遊戲神通。	❷ 刹身」作 眾生身」，而亦不壞於 刹身」，是菩薩遊戲。
❸又，其菩薩隨時變現佛正覺身，現諸聲聞身、緣覺之身，非常示現如來之業，是第三樂。	❸菩薩摩訶薩（能）於「佛身」示現「聲聞、緣覺」身，而（仍）不減「如來身」，是為第三遊戲神通。	❸於佛身示現聲聞、獨覺身，而不損減如來身，是菩薩遊戲。
❹又，其菩薩示現聲聞、緣覺、佛身巍巍微妙，不著三品法訓，是第四樂。	❹菩薩摩訶薩（能）於「聲聞、緣覺」身示現「如來身」，而（仍）不增長「聲聞、緣覺」身，	❹於聲聞、獨覺身示現如來身，而不增長聲聞、獨覺身，是菩薩遊戲。

	是為第四遊戲神通。	
❺又,其菩薩示現行身、最正覺身,不著身行、亦無所斷,是第五樂也。	❺菩薩摩訶薩(能)於「菩薩身」示現「無上菩提身」,而(仍)不捨「菩薩行」,是為第五遊戲神通。	❺於菩薩行身示現成正覺身,而亦不斷菩薩行身,是菩薩遊戲。
❻又,其菩薩現正覺道,身之所行不猗正覺,是第六樂也。	❻菩薩摩訶薩(能)於「無上菩提身」示現「菩薩身」,而(仍)不減「菩提身」,是為第六遊戲神通。	❻於成正覺身示現修菩薩行身,而亦不減成菩提身,是菩薩遊戲。
❼又,其菩薩現泥洹界,猗於生死,不著泥洹,是第七樂。	❼菩薩摩訶薩(能)於「涅槃界」示現「生死」相續不絕,而(仍)不著「涅槃界」,是為第七遊戲神通。	❼於涅槃界示現生死身,而不著生死,是菩薩遊戲。
❽又,其菩薩現習生死,又現取滅度,不於泥洹而永滅度,是第八樂。	❽菩薩摩訶薩(能)於「生死界」示現「涅槃界」,(仍)亦不究竟「無餘涅槃」,是為第八遊戲神通。	❽於生死界示現涅槃,亦不究竟入於涅槃,是菩薩遊戲。
❾又,其菩薩以常永定普示眾行,往反周旋、住立經行不捨三昧,是第九樂。	❾菩薩摩訶薩(能)「正受三昧」,(於)行、住、坐、臥現諸「威儀」,而(仍)不捨於「正受三昧」,是為第九遊戲神通。	❾入於三昧而示現行、住、坐、臥一切業,亦不捨三昧正受,是菩薩遊戲。
❿又,其菩薩從一如來聞說正法,不見沒	❿菩薩摩訶薩(能)於「一佛所」聞法受持,	❿在一佛所聞法受持,其身不動,而以三

身，護三昧定。如來道場無央數事各各分別，恕當諸身，其所住處身無所壞，不亂三昧。從諸如來聽所說法，這聞法已則受奉行。三昧正受，不斷啓觀經典之要，與如來俱，不見滅身。一一三昧御諸行門入無數定，以是比像皆盡壞劫，菩薩三昧未曾窮極定意身門，是為第十「娛樂」。

⑶菩薩住此，逮成如來無上慧樂。

悉能往詣不可說佛所，聽受正法，而(仍)不離「本坐」、亦不「分身」。不起三昧，念念於一一「三昧身」門，出生不可說不可說「三昧身」門，一切諸劫猶可窮盡，菩薩(能)「出生三昧身」門，不可窮盡，是為第十「遊戲神通」。

⑶佛子！是為菩薩摩訶薩十種遊戲神通。若菩薩摩訶薩安住此法，則得一切諸佛無上大智「遊戲神通」。

昧力，於不可說諸佛會中各各現身，亦不分身，亦不起定，而聞法受持相續不斷，如是念念於一一三昧身各出生不可說不可說三昧身，如是次第一切諸劫猶可窮盡，而菩薩三昧身不可窮盡，是菩薩「遊戲」。

⑶是為十。若諸菩薩安住此法，則得如來「無上大智遊戲」。

※關於「以法自娛」的經論引證

《佛所行讚》卷4〈菴摩羅女見佛品 22〉：

人生於世間，唯應(以)法(而)自娛。財色非「常寶」(恒常之寶物)，唯(應以)「正法」為珍(寶)。

《大方廣佛華嚴經》卷14〈淨行品 11〉
見「樂著」(之)人,當願眾生:以「法」(而)自娛,(並對「法」)歡愛不捨。

《賢劫經》卷4〈三十七品 13〉
若慕「出家」,(應)棄世「榮樂」(榮華享樂),以「法」(而)自娛,是曰「精進」。

※關於「五念門、五門、功德、自利利他的圖解」說明

五念門		五門	功德
禮拜門:身業禮拜	➡	近門 生極樂界,入正定聚,近「阿耨菩提」果位	
讚歎門:口業禮拜	➡	大眾會門 在極樂世界未來將成就「如來」果位的大眾一員	入門=自利
作願門:一心作願修「奢摩他」	➡	宅門 因修「寂止心」之「止」,喻入極樂世界之七寶舍宅	
觀察門:專念觀察修「毗缽舍那」	➡	屋門 因修「觀察意」之「觀」,喻入極樂世界之宮殿屋宇	
迴向門:迴入生死輪迴的園林,教化眾生	➡	園林遊戲地門	出門=利他

此五種門,初「四種門」(近門、大眾會門、宅門、屋門)成就,(即是)「入功德」(入門「自利」的功德),第五門成就(方為)「出功德」(出門「利他」的功德)。

此「入、出」功德門,何者是?

(下)釋言:
入「第一門」者,以禮拜阿彌陀佛為生彼(極樂世界)國故,得

生安樂世界(極樂世界)，是名入「第一門」。

「禮佛」願生(極樂世界)「佛國」，(此)是(最)初(之第一個)「功德相」(即指第一之「近門」)。

※關於「禮佛願生極樂世界」的資料引證

清・咫觀輯《修西聞見錄》卷1
如月(法師)，字妙明，常德 武林縣人，性至孝，慕「禪宗」。父母終，棄妻子，投寶相寺出家，持戒精嚴，脇不沾席，結茅終南「三十」餘載。出則參訪名山，小住鎮江 蓮花菴，日課「禮佛三千」，念佛「十萬」。金山閱藏五年，高旻閱藏五年，天寧閱藏六年，語將來事有應，復入終南山禮拜，合掌稱佛名而逝，火焚，得「五色舍利」半升餘，事在道光二十六年十二月十六日，春秋七十六。

《佛祖統紀》卷27
僧衒等(法師)，并州人，初念慈氏，期生「內院」，年九十，遇(道)綽禪師，聞「淨土」之法，始「回心」焉，早暮禮佛「千拜」，念佛「萬聲」。三年有疾，謂弟子曰：阿彌陀佛授我「香衣」，觀音、勢至示我「寶手」，吾其去矣！既終，七日，異香不散。

《佛祖統紀》卷28
秦氏淨堅(女居士)，家松江，厭惡「女身」，與夫各處，精持「齋戒」，閱《華嚴經》、《法華》、《光明》、《般若》，無虛日，晨昏修「彌陀懺」，日禮佛「千拜」，久之，有「光明」入室中，面西「念佛」，安坐而化。

真明法師（1939~1990）
真明比丘尼，臺灣人。自幼茹素，年廿薙染。寺中常掌大寮，以濟他眾，

安心辦道，二十年如一日。後因罹病，初不介意，遂至第四期「乳癌」，眾勸開刀，師云：「刀開身敗，好亦不健」，遂停大寮工作。

然明師亦非休工養病，仍日禮佛千拜，誦《普門品》，彌陀聖號不斷。往生前，將自事安排妥當，並先向師長告假。後人告曰，明師於五年前即預言：「將於五十歲往生。」1990 年，雙手結蓮印，泊然化去。是時，正為師五十歲誕辰。往生後十二時，面泛光彩，合身柔軟。春秋五十。

--《無量壽經四十八願略解》頁 15。

如覺法師（1865~1922）

如覺比丘尼，俗姓許，台州人。上有三兄一姐，二兄與三兄均出家，覺師與姊十分欽羨。年廿，與其姊同時薙染。受「具戒」後，二師同時閉關三年之久。出關後，一同參訪名剎；返後，二師又再度掩關九年。其後修行更精進，每日必禮佛「千拜」，念佛不計其數。逢人即勸念佛，云：

「多念一句佛，即少說一句話，亦少生一惡念。」

1922 年六月，罹疾，數日未癒，但正念分明。遂召徒眾至榻前念佛。徒眾傷心哭泣，覺師微笑對大眾云：

「生無可喜，死無可悲。汝等因何哭泣？應和睦相處，同心修持，用功勿懈。生死事大，生命有限，千萬不可自誤。汝等今生雖為女身，能出家學道，為無量幸福之事，實應警惕自勉。需保持比丘尼之高尚人格，為名符其實之尼僧。」

言畢，安詳逝化。翌日中午，頂門尚留餘溫。世壽五十有七，戒臘三十有八。

--《續比丘尼傳‧卷六》頁 115。《近代往生傳》。

慧僧法師（1906~1982）

慧僧，名因宏，東北 新阜市人。俗姓錢，年廿四，於錦州 錦縣 資福寺

披剃。是年於遼寧 萬壽寺受「具戒」。復依諦閑法師習天台教觀,深得真傳;又依慈舟法師習律、虛雲和尚參禪。日本侵占東北,師維護佛教,不遺餘力。1947 年,駐錫於香港 荃灣 東普陀寺,復至新加坡創建萬佛林,繼為香港 荃灣 東林念佛堂開山祖定西老法師請任住持。港、星兩地,法輪大轉。其間又赴美國 弘福寺、加拿大 資福寺等處建立法幢,弘法利生。度眾甚多,皈依者眾。

1980 年受美國加州 萬佛聖城四眾恭請,講解《梵網經菩薩戒》,中西人士聽者踴躍,有《梵網經中英文講錄》流通,在美、加共住十七載。僧師一生福慧雙修,學通天台,行歸淨土,嘗日念十萬彌陀聖號數年,念「往生咒」達三十萬遍。於淨土法門開示云:

「老老實實念佛,成熟自趨極樂。利鈍根都可修持,閒忙者均能證果。」

僧師戒律謹嚴,終身「持午」,弘宗演教,勇猛精進。至年七十,日仍「禮佛五百拜」。平日不出閒言,講經說法,辯才無礙。經文偈語,滔如泉湧。精於梵唄音韻,尤以唱誦「華嚴字母」猶為獨到。

1981 年,染患肺癌,延入臺灣 榮民總醫院療養。1982 年返星洲,農曆五月十一日下午八時二十五分,捨報往生,安詳入滅。臨終正念,莊嚴相好。守護四眾,歎未曾有。世壽七十有七,僧臘、戒臘均五十有四。茶毘撿得五彩舍利千餘。
--《僧寶之光》頁 150~156。《無盡燈》97 期。

入「第二門」者,以讚歎阿彌陀佛,隨順(依隨順從)名義,稱如來名,依如來「光明智相」修行故,得入(未來將成就「如來」果位的)「大會眾數」,是名入「第二門」。

依(阿彌陀)如來(之)名義(而)「讚歎」(阿彌陀佛)，(此)是第二「功德相」(即指第二之「大眾會門」)。

入「第三門」者，以一心專念，「作願」生彼(極樂世界)，修「奢摩他」(śmatha 止;定)寂靜三昧行故，得入蓮華藏世界，是名入「第三門」。

為修「寂靜止」(寂靜之「寂止心」)故，一心「願生彼國」(極樂世界)，(此)是第三「功德相」(即指第三之「宅門」)。

※關於「極樂世界亦不離蓮華藏世界」的經論引證

唐·澄觀撰，唐·宗密述《華嚴經行願品 疏鈔·卷六》

(1)不生華藏，而生極樂，略有四意。

一、(阿彌陀佛與娑婆世界眾生)有緣故。

二、欲使眾生「歸憑」(歸依憑靠)「情一」(專情而一)故。

三、(極樂世界乃)不離華藏故。

四、(極樂世界之阿彌陀佛與觀音菩薩)即「本師」故(阿彌陀佛與觀自在菩薩，皆表示「本師」毘盧遮那佛之德也)。

(2)鈔(指澄觀《華嚴經行願品疏》)略有四意者：

一、彌陀願重(大悲願力特別的深重)，偏接(偏好接引)娑婆界人。

二、但聞十方(世界)皆妙，「此、彼」(皆能互相)融通(融合貫通)，(然而)「初心」(nava-yāna-samprasthita。初發意；初發心；新發意；新發心；初發心求菩提道而仍未有深行者)忙忙(「忙忙然」古通「茫茫然」。若有所失貌；無所知；失意)，無所依託(依止寄託)，故(彌陀法門能)「方便」(接)引之。

三、極樂(世界)去此，但有「十萬億佛土」，(但)華藏(世界)中所有「佛剎」，皆「微塵數」(之多)，故(極樂世界亦)「不離」(華藏世界)也。如《大疏》說

「華藏世界」底布風輪、須彌塵數、普光摩尼海中出大蓮華……如天帝網，安布而住……一一相當，遞相連接，成「世界網」。故知阿彌陀佛國「不離」華藏界中也。

四、即此第三十九偈讚品云：或有見佛「無量壽、觀自在」等共圍繞，乃至賢首如來、阿閦、釋迦等彼竝。判云：讚「本尊」遮那（毘盧遮那佛）之德也。

由世親的門下所傳，同樣為菩提留支所譯的《金剛仙論》在詮釋「蓮華藏世界」時云：

《金剛仙論》卷4：

(1)此言淨土者，正是諸佛「依報」真實智慧「第一義土」。此（極樂世界）土以「真如法性」為體，即「蓮華藏世界」。此之「淨土」與「真、報」佛，語「體」則「同」，言「用」則「異」也。此土如來，從發心以來所修萬行，「功德、智慧」二種莊嚴，「出世無漏勝因」所剋故。

(2)《十地經》云：「過一切世間境界，出世間善根所生也。」不為地前「取相」漏因所得，體非「有為」，形相莊嚴所攝故。

(3)《大智度論》云：「諸佛淨土，不為欲、色、無色三界所攝。云何言此真淨土不為三界所攝？解云：不在地故，非欲界攝；不在空故，非色界攝；體是色故，非無色界攝。」

(4)雖三界不攝，而與之同處，然不相妨閡。設三災起時，世界焚燒，而彼淨土湛然不變。

(5)故《法華》云：「眾生見劫盡，大火所燒時，我此土安穩，天人常充滿。」此即「真常淨土」，故「三災不毀」也。

(6)又諸佛淨土平等清淨無二無別，故《十地經》云：「一佛土一切佛土，一切佛土一佛土也。」

(7)今解此淨土，云「淨穢同處」者，異於昔來所辨「一質異見」之義。所以爾者，原「淨、穢」二土，本無異處，非如娑婆、安樂，二土既殊，條然有別也。

(8)若然，何故有石沙銅鐵、七寶琳瑯，到伏等界，無量差別；或有眾生，以虛空為地、地為虛空？如斯不同，皆是眾生業之垢淨，智有明昧故。

所見萬差，非土有異。

(9)猶如恒河流水，有諸「餓鬼」共往趣飲，或見流火，或見膿血，或見灰炭，或見枯涸，或見鬼神守護，不令得前。斯皆眾生「罪業」因緣故，於此一河，所感各異，故「見」不同，非謂水「一」而「見」有殊也。

(10)如《維摩》説：「螺髻、身子(舍利弗)所見不同，如二天共食，飯色有異。」此亦同也。故知處「一土」差，就「見」不同，非為「一」質而有「異」覩，其理焰然也。

入「第四門」者，以專念「觀察」彼妙莊嚴(詳觀極樂國土莊嚴、阿彌陀佛莊嚴、諸菩薩莊嚴)，修「毘婆舍那」(vipaśyanā 觀)故，得到彼(極樂世界之)處，受用種種「法味樂」，是名入「第四門」。

(所謂於極樂世界能受用)種種「法味樂」者，(於)「毘婆舍那」(vipaśyanā 觀)中：
①有觀「佛國土」(莊嚴的)「清淨味」。

②(有觀)「攝受眾生」(的)「大乘味」。

③(有觀)畢竟「住持不虛作味」(即指「不虛作住持味」)。

④(有觀)類事起行(欲仿效類似「佛國莊嚴」之事而發起「殊勝之妙行」)，願(攝)取「佛(國)土味」。

⑤(觀)有如是等無量莊嚴(之)「佛道味」。

故言(能受用)「種種」(的法味之樂)，(此)是第四(之)「功德相」(即指第四之「屋門」)。

出「第五門」者，(諸大菩薩能)以「大慈悲」，觀察一切「苦惱」眾

生，(然後)示「應、化」身，迴入(眾生的)「生死園煩惱林」中，(以種種的)遊戲神通(之力)，至「教化地」(教化一切眾生之地)，(諸大菩薩並)以「本願力」(作種種的)迴向(例如迴入生死園林去度化眾生)，故是名出「第五門」。

(所謂大菩薩能)示「應、化」身者，(此)如《法華經》(的)「普門」示現之類也。

※關於「普門示現」的經論引證

西晉・竺法護譯《正法華經》	後秦・鳩摩羅什譯《妙法蓮華經》	隋・闍那崛多、達磨笈多共譯《添品妙法蓮華經》
於是持地菩薩，即從座起前白佛言：假使有人，聞光世音(菩薩)所行德本，終不虛妄，世世安隱，至「無極」(pāramitā 波羅蜜)慧，其光世音(菩薩)，「神足」(神通具足)變化，普(普遍攝受一切眾生)至「道門」(佛道之法門)，所顯威神，而無窮極。	爾時持地菩薩即從座起，前白佛言：世尊！若有眾生，聞是〈觀世音菩薩品〉自在之業，「普門」(普攝一切眾生的廣大圓融方便法門)示現「神通」力者，當知是人功德不少。	爾時持地菩薩即從座起，前白佛言：世尊！若有眾生，聞是〈觀世音菩薩品〉自在之業，「普門」(普攝一切眾生的廣大圓融方便法門)示現「神通」力者，當知是人功德不少。

(諸大菩薩能以種種的「遊戲神通」度眾生，此)「遊戲」(具)有二義。

一者：「自在」義，菩薩度眾生，譬如獅子搏ㄛ鹿(輕而易舉)，所為不難，如似(一場)「遊戲」。

二者:「度無所度」義,菩薩觀眾生,畢竟「無所有」;雖(有)度「無量眾生」,
　　而實「無一眾生」得滅度者,(佛與菩薩)示(現)度(化)眾生,(僅)如似(一
　　場)「遊戲」。

※關於「師子搏鹿」的經論引證

《大智度論》卷8〈序品 1〉

爾時,世尊故在「師子座」,入「師子遊戲三昧」,以「神通力」感動三千大
　　千世界,六種震動。

【論】

問曰:此「三昧」何以名「師子遊戲」?

答曰:譬如師子搏鹿,(輕而易舉的)自在(與)戲樂;佛亦如是,(只要)入此(師
　　子遊戲)三昧,(便)能(以)種種「迴轉」此地,令(三千大千世界發生)六反(六次
　　反復的)震動。

「搏」同「捕」,捕捉之意。「師子搏鹿」是以「獅子」來比喻「熾盛的欲望」,
而以「鹿」比喻「微弱的道心」,所以「鹿」這個獵物對「師子」來說,只是
件「自在」且「輕而易舉」的行為。

※關於「雖度眾生,而實無一眾生得滅度者」的經論引證

《最勝問 菩薩十住除垢斷結經·卷七》

(1)佛告最勝:如是如是,如汝所言,菩薩摩訶薩執大弘誓,無邊幅意,
　　育養眾生,淨佛國土。雖「化眾生」,亦不見「化」,亦不見眾生。所以
　　然者?

(2)以「法性」觀,虛無寂寞,悉無所有,皆空、皆寂,無形無相,不可見
　　故。一切諸法;法亦自空。

(3)眾生，眾生自空。

國土，國土自空。

泥洹，泥洹自空。

菩薩，菩薩自空。

(4)如是最勝！菩薩當作是觀。深入法要，解知諸法，一相「如」爾。

(5)諸法眾智，虛寂無為，無所染著。菩薩摩訶薩亦復如是。

《大寶積經・卷九十》

(1)諸法自性常寂靜，何有貪欲及瞋癡？於無數劫修眾行，度脫無量諸眾生，眾生「自性不可得」，實無眾生「可度」者。

(2)譬如世間「大幻師」，化作無邊千億眾，還復害此諸化人，於此「幻化」無增損。

(3)一切眾生如「幻化」，求其邊際不可得。若知如是「無邊性」，斯人處世無疲厭。

(4)了知諸法「如實相」，常行「生死」即「涅槃」。

《大乘理趣六波羅蜜多經・卷十》

能度一切「生死」瀑流，是名「方便」。

實「無眾生」得滅度者，是名「智慧」。

(諸佛菩薩在度眾生，是度[方便]而無度[智慧])

(所)言(諸大菩薩能以)「本願力」者，(此)示「大菩薩」(能)於「法身」中(而)常在「三昧」，而(示)現種種「身」、種種「神通」、種種「說法」，(此)皆以(大菩薩自己之)「本願力」(而生)起。

譬如「阿修羅琴」，雖無(人去撥弦擊)鼓者，而(竟能發出)「音曲」(音韻曲調)自然，(此)是名(大菩薩)「教化地」(之)第五「功德相」(即指第五之「園林遊戲地門」)。

(此乃一種「自動相應、感應」的理論,「阿修羅琴」雖無人撥弦,但卻隨眾生「心意」與「根機」而自動發出不同的「音韻曲調」。此喻佛菩薩雖無「主動」講法,但卻隨眾生「心意」與「根機」而自動發出不同的「法義音聲」,應以何身得度,即現何身而爲說法)

※關於「阿修羅琴,雖無人彈,卻常自發聲」的經論引證

《大智度論》卷17〈序品 1〉

(1)「法身」菩薩,(已)離「生死身」,知一切諸法「常住」,如「禪定相」,不見有「亂」。「法身」菩薩(能)變化(出)「無量身」(而)為眾生說法,而菩薩(仍於)心(中)「無所分別」。

(2)如「阿修羅琴」,常(能)自(動)「出聲」,(此乃)隨(眾生之心)「意」而作,(但此琴卻)無人彈者;此(阿修羅琴)亦無「散心」(散亂心)、亦無「攝心」(收攝心),(此琴)是福德(果)報(所)生(之)故,(此阿修羅琴能)隨人(心之)「意」(而)出聲。

(3)(已證)「法身」(之)菩薩亦如是,(法身菩薩已達)無所「分別」,亦無「散心」,亦無(文字)「說法」(之)相。(法身菩薩)是(由)無量「福德、禪定、智慧」(之)因緣(所生)故。

(4)是「法身」菩薩,(乃由)種種「法音」隨應(隨機相應)而出。(若有具)慳貪心多(者),(則)聞(法身菩薩爲之宣)說「布施」之聲;(若具)破戒、瞋恚、懈怠、亂心、愚癡之人(者),(則)各各(將)聞(法身菩薩爲之宣)說「持戒、忍辱、禪定、智慧」之聲。(此類眾生)聞是法已,(即)各各「思惟」(而修行),(眾生)漸以「三乘」(之根機)而(獲)得「度脫」。

菩薩(若)入(前面的)四種門(指「近門、大眾會門、宅門、屋門」),(則)「自利行」(已)成就,應知。

「成就」者，謂「自利」滿足也。

「應知」者，謂應知由(於菩薩已能)「自利」故，則(亦)能「利他」(利益到他人)，非是(並非是說)不能「自利」(反)而(卻)能「利他」(利益到他人)也。

菩薩(若)出第五門(指「園林遊戲地門」)，(則)迴向(所有功德與眾生)「利益他行」成就，應知。

(所謂)「成就」者，謂以「迴向因」(迴向所有功德與眾生共成佛道)，證「教化地果」，若因、若果(以如是之「因」而得如是之「果」)，(則)無有一事不能「利他」(也)。

「應知」者，謂應知由(於菩薩已能)「利他」(利益到他人)故，則(亦)能「自利」，非是(並非是說)不能「利他」(利益到他人)，(卻反)而(只)能「自利」也。

菩薩一定能「自利」+「利他」➔能「自利」一定能「利他」➔能「利他」一定能「自利」。

二乘聲聞只能「自利」，不能「利他」。

菩薩如是修「五念門」，行「自利、利他」，(則能)速得成就「阿耨多羅三藐三菩提故」。

佛所得法名為「阿耨多羅三藐三菩提」，以得此「菩提」故名為「佛」。今言速得「阿耨多羅三藐三菩提」，(若能修五念門，發願迴向極樂世界則)是得「早作佛」也。

「阿」名「無」。
「耨多羅」名「上」。

「三藐」名「正」。

「三」名「遍」。

「菩提」名「道」。統而譯之名為「無上正遍道」。

「無上」者，言此「道」，(已)窮理(窮究諸理)盡性(極盡體性)，更無(有越)過(之)者。
何以言之？以(獲)「正」(正遍知)故。

「正」者，「聖智」也，如「法相」(諸法實相)而知，故稱為「正智」。
法性(乃)「無相」，故「聖智」(亦)「無知」(無虛妄分別之知)也。

「遍」有二種，
一者：「聖心」(聖者之心能)「遍知」(周遍了知)一切法。
二者：「法身」(乃周)遍滿「法界」。若身、若心，無不(周)遍也。

「道」者「無礙道」也。
經(此指《華嚴經》之〈菩薩問明品〉)言：
十方無礙人，一道出生死。
(十方世界所有能具足「無礙智慧」的人，皆是以「一種修道之法」來出離生死輪迴，這個「一種修道之法」
就是能證悟「生死即涅槃」的般若「不二解脫」法門)
一：「道」者。
一：「無礙道」也。
「無礙」者，謂知「生死」即是「涅槃」。

如是等(皆)入「不二法門」無礙相也。

※關於「十方無礙人，一道出生死」的經論引證

東晉・佛馱跋陀羅譯 六十《華嚴經・菩薩明難品》	唐・實叉難陀譯 八十《華嚴經・菩薩問明品》

壹爾時，<u>文殊師利</u>問<u>賢首菩薩</u>言：佛子！一切諸佛唯以「一乘」(一種佛乘修道之法)，得出生死。

貳云何今見一切「佛剎」(諸佛剎土世界)，事事不同？所謂：
世界、眾生、說法、教化、壽命、光明、神力、眾會、佛法、法住。

如是等事，皆悉不同，無有不具「一切佛法」，而能成就「無上菩提」？

參爾時，<u>賢首菩薩</u>以偈答曰：

<u>文殊</u>法常爾，法王(如來)唯「一法」(一種修道法)，

(十方)一切無礙人，(唯以)「一道」(而)出生死。
(十方世界，所有能具足「無礙智慧」的人，皆是以「一種修道之法」來出離生死輪迴)

一切諸佛身，唯是一「法身」，
一心一智慧，「(十)力、(四)無畏」亦然。
隨眾生(之)「本行」，求「無上菩提」，
「佛剎」及「眾會」，說法悉不同。

一切諸佛剎，「平等」普嚴淨，
眾生「業行」異，所見各不同。

壹爾時，<u>文殊師利菩薩</u>問<u>賢首菩薩</u>言：佛子！諸佛世尊，唯以「一道」(一種佛乘修道之法)，而得出離。

貳云何今見一切「佛土」(諸佛剎土世界)，所有眾事，種種不同？所謂：
世界、眾生界、說法調伏、壽量、光明、神通、眾會、教儀、法住，各有差別。

無有不具「一切佛法」，而成「阿耨多羅三藐三菩提」者。

參時，<u>賢首菩薩</u>以頌答曰：

<u>文殊</u>法常爾，法王(如來)唯「一法」(一種修道法)，

(十方)一切無礙人，(唯以)「一道」(而)出生死。
(十方世界，所有能具足「無礙智慧」的人，皆是以「一種修道之法」來出離生死輪迴)

一切諸佛身，唯是一「法身」，
一心一智慧，「(十)力、(四)無畏」亦然。
如本趣「菩提」，所有迴向心，
得如是「剎土」，眾會及說法。

一切諸佛剎，莊嚴悉「圓滿」，
隨眾生「行」(而)異，如是見(有)「不

同」。

※關於「一切知見無礙人」的經論引證

《大智度論》卷 24〈序品 1〉

(1)復次，有「聲聞」人及「菩薩」，修「念佛三昧」，非但「念佛身」，當念佛種種功德「法身」。應作是念：

(2)佛(為)「一切種」、(佛為)「一切法」能解故，(佛)名「一切智人」；

(於)「一切法」如實善分別說故，(佛)名「一切見人」；

(於)一切法現前知故，(佛)名「一切知見無礙人」；

(能)「等心」(於)一切眾生故，(佛)名「大慈悲人」；

(具)有「大慈悲」故，(佛)名為「世救」；

(具)「如實道」來故，(佛)名為「如來」；

(能)應受一切世間「供養」故，(佛)名為「應供人」；

(3)(能)成就「不顛倒智慧」故，(佛)名「正遍知」……(能)燒一切「結使」薪故，(佛)名「如火」。

※關於「生死即涅槃」的經論引證

《思益梵天所問 經·卷第一》

(1)世尊！是法，一切世間之所難信。所以者何？

(2)世間貪著「實」，而是法「無實、無虛妄」。

(3)世間貪著「法」，而是法無「法」、無「非法」。

(4)世間貪著「涅槃」，而是法無「生死」、無「涅槃」。

(5)世間貪著「善法」，而是法無「善」、無「非善」。

《大方等大集經·卷第二十九》

(1)云何依「義」；不依「語」？

(2)「語」者，稱説「生死」。

「義」者，知生死「無性」。

(3)「語」者，説「涅槃」味。

「義」者，知涅槃「無性」。……

(4)「不了義經」者，訶諸「煩惱」。「了義經」者，讚「白淨法」。

(5)「不了義經」者，説「生死苦惱」。「了義經」者，「生死、涅槃」一相無二。

(6)「不了義經」者，讚説種種「莊嚴文字」。「了義經」者，説「甚深經」，難持難了。

《大方廣圓覺修多羅了義經》

(1)修習此心得成就者……始知眾生「本來成佛」(本來即具有「成就佛道的種性」)，「生死、涅槃」猶如昨夢。

(2)善男子！如昨夢故，當知(通達；觀照；覺悟)「生死」及與「涅槃」；無起、無滅、無來、無去。

(3)其「所證」者「無得、無失、無取、無捨」。

(4)其「能證」者「無住、無止、無作、無滅」。

(5)於此證中，無「能」無「所」，畢竟「無證」，亦無「證者」。一切法性平等不壞。

(6)善男子！彼諸菩薩如是修行。如是漸次，如是思惟，如是住持，如是方便。如是開悟，求如是法，亦不迷悶。

《佛説未曾有正法經・卷第四》

(1)諸法「皆空」，離諸見故。諸法「無相」，相清淨故。諸法「無願」，離三世故。

(2)諸法非「三世」所攝，過去、現在、未來，不可得故。

(3)「生死、涅槃」本平等，諸法皆平等。

(4)大王！諸法既如是，「煩惱、疑惑」可得生不？

(5)王言：不也！諸法皆空，「煩惱、疑惑」其何有也？

(6)妙吉祥菩薩言：「煩惱」無生，法亦無説。「煩惱」性空，諸法平等。

(7)「生死、涅槃」本平等。「煩惱、菩提」亦平等。

《大乘本生心地觀經·卷第八》

(1)爾時佛告文殊師利菩薩言：若有善男子善女人，欲得修習三種「祕密成佛妙門」，早獲如來功德身者。當著菩薩「三十二種」大金剛甲，修此「妙觀」，必證如來「清淨法身」。云何名為「三十二甲」？

(2)一者：於無量劫為眾生故，不厭「生死」，「受苦」大甲。

(3)二者：誓度無量有情，乃至螻蟻，「不捨」大甲。……

(4)五者：永滅能起「有、無」二見一切煩惱，「金剛」大甲。……

(5)十三者：「生死、涅槃」無有二見，饒益眾生，「平等」大甲。……

(6)三十二者：一剎那心「般若」相應，悟三世法，「無餘」大甲，是名菩薩摩訶薩三十二種「金剛大甲」。

《大寶積經·卷第五十二》

(1)復次舍利子！云何名為菩薩摩訶薩不依趣「不了義」經，依趣「了義」經……

(2)若諸經中有所宣說「厭背生死、欣樂涅槃」，名「不了義」。
若有宣說「生死、涅槃」二無差別，是名「了義」。

(3)若諸經中宣說種種「文句差別」，名「不了義」。
若說「甚深難見、難覺」，是名「了義」。

(4)若諸經中「文句廣博」，能令眾生「心意踊躍」，名「不了義」。
若有宣說「文句」及「心」皆同「灰燼」，是名「了義」。

《大乘入楞伽經·卷第二》

(1)復次大慧！諸聲聞畏「生死妄想苦」而求「涅槃」，不知「生死、涅槃」差別之相，一切皆是「妄分別有」，無所有故。

(2)妄計未來「諸根境滅」以為「涅槃」，不知證「自智」境界；轉「所依藏識」(第八阿賴耶識)為「大涅槃」。

問曰：有何「因緣」？言(能)**速得成就「阿耨多羅三藐三菩提」？**

答曰：論言：修「五門行」，以「自利」(與)「利他」成就故。然覈(覈實探求)求其(根)本，阿彌陀如來(永遠)為「增上緣」(無論往生之前，抑或往生之後再成就功德，都是依仗彌陀本願力為「增上緣」。為何這樣說呢？因為若無「佛力」加持，則四十八願應成虛設)。

(所謂)「他利」(他人[佛]能利益到我們這些凡夫眾生)之與「利他」(我們有能力能利益到其他眾生)，談有左右(在方便的言談中，所謂「他」與「利」這二個字，好像是有左邊與右邊之分，例如「利」字放在右邊，就是「他利」，或者放在左邊，就是「利他」)。

若(以)「自佛」(自我本具佛性角度)而言，宜言「利他」(我們似乎有能力能利益到他人)；

(若從)「自眾生」(自我是凡夫眾生的角度)而言，宜言「他利」(他人[佛]能利益到我們這些凡夫眾生)。

今將談「佛力」(阿彌陀佛之「他力」)，是故以「利他」(佛能利益到他人)言之。

當知此意也，凡是(能往)生彼(極樂)淨土，及彼(極樂世界諸)菩薩、(與)人天所起(種種)諸(妙)行，皆緣(於)阿彌陀如來(之)「本願力」故。何以言之？

若非(阿彌陀)佛力(之)「四十八願」，(一切)便是「徒設」(徒然虛設)。

今的(確實：究竟)取(阿彌陀佛四十八大願其中)「三願」，用證(用來證明)義意。

(一)願言：設我得佛，十方眾生，至心信樂，欲生我國，乃至十念，若不得生者，不取正覺，唯除五逆，誹謗正法。

(此乃)緣(阿彌陀)佛(之大)「願力」故，(只需)「十念」(之聲聲)念佛(號)，便得(以)往生，(只要)得(以)「往生」故，即(能)免「三界輪轉」之事，(永)無(生死)「輪轉」故。

(此)所以(念佛獲阿彌陀佛之「他力」加持而)「得速」(得以速成就阿耨菩提)，一證也。

※關於「乃至一念或十念皆得往生」的經論引證

唐·菩提流志譯《大寶積經·卷十七》

何以故？他方佛國所有眾生，聞無量壽如來名號，乃至能發一念「淨信」，歡喜愛樂，所有「善根迴向」，願生無量壽國(極樂世界)者，隨願皆生，得「不退轉」，乃至「無上正等菩提」，除「五無間」，誹毀「正法」，及謗「聖者」。

曹魏·康僧鎧譯《佛說無量壽經·卷下》

諸有眾生，聞其名號，信心歡喜，乃至「一念」，至心迴向，願生彼國(極樂世界)，即得往生，住「不退轉」。唯除「五逆」，誹謗「正法」。

唐·菩提流志譯《大寶積經·卷十七》

阿難！若有眾生：

❶住大乘者(意即「住於大乘菩提之心也」)。

❷以「清淨心」，向無量壽如來，乃至十念，念無量壽佛，願生其國(極樂世界)。

❸聞甚深法，即生「信解」，心無「疑惑」(狐疑迷惑)。

❹乃至獲得「一念淨心」，發「一念心」，念無量壽佛。

此人臨命終時，如在「夢中」見無量壽佛，定生彼國(極樂世界)，得「不退轉」，無上菩提。

曹魏·康僧鎧譯《佛說無量壽經·卷下》

佛語阿難：其「下輩」者，十方世界，諸天人民，其有「至心」，欲生彼國（極樂世界），假使不能作諸「功德」。

❶當發無上「菩提之心」。

❷一向（一心專向）專意，乃至「十念」，念無量壽佛，願生其國（極樂世界）。

❸若聞深法，歡喜信樂，不生「疑惑」（狐疑迷惑）。

❹乃至「一念」，念於彼佛。

❺以「至誠心」，願生其國（極樂世界）。

此人臨終，「夢見」彼（阿彌陀）佛，亦得往生，（其）功德智慧，次（於）如「中輩」者也。

唐・菩提流志譯《大寶積經・卷十七》

阿逸多（彌勒）！汝觀彼諸菩薩摩訶薩善獲利益，若有聞「彼佛名」（阿彌陀佛名號），能生一念「喜愛」之心，當獲如上所說功德。心無「下劣」，亦不「貢高」，成就（種種）善根，悉皆增上（增加進上諸功德資糧）。

曹魏・康僧鎧譯《佛說無量壽經・卷下》

佛告彌勒：其有得聞「彼佛名號」（阿彌陀佛名號），歡喜踴躍，乃至（生起）一念（喜愛之心），當知此人，為得「大利」，則是具足「無上功德」。

趙宋・法賢譯《佛說大乘無量壽莊嚴經》

若有善男子、善女人，得聞無量壽佛名號，發一念「信心」，（並）歸依（與）瞻禮，當知此人非是「小乘」，（此人）於我法中，（將）得名（為）「第一弟子」。

《大般涅槃經・卷十九》

(1)大王當知！尸利毱ㆍ多（Śrīgupta吉護、德護，《一切經音義・卷七十一》云：室利毱多➔此云「吉祥護」，舊言「尸利毱多」，訛也）往昔亦作「逆罪」之因，以遇佛、聞法，即發「阿耨多羅三藐三菩提心」。

(2)大王！假使一月，常以衣食供養恭敬一切眾生，不如有人「一念念佛」，所得功德「十六分一」（指以衣食供養恭敬一切眾生的功德中，猶不及有人「一念念佛」十六分功德的其中一分）。

《大方便佛報恩經·卷五》

(1)復次,如來方便「慈」善根力不可思議。爾時<u>流離王</u>(Virūḍhaka 毘琉璃王)伐<u>舍維國</u>(Śrāvastī 舍衛國),毀害諸「釋種」(釋迦種族)已,選諸「釋女」,擇取「端正」,「才能」過人,各無數妓,取「五百人」,前後圍遶,作倡伎樂,還歸本國……

(2)時<u>流離王</u>即生慙_亏(同「慚」字)愧,喚「旃陀羅」(caṇḍāla 印度社會階級種姓制度中最下級之種族)),即刵_心(割耳)「耳鼻」,截斷「手足」。斷「手足」已,即以車載棄於塚間。

(3)時諸「釋女」宛轉,無復手足,悲號酸切,苦毒纏身,餘命無幾。

(4)時諸「釋女」各稱:「父母、兄弟、姊_亏妹」者,或復「稱天喚地」者,苦切無量。

(5)惟其中有「第一釋女」告諸女言:姊妹!當知我曾從佛聞:若有一人能於「運急」(運勢危急)之中,發於「一念」念佛,至心「歸命」者,即得安隱,各稱所願。

(6)時「五百釋女」異口同音「至心念佛」:南無<u>釋迦牟尼</u>多陀阿伽度 阿羅訶· 三藐三佛陀。

復更唱言:苦哉!苦哉!痛哉!痛哉!嗚呼!婆伽婆· 修伽陀。

(7)作是唱時,於虛空中,以如來「慈」善根力故,起大悲雲,雨大悲雨,雨諸女人身。

(8)既蒙雨已,身體「手足」還生如故,諸女歡喜。

(二)願言:設我得佛,國中人天,不住「正定聚」(samyaktva-niyata-rāśi 正定聚➜指眾生必定獲得「證悟」而永不退,亦指決定會成就佛位而永不退轉的「必定菩薩」。《俱舍論· 卷十》云:「見道」位以上之聖者,已斷盡「見」等惑,亦可獲「畢竟不退」。又菩薩階位在「十信」以上者,亦稱「正定」),必至「滅度」者,不取正覺。

(此乃)緣(阿彌陀)佛(之大)「願力」故,(能於極樂世界必定)住「正定聚」,(只要)

住「正定聚」故，(最終)必(定)至「滅度」，(永)無諸(退轉)「迴伏」(迂迴起伏)之難。

(此)所以(念佛獲阿彌陀佛之「他力」加持而)「得速」(得以速成就阿耨菩提)，二證也。

※關於「極樂世界的菩薩必住正定聚」的經論引證

曹魏・康僧鎧譯《佛說無量壽經・卷上》

設我得佛，國中(極樂世界)「天人」，不住「定聚」(samyaktva-niyata-rāśi 正定聚➔指眾生必定獲得「證悟」而永不退，亦指決定會成就佛位而永不退轉的「必定菩薩」。《俱舍論・卷十》云：「見道」位以上之聖者，已斷盡「見」等惑，亦可獲「畢竟不退」。又菩薩階位在「十信」以上者，亦稱「正定」)，必至「滅度」者，不取正覺。

曹魏・康僧鎧譯《佛說無量壽經・卷下》

佛告阿難：其有眾生，生彼國(極樂世界)者，皆悉住於「正定之聚」(samyaktva-niyata-rāśi 正定聚➔指眾生必定獲得「證悟」而永不退，亦指決定會成就佛位而永不退轉的「必定菩薩」。《俱舍論・卷十》云：「見道」位以上之聖者，已斷盡「見」等惑，亦可獲「畢竟不退」。又菩薩階位在「十信」以上者，亦稱「正定」)。所以者何？彼佛國中(極樂世界)，無諸「邪聚」，及「不定聚」。

唐・菩提流志譯《大寶積經・卷十七》

阿難！彼國(極樂世界)眾生，若當生者，皆悉究竟「無上菩提」到「涅槃」處，何以故？
若「邪定聚」及「不定聚」，不能了知建立彼因故。

(《大智度論・卷八十四》云：能「破顛倒」者，名「正定」。必不能「破顛倒」者，是「邪定」。得「因緣」能破，不得(因緣者)，則不能破，是名「不定」。皆以「世俗法」故說，非最第一義。)

《十住毘婆沙論》卷1〈入初地品 2〉

入於「必定聚」，則生「如來」家，無有諸過咎。即轉「世間道」，入「出世

上道」，

是以得「初地」，此地名「歡喜」(地)。

(三)願言：設我得佛，他方佛土，諸菩薩眾，來生我國(極樂世界)，究竟必至「一生補處」(eka-jāti-pratibaddha，菩薩之最高「等覺」菩薩位。彌勒即屬為「一生補處」之菩薩)，(唯)除其本願(本人願力)，自在所(度)化。為眾生故，被ㆍ 弘誓(弘大誓願)鎧(甲)，積累德本(道德根本)，(而)度脫(度化解脫)一切。(能)遊諸佛國，(廣)修菩薩行，(能)供養十方諸佛如來。開化(開導教化)恒沙無量眾生，使立「無上正真之道」，(令這些眾生能)超出「常倫」(常序倫次)諸地(諸菩薩階地)之行，(並勸)現前修習普賢之德。若不爾者，不取正覺。

(此乃)緣(阿彌陀)佛(之大)「願力」故，(能至極樂世界而)超出「常倫」(常序倫次)諸地(諸菩薩階地)之行，(並勸)現前修習普賢之德。

(此皆)以(能)超出「常倫」(常序倫次)諸地(諸菩薩階地)行故，所以(念佛獲阿彌陀佛之「他力」加持而)「得速」(得以速成就阿耨菩提)。三證也。

※關於「極樂世界菩薩必能超出常序倫次階位」的經論引證

唐·菩提流志譯《大寶積經·卷十七》

(1)若我成佛，於彼國中(極樂世界)，所有菩薩於大菩提，咸悉位階「一生補處」(eka-jāti-pratibaddha，菩薩之最高「等覺」菩薩位。彌勒即屬為「一生補處」之菩薩)。

(2)唯除(另有)「大願」諸菩薩等，(乃)為諸眾生，(而)被ㆍ 精進(鎧)甲，勤行利益，修大涅槃。(能遊)遍諸佛國，(廣)行菩薩行，(能)供養一切諸佛如來。

(3)(能)安立洹(河)沙眾生，(令)住(於)「無上覺」，(令這些眾生其)所修諸行，(能)復勝於前，(並勸修)行普賢(之)道，而得出離。若不爾者，不取菩提。

趙宋‧法賢譯《佛說大乘無量壽莊嚴經》

(1)世尊！我得菩提，成正覺已，所有眾生令生我剎(極樂世界)，若有「大願」，未欲成佛(沒有願望要立刻去成佛)；(只發心願作)為菩薩者，我(阿彌陀佛)以威力，令彼(這類只願作菩薩者能)教化一切眾生，皆發信心。

(2)(並勸修)修「菩提行、普賢行、寂滅行、淨梵行、最勝行」，及一切善行，悉皆令得「阿耨多羅三藐三菩提」。

以斯(此)而推(出阿彌陀佛的)「他力」為(吾人往生淨土與解脫成佛的)「增上緣」，得「不然」乎(難導不是這樣嗎)？

當復(再)引例(引用例子來說明)，(明)示「自力、他力」相(之差別)。

如人畏「三塗」(地獄、餓鬼、畜生)，故受持「禁戒」；受持「禁戒」故，能修「禪定」；以「禪定」故，修習「神通」；以「神通」故，能(遍)遊「四天下」。如是等名為(以)「自力」(修行的一種方式)。

※關於「初果羅漢以自力斷煩惱猶如斷四十里水」的經論引證

《大般涅槃經》卷36〈迦葉菩薩品 12〉

(1)迦葉菩薩白佛言：世尊！如佛先說：「須陀洹」(初果)人所(應)斷(的)「煩惱」，猶如縱廣「四十里水」，其餘在者(指其餘還未斷除的煩惱)，(僅)如「一毛渧」。

(2)此中云何說「斷三結」(即)名「須陀洹」(初果)？

一者：(斷)我見。

二者：(斷)非因見因(指「五見」中之「戒禁取見」，即非因而計因，非道而計道之謬見)。

三者：(斷)疑網。

隋·智顗《摩訶止觀》卷10

「見惑」浩浩如「四十里水」。「思惑」殘勢如「一渧水」。

《雜阿含經》

(1)爾時，世尊告諸比丘：譬如「湖池」，廣長「五十由旬」，「深」亦如是。

(2)若有士夫(喻男子)以「一毛端渧」(與)彼「湖水」(做比較)。云何？比丘！彼「湖水」為多？(還是)為士夫(的)「毛端一渧水」多？

(3)比丘白佛：世尊！士夫(的)「毛端」尠少耳，(彼)湖水(則有)無量千萬億倍，不得為比。

(4)佛告比丘：具足(已)見「真諦」，(已)「正見」具足。世尊弟子「見真諦果」(指證須陀洹果)，正無間等。彼於爾時，(邪見)已斷、(正見、真諦)已知，斷其根本，如截(斷)「多羅」樹頭，更不復生。

(5)(初果須陀洹其)「所斷諸苦」甚多無量，(喻)如「大湖水」；(其)所餘之苦(指其餘還未斷除的煩惱)如「毛端(一)渧水」。

《增壹阿含經》

(1)猶如，摩呵男！大村左右有「大池水」，縱橫「一由旬」，水滿其中。若復有人，來取彼「一渧水」。云何？摩呵男！水何者為多？「一渧水」多？為「池水」多乎？

(2)摩呵男曰：「池水」多，非「一渧水」多也。

世尊告曰：此亦如是。

(3)(已證)「賢聖」弟子，(其)「諸苦」已盡，永無復有，「餘存在」者(指其餘還未斷除的煩惱)，如「一渧水」耳。

(4)如我眾(我底下的大眾弟子們)中，(其)「最下道」(指須陀洹)者，不(起)過七死七生，而盡「苦際」。(須陀洹)若復(能)「勇猛精進」，便為「家家」(kulaṃkula，即出一家而至另一家，例如從人間生於天界，又從天界生於人間。若於天界，或人間而證得「預流果」之聖者，稱為「家家聖者」。若於「天界」得「阿羅漢果」之聖者，則稱為「天家家」。若於「人間」得「阿羅漢果」之聖者，則稱為「人家家」)，即得道跡。

《修行道地經》

(1)應時除盡「八十八諸結」，當去「十想結」。所以者何？

(2)如從「江河」取「一渧之水」，究竟道義(指第一義)如(除去)江河水(此喻煩惱)，其餘(指其餘還未斷除的煩惱)未除如「一渧水」，即(可)成「道跡」，會至「聖賢」。

(3)(初果須陀洹需要)七反生天、七反人間，(才)永盡苦本。

又如「劣夫」，(其)跨驢ㄌㄩ不上，(故需)從「轉輪王」(而)行，便(能)乘「虛空」，(而遍)遊「四天下」，無所障礙。如是等名為(以)「他力」(修行的一種方式)。

※關於「藉從轉輪王的他力而飛行」的經論引證

曇鸞撰《略論安樂淨土義》卷1

(1)又如劣夫，以己身力，擲(騰跳；縱躍；投跳)「驢」不上，從「轉輪王」行，便乘虛空，飛騰自然。復可得以擲「驢」之「劣夫」，言必不能「乘空」耶？

(2)又如「十圍」之索，「千夫」不制，「童子」揮「劍」，瞬頃兩分。豈可得言，一小兒力，不能斷(繩)「索」乎？

(3)又如鴆ㄓㄣˋ鳥入水，魚蚌ㄅㄤˋ(魚和蚌，泛指鱗介類水產。魚蚌都會因此中毒)斯斃。(而當一隻)犀角觸泥，死者咸起(已經死亡的魚蚌又突復活起來。此喻犀牛之角能治諸死毒之症)。豈可得言，「性命」一斷，無可「生」乎？

(4)又如「黃鵠」呼子安，子安還活。豈可得言，墳下千歲齡，決無可甦乎？

(5)一切萬法，皆有「自力、他力」，「自攝、他攝」，千開、萬開，無量無邊。安得以「有礙」之識，疑彼「無礙」之法乎？

(6)又五不思議中，「佛法」最不可思議。而以「百年」之惡為重，疑「十念念佛」為輕，不得往生安樂，入「正定聚」者，是事不然。

龍樹造《十住毘婆沙論》卷5〈易行品 第九〉

(1)問曰：是「阿惟越致」(avinivartanīya 阿惟越致；不退轉；無退；必定)菩薩初事如先說。至「阿惟越致」地者，行諸「難行」，久乃可得，或墮「聲聞、辟支佛」地……

(2)是故若諸佛所說，有「易行道」，疾得至「阿惟越致」地方便者。願為說之……行大乘者，佛如是說，發願「求佛道」，重於舉「三千大千世界」……

(3)佛法有「無量門」，如世間道，有難、有易。「陸道」步行則苦，「水道」乘船則樂。

菩薩道亦如是，或有勤行精進，或有以「信方便」易行疾至「阿惟越致」者。

(4)如偈說：如是諸世尊，今現在十方。若人疾欲至「不退轉」地者，應以恭敬心，「執持」稱「名號」。

(5)若菩薩欲於「此身」得至「阿惟越致」(avinivartanīya 阿惟越致；不退轉；無退；必定)地，成就「阿耨多羅三藐三菩提」者。應當念是「十方諸佛」，稱其「名號」。

《大般涅槃經》卷9〈如來性品 4〉

(1)譬如有船，則有「船師」，以有「船師」，則有眾生渡於大海；如來常住，化度眾生，亦復如是。

(2)復次善男子，譬如有人，在大海中「乘船」欲渡，若得「順風」，須臾之間，則能得過無量「由延」(由旬)；若不得(順風)者，雖復「久住」，(或)經無量歲，(仍)不離「本處」，有時船壞，(則)沒水而死。

(3)眾生如是，在於「愚癡」生死大海，乘諸行船，若(能)得值遇「大般涅槃」猛利之風，則能「疾」到「無上道岸」；若不(能)值遇(大般涅槃猛利之風)，當久流轉「無量生死」，或時破壞，(則)墮於「地獄、畜生、餓鬼」。

《佛說大般泥洹經》卷6〈問菩薩品 17〉

(1)如來名「大船師」，是故如來為「常住法」，為度人故，現有「出、沒」。

復次，善男子！如人乘船，欲度大海，若得「利風」，速到彼岸，若不得(利)風，或經年歲，或能「溺死」。

(2)如是眾生，得「摩訶衍」(之)「般泥洹」風，(則能)速度「生死」，到「菩提岸」，若不得者，(則)永溺「生死輪迴」苦海。

※關於「菩薩於生死畏中，當依如來功德之他力」的經論引證

三國吳・支謙譯《維摩詰經》	姚秦・鳩摩羅什譯《維摩詰所説經》	姚秦・鳩摩羅什譯《維摩詰所説大乘經》	唐・玄奘譯《説無垢稱經》
壹 又問： 　生死為「畏」， 　(欲修行的)菩薩 　何以御之？ 曰： 　生死「畏」者， 　菩薩以「聖大」 　(據梵文原意作「大威力」)之意，為 　之作御。	壹 文殊師利又問： 　生死有「畏」， 　(欲修行的)菩薩 　當何所依？ 維摩詰言： 　菩薩於生死 　「畏」中，當依 　如來「功德」(據梵文原意作「大威力」)之力。	壹 文殊師利又問： 　生死有「畏」， 　(欲修行的)菩薩 　當何所依？ 維摩詰言： 　菩薩於生死 　「畏」中，當依 　如來「功德」(據梵文原意作「大威力」)之力。	壹 妙吉祥言： 　若諸(欲修行的) 　菩薩「怖畏」生 　死，當何所 　依？ 無垢稱言： 　若諸菩薩「怖 　畏」生死，常 　正依住諸佛 　「大我」(據梵文原意作「大威力」)。
貳 又問： 　欲建「聖大」， 　當何所立？	貳 文殊師利又問： 　菩薩欲依如 　來「功德」之 　力，當於何	貳 文殊師利又問： 　菩薩欲依如 　來「功德」之 　力，當於何	貳 又問： 　菩薩欲住「大 　我」，當云何 　住？

曰： 建「聖大」者，必（平）等一切，而度眾生。	住？ 答曰： 菩薩欲依如來「功德力」者，當住「度脫一切眾生」。	住？ 答曰： 菩薩欲依如來「功德力」者，應當「等觀」（平等觀察）一切眾生。 （參） 又問： 欲「等觀」一切眾生，當於何住？ 答曰： 菩薩欲「等觀」一切眾生者，當住「度脫一切眾生」。	曰： 欲住「大我」，當於一切有情「平等解脫」中住。
（肆） 又問： 欲度眾生，當何除解？ 曰： 度眾生者，解其「勞塵」。	（肆） 又問： 欲度眾生，當何所除？ 答曰： 欲度眾生，除其「煩惱」。	（肆） 又問： 欲度眾生，當何所除？ 答曰： 欲度眾生，除其「煩惱」。	（肆） 又問： 欲令一切有情解脫。當何所除。 曰： 欲令一切有情解脫，除其「煩惱」。

※關於「菩薩不捨佛剎，與不捨佛力」的經論引證

東晉・佛馱跋陀羅譯 六十《華嚴經・入法界品》	唐・實叉難陀譯 八十《華嚴經・入法界品》	唐・般若譯 四十《華嚴經・入不思議 解脫境界普賢行願品》
⑱爾時，善財童子見虛空中，如是供養，合掌敬禮善住比丘，白言：大聖！我已先發阿耨多羅三藐三菩提心。	⑱時，善財童子見是事已，心生歡喜，合掌敬禮，作如是言：聖者！我已先發阿耨多羅三藐三菩提心。	⑱善財童子見此比丘於虛空中經行自在，復有如是供養之事充滿虛空；歡喜踊躍，不能自持；五體投地，一心敬禮，良久乃起；合掌白言：聖者！我已先發阿耨多羅三藐三菩提心。
⑲而未知菩薩云何正向佛法、 專求佛法、 恭敬佛法、 修諸佛法、 長養佛法、 積集佛法、 熏修佛法、 淨諸佛法、 遍淨佛法、 至諸佛法。	⑲而未知菩薩云何修行佛法？ 云何積集佛法？ 云何備具佛法？ 云何熏習佛法？ 云何增長佛法？ 云何總攝佛法？ 云何究竟佛法？ 云何淨治佛法？ 云何深淨佛法？ 云何通達佛法？	⑲而未知菩薩云何勤求佛法？ 云何積集佛法？ 云何滿足佛法？ 云何熏習佛法？ 云何修行佛法？ 云何淨治佛法？ 云何隨順佛所行法？ 云何通達佛算數法？ 云何增長佛普遍法？ 云何清淨佛究竟法？ 云何總攝佛功德法？ 云何能入佛隨順法？
⑳我聞大聖，善能	⑳我聞聖者善能誘	⑳我聞聖者善能誘

教授諸菩薩法： 云何菩薩修習佛法， 常見諸佛，未曾遠離。 常見菩薩，同其善根。	誨，唯願慈哀，為我宣說： 菩薩云何不捨見佛，常於其所(而)精勤修習？ 菩薩云何不捨菩薩，與諸菩薩(而)同一善根？	誨，唯願慈悲，為我宣說： 菩薩云何恒見諸佛，聞法勤修而不捨離？ 菩薩云何恒同一切菩薩善根而不捨離？
㊤不離佛法，智慧滿足。 不捨大願於一切眾生，究竟其事。	㊤菩薩云何不捨佛法，悉以智慧而得明證？ 菩薩云何不捨大願，能普利益一切眾生？	㊤菩薩云何恒以智慧，證諸佛法而不捨離？ 菩薩云何恒以大願，饒益眾生而不捨離？
㊄ 於一切劫，修菩薩行，心無疲倦，不捨佛剎。 普能莊嚴一切世界，悉能知見諸佛自在。	㊄ 菩薩云何不捨眾行，住一切劫心(而)無疲厭？ 菩薩云何不捨佛剎，普能嚴淨一切世界？	㊄菩薩云何恒修一切菩薩事業而不捨離？ 菩薩云何恒住劫海，修行無厭而不捨離？ 菩薩云何恒住剎海，普遍莊嚴而不捨離？
㊅ 不離有為，修菩薩行，悉了如幻，入一切趣。 現受生死而無起滅。	㊅菩薩云何不捨佛力，悉能知見如來自在？ 菩薩云何不捨有為，亦復不住，普於一切諸有趣中猶如「變化」，	㊅菩薩云何恒依佛力，悉能知見諸佛神變而不捨離？ 菩薩云何恒於六趣自在受生，住無住道而不捨離？

	示受生死，修菩薩行？	
㊐常聞正法，未曾遠離。悉能受持諸佛法雲，不離慧光，普照三世？	㊐菩薩云何不捨聞法，悉能領受諸佛正教？菩薩云何不捨智光，普入三世智所行處？	㊐菩薩云何恒受諸佛正法雲雨悉能憶持而不捨離？菩薩云何恒發智光普照三世佛所行處而不捨離？唯願慈哀，為我開演。

※關於「需依止佛力而生西方淨土」的經論引證

《大方廣佛華嚴經》卷53〈入法界品 34〉

佛子！我常以「法施」為首，出生長養諸「白淨法」，一切智心，堅固不動，如金剛藏，不可沮壞；心常依止「佛力」。

《大智度論》卷8〈序品 1〉

佛以方便，借其「神力」，能令一切皆見「舌相」覆此三千大千世界。若不加「神力」，雖復「十住」，亦不知「佛心」；若加「神力」，乃至「畜生」能知「佛心」。

《思益梵天所問經》卷1〈序品 1〉

佛告網明：如是，如是！如汝所言，若佛不加「威神」，眾生無有能見佛身，亦無能問。

明・蕅益 智旭《靈峰蕅益大師宗論》卷2

（示明西）

(1)出三界火宅,有「橫、豎」兩塗。以「自力斷惑」超「生死」者,名「豎出」三界,事「難」(而)功「漸」(修)。以「佛力」接引「生西方」者,名「橫超」三界,事「易」(而)功「頓」(修)……

(2)如趁「船」渡海,不勞「功力」。夫能篤信「西方」捷徑,至誠「發願」,「一心念佛」求「往生」者,真「大丈夫」矣!儻「信」不真,「願」不切,「行」不力,佛雖「大慈」為舟,如眾生不肯「登舟」,何哉?

清・彭際清《無量壽經起信論》卷1

(1)(若有)劣解眾生,聞說諸佛「不思議境界」,(即)多生「疑惑」……則知「他佛」(他方諸佛)即是「自佛」(自心諸佛),(此乃)不壞「自、他」之相,斯能入無邊之「佛土」,(亦能)起無量之「行門」。

(2)以(吾人)「自心境界」(乃)不可思議,故知「諸佛境界」亦不可思議。

(3)至如無量壽佛所有「願力、功德、智慧、神通」,圓同「太虛」,廓周「沙界」,非計可「測」,非情可「量」。

(4)若人聞是「經」已,決定「信入」,不驚、不怖、不畏。當知是人已於「無量佛」所,深植「善根」,當得不退轉于「阿耨多羅三藐三菩提」,勝諸「聲聞」百千萬億倍。

清・彭際清《無量壽經起信論》卷3

問:臨終「見佛」,為是(見)「自佛」(自性之佛)?為是(見)「他佛」(心外之他佛)?若(是見)「他佛」者,(則)「心外」取佛,即成「魔業」。若(見的是)「自佛」(自性之佛)者,(此乃自己的)「想力」(觀想力)所成,(應屬於)虛妄「不實」,(又)云何(能)「往生」?

答:(無論見的是)自佛(自性之佛)、他佛(心外之他佛),總成「戲論」。(其實)「人、我」相忘,「自、他」不異。諸佛(之)「法身」,(乃)湛然「常寂」,(諸佛)以「本願」故,(與眾生乃)「感應」道交,即「自」即「他」(即是自性佛,即是他佛),(兩者)無虛、無實,唯一「真如」,周徧法界。

《楞嚴經・卷八》

是故眾生:心持「禁戒」(saṃvara),舉身輕清(輕安清淨之境)……心欲「生天」,

夢想「飛舉」(乘風而飛、高舉升天)。心存「佛國」，聖境「冥現」(禪觀或夢寐中得見佛國聖境)。

[翻譯]

因此當眾生：如果心中能執持完整的「禁戒」，則全身都可獲得「輕安清淨」之境……如果心中想要轉升到天界，那麼此人在夢境中便會出現「乘風而飛、高舉升天」的現象。如果心中存念著要去「佛國」的淨土思想，那麼佛國的聖境就會在此人的「禪觀」或「夢寐」中出現。

《楞嚴經・卷八》

「純想」(純善的觀想與清虛意想)即飛，必生「天上」(三界諸天)。

若飛(如果眾生在修習「純善觀想」與將來能飛升天道之外)，心中兼「福」兼「慧」，及與「淨願」。自然「心開」(真心開悟)見十方佛，一切淨土，隨願往生。

[翻譯]

如果有眾生專修「純善觀想」與「清虛意想」，那麼在他捨報之後即可飛升，必定可往生「諸天道」。

如果有眾生在修習「純善觀想」與將來能「飛升天道」之外，另於心中兼修「福業」與「慧業」(如供養三寶、受持佛戒、聽經、誦經持咒等)，及發起種種生「淨土」之願。由於此人的「純想、福慧、淨願」之力，當其壽終之時，自然能獲「真心開悟」而得見十方諸佛，此時十方世界諸佛淨土，皆能隨其「願望」而獲得往生其淨土。

明・蕅益 智旭《阿彌陀經要解便蒙鈔》卷3

(1)原此「念佛三昧」，《大勢至念佛圓通章》文句，開為「三種」。

　一、唯念「自佛」。二、唯念「他佛」。三、「自、他」俱念。

(2)念「自佛」者，觀「六根」之性，全是「佛性」。

　念「他佛」者，俾ㄅ一ˋ(使)「六根」所對(應對；相對)，無非「自佛」(自六根所面對)之(外)「六塵」。

(3)「自、他」俱念者，則先須開「圓解」，了知「心、佛、眾生」，三無差別。

　「自、他」本自「不二」，乃托「他佛」以顯「本性」，故(相)應(於他)「佛」(而)

顯，(欲)知本性(之)明，(必)托「外義」(而)成，「唯心」觀立。

(4)今此「念佛求生」法門，乃「自、他」俱念，(難)立「唯心」識觀，(卻能)圓破「我、法」二執也，全在了「他」即「自」(了悟他佛即是自性佛)者，乃了知「佛」是「眾生心內」之「佛」；「眾生」乃「佛心內」(之)「眾生」，「心、佛、眾生」，三無差別，「自、他」不二之「圓頓」解也。

(5)若(忌)諱言「他佛」(他佛的力量)，「諱」謂「忌諱」，則是「他見」未忘；「他見」未忘，「我見」仍在。對「自」言「他」故，「我見」仍在，(若)必專重「自佛」(自性佛)以為(修行之)「捷近」，卻又成「我見顛倒」。「我執」不空，如何了其「法執」？「我、法」二執既不了，如何圓淨「四土」(凡聖同居土、方便有餘土、實報無障礙土、常寂光土)？圓證「三身」(法、報、化三身)也。

愚哉！後之學者，聞「他力」可乘，當生「信心」，勿自「局分」也(莫再局限分別一定要靠「自力」而修，而拒絕「佛力、他力、本願力」的加持)。

※關於「持名念佛與依止佛力而獲如來救度」的經論引證

《大悲經·卷三》

(1)爾時世尊復告阿難：若有眾生聞「佛名」者，我說是人，畢定當得入「般涅槃」。

阿難！若有稱言「南無佛」者，此有何義？

(2)阿難白言：佛是一切「諸法之本」，佛是「眼目能引導」者，佛是「演說一切法」者。善哉世尊！願為比丘解釋此義，我今親承得聞持受。

(3)爾時世尊復告阿難：諦聽！諦聽！善思念之，吾當為汝分別解說。

(4)爾時阿難聞佛語已，而白佛言：願樂欲聞。

(5)佛言：阿難！所言「南無佛」者，此是決定諸佛世尊「名號音聲」。

阿難！以是決定諸佛「名號音聲」義故，稱言「南無諸佛」。

阿難！我為是義，故說譬喻，令諸眾生於此法中增益「信心」，

　　　　復令一切諸善男子、善女人，聞「佛世尊」名號音聲，深
　　　　得「敬信」。

(6)阿難！曾於過去有大商主，將諸商人，入於「大海」，到彼海已，其船
　　卒為「摩竭大魚」(makara，經論中多處記載爲「大魚」，被視爲與「鯔魚、鯊魚、海豚、鯨魚」
　　等同類)欲來吞噬……

(7)爾時商主，偏袒右肩，右膝著地，住於船上，「一心念佛」，合掌禮拜，
　　高聲唱言：「南無諸佛！得大無畏者、大慈悲者，憐湣一切眾生者。如
　　是三稱。」

(8)時諸商人亦復同時合掌禮拜，異口同音唱言：「南無諸佛！能施無畏
　　者、大慈悲者，憐湣一切眾生者。如是三稱。」

(9)爾時彼「摩竭魚」聞佛名號，禮拜音聲，生大愛敬，得「不殺心」。時「摩
　　竭魚」聞即閉口。

(10)阿難！爾時商主及諸商人，皆悉安隱，得免魚難，船及商人「所願」
　　得稱，安隱而還到「閻浮提」。

(11)時「摩竭魚」聞佛音聲，心生喜樂，更不噉食餘諸眾生；因是「命終」，
　　彼命終已，得生「人」中，生人中已，於其「佛所」聞「法、毘尼」，深
　　得淨信，捨家出家。

(12)得出家已，近善知識，謙下供養，得「阿羅漢道」，具足六通，於「無
　　餘涅槃界」而般涅槃。

(13)阿難！汝觀彼魚生，生「畜生道」，得聞「佛名」，

　　聞「佛名」已，得生「人道」；
　　因生「人道」便得「出家」；
　　得出家已，即便得證「阿羅漢果」；
　　得「阿羅漢」已，便「般涅槃」。

《生經・卷四》

(1)昔者菩薩，曾為鱉王，生長大海，教化諸類，子民群眾，皆修仁德……
　　眾賈(商人)恐怖，謂海水漲，潮水卒至，吾等定死。悲哀呼嗟！歸命
　　「諸天、釋梵(帝釋天與梵天)、四王(四大天王)、日月、神明」，願以威德，唯
　　見救濟。

(2)鼈^{ㄅㄧㄝ} 王見然，心益潛之，因報「賈^{ㄍㄨ} 人」(商人)：慎莫恐怖，吾被火焚，
故捨入水，欲令痛息，今當相安，終不相危。

(3)眾賈聞之，自以欣慶，知有活望，俱時發聲，言：「南無佛」！

(4)鼈^{ㄅㄧㄝ} 興大慈，還負(背負)眾賈，移在岸邊，眾人得脫，靡不歡喜。

《妙法蓮華經·卷一》

若人「散亂心」，入於塔廟中，一稱「南無佛」，皆已成佛道。

《大智度論·卷九十三》

復次，須菩提聞《法華經》中說：於佛所作少功德，乃至「戲笑」，一稱
「南無佛」，「漸漸」必當作「佛」。

《大方便佛報恩經·卷五》

(1)復次，如來方便「慈」善根力不可思議。爾時流離王(Virūḍhaka毘琉璃王)伐
舍維國(Śrāvastī 舍衛國)，毀害諸「釋種」(釋迦種族)已，選諸「釋女」，擇取
「端正」，「才能」過人，各無數妓，取「五百人」，前後圍遶，作倡伎樂，
還歸本國……

(2)時流離王即生慙^{ㄘㄢ}(同「慚」字)愧，喚「旃陀羅」(caṇḍāla印度社會階級種姓制度中
最下級之種族)，即刵^{ㄦˋ}(割耳)「耳鼻」，截斷「手足」。斷「手足」已，即以車
載棄於塚間。

(3)時諸「釋女」宛轉，無復手足，悲號酸切，苦毒纏身，餘命無幾。

(4)時諸「釋女」各稱：「父母、兄弟、姊^{ㄗˇ} 妹」者，或復「稱天喚地」者，
苦切無量。

(5)惟其中有「第一釋女」告諸女言：姊妹！當知我曾從佛聞：若有一人
能於「運急」(運勢危急)之中，發於「一念」念佛，至心「歸命」者，即得安
隱，各稱所願。

(6)時「五百釋女」異口同音「至心念佛」：南無釋迦牟尼多陀阿伽度 阿羅
訶· 三藐三佛陀。

復更唱言：苦哉！苦哉！痛哉！痛哉！嗚呼！婆伽婆· 修伽陀。

(7)作是唱時，於虛空中，以如來「慈」善根力故，起大悲雲，雨大悲雨，

雨諸女人身。

(8)既蒙雨已，身體「手足」還生如故，諸女歡喜。

《大般涅槃經・卷十六》

(1)復次善男子！調達(Devadatta，提婆達多)惡人，貪不知足，多服「酥」(用牛羊乳製成的酪類食品)故，頭痛、腹痛，受大苦惱，不能堪忍。發如是言：南無佛陀！南無佛陀！我時住在優禪尼城(Ujjayanī 鄔闍衍那國，摩揭陀國西南之古國名)，聞其音聲，即生「慈心」。

(2)爾時調達尋便見我，往至其所；手摩頭、腹，授與鹽湯，而令服之，服已平復。

(3)善男子！我實不往調婆達所；摩其頭、腹，授湯令服。

(4)善男子！當知皆是「慈善」根力，令調婆達見如是事。

《大般涅槃經・卷十六》

(1)復次善男子，憍薩羅國(Kosalā)有諸群賊，其數「五百」，群黨抄劫，為害滋甚。波斯匿王患(憂慮)其縱暴，遣兵伺ㄙㄨˋ(守候；等待)捕，得已，挑ㄊㄧㄠ(挖；摳)「目」，逐著ㄓㄨˋ(依附)「黑闇叢林」之下。

(2)是諸群賊，已於先佛，殖眾德本，既失「目」已，受大苦惱，各作是言：南無佛陀！南無佛陀！我等今者，無有救護，啼哭號咷。

(3)我時住在祇洹精舍，聞其音聲，即生「慈心」，時有涼風吹香山中，種種香藥，滿其眼眶，尋還得「眼」，如本不異。

(4)諸賊「開眼」，即見如來，住立其前，而為說法，「賊」聞法已，發「阿耨多羅三藐三菩提心」。

(5)善男子！我於爾時實不作「風」吹香山中種種香藥，住其人前而為說法。

(6)善男子！當知皆是「慈」善根力，令彼群賊見如是事。

《大般涅槃經・卷十六》

(1)復次善男子！琉璃太子以愚癡故，廢其父王，自立為主，復念宿(宿世)嫌多害「釋種」，取「萬二千」釋種諸女，刖ㄩㄝˋ(砍掉腳)劓ㄧˋ(割鼻)耳鼻，斷

截手足,推之坑塹ᐨᐨ(險要)。

(2)時諸女人,身受苦惱,作如是言:南無佛陀!南無佛陀!我等今者,無有救護,復大號咷。

(3)是諸女人,已於先佛,種諸善根。我於爾時在竹林中,聞其音聲,即起「慈心」。

(4)諸女爾時見我來至迦毘羅城(Kapila-vastu),以水洗瘡,以藥傅ᐨ(塗搽ᐨ;塗抹)之,苦痛尋除,耳鼻手足,還復如本。我時即為略說法要,悉令俱發「阿耨多羅三藐三菩提心」,即於「大愛道比丘尼」所,出家受具足戒。

《大方便佛報恩經‧卷五》

(1)復次,摩伽陀國有「五百群賊」,常斷道劫人,枉濫無辜,王路斷絕。

(2)爾時摩伽陀王即起四兵,而往收捕,送著深山,懸嶮ᐨ(險要)之處,即取一一賊,挑ᐨ(挖;掘)其「兩目」,刖ᐨ(砍掉腳)劓ᐨ(割鼻)耳鼻。爾時五百群賊,身體苦痛,命在呼噏ᐨ(同「吸」)。

(3)爾時五百人中,有一人是「佛弟子」,告諸大眾:我等今者,命不云遠,何不至心,「歸命」於佛?

(4)爾時五百人尋共發聲,唱如是言:南無釋迦牟尼佛!

(5)爾時如來在耆闍ᐨ崛山,以慈悲力,於遊「乾陀山」,即大風起,吹動樹林,起「栴檀塵」,滿虛空中;風即吹往至彼深山諸群賊所,坌ᐨ(聚集;積聚)諸賊眼,及諸「身瘡ᐨ」,「平復」如故。

(6)爾時諸賊還得「兩眼」,「身瘡」平復,血變為「乳」,俱發是言:我等今者,蒙佛重恩,身體安樂。報佛恩者,應當速發「阿耨多羅三藐三菩提心」。

(7)作是唱已,一切大眾異口同音,而作是言:諸未安眾生,我當安之;諸未解脫眾生,我當解之;諸未度者,我當度之;未得道者,令得涅槃。

《撰集百緣經‧卷二》

(1)佛在舍衛國 祇樹給孤獨園,時彼城中,有五百「賈ᐨ客」(商人),往詣

他邦，販賣求利，涉路進引。到曠野中，迷失徑路，靡知所趣。

(2)值天暑熱，渴乏欲死，各各跪拜「諸天神」等，以求福祐，皆無有感。

(3)時諸商人中，有一「優婆塞」，白眾人言：如來世尊常以「大悲」，晝夜六時，觀察眾生，誰受苦厄，而往拔濟。我等今者，咸共至心，稱「南無佛陀」，以救苦厄。

(4)時諸商客，聞是語已，各各同聲，稱：「南無佛陀」！願見救濟此諸渴熱。

(5)於時如來遙聞眾客「稱佛名號」，與「天帝釋」尋往到彼諸賈客所；降大甘雨，熱渴得除，各懷歡喜，達到本國。

《撰集百緣經・卷二》

(1)佛在王舍城 迦蘭陀竹林(Veṇuvana-kalandakanivāsa，此竹林位於中印度摩揭陀國王舍城北方)，時「那羅聚」(Nāḍakanthī)多諸「疫鬼」，殺害民眾，各競求請「諸天善神」，悕望疫病，漸得除降。如是數跪，病無降愈。

(2)時聚落中，有一「優婆塞」，語眾人言：如來在世，利安眾生，我等當共一心稱：「南無佛陀」！以求救濟病苦之患。

(3)時諸人等，聞是語已，咸各同時，稱：「南無佛陀」！唯願世尊大慈憐潛，覆蔭我等「疾疫病苦」。

(4)爾時世尊常以「大悲」，晝夜六時，觀察眾生，誰受苦厄，尋往化度，使修善法，永拔諸苦；見此疫病，諸人民等「同時一心」稱佛名號，以救疫病。

(5)爾時如來將諸比丘，往彼聚落，以「大慈悲」，熏諸民眾，勸令修善；「疫鬼」同時，皆悉退散，無復眾患。

《眾經撰雜譬喻・卷二》(同 《雜譬喻經(三十)》)

(1)昔有「賈客」(商人)五百，乘船入海，欲求「珍寶」，值「摩竭大魚」(makara，經論中多處記載爲「大魚」，被視爲與「鱷魚、鯊魚、海豚、鯨魚」等同類)，出頭張口，欲食眾生。

(2)時日風利，而船去如箭，商主語眾人言：船去大疾，可捨帆，下汜(泛舟)之。輒如所言，捨帆，下汜，船去輒疾，而不可止。

(3)商主問船上人言：汝見何等？

(4)答曰：我見上有兩日出，日下有白山，中間有黑山。

(5)商主驚言：此是大魚，當奈何哉？我與汝等，今遭困厄，入此「魚腹」，無復活理，汝等各隨所事(事奉)，一心求救。

(6)於是眾人各隨所事(事奉)，一心「歸命」，求脫此厄。所求愈篤，船去愈疾，須臾不止，當入魚口。

(7)於是商主告諸人言：我有大神，號名為「佛」，汝等各捨所舉，一心稱之！

(8)時五百人，俱發大聲，稱：「南無佛」！

(9)魚聞佛名，自思惟言：今日世間，乃復有「佛」，我當何忍「復害眾生」？適思惟己，即便閉口，水即倒流，轉遠魚口。五百賈人一時脫難。

(10)此魚前身曾為「道人」，以微罪故，受此魚形，既聞「佛聲」，尋憶宿命，是故思惟，「善心」即生。

(11)此明五百賈人，但「一心念佛」，暫稱「名號」，即得解脫「彌天之難」，況復受持「念佛三昧」，令重罪得薄，薄者令滅，足以為驗也。

《生經・卷五》

(1)昔者外國「婆羅門」，事(事奉)「天」作「寺舍」，好ム作「天像」，以「金」作頭(天神之頭)。

(2)時有盜賊，登「天像」挽取其頭，都不動，便稱：「南無佛」！便得「頭」去。

(3)明日婆羅門失「天頭」，「天頭」若去，眾人聚會；天神「失頭」，是為「無有神」(沒有神明、神力也)。

(4)「神」著(附著;附身)一「婆羅門」：賊人取我「頭」不能得，便稱：「南無佛」！諸天皆驚動，是故得我「頭」。

(5)諸婆羅門言：「天」不如「佛」！皆去事(事奉)「佛」，不復事(事奉)「天」。

(6)賊人稱：「南無佛」！得「天頭」去；何況賢者稱：「南無佛」？十方「尊神」不敢當(愧不敢當;承受不起有人稱「南無佛」)，(故勸諸眾)但(儘管)精進！勿得懈怠。

北涼・曇無讖 譯《悲華經・卷一》	秦・譯者佚 名《大乘悲分陀利經》
壹爾時(地獄)眾生以見「(化)佛」故,皆得快樂,各作是念:蒙是人恩,令我得樂。(地獄眾生便)於「化佛」所,心得歡喜,又手恭敬。	**壹**彼「地獄」人,以見「(化)佛」故,快樂充足,心生此念:蒙斯大士,我等今得歡喜,快樂。(地獄眾生便)於「(化)如來」所,心愛生「喜」恭敬。
貳爾時,(化)佛告彼諸(地獄)眾生:汝今稱「南無佛!南無法!南無僧」(意即地獄眾生若無法「自己發心」的稱唸「三皈依」的話,是無法得「解脫」的,並不是「旁人」幫代唸,就可以獲「解脫」的),以是緣故,(便)常得「快樂」。	**貳**(化)如來告彼(地獄眾生):咄!汝眾生!作如是說:「南無佛!南無法!南無僧」(意即地獄眾生若無法「自己發心」的稱唸「三皈依」的話,是無法得「解脫」的,並不是「旁人」幫代唸,就可以獲「解脫」的),能令汝得長夜「安隱」。
參是諸(地獄)眾生,長跪叉手,前受(化)佛(之)教,而作是言:「南無佛!南無法!南無僧!」	**參**(地獄眾生)聞(化)佛語已,彼地獄(眾)人,(便)叉手合掌,作如是言:「南無佛!南無法!南無僧!」。
肆是諸(地獄)眾生,以是「善根」因緣故,於此命終,或(轉)生「天上」,或(轉)生「人」中。(意即地獄眾生在「自己發心」的稱唸「三皈依」後,才能獲得「解脫」轉世到「天上」或「人間」而已,並不是馬上能轉世到「西方」去了極樂世界,或去了任何的佛國淨土)	**肆**彼「地獄」眾生,緣是「善根」,即捨「地獄」,或(轉)生「天上」,或(轉)生「人」中。(意即地獄眾生在「自己發心」的稱唸「三皈依」後,才能獲得「解脫」轉世到「天上」或「人間」而已,並不是馬上能轉世到「西方」去了極樂世界,或去了任何的佛國淨土)
伍①若有眾生,在「寒凍」地獄,是時尋有柔軟「煖風」來觸其身,乃至(轉)生(至)「天、人」中,亦復如	**伍**①若有「寒氷」地獄眾生,(此時便有)「熱風」來吹,乃至得(轉)生(至)「人」中。

是。

②(若有)「餓鬼」眾生，為「飢渴」所逼，蒙「(化)佛光」故，(能)除飢渴惱，受於「快樂」。

③(餓鬼眾生)亦各於前，有一「化佛」，(皆具)「三十二相、八十種好」，莊嚴其身，(餓鬼眾生)以見「佛」故，皆得快樂。

④(餓鬼眾生)各作是念：蒙是人恩，令我得樂。(便)於「化佛」所，心得歡喜，叉手恭敬。

㈥爾時，(化)世尊令彼(地獄與餓鬼)眾生，得見「宿命」罪業因緣，尋自(懺)悔、責(責究自己的罪過)，以是善根，(地獄與餓鬼眾生)於中「命終」，(便得轉)生「天、人」中；「畜生」眾生，亦復如是。

(意即地獄與餓鬼眾生，必須在聽聞「化佛」對他們的「宿世罪業」因緣的「開示」，也就是知道自己的「前世今生因果業報」後，必須「自己」生「大懺悔」與「責究罪過、責備處罰、責治懲處」，才能獲得「解脫」轉世到「天上」或「人間」而已，並不是馬上能轉世到「西方」去了極樂世界，或去了任何的佛國淨土。問題是如果這些眾生沒有獲得「前世今生因果業報」的「開示」，「自己」也沒有生起「大懺悔」與「責究罪過、責備處罰、責治懲處」，單單要憑「後人」幫忙超薦寫牌位迴向而獲得「解脫」的話，那就難上加難了，個人生死個人了)

②如是「餓鬼」(受)飢渴身然(然)，(待化佛之)光明「照」已，(其)「飢渴火」滅，得受「快樂」。

③(於)一一餓鬼，(有)「化佛」現前，(皆具)有「三十二大人之相、八十種好」，以莊嚴身。

④彼(餓鬼眾生)見(化)佛已，(便)喜樂充足，於(化)世尊所，心生「喜愛」恭敬。

㈥(化)佛隨其語，而教化之。(地獄與餓鬼眾生)緣是「善根」，於中「捨身」，有(轉)生「天上」，有(轉)生「人」中。如是(度)化「畜生」，乃至(轉生至)「人、天」。

北涼・曇無讖 譯《悲華經・卷三》	秦・譯者佚名《大乘悲分陀利經》
㊀爾時，(地獄)眾生見於「化佛」，(具)「三十二相」而自瓔珞，(有)「八十種好」，次第莊嚴。	㊀彼(地獄眾生)見(化佛)世尊(皆具)「三十二大人之相、八十種好」，莊嚴其身。
㊁(地獄眾生)見如是已，各作是言：蒙是成就「大悲」者(之)恩，令我得離一切「苦惱」，受於「妙樂」。	㊁(地獄眾生)見已作是言：蒙是具足「大悲」之恩，(令我)得受「樂受」。
㊂爾時，(地獄)眾生以「歡喜心」瞻仰(化佛)尊顏。	㊂(地獄眾生)倍極歡喜，「善心」生焉，瞻仰(化佛)世尊。
㊃爾時，「化佛」告諸眾生：汝等(地獄眾生)皆應稱「南無佛」，發「阿耨多羅三藐三菩提」心，從是已後，更不「受苦」，常受第一「最妙快樂」。(意即地獄眾生若無法「自己發心」的稱唸「三皈依」的話，是無法得「解脫」的，並不是「旁人」幫代唸，就可以獲「解脫」的)	㊃(化佛)世尊告曰：咄！汝(地獄)眾生！當作是言：南無「佛陀」。發「阿耨多羅三藐三菩提」心，汝等眾生，更不「受苦」，常得「受樂」。(意即地獄眾生若無法「自己發心」的稱唸「三皈依」的話，是無法得「解脫」的，並不是「旁人」幫代唸，就可以獲「解脫」的)
㊄①彼諸(地獄)眾生尋作是言：南無「世尊」！發「阿耨多羅三藐三菩提」心，以此「善根」斷一切惡，而於其中，尋得「命終」，轉生「人」中。②(地獄中的)「熱惱」眾生，以「蒙光」故，尋得清涼，離飢渴苦，受諸妙樂，乃至(轉)生於「人」中。	㊄①彼(諸地獄眾生)作是言：南無「佛陀」！我等發「阿耨多羅三藐三菩提」心，以是善根，願「罪業」永滅。於中有「命終」者，(便轉)生此「人間」。②於地獄眾生(中有被)「火所燒」者，(因佛之)光明至已，(便有)冷風來吹，彼一切「飢渴、困乏、苦痛」

	即滅，乃至於中「命終」，(便轉)來生「人間」。
③如「地獄、畜生、餓鬼、人」，亦如是。	③(其餘的)「畜生、餓鬼」及「人」，亦如是說(指皆能獲佛光加被而得解脫一事)。

《大法鼓經》

(1)迦葉白佛言：若聞「菩薩」名者，能除眾生「三種毒箭」，況稱「世尊名號」功德；言「南無釋迦牟尼」？

(2)若稱歎「釋迦牟尼」名號功德，能拔眾生三種毒箭，況復聞此《大法鼓經》安慰演說若偈、若句？況復「廣說」，而不能拔三種「毒箭」？

《普曜經・卷八》

(1)若有供養億千劫，飲食、衣服、床臥具，擣(同「擣」→捶打)香、雜香及名華。

(2)若有一心叉「十指」，(平)等心自歸(歸命;歸依)一「如來」；口自發言「南無佛」，是功德福為最上，一切眾生皆成佛。

《方廣大莊嚴經・卷十二》

(1)爾時世尊重說偈言……

(2)假使諸世間，皆如「辟支佛」，有人於億劫，以種種「香花、衣服、臥具」等，供養如是眾，所獲諸功德，不如以「淨心」，一稱：「南無佛」！

《大悲經・卷三》

(1)阿難！如是一切諸沙門中，乃至「一稱佛名」，一「生信」者，所作功德，終不虛設。

(2)阿難！我以「佛智」測知「法界」，非不測知。

(3)阿難！所有「白業」得「白報」，「黑業」得「黑報」。若有「淨心」諸眾生等，作是稱言「南無佛」者。

(4)阿難！彼人以是「善根」，必定「涅槃」，得近「涅槃」，流注相續，入「涅槃際」。何況值佛在世；親承恭敬？謙下迎送，尊重供養，及佛滅後供養舍利者。

《賢愚經・卷四》

(1)爾時適有五百「估ㄍㄨˋ客」(行商之人)，入海採寶，值「魚」張口，船行駛疾，投趣魚口。賈人恐怖，舉聲大哭，各作是言：我等今日，決定當死，各隨所敬(敬奉的對象)。

(2)或有稱「佛」及「法、眾僧」，或稱「諸天、山河、鬼神、父母、妻子、兄弟、眷屬」，竝ㄅㄧㄥˋ作是言：我等今日，是為最後見「閻浮提」，更永不見。

(3)爾時垂入「摩竭魚」(makara，經論中多處記載為「大魚」，被視為與「鯤魚、鯊魚、海豚、鯨魚」等同類)口，一時同聲，稱：「南無佛」！

(4)時魚聞稱「南無佛」聲，即時閉口，海水停止。

(5)諸賈客輩，從死得活。此魚飢逼，即便命終。

《大方等大集經・卷十九》

無量諸天，大設供養，華香幡蓋伎樂之屬。三惡眾生稱：「南無佛」！即得解脫，受「人、天」身。爾時魔眾見佛示現如是「神力」，皆生信心。

《佛說觀佛三昧海經・卷三》

(1)佛告父王：是諸比丘，前世之時，以「惡心」故，謗佛正法，但為父故，稱：「南無佛」！生生常「得聞諸佛名」。乃至今世遭值我出世，見佛色身，及見眾僧，聞佛所說懺悔眾罪，因懺悔故，諸障消除，諸障除故，成阿羅漢。

(2)佛告阿難：我涅槃後，諸天世人，若稱「我名」及稱「南無諸佛」；所獲福德無量無邊，況復「繫念」念諸佛者，而不滅除諸障礙耶？

(3)佛告諸比丘：汝等所以見「佛色身」如「赤土」者，汝等前世，於「然燈佛」末法之中，出家學道，既出家已，於師和上(和尚法師)起「不淨心」……諸比丘聞「和上」說，心生瞋恨……

(4)「和上」告曰：汝今事切，不宜餘處教汝「懺悔」，汝今但當稱：「然燈佛」如來應供正遍知十號具足。

(5)爾時諸比丘用「和上」(和尚法師)語，咸皆稱言：「南無諸佛」！

(6)既稱佛已，尋即命終，乘「善心」故，得生「天上」，上生「忉利」，封受「自然」。

《佛說觀佛三昧海經・卷五》

(1)誹謗不信，墮阿鼻獄，受諸苦惱，不可具說。汝今應當發「慈悲心」。

(2)時諸餓鬼，聞是語已，稱：「南無佛」！稱佛「恩力」，尋即命終，生「四天處」。

《佛說觀佛三昧海經・卷七》

(1)佛告阿難：云何如來至曠野，澤(德澤)伏(降伏)「鬼大將」(散脂大將鬼)？我從舍衛祇陀精舍，放「金色光」照舍衛城，令作金色。

(2)舍衛國內有一長者名曰財德，長者有子，年始三歲，父教其子令受「三歸」。「散脂鬼神」(Saṃjñeya 散脂大將、散脂迦大將、散支大將，音譯「僧慎爾耶」。又稱「僧慎爾耶大藥叉大將 Saṃjñeya-mahā-yakṣa」)，為「北方毘沙門天王」八大將之一，二十八部眾之總司)，飢火所逼，入舍衛城「接取」嬰兒。爾時嬰兒稱：「南無佛」！以「稱佛」故，鬼王「口噤(閉口)」，不能得食。

(3)但眼出火，以怖「嬰兒」。嬰兒見鬼，形狀醜惡，胸有三面，臍有二面，兩膝二面，面如象面，狗牙上出，眼復出火，火皆下流。

(4)童子驚怖，稱「南無佛！南無法！南無僧！」

(5)爾時世尊，「天耳」遠聞，獨將阿難(置後)，(自己)足步虛空。阿難在後，從佛不及，佛以神力化作「寶華」，其華光明接取阿難。阿難坐華，見閻浮提滿中「化佛」，一一化佛，身滿三千大千世界，是諸「化佛」說「三乘法」，勸進菩薩修行「念佛」。

(6)阿難見聞，即憶過去九十億佛所說經藏，憶持不失。

《佛說觀佛三昧海經・卷九》

(1)知識比丘，名「定自在」，告王子言：世有佛像，眾寶嚴飾，極為可愛，

可暫入塔觀佛形像……

(2)比丘告言：汝今見像，若不能禮者，當稱：「南無佛」！

(3)是時王子，合掌恭敬，稱：「南無佛」！還宮係(繫)念，念塔中像，即於後夜，夢見「佛像」，見佛像故，心大歡喜，捨離邪見，歸依三寶，隨壽命終。

(4)由前入塔稱「南無佛」因緣功德，恒得值遇「九百萬億」那由他佛，於諸佛所，常勤精進，逮得甚深「念佛三昧」，「三昧力」故，諸佛現前為其「授記」。

(5)從是以來，百萬阿僧祇劫，不墮「惡道」，乃至今日，獲得甚深「首楞嚴三昧」。

(6)爾時「王子」，今我「財首」是也。如是等諸大菩薩其數無量，各說本緣，依「念佛」得，如《本生經》說。

《惟日雜難經·卷一》

(1)人起一「道意」，其德勝「十萬劫惡」。何等為「道意」？念在「四諦」，是為「道意」。

(2)「惡」譬如「冥」，「道意」譬如「明」，如日出，天下「冥」消滅。

(3)諸菩薩聞是語，皆歡喜大，言：「南無佛」！起一「善意」，得百劫福。

《大智度論·卷七》

(1)復次，「念佛三昧」有大福德，能度眾生；是諸菩薩欲度眾生，諸餘三昧無如此「念佛三昧」福德，能速滅諸罪者。

(2)如說：昔有五百估客，入海採寶；值「摩伽羅魚王」(makara，經論中多處記載為「大魚」，被視為與「鯤魚、鯊魚、海豚、鯨魚」等同類)……各各求諸「天神」以自救濟！是時諸人，各各求其所事(事奉)，都無所益。

(3)中有「五戒優婆塞」語眾人言：吾等當共稱：「南無佛」！佛為無上，能救苦厄。

(4)眾人一心同聲稱：「南無佛」！是魚先世是佛「破戒弟子」，得「宿命智」，聞稱「佛」聲，心自悔悟，即便「合口」，船人得脫。

(5)以「念佛」故，能除「重罪」、濟諸「苦厄」，何況「念佛三昧」？

《無量壽修多羅優婆提舍願生偈》略解「義竟」。

(所有的佛)「經」(最初的開)始(皆)稱「如是」(這二個字)，(這是)彰(顯)「信」為「能入」(佛法大海)，(所有的佛經的最)末(皆)言(依教或信受)「奉行」，(這是)表(示完全)「服膺ˉˉ」(欽服膺奉；衷心信奉佛語而牢記在心)事已。

(世親菩薩造)論(之最)初(即云)「歸禮」(世尊！ 我一心，歸命盡十方無礙光如來)，(此為顯)明(世親菩薩造論的)「宗旨」有由(皆有其原由)。

(本《往生論註》之最)終(即)云「義竟」，(此乃顯)示所詮(釋之)「理」(已完)畢。

(由於)「述、作」人殊(造論著述的世親菩薩、翻譯為漢文的菩提流支、本人曇鸞則著《往生論註》，共三個不同的人，所以一定有些許的「殊異」差別)，於茲(此)成「例」(導致本論於此發生「首尾例句」不太整齊的情形，因為世親菩薩《往生論》的前面是「歸命盡十方無礙光如來」，而本人曇鸞著的《往生論註》最後一句是寫「義竟」二個字)。

九、曇鸞撰「讚阿彌陀佛偈」

讚阿彌陀佛偈

南無阿彌陀佛(釋名《無量壽傍經奉讚》亦曰《安養》)。

南無至心歸命禮西方阿彌陀佛。

現在西方去此界　　　十萬億刹安樂土(極樂世界)
佛世尊號阿彌陀　　　我願往生歸命禮

願共諸眾生往生安樂國(極樂世界)

南無至心歸命禮西方阿彌陀佛

成佛已來歷十劫　　　壽命方將無有量
法身光輪遍法界　　　照世盲冥故頂禮

願共諸眾生往生安樂國(極樂世界)

南無至心歸命禮西方阿彌陀佛

智慧光明不可量　　　故佛又號無量光
有量諸相蒙光曉　　　是故稽首真實明

願共諸眾生往生安樂國(極樂世界)

南無至心歸命禮西方阿彌陀佛

解脫光輪無限齊　　　故佛又號無邊光
蒙光觸者離有無　　　是故稽首平等覺

願共諸眾生往生安樂國(極樂世界)

南無至心歸命禮西方阿彌陀佛

光雲無礙如虛空　　故佛又號無礙光
一切有礙蒙光澤　　是故頂禮難思議

願共諸眾生往生安樂國(極樂世界)

南無至心歸命禮西方阿彌陀佛

清淨光明無有對　　故佛又號無對光
遇斯光者業繫除　　是故稽首畢竟依

願共諸眾生往生安樂國(極樂世界)

南無至心歸命禮西方阿彌陀佛

佛光照耀最第一　　故佛又號光炎王
三塗黑闇蒙光啟　　是故頂禮大應供

願共諸眾生往生安樂國(極樂世界)

南無至心歸命禮西方阿彌陀佛

道光明朗色超絕　　故佛又號清淨光
一蒙光照罪垢除　　皆得解脫故頂禮

願共諸眾生往生安樂國(極樂世界)

南無至心歸命禮西方阿彌陀佛

慈光遐被施安樂　　故佛又號歡喜光
光所至處得法喜　　稽首頂禮大安慰

願共諸眾生往生安樂國(極樂世界)

南無至心歸命禮西方阿彌陀佛

佛光能破無明闇　　故佛又號智慧光

一切諸佛三乘眾　　咸共歎譽故稽首

願共諸眾生往生安樂國（極樂世界）

南無至心歸命禮西方阿彌陀佛

光明一切時普照　　故佛又號不斷光
聞光力故心不斷　　皆得往生故頂禮

願共諸眾生往生安樂國（極樂世界）

南無至心歸命禮西方阿彌陀佛

其光除佛莫能測　　故佛又號難思光
十方諸佛歎往生　　稱其功德故稽首

願共諸眾生往生安樂國（極樂世界）

南無至心歸命禮西方阿彌陀佛

神光離相不可名　　故佛又號無稱光
因光成佛光赫然　　諸佛所歎故頂禮

願共諸眾生往生安樂國（極樂世界）

南無至心歸命禮西方阿彌陀佛

光明照耀過日月　　故佛號超日月光
釋迦佛歎尚不盡　　故我稽首無等等

願共諸眾生往生安樂國（極樂世界）

南無至心歸命禮西方阿彌陀佛

哀愍覆護我　　令法種增長　　此世及後生　　願佛常攝受

願共諸眾生往生安樂國(極樂世界)

南無至心歸命禮西方極樂世界觀世音菩薩

願共諸眾生往生安樂國(極樂世界)

南無至心歸命禮西方極樂世界大勢至菩薩

願共諸眾生往生安樂國(極樂世界)

南無至心歸命禮西方極樂世界諸菩薩清淨大海眾

願共諸眾生往生安樂國(極樂世界)

普為師僧父母及善知識法界眾生。斷除三障。同得往生阿彌陀佛國。歸命懺悔。

南無至心歸命禮西方阿彌陀佛

阿彌陀佛初會眾　　聲聞菩薩數無量
神通巧妙不能算　　是故稽首廣大會

願共諸眾生往生安樂國(極樂世界)

南無至心歸命禮西方阿彌陀佛

安樂無量摩訶薩　　咸當一生補佛處
除其本願大弘誓　　普欲度脫諸眾生
斯等寶林功德聚　　一心合掌頭面禮

願共諸眾生往生安樂國(極樂世界)

南無至心歸命禮西方阿彌陀佛

安樂國土(極樂世界)諸聲聞　　皆光一尋若流星
菩薩光輪四千里　　若秋滿月映紫金

集佛法藏為眾生　　故我頂禮大心海

願共諸眾生往生安樂國(極樂世界)

南無至心歸命禮西方阿彌陀佛

又觀世音 大勢至　　於諸聖眾最第一
慈光照曜大千界　　侍佛左右顯神(通)儀
度諸有緣不暫息　　如大海潮不失時
如是大悲大勢至　　一心稽首頭面禮

願共諸眾生往生安樂國(極樂世界)

南無至心歸命禮西方阿彌陀佛

其有眾生生安樂(極樂世界)　　悉具三十有二相
智慧滿足入深法　　究暢道要無障礙
隨根利鈍成就忍　　二忍乃至不可計
宿命五通常自在　　至佛不更雜惡趣
除生他方五濁世　　示現同如大牟尼
生安樂國(極樂世界)成大利　　是故至心頭面禮

願共諸眾生往生安樂國(極樂世界)

南無至心歸命禮西方阿彌陀佛

安樂(極樂世界)菩薩承佛神　　於一食頃詣十方
不可算數佛世界　　恭敬供養諸如來
華香伎樂從念現　　寶蓋幢幡隨意出
珍奇絕世無能名　　散華供養殊異寶
化成華蓋光晃耀　　香氣普薰莫不周
華蓋小者四百里　　乃有遍覆一佛界
隨其前後次化去　　是諸菩薩僉欣悅
於虛空中奏天樂　　雅讚德頌揚佛慧
聽受經法供養已　　未食之前騰虛還

　　神力自在不可測　　故我頂禮無上尊

願共諸眾生往生安樂國(極樂世界)

南無至心歸命禮西方阿彌陀佛

　　安樂佛國(極樂世界)諸菩薩　　夫可宣說隨智慧
　　於己萬物亡我所　　淨若蓮華不受塵
　　往來進止若汎ㄈ舟　　利安為務捨適莫
　　彼已猶空斷二想　　燃智慧炬照長夜
　　三明六通皆已足　　菩薩萬行貫心眼
　　如是功德無邊量　　是故至心頭面禮

願共諸眾生往生安樂國(極樂世界)

南無至心歸命禮西方阿彌陀佛

　　安樂(極樂世界)聲聞菩薩眾　　人天智慧咸洞達
　　身相莊嚴無殊異　　但順他方故列名
　　顏容端正無可比　　精微妙軀非人天
　　虛無之身無極體　　是故頂禮平等力

願共諸眾生往生安樂國(極樂世界)

南無至心歸命禮西方阿彌陀佛

　　敢能得生安樂國(極樂世界)　　皆悉住於「正定聚」
　　邪定不定其國無　　諸佛咸讚故頂禮

願共諸眾生往生安樂國(極樂世界)

南無至心歸命禮西方阿彌陀佛

　　諸聞阿彌陀佛號　　信心歡喜慶所聞
　　乃暨一念至心者　　迴向願生皆得往
　　唯除五逆謗正法　　故我頂禮願往生

願共諸眾生往生安樂國(極樂世界)

南無至心歸命禮西方阿彌陀佛

　安樂(極樂世界)菩薩聲聞輩　　於此世界無比方
　釋迦無礙大辯才　　設諸假令示少分
　最賤乞人竝帝王　　帝王復比金輪王
　如是展轉至六天　　次第相形皆如始
　以天色像喻於彼　　千萬億倍非其類
　皆是法藏願力為　　稽首頂禮大心力

願共諸眾生往生安樂國(極樂世界)

南無至心歸命禮西方阿彌陀佛

　天人一切有所須　　無不稱欲應念至
　一寶二寶無量寶　　隨心化造受用具
　堂宇飲食悉如此　　故我稽首無稱佛

願共諸眾生往生安樂國(極樂世界)

南無至心歸命禮西方阿彌陀佛

　諸往生者悉具足　　清淨色身無可比
　神通功德及宮殿　　服飾莊嚴如六天
　應器寶鉢自然至　　百味嘉餚俆已滿
　見色聞香意為食　　忽然飽足受適悅
　所味清淨無所著　　事已化去須復現
　晏安快樂次泥洹　　是故至心頭面禮

願共諸眾生往生安樂國(極樂世界)

南無至心歸命禮西方阿彌陀佛

　十方佛土菩薩眾　　及諸比丘生安樂(極樂世界)

無量無數不可計　　已生今生當亦然
皆曾供養無量佛　　攝取百千堅固法
如是大士悉往生　　是故頂禮阿彌陀

願共諸眾生往生安樂國(極樂世界)

南無至心歸命禮西方阿彌陀佛

若聞阿彌陀德號　　歡喜讚仰心歸依
下至一念得大利　　則為具足功德寶
設滿大千世界火　　亦應直過聞佛名
聞阿彌陀不復退　　是故至心稽首禮

願共諸眾生往生安樂國(極樂世界)

南無至心歸命禮西方阿彌陀佛

神力無極阿彌陀　　十方無量佛所歎
東方恒沙諸佛國　　菩薩無數悉往覲
亦復供養安樂國(極樂世界)　　菩薩聲聞諸大眾
聽受經法宣道化　　自餘九方亦如是
釋迦如來說偈頌　　無量功德故頂禮

願共諸眾生往生安樂國(極樂世界)

南無至心歸命禮西方阿彌陀佛

諸來無量菩薩眾　　為植德本致虔恭
或奏音樂歌歎佛　　或頌佛慧照世間
或以天華衣供養　　或觀淨土興等願
如是聖眾悉現前　　蒙八梵聲授佛記
一切菩薩增願行　　故我頂禮婆伽婆

願共諸眾生往生安樂國(極樂世界)

南無至心歸命禮西方<u>阿彌陀佛</u>

聖主世尊説法時　　大眾雲集七寶堂
聽佛開示咸悟入　　歡喜充遍皆得道
于時四面起清風　　擊動寶樹出妙響
和韻清徹過糸竹　　踰於金石無倫比
天華繽紛逐香風　　自然供養常不息
諸天復持天華香　　百千伎樂用致敬
如是功德三寶聚　　故我運想禮講堂

願共諸眾生往生<u>安樂國</u>(極樂世界)

南無至心歸命禮西方<u>阿彌陀佛</u>

妙土廣大超數限　　自然七寶所合成
佛本願力莊嚴起　　稽首清淨大攝受

願共諸眾生往生<u>安樂國</u>(極樂世界)

南無至心歸命禮西方<u>阿彌陀佛</u>

世界光曜妙殊絕　　適悦宴安無四時
自利利他力圓滿　　歸命方便巧莊嚴
寶地澄靜平如掌　　無有山川陵谷阻
若佛神力須則見　　稽首不可思議尊

願共諸眾生往生<u>安樂國</u>(極樂世界)

南無至心歸命禮西方<u>阿彌陀佛</u>

道樹高四百萬里　　周圍由旬有五十
枝葉布里二十萬　　自然眾寶所合成
月光摩尼海輪寶　　眾寶之王而莊嚴
周匝垂間寶瓔珞　　百千萬種色變異
光焰照曜超千日　　無極寶網覆其上

一切莊嚴隨應現　　稽首頂禮道場樹

願共諸眾生往生安樂國(極樂世界)

南無至心歸命禮西方阿彌陀佛

微風吹樹出法音　　普流十方諸佛刹
聞斯音得深法忍　　至成佛道不遭苦
神力廣大不可量　　稽首頂禮道場樹

願共諸眾生往生安樂國(極樂世界)

南無至心歸命禮西方阿彌陀佛

樹香樹色樹音聲　　樹觸樹味及樹法
六情遇者得法忍　　故我頂禮道場樹

願共諸眾生往生安樂國(極樂世界)

南無至心歸命禮西方阿彌陀佛

蒙道場樹對六根　　乃至成佛根清徹
音響柔順無生忍　　隨力淺深咸得證
此樹威德所由來　　皆是如來五種力
神力本願及滿足　　明了堅固究竟願
慈悲方便不可稱　　歸命稽首真無量

願共諸眾生往生安樂國(極樂世界)

南無至心歸命禮西方阿彌陀佛

從世帝王至六天　　音樂轉妙有八重
展轉勝前億萬倍　　寶樹音麗倍亦然
復有自然妙伎樂　　法音清和悅心神
哀婉雅亮超十方　　故我稽首清淨樂

願共諸眾生往生安樂國（極樂世界）

南無至心歸命禮西方阿彌陀佛

七寶樹林周世界　　光耀鮮明相映發
華果枝葉更互為　　稽首本願功德聚

願共諸眾生往生安樂國（極樂世界）

南無至心歸命禮西方阿彌陀佛

清風時時吹寶樹　　出五音聲宮商和
微妙雅曲自然成　　故我頂禮清淨薰

願共諸眾生往生安樂國（極樂世界）

南無至心歸命禮西方阿彌陀佛

其土廣大無崖際　　眾寶羅網遍覆上
金縷珠璣奇異珍　　不可名寶為校飾
周匝四面垂寶鈴　　調風吹動出妙法
和雅德香常流布　　聞者塵勞習不起
此風觸身受快樂　　如比丘得滅盡定
風吹散華滿佛土　　隨色次第不雜亂
華質柔軟烈芬芳　　足履其上下四指
隨舉足時還如故　　用訖地開沒無遺
隨其時節華六返　　不可議報故頂禮

願共諸眾生往生安樂國（極樂世界）

南無至心歸命禮西方阿彌陀佛

眾寶蓮華盈世界　　一一華百千億葉
其華光明色無量　　朱紫紅綠間五色
煒燁煥爛曜日光　　是故一心稽首禮

願共諸眾生往生安樂國(極樂世界)

南無至心歸命禮西方阿彌陀佛

一一華中所出光　　三十六百有千億
一一光中有佛身　　多少亦如所出光
佛身相好如金山　　一一又放百千光
普為十方説妙法　　各安眾生於佛道
如是神力無邊量　　故我歸命阿彌陀

願共諸眾生往生安樂國(極樂世界)

南無至心歸命禮西方阿彌陀佛

樓閣殿堂非工造　　七寶彫綺化所成
明月珠璫交露幔　　各有浴池形相稱
八功德水滿池中　　色味香潔如甘露
黃金池者白銀沙　　七寶池沙互如此
池岸香樹垂布上　　栴檀芬馥常流馨
天華璀璨為映飾　　水上熠燿若景雲
無漏依果難思議　　是故稽首功德藏

願共諸眾生往生安樂國(極樂世界)

南無至心歸命禮西方阿彌陀佛

菩薩聲聞入寶池　　隨意淺深如所欲
若須灌身自然注　　欲令旋復水尋還
調和冷暖無不稱　　神開體悦蕩心垢
清明澄潔若無形　　寶沙映徹如不深
澹淡廻轉相注灌　　婥約容豫和人神
微波無量出妙響　　隨其所應聞法語
或聞三寶之妙章　　或聞寂靜空無我
或聞無量波羅蜜　　力不共法諸通慧
或聞無作無生忍　　乃至甘露灌頂法

隨根性欲皆歡喜　　順三寶相真實義
菩薩聲聞所行道　　於是一切悉具聞
三塗苦難名永閉　　但有自然快樂音
是故其國號安樂(極樂世界)　頭面頂禮無極尊

願共諸眾生往生安樂國(極樂世界)

南無至心歸命禮西方阿彌陀佛

本師龍樹摩訶薩　　誕形像始理頹綱
關閉邪扇開正轍　　是閻浮提一切眼
伏承尊悟歡喜地　　歸阿彌陀生安樂(極樂世界)

願共諸眾生往生安樂國(極樂世界)

南無至心歸命禮西方阿彌陀佛

譬如龍動雲必隨　　閻浮提放百卉舒
南無慈悲龍樹尊　　至心歸命頭面禮

願共諸眾生往生安樂國(極樂世界)

南無至心歸命禮西方阿彌陀佛

我從無始循三界　　為虛妄輪所迴轉
一念一時所造業　　足繫大地滯三塗
唯願慈光護念我　　令我不失菩提心
我讚佛慧功德音　　願聞十方諸有緣
欲得往生安樂(極樂世界)者　　普皆如意無障礙
所有功德若大少　　迴施一切共往生
南無不可思議光　　一心歸命稽首禮

願共諸眾生往生安樂國(極樂世界)

南無至心歸命禮西方阿彌陀佛

十方三世無量慧　　同乘一如號正覺
二智圓滿道平等　　攝化隨緣故若干
我歸阿彌陀淨土　　即是歸命諸佛國
我以一心讚一佛　　願遍十方無礙人
如是十方無量佛　　咸各至心頭面禮

願共諸眾生往生安樂國(極樂世界)

南無至心歸命禮西方阿彌陀佛

哀愍覆護我　　令法種增長　　此世及後生　　願佛常攝受

願共諸眾生往生安樂國(極樂世界)

南無至心歸命禮西方極樂世界觀世音菩薩

願共諸眾生往生安樂國(極樂世界)

南無至心歸命禮西方極樂世界大勢至菩薩

願共諸眾生往生安樂國(極樂世界)

南無至心歸命禮西方極樂世界諸菩薩清淨大海眾

願共諸眾生往生安樂國(極樂世界)

普為「師僧、父母」及「善知識」、法界眾生，斷除「三障」。
同得往生阿彌陀佛國，歸命懺悔。
讚阿彌陀佛偈

讚一百九十五　禮五十一拜

果濱其餘著作一覽表

一、《大佛頂首楞嚴王神咒・分類整理》(國語)。1996 年 8 月。大乘精舍印經會發行。書籍編號 C-202。

二、《生死關全集》。1998 年。和裕出版社發行。➔ISBN：957-8921-51-9。

三、《楞嚴經聖賢錄》(上冊)。2007 年 8 月。萬卷樓圖書股份有限公司發行。➔ISBN：978-957-739-601-3。《楞嚴經聖賢錄》(下冊)。2012 年 8 月。萬卷樓圖書股份有限公司發行。➔ISBN：978-957-739-765-2。

四、《《楞嚴經》傳譯及其真偽辯證之研究》。2009 年 8 月。萬卷樓圖書股份有限公司發行。➔ISBN：978-957-739-659-4。

五、《果濱學術論文集(一)》。2010 年 9 月。萬卷樓圖書股份有限公司發行。➔ISBN：978-957-739-688-4。

六、《淨土聖賢錄・五編(合訂本)》。2011 年 7 月。萬卷樓圖書股份有限公司發行。➔ISBN：978-957-739-714-0。

七、《穢跡金剛法全集(增訂本)》。2012 年 8 月。萬卷樓圖書股份有限公司發行。➔ISBN：978-957-739-766-9。

八、《漢譯《法華經》三種譯本比對暨研究(全彩本)》。2013 年 9 月初版。萬卷樓圖書股份有限公司發行。➔ISBN：978-957-739-816-1。

九、《漢傳佛典「中陰身」之研究》。2014 年 2 月初版。萬卷樓圖書股份有限公司發行。➔ISBN：978-957-739-851-2。

十、《《華嚴經》與哲學科學會通之研究》。2014 年 2 月初版。萬卷樓圖書股份有限公司發行。➔ISBN：978-957-739-852-9。

十一、《《楞嚴經》大勢至菩薩「念佛圓通章」釋疑之研究》。2014 年 2 月初版。萬卷樓圖書股份有限公司發行。

　　　➔ISBN：978-957-739-857-4。

十二、《唐密三大咒・梵語發音羅馬拼音課誦版》(附贈電腦教學 DVD)。2015 年 3 月。萬卷樓圖書股份有限公司發行。➔ISBN：978-957-739-925-0。【260 x 135 mm】規格(活頁裝)

十三、《袖珍型《房山石經》版梵音「楞嚴咒」暨《金剛經》課誦》。2015

年4月。萬卷樓圖書股份有限公司發行。➔ISBN：978-957-739-934-2。【140 x 100 mm】規格(活頁裝)

十四、《袖珍型《房山石經》版梵音「千句大悲咒」暨「大隨求咒」課誦》。2015年4月。萬卷樓圖書股份有限公司發行。➔ISBN：978-957-739-938-0。【140 x 100 mm】規格(活頁裝)

十五、《《楞嚴經》原文暨白話語譯之研究(全彩版)》(不分售)。2016年6月。萬卷樓圖書股份有限公司發行。➔ISBN：978-986-478-008-2。

十六、《《楞嚴經》圖表暨註解之研究(全彩版)》(不分售)。2016年6月。萬卷樓圖書股份有限公司發行。➔ISBN：978-986-478-009-9。

十七、《《楞嚴經》白話語譯詳解(無經文版)-附:從《楞嚴經》中探討世界相續的科學觀》。2016年6月。萬卷樓圖書股份有限公司發行。➔ISBN：978-986-478-007-5。

十八、《《楞嚴經》五十陰魔原文暨白話語譯之研究-附:《楞嚴經》想陰十魔之研究》。2016年6月。萬卷樓圖書股份有限公司發行。➔ISBN：978-986-478-010-5。

十九、《《持世經》二種譯本比對暨研究(全彩版)》。2016年6月。萬卷樓圖書股份有限公司發行。➔ISBN：978-986-478-006-8。

二十、《袖珍型《佛說無常經》課誦本暨「臨終開示」(全彩版)》。2017年8月。萬卷樓圖書股份有限公司發行。➔ISBN：978-986-478-111-9。【140 x 100 mm】規格(活頁裝)

二十一、《漢譯《維摩詰經》四種譯本比對暨研究(全彩版)》。2018年1月。萬卷樓圖書股份有限公司發行。➔ISBN：978-986-478-129-4。

二十二、《敦博本與宗寶本《六祖壇經》比對暨研究(全彩版)》。2018年1月。萬卷樓圖書股份有限公司發行。➔ISBN：978-986-478-130-0。

二十三、《果濱學術論文集(二)》。2018年1月。萬卷樓圖書股份有限公司發行。➔ISBN：978-986-478-131-7。

二十四、《從佛典中探討超薦亡靈與魂魄之研究》。2018年1月。萬卷樓圖書股份有限公司發行。➔ISBN：978-986-478-132-4。

二十五、《《悲華經》兩種譯本比對暨研究(全彩版)》。2019 年 9 月。萬
　　　卷樓圖書股份有限公司發行。➔ISBN：978-986-478-310-6。
二十六、《《悲華經》釋迦佛五百大願解析(全彩版)》。2019 年 9 月。萬
　　　卷樓圖書股份有限公司發行。➔ISBN：978-986-478-311-3。
二十七、《《往生論註》與佛經論典之研究(全彩版)》。2019 年 9 月。萬
　　　卷樓圖書股份有限公司發行。➔ISBN：978-986-478-313-7。

✠大乘精舍印經會。地址：台北市漢口街一段 132 號 6 樓。電話：
　(02)23145010、23118580
✠和裕出版社。地址：台南市海佃路二段 636 巷 5 號。電話：(06)2454023
✠萬卷樓圖書股份有限公司。地址：臺北市羅斯福路二段 41 號 6 樓之
　3。電話：(02)23216565‧23952992

果濱佛學專長

一、漢傳佛典生死學。二、梵咒修持學(含《蘇婆呼童子請問經》)。

三、楞伽學。四、維摩學。五、般若學(《金剛經》+《大般若經》+《文殊師利
所說般若波羅蜜經》)。六、十方淨土學。七、佛典兩性哲學。

八、佛典宇宙天文學。九、中觀學(《中論》二十七品+《持世經》)。

十、唯識學(唯識三十頌+《成唯識論》)。十一、楞嚴學。十二、唯識腦科學。

十三、敦博本六祖壇經學。十四、佛典與科學。十五、法華學。

十六、佛典人文思想。十七、《唯識双密學》(《解深密經+密嚴經》)。

十八、佛典數位教材電腦。十九、華嚴經科學。二十、般舟三昧學。

二十一、佛典因果學。二十二、如來藏學(《如來藏經+勝鬘經》)。

二十三、《悲華經》。二十四、《思益梵天所問經》。

國家圖書館出版品預行編目(CIP)資料

《往生論註》與佛經論典之研究(全彩版) ／ 果濱 編撰.--
初版.－ 臺北市：萬卷樓, 2019.09
　　　面；　公分
　ISBN 978-986-478-313-7(精裝)

　1.淨土宗 2.方等部

222.24　　　　　　　　　　　　　　　　108015582

2019 年 9 月初版 精裝　　　　　　　　定 價：新台幣 680 元

《往生論註》與佛經論典之研究（全彩版）　ISBN 978-986-478-313-7

編 著 者：果濱
發 行 人：陳滿銘
出 版 者：萬卷樓圖書股份有限公司
編輯部地址：106 臺北市羅斯福路二段 41 號 9 樓之 4
電話：02-23216565
傳真：02-23218698
E-mail：wanjuan@seed.net.tw
萬卷樓網路書店：http://www.wanjuan.com.tw
發行所地址：106 臺北市羅斯福路二段 41 號 6 樓之 3
電話：02-23216565
傳真：02-23944113
劃撥帳號：15624015
承 印 廠 商：中茂分色製版印刷事業股份有限公司
◉版權所有　翻印必究◉
新聞局出版事業登記證局版臺業字第 5655 號
（如有缺頁、破損、倒裝，請寄回本公司更換，謝謝）